KB077912

한국 사회와
비판적 지식인의
역할 과연 그 시효는
지났는가?

사회와 철학 연구총서 7

한국 사회와
비판적
지식인의
역할

사회와 철학 연구회 지음
선우현 기획·편집

과연 그 시효는
지났는가?

씨
아이
알

머리말

    근자에 이르러 사상사 및 철학사의 지평뿐 아니라 일상적 삶의 세계 곳곳에서도 '지식인의 몰락'이나 '지식인의 종언', '지식인의 죽음'을 공공연히 주장하는 목소리가 빈번히 흘러나오고 있다. 그에 부응하듯, 과거 독재 정권에 맞서 민주화 투쟁을 선도했던 '저항적·비판적 지식인'들의 현실 참여 행태 역시 '민주화 이후'의 우리 사회에서는 좀처럼 눈에 띄지 않고 있다. 그런 만큼 적어도 현상적으로는 '지식인의 실종' 혹은 '몰락'을 현장에서 직접 목도하고 있는 셈이다.

    한데 이 같은 사태가 주목되는 까닭은, 명색이 '민주화된' 한국 사회 도처에서 민주주의의 근본 원리 및 토대가 훼손되고 허물어지는, 요컨대 '민주주의의 파괴적·퇴행적 양상'이 바로 눈앞에서 벌어지고 있음에도, 이에 대한 ―예전에 보여주었던― 지식인 집단의 치열한 비판적 성토나 저항적 항거 등은 더 이상 찾아보기 어려운 지경에 이르렀기 때문이다. 이는 많은 난관을 뚫고 이루어낸 민주화의 성과가 속절없이 무너져 내리는 작금의 사태를 수습·극복하는 데 주동적 역할을 수행해 온, 아울러 수행할 것으로 기대되었던 주된 실천적 참여 집단의 '하나'가 사라져 버렸음을 가리킨다.

    이 점은 ―본 연구총서의 출간 의도와 관련해― 좀 더 구체적으로 살펴볼 필요가 있을 듯싶다. 잘 알려진 것처럼 '촛불' 정권을 자임했던 전임 문재인 정부는 '검찰개혁'을 핵심 국정 과제로 설정해 추진하였다.

하지만 그것은 개혁을 빙자해 민주당 집권 세력의 정치적 지배력을 보다 안정적으로 장악·유지하기 위한 소위 '진보 집권 플랜'의 일환으로 시도된 정치 공학적 책략에 지나지 않았다. 검찰을 실제로 개혁하기보다는, 자신들의 권력을 온전히 보존 강화하기 위한 정치적 전위로서 검찰을 이용하고자, 선택적으로 입맛에 맞게 검찰 조직을 재편한 것에 지나지 않았기 때문이다. 하지만 실상이 이러함에도, 그 같은 반민주적 작태에 대해 '진보적·비판적' 지식인 집단이 전면에 나서 비판적 분노를 쏟아냈거나 대항적 실천 투쟁을 감행했다는 얘기는 거의 들어본 바 없다.

이와 유사한 상황은 현 보수 집권 세력인 윤석열 정부가 '의료개혁'을 표방하며 강력 추진하고 있는 '의대 2천 명 증원' 정책의 경우에도 마찬가지다. 다른 것은 차치하고, 이러한 중차대한 정책을 수립·추진하는 과정에서 드러난 반민주적 행태, 곧 '보다 나은 근거'의 제시에 기반한 합리적인 토론 및 논의를 통한 상호 합의라는 '절차적 민주주의'의 원리를 깡그리 무시하고 '힘의 논리'에 의거해 일방적으로 정부가 밀어붙이는 작태는 과거 독재 정권이나 권위주의 정부에서 보여주던 반민주적 통치 권력의 남용과 다를 바 없다. 증원 숫자를 둘러싸고 이해관계 당사자인 의사 집단과 진정성 있는 논의 한번 제대로 거치지 않은 채 일방적으로 위에서부터 독단적으로 결정 하달된 2천 명을 가장 '과학적인 근거'에 따른 것이라는 거짓된 주장을 너무도 당당하게 해대며, 이를 개혁으로 포장하여 일방적으로 강행해 버리는 정치 공학적 행태 앞에서는 그저 말을 잊을 정도이다. 아무리 의사집단이 일반 시민 대중에게 그리 호의적이지 않은 기득권 세력으로 비쳐진다고 해도, 그러한 대중의 정서적 반감을 증폭하여 의사들을 악마화하며, 정부의 독단적 결정과 집행을 사회 혁신적 개혁인 양 미화 정당화하는 것은 전형적인 '대중 추수주의'에 기초한 정치적 책략에 다름 아니다. 하지만 이러한 반(反)민주주의적 권력 남용 실태에 대해 그 많던 현실 참여적·비판적 지식인 가운데, 당리당략적 차원이 아닌 '규범적·도덕적 정당성'의 측면에서 치열한 문제 제기와 저항적 비판적 목소리를 낸 이는 그 어디에서도 찾아보기 어려운 실정이다. 그야말로 '(비판적) 지식인의 실종'이 한갓 구호에 그치는 것이 아닌, 실제 현실이라는 점을 확인케 되는 상황이다.

이 같은 구체적 사례를 접할 경우, 비록 사태의 '본질적 실체'에 관한 보다 명쾌한 규명은 더 많은 숙고를 필요로 하지만, 최소한 '현상'만 놓고 보면 지식인의 실종 내지 몰락은 실제로 벌어지고 있는 일종의 '실존적 사건'으로 다가온다. 그렇다면 대체 이러한 사태는 어쩌다 벌어지게 된 걸까?

아마도 그렇게 된 데에는 여러 요인과 원인이 작용했을 것이다. 그중 특히 주목되는 것은 헤겔(F. Hegel)의 역사철학이나 마르크스(K. Marx)의 역사유물론 같은, '하나'의 근본 원리나 본질에 입각하여 모든 현상을 해명·진단하는 '총체적 거대 이론'이 붕괴되고 있다는 점이다. 그로 인해 그간 거대 담론에 입각하여 보편적·총체적 진리 및 지식을 설파해 온 지식인들의 독점적 지위나 위상이 결정적으로 흔들리고 있는 것으로 보이기 때문이다.

인공지능(AI)과 인터넷으로 대변되는 정보 통신 기술의 비약적인 발전 역시 그러한 사태를 부추기는 데 중요한 요인으로 기능했을 것이라 짐작된다. 전(全) 지구적 차원에서 이루어진 인터넷 연결망의 전일적 확산 및 구축은 과거 지식인들의 전유물인 양 당연시되었던 정보와 지식의 저장고에로의 접근을 모든 구성원에게 전면적으로 허용하게끔 강제함으로써, 시민 대중 누구나 자유로이 출입하며 활용할 수 있는 세상이 펼쳐졌다. 그 결과 이전에는 오직 지식인들'만'이 수행할 수 있었던 고유한 역할과 기능을 현재는 '인터넷 검색창'이 대신하게 되었다.

좀 더 범위를 좁혀 '진영 논리'가 사회 전반을 장악한 한국 사회의 특수한 현실에 국한할 경우, 그간 비판적 지식인들이 보여준 '권력 친화적 행태'에 대한 시민 대중의 실망감과 배신감, 신뢰 상실 또한 지식인의 실종을 야기하는 데 한몫 거들었을 것으로 짐작된다. 알다시피 진영논리는 개별 시민으로 하여금 '적과 동지'라는 이분법적 대결적 사고 틀에 매몰되어 자신이 지지하는 특정 이념 집단의 입장을 '무반성적·무비판적으로' 맹종케 만드는 음험한 '자발적 복종'의 기제이다. 그런 만큼 그것이 이끄는 최종 종착점은 합리적·주체적 사유 능력이 상실되어 현실을 제대로 인식하지 못한 채 특정 정치 세력에 조종되어 놀아나는 비주체적인 노예적 삶에 다름 아니다.

문제는 '적지 않은' 비판적 지식인들이 권력 집단의 기득권 강화 술책인 이 같은 진영논리를 제거하는 데 온 힘을 쏟기보다는 오히려 이를 확대·고착화하는 데 주도적인 역할을 수행했다는 사실이다. 이는 지배 권력에 대한 감시와 견제라는 '전통적으로' 지식인에게 부여된 소임을 방기했다는 지적을 넘어, 특정 정치 세력의 이념적 하수인 혹은 선동꾼으로 전락해 버린 지식인 집단에 대한 대중적 실망과 신뢰 저하로 귀결되었다.

그런 탓인지, 민주주의의 토대가 심히 위협받고 있는 상황에서도, 시민 대중은 지식인 집단이 무언가를 해줄 수 있다고 생각지 않으며 해주기를 바라고 있지도 않은 것처럼 보인다. 이처럼 이전과는 질적으로 확연히 달라진 분위기가 정착되어 가면서, 일각에서는 지식인 계층에 대한 불신과 낙심에 기대어 '지식인의 몰락'을 조롱하듯이 운위하는 지경에 이르고 있다. 비판적 지식인의 입장에서는 가히 치욕적인 상황을 맞이하고 있는 셈이다.

물론 지식인의 실종 혹은 몰락을 공개적으로 입에 담을 만큼 지식인의 위상이 급격히 추락하게 된 데에는 앞서 언급한 것 외에도 수다한 요인들이 존재한다. 이를테면 보편적 참과 거짓을 판단하거나 규범적 정당성 여부를 판별하는 '특화된 학문적 전문성'을 갖춘 지식인 보다는, 실제 삶의 효용성과 관련된 '실용적 전문가'에 대한 시민 대중의 빗발치는 요구의 증대도 그 중 하나이다. 이와 맞물려 '상품 논리'의 무차별적 확산에 따라 야기된 인문학 및 사회과학 분야의 학문적 황폐화로 인해 비판적 지식인의 지속적 배출을 위한 잠재적 예비 자원의 현저한 고갈이나 학문 후속 세대의 절대적 감소 등도 이른바 '지식인의 종언'을 촉진하는 데 일조한 것으로 보인다.

이 같은 사정을 감안할 때, 현 시점에서 비판적 지식인의 몰락은 일시적인 잠정적 현상으로 보아야 하는가, 아니면 본질적 차원에서 실제로 종언을 고한 것으로 보아야 하는가? 관련하여, 비판적 지식인의 역할과 기능은 이제 그 시효가 다했으며 더 이상 기대할 여지가 없는 것인가, 아니면 시대적·사회적 여건이 변화한 만큼 그에 부합하는 역할과 기능은 여전히 필요하며 또한 사회적으로 요청되고 있는가? 아울러 보다 근본적인 차원에서, 현재 우리 사회에는 비판적 지식인 계층에 해당하는 구체적인 실체적 존재 및 대상이 존재하는가, 아니면 실체는 없고 단지 추상적이며 모호한 관념의 형태만이 존재할 뿐인가?

이처럼 끝없이 제기되는 물음과 궁금증에 대해 이 시점에서 한번쯤 진지하게 고민하고 성찰해 볼 필요성이 있다는 철학적 문제의식에서 기획된 것이 이번 연구총서 7권이라 할 수 있다. 특히 '보편적 이성'에 의거해 정치·사회·문화 일체를 해명하는 '근대적 거대 이론'과 그 대변자인 '근대적 지식인'은 더 이상 존립할 수 없다는 탈근대(론)적 시대진단이 위세를 떨치고 있는 상황에 더해, 근대적 지식인론(論)의 관점에서도 몰락 내지 실종된 것으로 비치는 현 한국 사회의 '지식인 지형도'에 관한 자기 성찰적 숙고가 이번 연구총서 7권의 출간을 결행하게 만든 사상적·시대적 배경을 이루고 있다는 점도 부언해 둔다.

여하튼 이러한 국내외적인 객관적 '문제상황'에 대한 주체적 '문제의식'에 따라 구성된 이번 연구총서의 글들은, '대체로' 비판적 지식인의 역할과 소임은 아직은 유효하다는 기본 입장에서 출발하고 있다. 그럼에도 집필자들은 그 이전과 비교할 수 없을 만큼 변화된 오늘의 전(全) 지구적 차원의 정세나 한국적 현실을 고려할 때, 지식인 개념 그 자체와 그에 따른 지식인의 역할이나 소임 역시 전면적 혹은 상당 정도 비판적으로 재구성 또는 재규정되어야 한다는 점을 일관되게 주장하고 있다. 이러한 입론은 지식인의 종언을 둘러싼 실천적 문제 상황이나 이론적 쟁점에 주안점을 두어 지식인의 위상 및 역할에 관한 철학적 논지를 펼치는 글들이나, 만하임(K. Mannheim)에서 하버마스 (J. Habermas)에 이르는 사회철학자들의 지식인론에 대한 비판적 해명을 통해 지식인의 역할과 기능에 관한 재구성적 논변을 개진하는 글들에서도 공통적으로 제기되고 있다.

이처럼 급격히 변화된 시대적 흐름에 놓인 지식인의 위상 및 역할에 관한 '실천철학적 논쟁'의 글들과 주요 지식인론에 관한 '실천철학적 규명'이 담긴 글들로 '이원화되어' 구성된 이번 연구총서는 기획자가 아는 한, 지식인에 관한 사회철학자들의 공동 연구의 성과를 담은 '집체적인 철학적 연구서'로는 국내에서 '최초로' 선보이는 것이다. 물론 최초라는 것이 '최상의' 질적 성과를 보증하는 것은 아니지만, 나름 치열한 문제의식을 갖고 탐구했다는 점에서 최상의 지적·비판적 열정은 담보하고 있다고 감히 자부한다. 특히 그간 사회학이나 정치학을 비롯한 사회과학에서 주로 다루어져 온 지식인론과 달리, 철학의 시각과 관점에서 이루어진 본 연구 성과물이 '어떤 점에서' 차별화되어 지식인 담론의 발전적 전개 및 (재)구성에 도움이 될 수 있는가를 살펴보는 것도 흥미로운 관전 포인트가 될 것이다.

아무쪼록 이번 연구총서 7권 『한국사회와 비판적 지식인의 역할』이 지식인의 몰락 여부나 지식인의 역할 가능성 등 지식인에 관한 학술적·철학적 연구 및 논쟁이 보다 활성화되는 데 실질적인 보탬이 되기를 희망한다. 아울러 학술적 논제로서의 비판적 지식인에 관한 다양한 논의나 고찰 과정에서, 철학을 위시한 '인문학'과 '사회과학' 사이의 학제적 연계가 보다 긴밀히 이루어지는 가운데 협업적 연구 작업이 활발히 이루어져 나가는 계기가 되기를 기대해 본다. 나아가 우리사회에서의 지식인의 소임과 역할에 적지 않은 관심을 갖고 있는 일반 독자들에게도 유의미한 내용과 메시지, 시사점 등을 제공해 줄 수 있기를 소망해 본다. 이번 일곱 번째 '사회와 철학 연구총서'를 출간하는 데에도 이전처럼 흔쾌히 수용해 맡아준 도서출판 씨아이알 김성배 대표께 감사하다는 말씀을 전한다. 아울러 본 연구 총서를 더욱더 좋은 책으로 만드느라 진심으로 애써준 출판부 최장미 선생님을 비롯한 직원 분들의 노고에도 깊은 감사의 마음을 전한다.

2024년 8월
기획·편집 책임자 선우현

목차

01

'21세기 K-지식인'과 '지구지성': '지식인' 실존의 문명적 양상에 관한 사회인식론적 고찰을 바탕으로

1.

'21세기 K-지식인'과 '지구지성'

'지식인' 실존의 문명적 양상에 관한 사회인식론적 고찰을 바탕으로

홍윤기

희미해져 갔던 '나'의 '지식인' 자의식, 그 자폐적 맥락에서 벗어나 다시 문제화되는 계기와 문명적 문제임계점의 양상: "21세기 한국 지성의 몰락"과 "지식인의 실종" 그리고 몰락한 지성과 실종된 지식인의 실천적 개입을 기다리는 "문명의 모순"

양력으로 계묘년이 막 시작한 참이었던 2023년 1월, '사회와 철학 연구회'의 '연구총서 6권'인 『한국사회의 현실과 하버마스의 사회철학』을 기획한 청주교대의 선우현 교수가 이 6권에 실릴 기고문들도 미처 추슬러지지 못한 상태였음에도[1] 학회의 공식 메일을 통해 '연구총서 7권'의 기획을 공표했는데, 이때 제시된 것은 놀랍게도 그 어떤 기획안이나 구상이 아니라 제목 딱 한 줄, 즉 "한국 사회와 비판적 지식인의 역할 : 과연 그 시효는 지났는가?"였다.

---

[1] 결국 이 기획은 선우현 교수의 열성적 노력으로 2023년 계묘년이 거의 다 지나가는 같은 해 연말에야 출간되었다. 사회와 철학 연구회 지음/선우현 기획·편집, 『한국사회의 현실과 하버마스의 사회철학. 사회와 철학 연구총서 6』(서울: 씨아이알, 2023.12.15.)

그런데 이 제목이 눈에 띄자 머리에 문득 약간의 진동이 느껴졌는데, "비판적 지식인"이라는 단어가 눈에 띄는 순간('critical intellectuals'라고 거의 자동으로 영어 단어가 떠오르면서) 이 말 들어보지 못한 지 정말 오래 되었다는 생각이 들면서 두 번째 진동이 그 다음으로 가느다랗게 뇌리를 스쳐갔다. 공부라는 것을 시작한 지도 이제 거의 반백년이 지나가면서 내 머릿속뿐만 아니라 몸 샅샅이 이런저런 '지식들'이 살갖을 뚫고 삐져나올 만큼 비대하게 붙어 가히 '지식비만증'에 걸렸다고 할 정도인데 정작 나 자신을 '지식인'이라고 생각하지 않고 지낸 세월도 거의 그 정도가 됐다.

어쨌든 선우 교수의 기획 의도가 무엇인지 다그쳐 묻기 이전에 나는 나 자신에 대해 "나는 지식인인가?"라고 다그치고 있었는데, 그러면서 바로 따라붙는 질문이 (내가 과거 '지식인'이라는 것을 생각하기는 했었는데도) 새삼 "지식인이 무엇"이었지?라는 것이었다. 따라서 필자가 학회 메일을 받고 며칠 지난 1월 20일 선우 선생에게 이 '한국 지식인 기획'에 참여하겠다는 의사를 아주 소심한 기분으로 전달했을 때 그 대답의 동기는 예전 내 생각과 활동에 올랐던 적이 있었던 이 '지식인'이란 말이 왜 그새 내 의식에서 '희미해져 갔는지(diminished)' 더듬어보고 싶다는 자책성 자기회의에 있었다. 그러면서 이 자책은 하버마스에 대한 '연구총서 6'의 기고문을 다 쓰는 동안 나의 학문적 정체성을 확인하기 위한 특정한 화두로 내 의식 안에 계속 머물렀는데, 그러면서 그 의식의 조각들은 지식인이라는 화두 주변에 계속 둥둥 떠다니고 있었다.

그런데 이렇게 시간이 지나면서 하버마스 기고문이 영글 때까지[2]

단지 자폐적 맥락에 머물러 있던 나의 지식인 의식은, 마치 내 원고가 끝나기를 기다렸다가 한국에서의 지식인 존립에 대한 나의 이 자폐성 의식을 확실하게 깨주겠다고 하는 듯한 확답을 갖고 출간된 책 한 권, 즉 송호근 선생의 『(21세기 한국) 지성의 몰락. 미네르바의 부엉이는 날지 않는다』 때문에,[3] 돌연 황급하게 공적인 학문적 성찰의 맥락으로 튕겨 올려졌다(독일어 aufspringen이나 영어 jump up이라는 단어는 딱 이럴 경우 쓰는 말이다!). 한 해 평균 7만 권 정도 출간되는 대한민국 출판 시장에 명예교수 한 분이 책 하나 냈다고 이렇게 화들짝 놀랄 일은 아니었지만, 선우현 선생에게 제출하기로 약속한 과제도 과제였고, 송 선생 책의 부제가 때려주는 일종의 직업적 자괴감이 더 아프게 의식을 찔렀다. 즉 송호근 선생이 "미네르바의 부엉이는 날지 않는다"고 당신 책의 부제를 달았을 때, 물론 그것은 "21세기 한국 지성"이 "몰락"했음을 은유한 것이지만, 그래도 철학을 전공한 필자에게 '미네르바의 부엉이(Eule der Minerva)'란 200여년 전 헤겔이 그의 『법철학 강요(1821)』 '서문'에서 존재하는 것들의 실재를 파악함에 있어서 철학함의 역량을 정식화할 때 현대 철학에서 가장 인상깊게 적용한 비유로서, 그 비유가 적용된 현장은 다음과 같다.

"세계가 어떻게 존재해야 하는지에 대한 가르침에 관해 아직도 한마디 더 할 게 있다면, 어쨌든 철학은 언제나 너무 늦게 그런 가르침에 도달한

졸고, 「03 20세기 세계사에서 하버마스의 시간과 대한민국의 시간. 대한민국에서의 하버마스 수용사 성찰 또는 같은 벽에 걸린 두 나라의 역사시계가 분침(分針)까지 일치하는 경우는 없었다는 성찰체험」; 위의 책, 81-161쪽.

3) 송호근, 『(21세기 한국) 지성의 몰락. 미네르바의 부엉이는 날지 않는다. 한림대 도헌학술총서 02』(파주: 나남출판, 2023.8.)

다는 것이다. 세계에 대한 관념으로의 철학은, 현실이 그 세계의 형성과 정을 완료하여 완결시킨 뒤에야 비로소 나타난다. 개념이 가르쳐주는 이것은, 현실이 무르익는 가운데 비로소 이상적인 것이 실재적인 것에 맞서 나타나, 이 이상적인 것이야말로 이 세계를 그 실체 안에서 포착하여 그것을 지적 왕국의 자태로 구축해내는 바로 그 역사를 필연적으로 보여준다. 철학이 그 회색을 회색으로 칠하면 그 삶의 자태는 늙어져 버리는데, 회색에서 회색으로 칠해도 삶의 자태는 젊어지는 것이 아니라 다만 그 자태가 인식되도록 할 뿐이다. 미네르바의 부엉이는 황혼이 깃들면서 비로소 날기 시작한다."[4]

송호근 선생이 "미네르바의 부엉이"를 "21세기 한국"의 "지성"에 대한 비유로 썼음에도 불구하고 그것이 그나마 황혼이 깃들면서 비로소 나는 것이 아니라 아예 "날지 않는다"고 당신 책의 부제로까지 붙였다고 하면, 앎의 폭이 넓은 선생이 위와 같은 헤겔의 비유를 염두에 두었던 것은 분명하다. 그래도 헤겔이 '철학함'의 역량을 표현하는 데 이 비유를 썼다는 본래의 용법 탓에 송 선생의 이 비유가 '지성'뿐만 아니라 은연중에 '21세기 한국 현대 철학'이 그 지적 능력과 직업적 책임의식에서 무능과 부조 상태에 빠진 것을 질책하는 것이 아닐까 하는 자책

---

4) G. W. Fr. Hegel, "Vorrede", in: 같은 저자, *Grundlinien der Philosophie des Rechts* (Berlin: Nicolaische Buchhandlung, 1821/ Leipzig: Verlag von Felix Meiner, 1911, Neue Ausgabe von Georg Lasson), 17쪽. "Um noch über das Belehren, wie die Welt sein soll, ein Wort zu sagen, so kommt dazu ohnehin die Philosophie immer zu spät. Als der Gedanke der Welt erscheint sie erst in der Zeit, nachdem die Wirklichkeit ihren Bildungsprozeß vollendet und sich fertig gemacht hat. Dies, was der Begriff lehrt, zeigt notwendig ebenso die Geschichte, daß erst in der Reife der Wirklichkeit das Ideale dem Realen gegenüber erscheint und jenes sich dieselbe Welt, in ihrer Substanz erfaßt, in Gestalt eines intellektuellen Reichs erbaut. Wenn die Philosophie ihr Grau in Grau malt, dann ist eine Gestalt des Lebens alt geworden, und mit Grau in Grau läßt sie sich nicht verjüngen, sondern nur erkennen; die Eule der Minerva beginnt erst mit der einbrechenden Dämmerung ihren Flug."(번역 필자).

감을 불러일으켰다. 그러면서 애초 선우현 선생의 기획에 대한 의무를 넘어, 21세기 현재 대한민국 또는 한국 철학이 발휘해야 할 부조응에 대한 비유에 (세계의 실재에 대한 이상적 파악으로서) 헤겔이 철학함의 시효에 비정(比定)했던 그 비유를 적용하는 송호근 선생의 문제의식으로부터, 그동안 나에게서 그야말로 희미해졌던(diminished) '지식인의 실존'에 관한 철학적으로 절실한 — 가능하면 실질적으로 보다 정확하고 자각적인 — 파악의 욕구가 생겨난 것은 참으로 고마운 일이었다. 그러면서 현실의 실재(reality of the actuality), 즉 "세계가 마땅히 하는 그 상태(wie die Welt sein soll)", 다시 말해 현실의 상태에 대해 사실성과 규범성을 모두 파악하는 과제가 왜 '지성'에 주어지며, 이 점에서 헤겔이 '철학함'에서 찾았던 그 기능이 어떻게 해서 (송호근 선생에게서 은연중에) '지성'과 겹쳐지는지를 파악하고 싶다는 의욕이 우러났다.

그런데 송 선생 책의 한글 제목과 (왜 굳이 붙여야 했는지 의문이지만) 영문 제목은 21세기 한국에서의 지성의 존립상태에 대해 약간의 표현 격차가 있는데, "21세기 한국 지성의 몰락"이라는 그 한글 제목을 선생 스스로 "Diminished Intellect in the 21th century Korea"라고[5] 병렬 번역한 것에서 약간의 의아함이 느껴지는 것은 사실이다. 즉 필자의 경험에서 보자면, 송호근 선생이 비판적으로 고찰한 '21세기 한국 지성'은 "몰락"했다기보다 '희미해졌다', 즉 diminished라고 하는 영어 표현이 훨씬 정확하다고 생각된다. 왜냐하면 (일단 철학함과의 연관성 여부에 대한 개념파악은 잠시 유보하고) 내가 보기에 송호근

---

5) 송호근, 앞의 책, 4쪽. 이 영문 표기에서 "21세기 한국"에 해당하는 영어 단어 표기는 "the 21st Korea"가 정확할 것이다.

선생이 '지성' 그리고 그것을 구현하는 '지식인'에게서 기대하는 그런 능력과 기능은 일정 수준의 문화적 생산력과 문제임계점에 도달한 특정 문명에서는 형성될 수밖에 없는 정신활동태(精神活動態, mentality)이기 때문이다. 그리고 이런 외양적 개념규정과 관련하여 이 글의 결론들 중 하나를 미리 끌어쓰자면, 특정 문명의 발전이 특정 문제 국면에 들어설 경우 — 단지 지식량이나 정보량의 축적이나 성장과 차원을 달리하는 그런 정신의 활동체로서 — '지성(知性, intellect)'이 작동하지 않고 그 구현자로서의 '지식인(知識人, the intellectual)'이 실천적으로 활동하지 않거나 그러지 못하면, 불행하게도, 그 문명은 그야말로 '몰락(fall down)'히거나 '붕괴(collapse)'할 수밖에 없다.

이런 개념정렬과 명제내용에 비추어 송호근 선생이 당신 책의 3부에서 집약시켜 놓은 위기의식을 필자 나름으로 파악한 사태개념에 따라 다시 정식화해 보면 다음과 같다. 즉, 21세기 세 번째 십년기 전반을 거의 경과하는 중인 2024년 3월 현재 대한민국의 현실은, 20세기에서 이월된 두 가지 미결과제인 ① '민족 분단'의 "군사적 단층선"과 ② '식민주의로부터의 근본적 해방을 지향하는 "역사적 단층선"의 양전선이 가하는 현실적 압박의 굴레에 여전히 얽매어(羈束) 있는 가운데6) ③ "가팔라지는 곡선을 그리는" "과학기술의 발전을 따라잡지 못함"으로써 조성되는 "총체적 인간 지체"라는7) "21세기 문명의 모순"까지 삼중(三重)의 시대적 질곡 안에 빠져 있는데, (이 삼중질곡(三重桎梏)에 상응하는 삼중의 시대적 과제를 조망하고 그것을 대중에게 계도해야

---

6) 위의 책, 331-332쪽. 송 선생은 이 양면의 단층선 중 어느 한쪽에 편중되면 "민족주의론" 아니면 "제국주의론"으로 편향된다고 정확하게 지적한다(같은 책, 336쪽).

7) 위의 책, 352-353쪽.

할) "21세기 한국 지성"은, 그런 지성을 배양해야 할 "한국의 대학들에서 지식인이 실종"하고 그것을 촉진하고 활성화시켜야 할 "민주주의 공론장"이 "반(反)지성화"함으로써, "몰락"해버렸다. 그런데 대한민국의 대학 교수로서 삼십여 년 봉직하고 역량있는 칼럼니스트로서 상당 수준의 지식인적 실천에도 관여한 이로서 새삼 "지성을 찾아나섰다"고 하면서 예견하는 바로 그 '지성'으로부터의 기대내용, 즉 "숭고하고 궁극적인 가치를 되찾는 일, 이것이 **대학교수와 공공 지식인의 시대적 과제다**"라는 선생의 최종 진술은[8] 너무나 처연한, 어느 면에서 지식인의 초시대적 사명감을 촉구하는 종교적 뉘앙스까지 풍긴다.

'지식인', 그리고 그/녀가 발휘하는 '지성'이라는 정신활동태가 찾아낼 "숭고하고 궁극적인 가치"라는 것이 있을까? 여러 층의 시대과제가 겹겹이 미해결 상태에서 첩첩이 포개어지는데도 그것을 간파하고 대중의 영감을 불러일으킬 '지성'과 그 능력을 발휘해야 '지식인' 또는 인텔리겐차는 과연 무엇이고 어디에 있을까?

'지성'과 '지식인'에 대한 송호근 개념 및 그 대학중심적·교수중심적 이해의 한계: 총체론적 문명 개념과 거시주의적 지성 개념을 전제한 문명의 휘슬블로어로서의 지성과 그 제도적 거점으로서 대학의 위상

"대학교수와 공공 지식인의 시대적 과제"가 "숭고하고 궁극적인 가치를 되찾는 일"이라는 진술에 '종교적 뉘앙스'가 느껴지는 것은, 송 선생이 거기에 사용한 "숭고"나 "궁극적 가치" 같은 단어들 자체가 종

---

8) 위의 책, 356쪽. 이 쪽은 위의 송 선생 책의 마지막 쪽이고, 이 진술은 이 쪽의 마지막 문장이다. 그리고 굵은 글자 필자.

교를 규정하는 데 통상 적용되는 개념 용어들이기 때문이기도 하지만, 선생이 책 본문에서 제시한 "지성"의 개념규정에서 더욱 직접적으로 감지되면서 그 규정을 안고 그 책을 끝까지 더더욱 완독하기 때문에 그렇기도 하다. 이에 따르면 '지성'은 문명 존립의 맥락에서 그 개념이 규정된다.

> "문명은 지성을 낳고 지성은 문명을 이끈다.
> 한 시대의 거대한 흐름을 조망하는 지적 능력, 또는 시대의 중추신경을 정확히 짚어내고 그것의 본질을 드러내 보이는 지식의 응결체가 지성이다. 지성은 부분적 현상 분석에 머물지 않고 전체와의 상관관계를 포착한다. 전체는 부분의 합으로 설명되지 않는다. 부분적 합이 창출하는 발현적 성격을 놓치면 종합적 조감은 불가능하다. 지성(intellect)은 앎과 지식의 총체로부터 나오는 무형의 힘이지만, 세상의 현실을 바꾸고 인간의 행동을 개조하는 유형의 충격파이다."9)

위의 단언적 규정과 나란히 송호근 선생은, "독일어 개념인 '시대 정신(Zeitgeist)'"을 "시대를 관통하고 시대의 흐름을 정확히 짚어내는 정신의 요체"라고 병렬시키면서,10) 이 시대정신을 포착하는 능력을 지성의 핵심으로 부각시키는 듯하다가, 적지 않게 의아스럽게도, '지성'이 그 이름으로 구체적인 역사의 시대에서 퍼올리는 특정한 진리내용은 없는 듯한 뉘앙스로 그 개념규정을 보강한다. 즉, "지성은 비판정신을 통해 성장하지만, 세상의 진리를 두고 엎치락뒤치락 하는 것이 보

---

9) 위의 책, 117쪽의 「4장 대학과 지성」에서 "문명의 휘슬블로어". 굵은 글자 필자.
10) 위의 책, 같은 쪽.

통이다. 영원한 진리, 항상 옳은 것은 없다. 시대 사정에 따라 변화한다. 지성은 진리를 밝히는 횃불인데 어둠을 밝히는 등대이기도 하고 세상을 재앙으로 내모는 원천이기도 하다. 아무튼 지성은 **시대의 거대한 조류를 파악하는 지적 사고체계이자 현실적 세계에 대한 비판적 조망을 동시에 담는 사상의 동력이다.**"[11) 그러면서 선생은 **"지성은 문명의 휘슬블로어였다. 문명의 치명적 폐해를 주시하고 경고했던 휘슬블로어를 배양하고 보호했던 곳은 대학이었다."**고 지성의 궁극적 작동지평과 작동능력을 개념적으로 확언하고 그 존립의 제도적 핵심을 지적한다. 이에 따라 21세기 한국 지성의 몰락과 지식인 실종의 핵심 원인을 "그런데 **오늘날 대학의 목소리는 잦아들었다.** 유명 학자와 저술가들이 출현해 경고등을 켜기도 하지만 그 불빛은 예전만 못하다."고 단칭적으로 요약한다.[12)

사실 필자가 보기에, 대학과 지식인 형성체를 등치하면서 21세기 한국 지성의 몰락 원인 나아가 그 책임을 대학 기능의 ― 논문 생산으로의 ― 협소화로[13) 콕 찍어 지목하는 이 부분이야말로 자신의 책에서 송호근 선생이 얘기하고자 하는 요점이며, 선생과 마찬가지로 교수로서 대학에서 생존하는 데 발버둥치는 직업생활을 해온 필자로서는 참으로 공감가는 내용이이 아닐 수 없었다. 이에 덧붙여 송호근 선생은 "민주주의가 지성을 몰락시켰다"는 사태의 해명에 한 장(章)을 할애하는데, "청산의 정치", "반지성 민주주의", "피 묻은 세대 전선: 586세대

---

11) 위의 책, 118쪽. 굵은 글자 필자.

12) 이상 위의 책, 119쪽. 굵은 글자 필자.

13) 위의 책, 219-274쪽의 「7장 지식인의 실종」에서 절(節)별로 집중적으로 문제시하고 있는 "교수평가제도. 'Publish or Perish'", "적자생존과 구조조정", "한국연구재단과 BK21", "대중과 작별하기: 전문학술지의 시대" 참조.

의 정신구조", "해원의 정치와 이데올로기 분열" 등으로 조목조목 짚어
낸14) 문제점들로 점철된 '21세기 한국 민주주의'의 실상이야말로 선생
의 '한국지성 몰락 담론'을 촉발시킨 가장 직접적인 계기로서 책 본문
첫 단락에 등장한다. 이에 따르면

> **"한국의 공론장(公論場)이 이렇게 소란스럽고 폭력적일 것**이라고는 생
> 각하지 못했다. 이해와 오해, 괴담과 진실이 엇갈리고 이념적 정쟁이
> 난무하는 것은 다른 국가에서도 흔히 연출되는 장면이지만, 이슈 공중
> (公衆)의 대립은 해소되지 않은 채 현실 영역에서 참호전과 진지전을 낳
> 는 것이 한국이다. 일찍이 공론장 이론을 체계화한 독일 사회학자 하버
> 마스(Habermas)는 합의가 이뤄질 때까지 모든 의견을 자유롭게 쏟아내
> 야 한다고 권유했다. 그런데 욕설과 비방의 대가, 곡해와 날조의 사회적
> 비용이 **민주주의의 이점을 상쇄하고 '자유로부터의 도피'를 불러들이면**
> 어떻게 할까? 개인적 견해의 소중함을 인정받고 그 권리를 행사하려면
> 정치적 자유주의(political liberalism)의 기본 윤리를 우선 지켜야 한다
> 고 하버마스는 경고한다."15)

여기에서 송 선생은 에리히 프롬의 그 유명한 사회심리학적 주제
개념인 '자유로부터의 도피'라는 표현을 차용하는데, 이때 자유로부터
도피한다고 아쉬움을 자아내는 실체는 (프롬이 간파했던) 권위주의를
순종적으로 내면화한 하층중산계급(lower-middle class)의 대중(mass)
이 아니라 "어느 때보다 확대되고 요란한 공론장"에서16) "글의 영향력

---

14) 위의 책, 275-318쪽의 「8장 민주주의는 왜 지성을 몰락시켰는가」의 절별 제목들이다.
15) 위의 책, 「서문」, 5쪽. 굵은 글자 필자.
16) 위의 책, 9쪽.

이 날이 갈수록 줄어드는"[17] 현실에서는 거의 자동적으로로 보장되었던 "존경을 철회당한"[18] 대학의 학자들, 즉 교수들이라는 점이 아프게 시선을 끈다. 다시 말해서, '대학'이야말로 각 시대가 필요로 하는 '지성'을 배양하고 '지식인'을 배출하여 전 문명적 차원의 시대정신을 제시하고 그에 의거하여 공론장(公論場)에서의 글쓰기를 통해 공중(公衆)을 이끌어야 하는데, 대학 안에서는 연구비 지원을 미끼로 한 논문 지상주의에 매달리고 대학 밖에서는 "포털사이트를 수놓는 댓글들, 상업화된 언론과 인터넷매체가 즐기는 가짜 뉴스와 왜곡정보들, 이념 성향에 치우진 방송사들, 그들과 결탁한 시민단체 활동가들과 운동권 후예들이 설치는 공론장의 활극과 난투"에[19] 어쩔 줄 모르다가, 공중에게 대립과 혐오의 정치를 선동하여 정치적 소득을 취하여 권력 쟁취에 골몰함으로써 민주주의를 반(反)지성화시키는 정치세력에 자리를 빼앗겨, 21세기 한국에서 지식인은 대학과 공론장 모두에서 밀려나 대학 안의 자기 연구실로 움츠러들었다. 우선 "민주화 기간 동안 원로들이 모두 사라졌고" "대학의 정신을 지키는 파수꾼이 줄어들고" "시대정신의 전선을 지키는 경비병들도 점차 사라졌다."[20]

그런데 송호근 선생의 '21세기 한국 지성 몰락 담론'의 핵심개념과 명제 및 논의 구도를 이 정도로 요약하고 나니, 21세기 세 번째 십년기 초엽의 대한민국 대학과 교수 그리고 21세기 한국 민주주의 공론장의 부정적 양상에 대한 선생의 지적은 너무나 공감되면서도, (필자가 치

---

17) 위의 책, 12쪽.
18) 위의 책, 7쪽.
19) 위의 책, 6쪽.
20) 위의 책, 8쪽.

명적으로 오해하지 않았다면) 선생이 염두에 둔 '지성'과 '지식인'의 개념, 그리고 그 개념에 따라 그려지는 지성의 작동 구조와 지식인의 활동 양상이 지나치게 대학중심적이고 교수편중적이지 않은가, 심지어는 지적인 엘리트주의가 아닐까 하는 의문마저 드는 것도 숨길 수 없다. 선생은 거의 절규하듯이 지성, 대학 그리고 지식인 그것도 "공공(公共) 지식인"의 내재적 연계를 절대 망각하지 않으려는 듯한 결기로 지식인의 실존과 그 위상을 다음과 같이 웅혼하게 확언한다.

> "모든 학자들, 교수들이 사회적 발언을 하는 것은 아니다. 글과 발언을 통해 사회참여를 하는 사람들을 공공지식인(public intellectuals)이라고 부른다. 이들은 특별한 자질을 가졌다. 사회현장을 파악하는 매의 눈, 그것을 종합하는 총체적 분석력을 갖추고, 공중을 설득하는 대중적 글쓰기에 능한 사람들이다. 요즘 같은 영상시대에는 화술(話術)이 더 중요할지 모르겠으나, 아무튼 글과 말은 공공지식인의 필수 요건이다. 대학은 그런 공공지식인의 집단 서식자이자 포퓰리즘과 타협하지 않도록 학문적 긴장의 끈을 조이는 감시원이었다."[21]

그런데 이렇게 되면 더 문제는 애초 필자에게 선우현 선생이 제기했던 물음에 대한 대답이다. 만약 지성과 지식인의 개념이 앞에서 송호근 선생이 파악한 대로 이해된다면 "한국 사회와 비판적 지식인의 역할: 과연 그 시효는 지났는가?"에 대한 응답은 사실상 "그렇다, 한국 사회에서 비판적 지식인 아니 지식인 자체의 역할은 이제 시효가 지났다."고 확정된 것이나 다름없다. 왜냐하면, 송호근 선생의 말대로라면,

---

21) 위의 책, 11쪽.

대학은 이미 학력시장에서의 경쟁력에 매달리는 교육기업이 되었고, 이에 따라 교수들은 미분화된 전공에 갇혀 단편적 논증에 몰입하는 논문생산자로 오그라들었기 때문이다. 따라서 송호근 개념과 진단에 따른 이런 구도에 입각하면, 한국 국가와 사회는 물론 대전환 국면에 들어선 21세기 문명의 모순을 파악하고 대중에게 전달할 비전을 계발하여 문명을 구원할 그런 지성과 지식인이 나올 현실적 단초는 적어도 — 송호근 선생이 우울하게 샅샅이 훑어본 — '21세기 한국'에서는 전혀 없다고 할 수밖에 없다. 물론 선생은 그럴 지성을 이제부터 "찾아나서는" 보겠다고 마지막 낙점을 찍었지만 어떤 지성과 지식인을 찾아낼지는 이 마지막 다짐에 이르기까지의 담론이 너무나 자멸적이다. 즉 송 선생은 앞이나 옆으로 나아갈 길을 잘라가면서 지금 서 있는 자리를 파헤친 격이다.

이렇게 판단되면, 송호근 선생의 텍스트로를 통해 지성과 지식인, 그것도 21세기 한국에서의 개념과 현실에 대한 연구학습에 아주 큰 도움을 받은 필자로서 우선 취할 수 있는 방도는 일단, 지성과 지식인의 개념을 파악함에 있어서 송호근 선생이 돌아보지 않은 측면이나 추억이 없는지 살펴보는 것이다.

'지식인'과 그 개념 형성의 역사적·현대정치적 맥락과 사회인식론적으로 특이한 의미의 정립 : 드레퓌스 사건과 '지식인 사회'의 부상

그 사회적 실존의 특징적 핵심능력은 '지성(intelligence)'이지만 이것으로써 그 특징적 능력이 규정되는 '지식인(les intelectuelles)'이라는 개념표현은 어원학적으로 '지성' 개념보다 시간적으로 앞선다. 그리고 역사적으로 또 문헌학적으로 볼 때 이 표현은 19세기 초까지 글을 읽고 쓸 줄 아는 사람을 뜻하는 '문인(文人)' 또는 '문필가(文筆家)'라고 번역할 수 있는 영어 "man of letters" 혹은 프랑스어 "belletrist"나 "homme de lettres"와 연관하여 통용되었는데, 그런데 이 당시 이 단어들에는 어떤 경우에도 "대학 학자(academic)"라는 뜻은 없었다.[22] 그러면서 이 시기까지 현재적 의미의 '지식인'과 거의 동의어로 쓰였던 것은 계몽주의 시대에 지적 작업에 전업으로 종사했던 계몽주의 철학자들을 지칭했던 "철인(philosoph)"이라는 단어였다.[23]

　그 현재적 의미로 프랑스에서 발원하여 전 세계로 확산된 '지식인'의 개념형성을 주제로 한 모든 역사적·사회학적 연구에서 공통적으로 확인되는 것은, '지식인'이란 용어가, 19세기 말 프랑스에서 벌어진 드레퓌스 사건에서 유대계 프랑스인으로서 당시 프랑스 육군 대위로 복무하다 독일 스파이 혐의를 받고 재판에 회부되었던 드레퓌스에 대한 사법적 처리를 문제시하여, 직업적으로는 법과 관련된 활동과 일체 무관한 사람들, 즉 직업적으로 대학 강단이나 전문법조계와는 무관하지만 사회적으로는 이른바 '식자들은 사람들'이라고 인정받는 이들이 일단 먼저 나서서 독일증오감과 반유태주의에 사로잡힌 대중의 집단편견에 맞서[24] 드레퓌스의 무죄를 논변하는 언론 활동을 적극적으로 주동

---

22)　Wikipedia, "Intellectual", in: https://en.wikipedia.org/wiki/Intellectual, last edited on 26 February 2024, at 02:17 (UTC).

23)　Wikipedia, "Intellectuel", in: https://fr.wikipedia.org/wiki/Intellectuel, La dernière modification de cette page a été faite le 15 février 2024 à 08:26.

24)　드레퓌스 사건의 추이와 그 당시 지식인들의 활동상과 사건의 추이에 대한 역사적·사회학적 연구로는 할라즈, N.,『드레퓌스 사건과 知識人: 歷史的 展開過程과 집단 발작. 오늘의 思想新書 47 *Captain Dreyfus: The story of a mass hysteria*(1955)』, 황의방 역(서울: 한길사,

하거나 항의서명 운동에 참여했던 이들을 특징짓기 위해 처음으로 사용되었다는 것이다. 당시 작가 에밀 졸라는 새로 창간된 일간지《새벽(L'aurore)》에 「펠릭스 포르 대통령에게 보내는 편지」를 투고하였는데, 그때 이 신문의 편집장이었던 조르주 클레망소(잘 알다시피, 그는 후일 제1차 세계대전 때 프랑스 정부의 국무회의 의장, 즉 총리로서 전쟁을 지휘하여 프랑스의 승전을 이끎)는 자기 신문의 1898년 1월 13일(목요일 87호) 지상에 ―그 뒤 엄청나게 유명하게 된― "나는 고발한다!(J'accuse!)"라는 제목을 달아 이 글을 게재하였다.

1996년 "지식인의 탄생"이라는 주제로 이 사건에 대한 고전적 연구성과를 내놓은 파스칼 오리와 장-프랑수아 시리넬리에 따르면, "탄핵문은 드레퓌스 사건을 둘러싼 침묵의 벽을 뚫기 위해 쓰였고, 정도의 차이는 있지만, 정의(正義)를 부정하는 민간과 군의 고위층을 고발하기 위해 쓰인 것이었다. 또한 이 글은 드레퓌스 옹호자들이 진범이라고 판단한 에스테라지 소령이 무죄석방된 것에 대한 응답이기도 하였다. 글을 쓴 졸라와 편집장 클레망소는 자기들이 법적으로 어떤 위협을 감수해야 하는지 잘 알고 있었다." 이 성토문에서 졸라는, "나의 저항은 내 영혼의 외침일 뿐이다. 내가 바라는 것은 중죄재판에 소환되어 사건에 대해 공명정대한 조사가 이루어지는 것이다. 기다리겠다."고 선언하면서 "자기들에게 중요한 것은 공개적 논쟁이고, 진실이 완전하게 은폐되는 것을 막는 것"이었음을[25] 명백히 밝혔다.

1982) 참조. 그리고 이 책에서 할라즈는 드레퓌스 사건 당시 유대계였던 드레퓌스 대위에 대한 프랑스 시민들의 상태를 "대중 히스테리(mass hystery)"라고 특징짓고 있는데, 이 책의 한국어 번역자인 황의방 선생은 이 단어를 '집단 발작'으로 옮겼다.

25) 오리, 파스칼/시리넬리, 장-프랑수아(Pascal Ory & Jean-François Sirinelli)『지식인의 탄생: 드레퓌스에서 현대까지 Les intellectuels en France de l'affaire Dreyfus á nos jours(1996)』,

다음 날부터 20여 호가 계속되는 동안《새벽》에는 "아래 서명자들은 1894년 드레퓌스 대위에게 유죄 판결을 내린 재판이 법률형식을 위반했다는 점, 그리고 (이제는 드레퓌스 사건이 아니라_필자) 에스테라지 사건을 둘러싼 의혹에 항의하여 그 재심을 요구한다"라는 요지의 짧막한 항의문이 게재되고 수백명의 인사들이 지지서명했다. 이 서명자들에게서 특징적인 것은 그 명단에서 중요한 위치를 점하는 이들이 대부분 "교수와 학위 소지자들"이라는 사실이었다. 이 점이 확인되는 것은 이 직업군에 속하는 이들의 성명 앞에 학위 표시(Dr.)를 붙이는 서유럽의 생활습관 때문이었는데, 성명에 학위 표시가 없는 작가나 음악가 같은 예술인 그리고 건축가, 변호사, 병원인턴 같은 자유직업인들도 소수지만 상당수 유명인들이 포함되어 있었다.[26]

　　그런데 이 드레퓌스 사건과 관련하여 나선, 그리고 바로 프랑스 사회에서 뭔가 안다는 것으로는 다른 평범한 시민들과 비교불가능한 정도의 높은 수준에 있던 이런 사람들을 한 뭉텅이로 묶어 "지식인들(les intelectuelles)"이라는 집단호칭을 부여하여 하나의 대오로 "집결시킨" 사람은 에밀 졸라의 성토문 게재를 결정했던 조르주 클레망소였는데, 그는 졸라의 성토문이 나온 지 열흘째 되는 1898년 1월 23일, 정기간행물《백색리뷰(Revue Blanche)》에서, 그때까지 단지 사태의 흐름을 주시하는 방관적 입장에서 벗어나 드레퓌스의 무죄를 주장하는 대열에 합류하면서 그 낯선 표현을 두드러지게 표시하기 위해 '지식인'이

한택수 옮김(서울: 당대, 2005.12.), 5-6쪽.

26)　학위 소지자가 아닌 서명자들로는 이 성명을 처음 발의한 에밀 졸라를 비롯하여 아나톨 프랑스, 마르셀 프루스트, 청년기 앙드레 지드 같은 문인들 그리고 알베릭 마냐에르 같은 음악가가 있었다(위의 책, 6쪽).

라는 어휘를 이탤릭체로 표기하여 "한 가지 이념을 위해 사방에서 몰리는 지식인들, 이것은 하나의 징후가 아니겠는가?"라고 썼다. 그렇지만 이 단어가 바로 대중화되지는 않았는데, 역설적으로, 그로부터 일주일 지나 1898년 2월 1일, 당시에는 청년 세대 사이에서 에밀 졸라와 비견되는 명성을 누리던 작가 모리스 바레스가 《새벽》보다 훨씬 많은 판매 부수를 발간하던 일간지 《르 주르날(Le Journal)》에 이 단어가 제목에 들어간 「지식인들의 항의!(La protetation des intellectuels!)」라는 글을 기고하여 이들을 단지 '항의자'라고 칭하면서 "결국 유대인과 신교도들을 제외하고 **소위 지식인들이라 불리는 이 명단**은 대부분 명칭이 아니면 외국인 그리고 일부 선량한 프랑스인들로 이루어졌다."고 비난하여 이들이 자기들도 잘 모르는 일에 아는 척 참견하면서 거만을 떤다고 비웃었다.

결국 "지식인"이라는 표현은 그 탄생의 순간에 긍정적 의미와 경멸적 의미라는 전혀 상반된 의미를 동시에 갖게 되고, 당시의 정치적 맥락에서 직업 정치인들도 아닌 이들이 자기 직업과 관계되지도 않은 일에 당장은 대중이 대체로 믿지도 않은 판단을 갖고 집단적으로 또 공개적으로 튀어나왔다는 점에서 "전위적(前衛的)"임에는 분명하지만, 과연 이들이 요구하는 판정이 올바른 것인지에 대한 규범적 평가와 정치적 판단은 극명하게 갈리는 "이데올로기적 균열"을 생래적으로 담지하는 개념으로 작동하기 시작하였다.[27] 그리고 이 개념표현은 그것이 함의하는 바, '지성의 능력을 발휘한 실천적 활동의 주체'로서 자신의 정체성에 대한 자의식을 가진 이의 삶의 과정에서 맞닥뜨리는 각종 문

---

27) 이 단락의 인용문들은 위의 책, 6-7쪽을 출처로 하며 굵은 글자는 필자.

제의 다양한 맥락에 따라 정신적 자기정체성의 균열과 변동도 야기한다. 하지만 개념적용에 있어서 이렇게 심대한 동요 요인을 담지하면서도 이들의 정체성을 핵심적으로 규정하는 요인들은 모두 실천적 성격의 것인데, 오리와 시리넬리는 그것을 "논쟁과 가치" 즉, 필자 식으로 표현하면, **공론장에서의 공적 논변(public discourse)과 쟁점화된 공적 가치문제들에 대한 규범적 판단(normative judgement on the disputed issue of public value-problems)**이다. 이런 상태에서 이런 **활동이 국가적으로나 사회적으로 대중 차원의 중요한 관심사가 되기를 의도**한다는 그 목적성의 실천적 성격까지 감안하면 사회적 차원에서 제도화되거나 관행화된 지식의 생산, 습득, 유통, 적용이라는 사회인식론적 존립과 변화와 연관되면서 "지식인의 극단적 의미"가28) 형성되었다. 현대적인 정치적 맥락, 특히 혁명 이후의 19세기 프랑스의 정치 맥락을 배경으로 형성된 '지식인'이라는 개념표현에 개념적 우선권을 부여할 때 (그리고 그 뒤의 역사에서 그럴 수밖에 없을 것 같은데) 21세기 전반기인 현재까지 개념적으로 유효한 '지식인'과 그 성격적 활동능력으로서 '지성'의 극단적으로 특이한 의미는 다음과 같이 정리될 수 있다.

첫째, 드레퓌스 사건 이래 '지식인들'의 사회적 공통성은 이들의 직업(profession) 또는 생업(occupation)이 전문적 지식들을 소재로 한 활동으로 생계를 삼는다는 것인데, 인문/사회/자연과학에 종사하는 연구자, 학자와 교수들을 필두로 문학과 예술에 종사하는 작가와 예술가들이 포함되고 이보다 더 많은 인적 자원을 포함하는 정보분야

---

28) 위의 책, 9쪽.

와 교육분야 그리고 언론이나 법조와 관련된 활동가들이 이 개념의 외연에 해당된다.[29]

둘째, 그럼에도 불구하고 이들 직업군을 생업으로 하는 이들이 드레퓌스 사건을 계기로 '지식인'이라고 새로이 규정될 때 "우리의 관점을 묘하게 바꿔놓는 엄격한 기준" 하나가 정립되었는데, 그것은 지식인이라고 한다면, 그/녀는 자기가 익숙하고 그것으로 생계를 삼는 직업과 그것이 보장하는 사회적 지위와 무관하게, "'국가'와 관련된 논쟁의 의미가 포함된 정치적 문제에의 간여 여부"에 따라 지식인으로 규정된다는 것이다.[30] 바로 이 때문에 지식인이 대중적 관심사가 되어 있는 공적 쟁점에 관해 발언할 경우 자기가 알지도 못하는 문제에 대해 아는 체한다는 원색적 비난이 일어나기도 한다.

셋째, 이렇게 지식인으로 실존하기로 결심하거나 아니면 결심하도록 떠밀릴 경우 형성되는 지식인이라는 새로운 인격상의 행위유형에는 그에 특정한 활동성향이 있는데, 그것은 다름 아니라 "지식인의 간여는 **선언적**(宣言的, declarative)이라야 한다."는 것이다. 즉 지식인은 "생각하는(thinking)" 사람이 아니라 개인상호간의 영향, 탄원행위, 증언 등을 포함한 법정진술, 저술, 논설 등을 통하여 자기의 생각을 **표현하는(expressing) 사람**이어야 한다. 그리고 그 내용과 관련해서 지식인의 표현은 **개념적이고, 그런 의미에서 추상적 개념의 조작**을 필요로 하는데, 그렇다고 문제될 개념을 새로 조작할 필요성은 전혀 없다.[31] 바로 이 점에서 지식인으로서의 표현에 가용되는 지식은 **그것이**

---

29) 위의 책, 10쪽 참조.
30) 위의 책, 11쪽.
31) 이상 위의 책, 같은 쪽. 굵은 글자 필자.

가용될 계기를 제공하는 국가와 사회의 사회적·역사적 구성과 구조에 대한 설득력 있는 조망을 함축하는 것이라야 하며, 이런 의미에서 '지성(知性, the intellect)'은 쟁점과 관련된 이론적·실천적 지식 전체로 형태화된 국가상과 사회상을 제공할 수 있는 지적 능력을 뜻한다는 점에서 앞에서 상술했던 송호근 선생의 총체주의적 지성 개념과 일치한다.

넷째, 그러면서 드레퓌스 사건에 대한 지식인의 개입에서 분명해지는 것은 지식인이 개입하는 문제의 지평이 확실하게 **"반드시 동시대적이고 반드시 가치평가적인"** 것에 한정된다는 것이다. "본질적으로, (지식인이 지식인으로서 다룰_필자) 문제는 **말하는 이(話者)와 그 말하는 이가 호소하려는 사회 전체 또는 그 일부가 서로 공유하는 확신**을 전제로 한다. (드레퓌스 사건 당시를 기준으로_필자) 학생에 대한 교사의 특권이 일반화되어 있다는 것이 그런 예가 되겠다. 그리고 이 확신 또한 **이상주의적임과 동시에 사회적인 역사개념을 토대**로 한다. 이에 따르면 이념은 사회를 이끌고, 이념의 추진력은 확신의 강도 및 그 이념을 표현하는 사람들의 자질과 관련된다. 하지만 이와 달리, 숫자에 의존하는 것, 즉 **정신적 지도자들에 의해 계몽된 많은 수의 국민들**에게 호소하는 것도 나쁘지 않다."[32]

다섯째, 그런데 이런 확신이나 역사개념은 각자 서 있는 입장에 따라 그 내용과 타당성 범위가 심하게 동요하는 경우가 결코 드물지 않다. 그리고 보통 대의를 위해 자신의 기득권을 희생하는 순교적 이미지와 추상적 관점과 박식한 지식에 매달려 비판을 명분으로 무조건 훼방만 놓는다는 식으로 지식인에 대한 추앙과 경멸이 난무하고, 지식인

---

32) 위의 책, 11~12쪽. 굵은 글자 필자.

의 투쟁이란 휴머니즘의 가치를 짓밟는 모든 것에 대한 영원한 투쟁이라고 인정하더라도 정파에 관계없이 누구나 수긍하는 그 **보편적 휴머니즘**이라는 가치에 대한 이해도 합의될 수 없는 경우가 빈번하게 발생하는 상황에서, '지식인'이란, **그 어떤 학문적 분야에서도 자기 전공으로 독점할 수 없는 그런 유형의 문제들에 대해 그것을 총체적으로 파악하고 실천적 대안을 제시하면서 그 자신 적극적으로 투신하기도 하는 특정 유형의 인간**으로, 좀 느슨하게 규정되는데, 이런 맥락에서 지식인이란, 파스칼 오리와 장-푸랑소아 시리넬리에 따르면, **"정치적 인간의 상황에 처한 창조자 또는 매개자로서의 문화인, 이데올로기 생산자 또는 그 소비자"**로33) 그 **위상**이 좁혀지기도 하지만, 이런 위상마저 지식인의 경우에는 **"그 윤리적 차원에서 개인의 의지를 넘는 집단적 규범(collective norms)에 관계"**될 경우 비로소 확보된다.34)

지식인 발생의 배경과 현실적 계기, 그 활동 양상 그리고 지성의 작동형태와 그것이 관여하는 지적 내용의 성격에 이르기까지 상세하게 규정했음에도 불구하고 이 규정은 이런 지식인의 행태가 작동할 정치적·가치론적 방향을 단일하게 미리 지정할 당위적 요인을 전혀 갖지 않는다. 즉 지식인으로 분류되는 개인들의 집단은 그 자체 자신들이 보유한 각종 전문적 지식을 토대로 어떤 동질성을 갖고 하나의 유기적 전체로 결속된 '지식권력 집단 또는 신분'이나 동일한 이해관계를 공유하는 특정 계급이나 계층으로 표상되는 것이 아니라 "그들에게 고유한 도구와 그들에게 고유한 네트워크를 만들면서" 쟁점에 따라 이합집산

---

33) 위의 책, 13쪽. 굵은 글자 저자.
34) 위의 책, 같은 쪽. 굵은 글자 필자.

하는 "일종의 지식인 사회 또는 지식계(une societé intelectuelle)"이다. 따라서 지식인 개념이 탄생하는 순간 거기에는 민족주의적이고 반유대적인 편견에 사로잡힌 프랑스 대중 및 민간과 군부의 고위층을 비판한 에밀 졸라 같은 진보적 그룹들뿐만 아니라 이들을 위선적이고 어리석다고 비난한 반동적 평론가나 작가들도 모두 포함된다. 즉 '지식인 사회' 또는 '지식계'는 동일한 이해관계를 가진 단일한 권력집단 또는 계급으로 선재하는 것이 아니라 사회 안의 각 생활활동에서 쌓은 높은 수준의 지식을 토대로 생활하는 그 사회의 국가시민들이 자기 사회의 각 생활관계에서 발생하는 모순적 이해관계를 공개적 논변의 차원에서 각각의 입장에 따라 규범적으로 평가하는 일종의 공론장이다. 그것은 밀실이나 회의실 같이 폐쇄된 모양이 아니라 관심 있어 모인 관중들 앞에서 어떻게 끝날지 모르는 승부를 걸고 일정 기능 즉 지성을 발휘하여 논변으로 경쟁하는 일종의 공적 무대로 비유할 수 있을 것이다. 여기에서는 미리 정해진 승부는 없다. 하지만 어떤 경기든 경기가 제대로 작동하려면 반드시 지켜야 하는 스포츠맨쉽과 같은 '게임의 룰', 즉 '체육경기에서의 규칙'과 같은 '지식인의 책임들'은 있다.

지식인의 배신, 그리고 '지식인의 의무': "권력에의 진리(truth to Power)"

이런 측면에서 21세기 현재에도 스스로를 지식인이라고 표방하면서 여전히 활동하고 있는 노암 촘스키의 지식인 규정은 아주 흥미롭다. 잘 알려져 있다시피 촘스키의 전공은 언어학으로서 그의 '변형생성문법'은 언어학 연구의 한 획을 긋는 업적이지만 전문연구분야라는 측면에서 보면 그것은 그가 지식인으로서 집중적 관심을 갖는 미국의 국제 정치와는 전혀 관련이 없다. 그런데 지식인 개념의 형성에 역사적으로 접근했던 오리와 시리넬리의 연구결과물이 출판되었던 1996년 바로 같은 해, 글쓰는 사람(writer)으로서 나아가 실제로 지식인으로서 강한 자의식을 갖고 20세기 후반 당대의 여러 사건들에서 특히 미국이 국제정치적으로 범한 비위들을 폭로하고 비판하던 노암 촘스키는 미국의 지원을 받은 인도네시아 정치세력이 독립을 요구하는 동티모르 시위자들을 학살한 사건을 쟁점화시킨 책을 출간하면서 이 쟁점을 본격적으로 논의하기 직전, 오리/시리넬리가 역사적으로 유형화시켰던 지식인 개념과 거의 일치하는 규정을 제시하였다.

『지식인의 책무』라고 우리말로 번역된 이 책은[35] 공교롭게도 우리말 번역출간 시기도 2005년 7월로, 오리/시리넬리 책의 번역출간 시기인 2005년 12월에 비해 월수만 다섯 달 앞섰을 뿐으로, 서로의 연구성과를 참조한 흔적을 전혀 찾을 수 없는데, 촘스키에 따르면, "지식인의 책무'는 무엇인가라는 물음에 대해 '지식인의 책무는 진실을 말하는 것이다!'라고 간단하게 대답할 수 있지만", 그/녀가 실질적으로 활동을 전개하는 구체적 상황을 염두에 두고 "좁은 의미로" 말하자면, "지식인의 책무란, … '중요한' 문제에 대해서 '적합한 대중'에게 '가능한 범위 내에서' 진실을 알리는 것이 지식인에게 주어진 도덕적 과제이다."[36] 그러면서 이 명제에 적용된 수식어들에 대해 세부규정을 가하여 지식인으로서의 활동상을 더욱 특정하게 부각시켰는데, 그에 따르

---

35) 노암 촘스키, 『지식인의 책무*Writers and intellectual Resposibility*(1996)』, 강주헌 옮김(서울: 황소걸음, 2005.7.)

36) 위의 책, 15쪽.

면, "(지식인으로서) 자신이 관심을 갖는 '중요한' 문제라는 것은 특히 인간의 삶에서 흔히 있을 수 있는 현상과 관계 있는 도덕적 지위의 것"으로서 "도덕적 행위자로서 지식인이 갖는 책무는 '인간사에 중대한 의미를 갖는 문제'에 대한 진실을 '그 문제에 대해 무언가를 할 수 있는 대중'에게 알리려고 노력하는 것이다."[37]

그런데 이런 규정을 전면에 부각시키면서 특징적으로 드러나는 지식인이 바로 이런 규정과 정면으로 위배되는 행태를 보일 수도 있다는 점도, 아니 대체로, 미국을 필두로 한 서구의 지식인들이 그들의 "기본적인 실천 원리"에 따라 이 도덕률을 대체로 위반해 왔다는 사실들도 동시에 부각된다. 즉 촘스키는 위와 같은 자신의 규정을 제시한 뒤 바로 "이런 정의는 도덕적 행위자라면 당연히 해야 할 것을 가리키기 때문에 동어반복일 수 있지만, 안타깝게도 이 뻔한 소리가 지켜지지 않아 문제이다. 그 이유는 간단하다. 우리가 속한 지식인 계급(또는 계급화된 지식인?_필자)의 기본적인 실천원리가 이 기초적인 도덕률조차, 그것도 입에 거품을 물고, 거부하기 때문이다. 이런 점에서, 기본적 실천 원리로 현실을 평가할 때, 우리는 역사적으로 끝없는 나락에 떨어졌을지도 모른다."[38]

여기에서 촘스키가 "지식인의 기본적 실천 원리"라고 한 것이 무엇을 의미했는지는 그 자신이 개념적으로 정식화하지 않은 채 책 전반에 걸쳐 현대의 국제정치에서 미국이 자행한 범죄적 행태들을 구체적으로 예시하고 열거하는 것에 몰두하지만, 그 문맥에서 확인하건대,

---

37) 위의 책, 16쪽.
38) 위의 책, 같은 쪽. 일부 번역 필자 변경.

촘스키가 염두에 둔 미국 나아가 서구 지식인들의 기본적 실천원리란, 우리 편과 저들 편을 가르고, 저들의 잘못은 지적하지만 우리 쪽의 잘못은 눈감고 넘어가는, 일종의 분파적 당파의식을 가리키는 것은 분명하다. 즉 지식인은, 앞에서 오라와 시리넬리가 정리한 대로, "윤리적 차원에서 개인의 의지를 넘는 집단적 규범(collective norms)에 관계"하는 그 특성을 당파성에, 그것도 편파적으로, 이끌리는 쪽으로만 남용함으로써, 그들의 능력, 즉 '지성'을, 본래 그것이 밝히는 데 기여해야 할 '진리(truth)'를 도리어 은폐(隱蔽)하고, 경우에 따라서는, 오도(誤導)하는, 즉 진실에 대해 잘못된 이미지나 정보를 의도적으로 유포시키는 역할을 ―'기꺼이'라고 표현해도 될 정도로― 적극성을 갖고 떠맡고 나서기도 한다.

촘스키의 이런 우려, 그리고 그의 시선으로 볼 때는 '지식인의 배신'으로 보이는 이런 방향의 지식인의 행태는 촘스키 그리고 오리/시리넬리가 20세기 지식인 활동의 역사를 전반적으로 조망하기 훨씬 전인 1927년에 "지식인의 배반"이라고 가열차게 비난받은 적이 있었다. 앞에서 독해한 오리/시리넬리도 언급했고[39] 이 말을 제목으로 한 책에서[40] 줄리앙 방다는 "지식인이란 현실적인 목적을 추구하지 않고 보편적인 가치를 추구하는 사심 없는 자들"이라는 지식인 개념에서 출발하여 당대의 일부 지식인들이 정치적 열정에 눈이 어두워 지성적 가치들을 배반했다고 신랄하게 비난했다. 여기에서 방다는 무엇보다도 지

---

39) 오리/시리넬리(2005/1996), 앞의 책, 12쪽.

40) 줄리앙 방다(Julien Benda), 『지식인의 배반 La Trahison des clercs(1927)』, 노서경 옮김(서울: 이제이북스, 2013.3.22.). 이 책은 같은 번역자에 의해 다른 제목으로 1970년대 이미 한 번 번역되어 출간된 적이 있다. 줄리앙 방다, 『知識人의 反逆 La Trahison des clercs(1927)』, 노서경 옮김(서울: 百濟, 1978).

식인들의 이데올로기적 미망을 비판하는데, 그에 따르면, "'지식인'이란 현실적 목적을 추구하지 않고 예술이나 학문 혹은 형이상학적 사유의 실천, 다시 말해서 영원불변한 선(善)의 소유에서 기쁨을 얻는 사람들로 이해한다. 그러므로 지식인들이 수호하고 전파해야 할 소위 **'지성적 가치들'은 정의와 진실 그리고 이성이며, 이 가치들은 불변적이고 무상적이고 이성적이라는 세 가지 특징**을 지니고 있다. 다시 말해서 정의와 진실과 이성은 상황이나 시간과 공간을 초월해서 존재하는 가치들이고, 어떠한 현실적인 목적도 겨냥하지 않을 때에만 진정한 가치를 지닐 수 있다는 것이다."[41]

하지만 촘스키는 자신의 "개인적 비전은 계몽주의와 고전적 자유주의에 기원을 둔" 일종의 "무정부주의적 조합주의(anarcho-syndicalism)"라는 것을 숨기지 않고 드러내면서도[42] 바로 이런 비전들과 목표들의 충돌이 있다고 하더라도 결코 포기할 수 없는 것이 바로 "우리들의 삶"이라는 데에 시선을 집중시킨다.[43] 즉 인간들 각자 그리고 지식인들 각자가 추구하는 비전과 분투하는 목표가 아무리 다양하고 그것들 사이의 충돌이 다반사로 일어난다고 하더라도 '인간으로서의 삶의 부당한 훼손이나 전면적 부정'으로 나타나는 사건이나 현상들은, 그것이 무엇이든 지식인들이 거기에 맞서 자신의 지성을 투입하여 사태의 인식과 극복의 비전을 제시하고 대중의 공감을 창출하면서 실천적으로 행동할 구체적 전략과 전술로 대중의 행동의지를 결집시킬 당면의 과제

---

41) 방다의 위의 책에 대한 이 요점 요약은 이기언, 「[지성인의 계보학] 쥘리앙 방다 '지식인들의 반역'」, in: 《경향신문》(https://m.khan.co.kr/article/200205131604531#c2b 2002.5.13.). 굵은 글자 필자.

42) 촘스키, 앞의 책(2005/1996), 48쪽.

43) 위의 책, 57쪽.

가 됨을 논증한다. 이런 맥락에서 촘스키는 좌우와 진보-보수를 막론하고 공동으로 추구할 수 있는 인도주의 비전에 따라 전 지구적으로 보편적인 민주주의의 실천을 제시하는데, 이 경우 '민주주의'는 집중되어 부당하게 행사되는 권력독점체에 대한 고전적 대응이념으로 제시된다. 이러면서 촘스키는 현대 지구사회에서 가장 큰 권력으로 작동하는 국내외의 국가권력과 시장에서의 자본권력에 대한 비판적 분석과 실천적 저항을 이 시대 지식인의 최전선의 당면 과제로 부각시킨다. 즉 촘스키에 있어서 현대 지성의 가장 핵심적 기능은 권력비판이다.

　21세기 들어와서 지식인의 작동양상에 대한 비판적 분석은 더욱 첨예해지는데, 한 세기 이상 진행되었던 지식인 연구들을 사회인식론(social epistemology)의 관점에서 조망하면서 스티브 풀러는 지식인 앙가주망의 핵심을, 지식인이 "지적 자율성(intellectual autonomy)"을44) 보장받는 가운데 사회적으로 유통되는 각종 지식과 관념 또는 정보들에 대한 "지식관리(knowledge management)"를 통해45) "권력에의 진리(truth to power)"를46) 탐색하는 데서 찾으면서, '지식인'이란 이 목적을 위해 자신이 생활하고 활동하는 사회에 대하여 "총체적인 진리"를47) 획득하고자 하는 일종의 사회적 규모의 거시적 지식생산자로 규정한다.

　이렇게 보통 '지성'이라고 특정되는 양상을 띄는 지식생산의 관점에서 지식인의 지적 활동을 특정짓는 풀러는 이런 지식계에서 지식인

---

44)　풀러, 스티브(Steve Fuller), 『지식인. 현대 사회에서 지식인으로 살아남기The Intellectual (2005)』, 임재서 옮김(서울: 사이언스북스, 2007. 11.), 7쪽.
45)　위의 책, 51-68쪽.
46)　위의 책, 6쪽.
47)　위의 책, 68-78쪽.

이 되어 지식인으로 살아남는 아주 구체적인 태도와 방법까지 세부적
으로 제시한다.[48] 이것들은 앞에서 오리/시리넬리가 포착해서 부각시
켰던 "지식인 사회"에서의 공적 지식인의 행동방식, 즉 논변의 공론장
과 그 작동방식이 사실상 일치하는데(앞의 20쪽 논술 참조), 풀러는 그
것을 현대 사회 존립에 필수적인 한 요인으로서 "과학공동체"의 한 양
태로 간주하고, 지식인의 사회적 위상은 사회가 필요로 하는 지식의
생산과 생산된 지식들의 질(質)과 그것을 둘러싼 가치론적 평가를 대중에
게 매개하는 공적 책임을 이행하는 지식경영자(knowledge-manager)라
는 데서 확보된다고 주장한다.

　　그런데 여기에서 유의할 점은, 이른바 지식인들이 각자 자기 분야
에서 인정받은 지적 역량을 토대로 하여 생활권에서 제기되는 위중한
생활문제에 간여하는 권력에 대해 규범적 판단을 담는 그런 종류의 논
변적 지식내용을 생산한다고 해서, 이런 지식생산자 또는 지식경영자
들의 자발적 참여와 투신으로 형성되는 '지식인 사회' 또는 '지식계'가
사회분업이나 공동체구성에서 오직 그것을 성립하고 유지하기 위한 명
시적 제도장치로 존립하거나 아니면 특정의 제도영역을 보유하지 않는

---

48) 풀러는 "어떻게 하면 지식인이 되는가?"라는 독자의 질문을 상정하면서 그에 대해 다음의
　　다섯 가지 "조언"을 제시하는데, "첫째, 판단 능력을 잃지 않고 다양한 관점으로 보는 법을
　　배워라.", "둘째, 무슨 생각이든, 어떤 매체를 통해서든, 기꺼이 다른 사람들에게 자신의 생
　　각을 전달하려고 노력하라.", "셋째, 어떤 관점에 대해서든 그것이 완전히 그릇된 것이라든
　　가 일고의 가치도 없다는 식으로 생각하지 마라." "넷째, 언제나 자신의 의견을, 다른 사람
　　의 의견을 강화하는 것이 아니라 그것을 균형 있데 보충해 주는 것으로 생각하라.", "다섯
　　째, 공적 사안과 관련된 논쟁에서는 진리를 위해 끈기있게 싸워야 하지만, 일단 자신의 주
　　장이 오류로 판명나면 정중하게 인정하라."(위의 책, 7-8쪽) 눈이 매운 독자라면 금방 눈치
　　챌 수 있겠지만 풀러가 제시하는 지식인의 이 5가지 요건들은 칼 포퍼(Karl Popper)의 비판
　　적 합리주의가 제시하는 과학방법론의 사회적 전형(轉形)이다. 포퍼와 그의 논쟁상대인 토
　　마스 쿤의 과학철학에 대한 풀러의 인식과 평가에 대해서는 풀러, 스티브(Steve Fuller),
　　『쿤/포퍼 논쟁 - 쿤과 포퍼의 세기의 대결에 대한 도발적 평가서*Kuhn vs. Popper: The
　　Struggle for the Soul of Science*(2004)』, 나현영 옮김(서울: 생각의나무, 2007.1.) 참조.

다는 것이다. 즉 '지식인 사회'는 사회적으로 작동하는 권력이 관여된 규범 자원의 문제에 대해 자신의 생각을 표현하고 더불어 그것을 실천할 대중을 결집한다는 비교적 뚜렷한 실존근거와 작동방식을 (특히 현대 정치사에서 역사적으로) 인정받고 있음에도 불구하고, 그 국가구성원 또는 국가시민들 각자에게 헌법적으로 보장되거나 아니면, 그렇지 않을 경우, 자기 희생을 무릅쓰고 각자 자기 의지를 갖고 행사하려는 ―예를 들어, 언론, 출판, 집회, 결사의 자유나 예술과 학문의 자유와 같이 대체로 헌법상의 기본권적 성격을 갖는― 인간적·시민적 기본권들을 자율적으로 행사함으로써 현안에 따라 그때그때 형성되고 작동하고 그리고 소멸하는, 일종의 사회적인 집단적 부유(浮游)현상이다. 이런 점에서 지식인의 사회적 표상은 알프레드 베버가 발상하고 카를 만하임이 자신의 지식사회학에서 적용한 규정이 적절한 것으로 떠오른다. 우선 정치적, 경제적 문화적 현장들 안에 존립하는 모든 관념들(ideas)은 ―"사고가 존재를 규정하는 것이 아니라 사회적 존재가 사고를 규정한다."라는 마르크스의 『독일 이데올로기』에서의 통찰대로 ―그것을 생각하는 이들의 계급적 이해관계(class interests)와 사회적·경제적 상황들(social and economic circumstamces)에 뿌리박고 있기 때문에 어떤 계층에 속한 사람도 "진리를 완전히 전매(a complete purchase on the truth)"할 수 없다. 그럼에도 불구하고 이런 생각하는 사람들(思考者들 thinkers) 중 아주 소수 집단은 사회적 편견에 감염되는 정도가 최소 수준이기 때문에 보다 폭넓고 더욱 포괄적인 자세를 잡고 목전의 문화적 장면에 관한 거시적이고도 심층적인 관점들을 분절적으로 접합시킬 수 있으며, 이런 의미에서 이 극소수의 사고자들은 상대적으로 계급적 이해관계에서 벗어나 "자유롭게 부유하는 지식인들(a relatively classless stratum of free-floating intellectuals)", 알프레드 베버 식의 용어대로 "자유롭게 떠도는 인텔리겐차(die freischwebende Intelligenz)"로서, 대학, 교회, 씽크탱크, 그리고 정부 안에서 그런 기득권들과 제도적으로 또는 관습적으로 유착된 학식 많은 형제들(institutionally attached academic brethren)보다 더 많은 것을 볼 수 있는 이들로 인정된다.[49]

스스로 선택한 바로 이런 사회적 자세 때문에 지식인들은 민주적이거나 자유로운 기풍이 전혀 없는 전제적 정치체제 아래에서는 추방을 비롯하여 감시, 구속 심지어 고문과 살인에 이르는 온갖 박해를 당하거나, 그렇지 않은 자유롭고 민주적인 사회에서는 대중의 편견 또는 허위의식에 포위되어 주변화되거나 고립되는 희생을 감수하기도 한다. 물론 이런 자세를 취하는 극소수 사람들뿐만 아니라 기존의 계급적 이해관계와 ─아마도 자발적으로─ 유착되기를 택한 그 학식 있는 형제들도 지식인이라고 불리울 수 있다. 하지만 여하튼 지식인 담론이 제기될 때마다 주목받는 이런 선도적이고 예언자적인 지성을 발휘하여 자기가 속한 문화권, 사회질서, 국가 나아가 인류문명이 나아갈 (사회인식론이나 지식사회학에서 역사적으로 감격을 주는 것으로 인정한 최소치로서) 올바른 길, 또는 (송호근 선생이 직관적으로 선취한 그 최대치로서) 구원의 비전을 제시할 수 있다고 인정받는 이들, 즉 지식인들

---

49) 카를 만하임의 『이데올로기와 유토피아*Ideologie und Utopie*(1927)』의 요약에 대해서는 "Notes on the "Free-Floating" Intellectual", Posted by michael, on: *Overweening Generalist* (Sunday, May 15, 2011, 12:19 AM. https://overweeninggeneralist.blogspot.com/2011/05/notes-on-free-floating-intellectual.html) 참조. 한국어 번역으로는 카를 만하임, 『이데올로기와 유토피아』, 임석진 옮김, 송호근 해제(서울: 김영사, 2012.9.)

(the intellectuals)은 결코 ―사회 전체적으로는 소수이지만 일단 거기에 투신한 이들의 구성 비율로 보면 그 출신제도가 되는― 대학이나 종교기관 같이 사회적으로 제도화된 장치를 통해 의식적으로 미리 양성되지 않는 것만은 분명하다. 그들은, 만약 실존하게 되면, 그 어떤 권력사태가 '진리'를 비롯한 규범 차원에서의 가치들과 사회적으로 충돌할 때 현안에 따라 그때그때(sachlich jeweils) 철저하게 자기결단에 따라 자발적으로 결집하고 의식적으로 연대하여 형성되었다가 문제되는 사태가 해소되거나 지양되면 자발적으로 사라지거나 아니면 새로운 질서의 담당자로 진화한다.

그렇다면 이렇게 파악되는 '지식인' 또는 '지식인 사회'는 유독 현대적이기만 한, 그리고 아주 특이하게 프랑스적이기만 한, 그런 사회현상인가? 이런 점에서 '지식인'이라는 인간실존 범주의 역사성 범위를 한번 검토해 볼 필요가 있다.

지식인 개념 적용의 시·공간적 확대와 전 지구적 규모의 민주화: 현대 이전 시대의 동서양의 지배적 지식권력으로서 전문지식인 신분 및 현대 한국의 전문지식관리자로서의 지식인 집단과 비판적·저항적 지식인으로의 양분화 및 시민사회 활동화에 따른 새로운 분화 양상

오리/시리넬리는 르네상스 시대의 엔지니어들(ingénieurs)이나(베르트랑 질)[50] 미국 독립혁명기의 문인들(hommes lettres)(토크빌)[51]

---

50) Bertrand Gille, *Les ingénieurs de la Renaissance* (Paris: Hermann, 1964). 오리/시리넬리 (2005/1996), 앞의 책, 11쪽에서 재인용.

51) Alexis de Tocqueville, *L'Ancien Régime et la Révolution* (Michel Lévy frères, 1856). 우리말 번역으로는 알렉시 드 토크빌, 『앙시앙 레짐과 프랑스 혁명』, 이용재 옮김 (서울: 지식을 만드는지식: 커뮤니케이션북스, 2013.4.)

그리고 중세 후기의 개혁적 성직자들(clerics)(르 고프)을 다룬 연구 서적들이나 그 저자들의 글이나 연설로 표현한 생각들의 유형과 특징이, 1996년 출판한 책에서 자신들이 개념화시킨 인간적이고 언어적인 '지식인' 범주의 명확한 특징들과 정확하게 일치한다고 확인하고, 특히 "자크 르 고프가 중세 성직자의 신분을 집대성한 글에『중세의 지식인』(1957)이라는[52] 제목을 붙였을 때" **'지식인'이라는 개념**이 현대 프랑스를 넘어 시·공간적으로 확대 적용될 수 있느냐 하는 그런 "문제는 결정적으로로 해결되었다."고 확인한다. 그들에 따르면 "이 책의 서문에서 저자인 르 고프는 자신의 대담성을 좇아준 사람들이 있었다고 만족해 하며 쓰고 있다"고 하면서 "이탈리아인들의 몇 가지 중세 연구와 더불어 제노바에서 열렸던 **고대 지식인(intelectuelles ancienes)**에 관한 학회를 인용했다"고 세부 증거를 제시했다.[53]

오리/시리넬리가 증거로 제시한 책에서 르 고프는 실제로 "지식인'이라는 관점"을 취함으로써 자신은 "관심을 제도들로부터 인간들에게로, 사상들(思想)로부터 사회구조들과 관행들 및 망탈리테들(精神姿態 mentalit)로 옮기는 것이며, 중세 대학이라는 현상을 장기 지속(la longue dure) 가운데 두는 것이다. 이 책의 출간 이후에 생겨난 '지식인' 혹은 '지식인들'에 관한 연구의 유행은 단순한 유행이 아니며, 또 그래서도 안될 것이다. 모든 유효한 비교의 시각에서 그렇듯이, 유형 및 구조들의 일관성을 드러나게 한다는 사회학적 목표와 정세 및 변화, 전환점, 단절, 차이 등 한 시대의 총체적 상황을 강조하는 역사적 연구

---

52) Jacque Le Goff, *Les intellectuels au moyen age* (Paris: Edition de Seuil, 1957) 우리말 번역으로는 자크 르 고프, 『중세의 지식인들』, 최애리 옮김(서울: 동문선, 1999.4.)
53) 이상 오리/시리넬리(2005/1996), 앞의 책, 14-15쪽. 굵은 글자 필자.

를 분리하지 않는다면, 지식인'이라는 용어의 사용은 정당하며 유용하다."고 단정한다.[54] 그리고 오리/시리넬리가 인용한 대로, "지식인이라는 개념은 제노바에서 열린 한 학회에서 고대 사회로까지 확대되었다"고[55] 눈길을 고대로까지 뒤돌려 본 뒤, 이렇게 넓어진 적용폭에서 중세의 지식인은 "도시 혁명으로 이루어진 도시의 노동분업"과 연관하여, 상인들이 '시간의 장사꾼'으로 등장하듯이, 새로운 지식인들은 과거 수도원 학교에서 세속으로 나온 "대학교육"을 통하여 "교사와 학생들"로 이루어진 "전문직업적·동업조합적 성격"을 띠고 '말의 장사꾼'으로서 도시 바닥에 나오게 되었다고 추적한다.[56]

이렇게 중세 지식인이 탄생하여 활동장에 나오는 과정에서 르 고프는 서양 중세 시대의 권력 구조에 중요한 변화가 일어난다는 사실을 포착하는데, 고대 이래 서양에서 권력 엘리트 충원의 가장 중요한 원천은 출생(出生)이었고 부(富)는 부차적이었는데, 중세에 들어 성직자들의 종교권력이 들어서지만 이런 종교권력도 주로 귀족에게 돌아가다가, 수도원 교육에서 벗어나 도시를 장으로 한 세속에 "대학교육"이 들어서면서 농부를 비롯한 평민들의 진입이 가능해지고 여기에서 교회에 종사하는 교회관료뿐만 아니라 세속국가에 충성하는 행정관료 및 '고위 관료들'이 양성되었다.[57] 그런데 르 고프가 현대의 지식인들과 동일한 유형을 확인하도록 하는 당시의 사실은, "고위관료들의 양성을

---

54) 르 고프(1999/1957), 앞의 책, 머리글」, 11쪽.
55) 위의 책, 12쪽, 각주 2)에 "Il comportamento dell'intellettual nella società antica(고대 사회에 있어 지식인의 행태_필자), Gênes, Instituto die filologia classica e medievale, 1980"라고 소개되어 있다.
56) 위의 책, 12-13쪽.
57) 위의 책, 13-14쪽.

목표로 교육받은 이들 가운데 상당수는 **지적 기능과 제한적이나마 허용되는 대학의 '자유' 덕분에 다소간 '비판적인' 지식인들이 되고, 자칫 이단의 언저리까지 나아가기도 했다.** 이때 활동한 네 명의 위대한 지식인들, 즉 아벨라르, 토마스 아퀴나스, 브라방의 시제, 위클리프는 역사적으로 상이한 정황 가운데서 독특한 개성들에 따라 **중세 지식인 사회 안에서 '비판적' 행동의 다양성**을 보여줄 수 있었다." 이런 가운데서 **"교회-왕국-학문"**의 상호연쇄관계 안에서 **"대학권력"**이 정착하는 중세 권력의 삼각편대가 고착하고,58) 이런 권력 구조 안에 안정되게 자리잡고 있으면서도 자기 문제와 개성에 따라 이 권력연쇄에서 벗어나기도 하는 '지식인 사회'가 보편사적으로 확립된다. 그리고 다시 오리/시리넬리로 눈을 돌리면, "언어 현실이 복잡함에도 불구하고(20세기 말_필자) 현시점에서 지식인의 개념은, 그 정의와 무관하게 모호하지만, 보편적이면서 조작적인 의미를 부여할 수 있을 정도로 모든 국가의 사회과학에서 폭넓게 사용되고 있다. 그래서 이 주제와 관련된 서지학은 20여 년 전부터(즉, 1970년대부터_필자) 미국과 라틴 아메리카, 아랍, 인도, 일본의 '지식인'에 관한 연구로 풍성해졌다."59)

한국에서의 지식인 '연구' 역시 이 맥락의 연장선 위에서 진행되었는데, 20세기 후반기 한국 대학에서 지식인 연구는 오이/시리넬리 같은 어원사적 연구를 기다릴 필요도 없이 무엇보다 현대 이전 한국사의 각 시대에서 국가 통치와 종교와 관련하여 지적인 활동으로 사상적 지표를 제공했던 이들을 범시대적으로 '지식인'으로 분류하면서 한국사

---

58) 위의 책, 14-15쪽. 굵은 글자 필자.
59) 오리/시리넬리(2005/1996), 앞의 책, 15쪽.

연구의 중요한 주제 범주로 일찌감치 정착하였다.[60] 즉 고대 삼국시대, 중세 고려 및 조선 시대에서 지식인은 당연히 늘상 존재했던 것이 된다. 정교한 개념의식의 관점에서 보자면 참으로 놀라운 일이지만, 지식인은 심지어 '지식계급'의 구성원이었다. 전형적인 예를 들자면, '지식인'을 "지식계급에 속하면서 그에 상응하는 사회적 임무를 수행하는 사람"으로 규정하면서 "인텔리겐챠(intelligentsia)"라고 지칭한 임현진 선생에 따르면,

> "**문명시대 이후 관습적인 생활지식의 범위를 넘어선 학리적 체계의 지식이 개발되면서 학리적 지식을 전담하는 신분층이 형성**되어 지식인의 사회적 임무가 정립되어 왔다. 대체로 지식인의 중요한 임무는 통치를 위한 법전지식이나 내세의 원리와 현세의 인간을 합일하게 하는 종교지식에서 볼 수 있듯이 **현 체제를 지식에 합치하도록 유지하는 일에 봉사하는 것이다.** 그러나 **사회변동기에는 변혁을 촉진하는 부수적인 임무를 담당하여 왔던 것**도 부인할 수 없는 역사적 사실이다. 우리나라의 경우, 고대 왕조국가가 수립되어 지배계급이 형성되고 한자가 사용된 1세기경에 학리적 지식을 전담하는 지식인층이 형성되었을 것으로 짐작된다. 지식인의 존재를 확인할 수 있는 역사기록은 백제의 왕인(王仁)이 285년(고이왕 52)에 『천자문』과 『논어』를 일본에 전하였다는 것이다. 고구려는 372년(소수림왕 5)에 경학(經學)과 문학·무예를 가르치는 태학(太學)이라는 교육기관을 설치하였다는 기록과 함께, 같은 해 불교가 들어오면서 불경도 전해왔다는 기록으로 미루어 보아 **상당히 일찍부터 지식인층이 형성되었음**을 알 수 있다."[61]

---

60) 예를 들어 유봉학, 『조선후기 학계와 지식인』(서울: 신구문화사, 1998.10.) : 金泳謨, 『朝鮮支配層 研究 : 官僚兩班의 社會學的 考察』(서울: 一潮閣, 1977)

61) 임현진, 「지식인(知識人, 인텔리게챠 intelligentia)」, in: 한국학중앙연구원, 『한국민족문화대

이와 같은 지식인 개념은, 오리/시리넬리 식의 개념 층위에 따르면, 지식인을 각 시대의 국가생활권 안에서 지배적으로 유통되는 지식들의 전문가들이라는 사회직업적 개념으로 파악하는 것이다. 현대 이전의 시대에서는 주로 종교의 선각자나 지도자들 계층이 여기에 해당되었는데, 당연히 한국사에서도 시대별로 이런 지식인층이, 그것도 강고하게, 지식권력을 행사해 왔고, 불교의 승려와 유교의 선비나 사대부 같이 전문적으로 훈련된 전문지식인들이 왕조국가의 국가권력을 유지하고 관리하는 데 특출한 능력을 발휘해온 것은, 그 권력적 지배력의 규모나 강도에 있어서, 현대 이전 시기의 지구상 어느 나라의 역사에서도 확인되거나 비견할 수 없는 그야말로 한국 문화 전통의 특출한 저력이라고도 할 수 있다. 임현진 선생에 따르면,

"우리나라 지식인이 변혁기에 결정적으로 참여하고 구실을 한 사례는 신라 삼국통일과 고려왕조 및 조선왕조의 개국에서 볼 수 있다. 신라 삼국통일에 주역을 맡았던 화랑도의 지도이념인 세속오계(世俗五戒)를 가르친 원광법사(圓光法師)는 승려이면서 당시 참여지식인의 표본으로 볼 수 있다. 통일신라가 쇠퇴하면서 고려의 개국이 임박하던 9세기에 신라 골품제(骨品制) 신분체제에서 중앙과 지방의 지배 직위에 오를 수 없었던 육두품(六頭品) 이하 신분의 지식인이 신라를 이탈하여 고려 개국에 결정적인 활동을 하였다. 또한 고려 말기인 14세기에 주자학(朱子學)을 공부한 사대부층이 고려의 불교 지배를 배척하는 배불숭유(排佛崇儒)의 조선 개국이념을 제공하였다. 이 두 가지 사건은 우리나라 지식인층이 역사의 변혁기에 참여하였던 좋은 사례들인 것이다.

백과사전』 (탑재 일자 미상. https://encykorea.aks.ac.kr/Article/E0054278) 굵은 글자 필자.

한편 조선 500년을 지식인사(知識人史)의 측면에서 볼 때 이 시대의 지식인을 대표하는 이른바 사류층(士類層)의 현실 참여와 그들 사이의 갈등으로 엮인 역사라고 할 정도로 지식인의 세력이 조야(朝野)에서 크게 성장하였다. 조선 사회는 지식인이 숭상되었고, 그들이 지배 지위에 있었던 사회였다. 더욱이 고려시대부터 보급된 서당(書堂)이 조선 후기에 들어와서 전국적으로 확대, 보급되어 서당 없는 마을이 없을 정도로 발전한 것도 주목할 만한 일이다.

조선은 개국 초 태조반정(太祖反正) 이래 잇따른 정란(政亂) 때마다 지식인 사류의 희생이 컸다. 이 때문에 사류들 중에는 조정에 나아가 벼슬하는 것을 꺼려 향리에 묻혀 도학(道學)과 시문(詩文)을 즐기는, '사림(士林)'이라는 지식인층이 형성되었다.

18세기 후 농업의 생산력이 급격히 발전하는 데 힘입어 양반신분이 아닌 평민층도 부의 축적이 가능해지면서 한학지식이 평민층에까지 높은 수준으로 보급되었다. 이로 인하여 조선의 체제가 급격히 무너진 19세기에는 **몰락한 양반층과 평민층 지식인의 체제 도전과 현실 참여가 거세게 일어났던 일들은 한국의 지식인사에서 빼놓을 수 없는 일들**이다. 한편 18세기에는 실권세력에서 밀려난 남인계 지식인들이 경세(經世)의 학리론으로 탐구한 실학(實學)이 19세기 말 개화파 지식인의 개혁주의와 연계되어 시정개혁의 이론으로 등장한 것도 주목할 만하다. 이처럼 **왕조시대에 체제 유지와 개혁 양면에 걸쳐 지식인층의 기여와 참여가 현대와 마찬가지로 컸다.**"[62]

그러면서도 봉건신분체제의 질곡을 제대로 극복하지 못한 상태에서 제국주의 강점체제로 시작해서 분단과 독재를 거쳐야 했던 현대 초

---

62) 임현진, 위의 글. 굵은 글자 필자. 이 글에서 임현진 선생이 현대 이전 한국에서 지식인의 역할을 기술하는 데 참조한 문헌으로 제시한 것은 金泳謨(1977), 앞의 책 및 같은 저자, 『韓國支配層 研究』(서울: 一潮閣, 1982).

기의 국가적·국민적 피압박 역사에서 오리/시리넬리가 19세기 말 프랑스에서 확인했던 그런 유형의 비판적 지식인이 저항적 지식인으로 전신을 거듭하면서 적어도 1987년 전국민항쟁에 이르기까지 100년 이상 면면히 이어져 온 것은 탈식민지 산업화와 민주화 그리고 선진화를 이룬 국가적 발전동력의 시민적 기반을 형성하는 데 크게 기여하였는데, 이 과정에서 전체주의적 가부정 독재와 군사독재 안에서도 교수, 작가, 언론인, 예술인 등으로 한국 사회 안에서 자생적으로 형성된 지식인 사회는 지배순응적인 지식인과 주로 진보적 성향의 비판적·저항적 지식인으로 양분화되고, 1987년의 전국가적 국민항쟁이 성공하여 본격적으로 민주화 과정이 시작된 이후에 진보적 지식인들은 민주화되어 가는 국가통치체제 내에서 변화를 추진하는 개혁적 지식인과 본격적으로 작동하기 시작한 시민사회를 현장으로 하는 시민참여적 지식인으로 분화한다. 임현진 선생은 그 상황을 다음과 같이 요약한다.

"해방 이후 1960년 4·19 학생의거 전후를 공론영역이 본격적으로 형성하기 시작한 것으로 간주하여, 이 시기를 근대적인 의미의 지식인이 본격적으로 등장하게 된 계기로 파악할 수 있다. 이러한 지식인의 위상은 5·16 군사쿠데타를 거치면서 산업화와 민주화 과정에서 크게 보아 기능적 지식인과[63] 비판적 지식인이라는 서로 대립되는 두 가지 전형적인

---

63) 20세기 후반기 한국에서 "기능적 지식인"의 본격적 등장은 1950년대 교육열에 힘입어 대거 등장한 대학교육세대가 4·19를 변곡점으로 하여 1960년대부터 군부엘리트출신들이 최정상을 형성한 국가통치기구와 산업화에 포섭된 관료층과 산업관리통을 사회적 기반으로 한다. 대학출신자들을 이렇게 신중산층과 기능적 지식인으로 흡수하여 형성된 지배순응적 지식인 사회에 대한 학적 분석과 묘출로는 노영기 외, 『(1960년대) 한국의 근대화와 지식인. 현대사총서4』(서울: 도서출판 선인, 2004. 10.) 중 특히 정용욱, 「4장. 5·16 쿠데타 이후 지식인의 분화와 재편」(157-186쪽) 참조. 이 과정에서 비판적·저항적 지식인과 지배순응적인 지식인이 동시에 병존하던 한국 지식인 사회에 대해서는 이정훈, 「3.지식인. 제11장 과거에게 미래를 묻다」, in: 같은 저자, 『(문화와 역사의 지평에서 바라본 생산성) 경제근대

지성 내지 반지성상으로 표현되어 왔다고 언급할 수 있다. 지식인의 역할에 있어서 가장 극적인 변화를 제공해 주었던 계기는 1987년 민주화 운동이었다. 이는 국가의 개방과 시민사회 영역으로부터의 후퇴에 따른 정치사회의 활성화와 시민사회의 성장·분화를 낳음으로써 지식인과 권력과의 관계는 단순한 대치 구도에서 다차원적인 대응관계로 성격이 복합적으로 변했음을 의미한다. 이 과정에서 지식인의 분화 또한 필연적이었다.

1980년대의 진보적 지식인은 1987년 이후 여전히 '총체적 변혁'을 꿈꾸는 변혁적 지식인과 변화된 현실에 참여하는 개혁적 지식인으로 분화했다. 변혁적 지식인 집단이 사회운동 현장이나 학계에 남아 기존 체제에 대한 밑으로부터의 전복을 꿈꾸며 비판적 견제를 계속하는 동안, 개혁적 지식인 집단은 직접 정권에 참여하여 국정운영의 일익을 담당하거나 여야를 막론하고 정당에 들어가 열린 정치사회 공간에서 꿈을 실현하고자 했다. 직접 정치에 참여하지 않은 개혁적 지식인 집단은 대거 시민운동에 참여함으로써 시민운동을 통한 제도개혁을 추구했다."[64]

사실 한국에서 1961년 5·16 쿠데타로 시작되어 1987년 6월 국민항쟁에 이르기까지 26년간 지속한 군사독재의 주류인맥을 결정적으로 단절시킨 1987년의 6월 국민항쟁은 비단 한국뿐만 아니라 그 지구 반대편에서 일어난 1989~90년 간의 동유럽 인민혁명에서 90년대 내내 진행된 라틴 아메리카와 동남아의 민주화에 이르는 전 지구적 민주화의 효시였다. 국제적 차원의 이 모든 민주화운동에서 거의 영웅적으로

화와 전환기의 지식인들』(성남: 승지연, 2019. 12.), 346-354쪽 참조.

64) 임현진, 위의 글. 이 글에서 비판적·저항적 지식인을 추구한 사상으로 참조한 것은 韓完相, 『民衆과 知識人』(서울: 正宇社, 1979) 및 임현진, 「지성의 변조: 민주주의로의 이행과 시민사회의 성장」, in: 강만길 외, 『한국의 지성 100년 – 개화 사상가에서 지식 게릴라까지』(서울: 민음사, 2001.1.), 225-267쪽.

혹은 순교자적으로 자신을 희생하며 대중과 연대하거나 이끌었던 비판적·저항적 지식인들의 활약을 찾기란 그리 어려운 일이 아니었다. 일제 강점기나 그 직후 시절 당시 고등교육을 받고 문필활동을 했던 함석헌, 장준하, 리영희 같은 분들뿐만 아니라 대학에서 4·19를 겪고 학계나 언론계에 자리잡았던 교수나 언론인, 작가, 예술인들 같은 유형의 지식인들이 동유럽과 라틴 아메리카 그리고 동남아시아의 민주화에서도 등장하였으며, 폭발적 확산세를 타다가 무력으로 진압되어 한 순간의 꿈으로 끝났던 1989년 5월 중국의 천안문 사태를 전후해서도 만하임과 오리/시리넬리가 개념화 했던 '지식인 사회'가 작동했고 경우에 따라서는 (탈공산화된 체코공화국의 초대 대통령이 되었던 작가 출신의 바츨라프 하벨처럼) 지식인 사회가 제기했던 유토피아적 개혁 프로그램에 따른 국가운영의 직접적인 책임자가 배출되는 ─ 현실정치적으로 전혀 사전 의도되지 않았던 ─ 경우도 있었다. 즉 어떤 사회, 어떤 국가, 어떤 문명에도 지식인의 역할을 정해 그에 따라 사전에 훈련되고 현실적으로 항상 준비태세를 갖춘 지식인 '계급'이나 '계층' 같은 것은 없었다. 따라서 "분열된 사회의 산물인 지식인은 그가 이처럼 사회의 분열을 자신 속에 내면화하고 있다는 점에서 그 분열된 사회를 보여준다. 따라서 지식인은 역사적 산물이다. 그리고 이런 의미에서 그 어떤 사회도 자기 자신을 비난하지 않고서는 결코 그 사회의 지식인에 대해 불평할 수 없다. 왜냐하면 사회는 오로지 그 사회가 만들어낸 지식인만을 갖기 때문이다."라는[65] 사르트르의 말을 받아들인다면, 이

---

65) 장-폴 사르트르, 『지식인을 위한 변명Plaidoyer pour les intellectuels(1980)』, 박정태 옮김 (서울: 이학사, 2007.10.), 7-13쪽. 사르트르의 도쿄 강의에서 번역자가 경어체로 번역한 것을 필자가 평어체로 바꾸었다.

런 "사회적 분열"이 그 사회의 기성질서나 기성제도 안에서 의식되도록 되어 있을 리는 만무하기기 때문에, 평소 지식으로 살아가던 잠재적 지식생활자는 "분열된 사회"에 자기 삶이 맞닥뜨렸을 때 비로소 '지식인'이 된다. 그러므로 지식인 사회 특히 비판적·저항적 지식인들이 가담하여 운동하게 되는 그런 '지식인 사회'는 그로부터 미리 준비되거나 선재하는 지식인들이 소집되거나 충원되는 그 어떤 계급이 아니라 문제 사태에 따라 때마다 모여듦으로써 그 활동무대가 마련되는 일종의 공적 영역(公衆領域) 또는 공론장(公論場, Öffentlichkeit, public sphere)일 수 있을 뿐이다.

지식인 몰락 담론의 전 지구적 양상 : 전 지구적 민주화 이후의 '지식인' 활동의 혼동상과 그 성취능력 한계화의 요인들

지식인 몰락의 주관적 원인론 또는 지식인 책임론 : 지식인의 자의식 해체와 전(全)사회적 권력관계에 대한 도덕의식의 마비

그런데 20세기 말 전 지구적으로 화려하게 전개되었던 민주화가 국가 차원의 민주주의로 정착하여 공고화 국면에 들어서는 21세기 첫 해부터 '민주화 이후의 민주주의'에 대한 실망 아니면 (극단적으로) 좌절과 나란히 '지식인 몰락 담론' 역시 동시대적으로 발생하여 21세기 세 번째 십년기 전반이 끝나가는 2024년 현재까지 끈질기에 지속되고 있다. 다시 말해서 송호근 선생의 "21세기 한국 지성의 몰락"은 21세기 시작도 한참 지난 2024년 현재 새삼 의식된 새로운 충격이 아니라 21세기가 시작되어 사반세기 내내 지속된 일종의 만성적 위기인데, 이것이 21세기 세 번째 십년기 전반을 경과하는 2024년 현재 전 세계 지식

인들이 마주하는 전 지구적 문제상황과 연관된 만성적 불변조건인지, 아니면 그런 상황 안에서 대한민국의 국가존립 위기, 나아가 ─지구문명의 총체적 몰락을 앞두고 강도 높은 본진(本震, mainshock)을 폭발시킬 진앙은 숨긴 채─ 그냥 지나가는 미진(微震)처럼 조금씩 살짝 가늘게 흔들면서 지나가는 예진(豫震, foreshock)인지는 아직 확증할 수 없다.

그러나 어쨌든 21세기가 시작되자마자 지식인에 대한 질타는 전지구적으로 쏟아졌는데, 이른바 지식인 몰락 담론의 일차적 판본은 지식인 몰락의 주관적 원인론 내지 지식인 책임론이었다. 즉 각 나라에서 지식인이 종말 내지 몰락의 처지에 빠진 주된 원인은 지식인 스스로가 지식인으로서의 자의식을 망각하고 자기 국가와 사회의 권력을 도덕적으로 비판하거나 판단하기는커녕 지식인들 스스로가 지식권력이 되어 기존의 현실권력, 즉 정치권력, 경제권력, 언론권력들과 야합하여 스스로 지식권력으로 전락하면서 현실적인 이익을 추구하게 되었다는 데 있다는 일종의 주관적 원인론이 제시된다.

지식인 자신이 지식인 몰락 내지 종말의 원인이고 그 책임이라는 이 담론의 사실성을 보여주는 사태는 21세기가 시작되자마자 벌어졌다. 우선 21세기가 시작한 첫해였던 2000년, 지식인 개념이 의식적으로 처음 형성되었던 프랑스에서, 과거 체 게바라와 함께 라틴아메리카 혁명투쟁에 참여했고 프랑스 귀국 뒤에는 정계, 학계, 언론계에서 활약하다 미테랑 대통령의 자문위원을 역임했던 레지 드브레가 지식인의 종말(fin d'intellectuels)을 들고 나왔다. 그에 따르면, "'20세기 말, 21세기 초의 프랑스 지식인들'은 '본래의 진짜 지식인(L'Intellectuel Original)'이 보여주었던 모습을 흉내내고는 있지만 타락의 길을 걷고 있으며, 코소보, 체첸 사태 등의 현장에 나타나기는 하지만, **깊이 사고하고 여론을 올바르게 이끄는 것**이 아니라 그럴 듯하게 포장된 단견(短見)과 억견(臆見)을 쏟아놓으며 매스컴에 얼굴을 들이밀어 이름을 알리고 언론에 영합해 여론 조작에 관여할 뿐이다."[66] 따라서 드브레의 관점에서 지식인의 종말은 지식인을 참칭하는 자들 자신이 지식인으로서의 자의식에 대해 몰지각하고 현실적 과제에 대해 지적으로 나태하다는 데서 전적으로 기인한다. 그리고 폴 존슨은 좀 더 극단적으로 밀고 나가, 서구 사회에서 고전적 지식인들로 추앙받아왔던 개인들 자체가 일일이 뜯어보면 그들이 받은 높은 평가와 존경을 감당할 수 없거나 심하게 배반하는 위선적 성격을 갖지 않는 경우가 드물기 때문에 사실 '지식인'이라는 인간 범주 자체가 성격파탄성을 안고 있어 인간의 정상적인 실존범주로 설정하기 힘들다는 논의도 제기했다.[67]

지식인 자체가 그 주관적 결격 요인 때문에 스스로의 사회적 존재 근거와 실천적 의의를 상실했다는 진단은 민주화 이후의 한국 정치사회와 시민사회 그리고 경제관계에서 보다 치명적 양상으로 부각되었다. 1987년의 국민봉기 이후 군부독재의 인적 기반이 청산되고 이른바 IMF 위기도 현대 한국 정치사 최초의 명실상부한 평화적 정권교체를 통해 극복하면서 적어도 제도적 차원에서는 '대한민국 민주주의'가 어느 정도 공고화되었다고 평가되는 분위기가 조성되었지만, 김대중 정부의 자문위원이었던 고려대 최장집 교수는 2003년 초판이 발간된 선

---

66) 레지 드브레(Régis Debray), 『지식인의 종말/.F. suite et fin(2000.11.)』, 강주헌 옮김(서울: 예문, 2001.12.). 굵은 글자 필자.

67) 폴 존슨(Paul Johnson), 『지식인의 두 얼굴 - 위대한 명성 뒤에 가려진 지식인의 이중성 Intellectuals(1988)』, 윤철희 옮김(서울: 을유문화사, 2020.1., 개정판/초판 2005.2.)

생의 고전적 저서 『민주화 이후의 민주주의』에서 "대학교수를 중심으로 하는 지식사회 역시 우리 사회의 보수적 집단 가운데 하나일 뿐 그 이상의 어떤 의미가 있는지 자문해 보게 된다. **신문에 기고된 우리 사회 지식인의 칼럼을 보면서 나는 언론에 종속되어 있는 것은 정치만이** 아니라 지식사회도 마찬가지라는 생각이 든다. **정치인과 정부, 정당에 대한 이들의 경멸과는 대조적으로 이들은 언론과 재벌을 비판하지 않으며 심화되는 계급구조화 과정에서 희생되고 있는 계층과 집단에 대해 관심을 기울이지 않는다.**"고 하여[68] 계급관계에서 자본권력과 언론권력에 순응하는 한국의 지식인들 전반의 계급편향성을 비판하면서 지식인의 보다 진정한 존재이유에 지식인 자신이 무관심하다는 점을 지적하였다. 즉, 최장집 선생에게서 한국 지식인 문제의 핵심은 지식인에게서 전통적으로 요구되어 오던 ―국가와 사회 및 국가정치 전반에 대한― **한국 정치공동체 전반에 공정하게 적용되어야 할 거시윤리적 공정성의 결여, 즉 도덕성의 상실**이었다.

하지만 전통적으로 지식인으로서의 실존의 도덕적 존재근거라고 응당 상정되었던 이 도덕적 차원이 문제되는 상황이 지속되면서 지식인의 실존 자체에 아예 사망 판정이 난 것은, 그 집권세력이 예전의 반독재·민주화운동과 직접적으로 연관된 김대중 대통령의 '국민의 정부'(1998.2.25.~2003.2.24.)와 노무현 대통령의 '참여정부'(2003.2.25.~2008.2.24.)를 거치면서 이제 적어도 제도적 차원에서는 민주주의가 공고화되었다고 평가되는 시기였다. 이른바 보수주의 계열인 이명박 정부(2008.2.25.~2013.2.24.)가 막 들어서기 직전 연도였던 2007년

---

68) 최장집, 『민주화 이후의 민주주의 - 한국 민주주의의 보수적 기원과 위기』(서울: 후마니타스, 2010.6., 개정2판; 2003., 초판), 47쪽. 굵은 글자 필자.

4월부터 9월에 걸쳐 '경향신문 특별취재팀'은 "민주화 20년, 지식인의 죽음"이라는 제목 아래 한국 언론사상 최초로 지식사회에 대한 본격적인 탐구를 진행하였는데, 이 탐구 기획은 "4개월이 넘는 연재 기간 동안 (아마도 한국_필자) 지식사회를 긴장시킨 지식인 건강진단서였다."[69] 이 탐구기획의 지면에 직접 기고하거나 설문에 참여하여 이 건강진단에 참여했던 이들은 모두 (작가, 논객, 언론인, 법조인 등이 전적으로 제외되고) 전부 대학교수였는데,[70] 이들이 동의한 최종진단은, "21세기 첫 십년기 두 개의 민주정부 아래에서 한국의 지식사회 및 거기에 속했다고 간주되는 한국 지식인들은 지식인으로서 이미 몰락했거나 아니면 최소한 전면적 위기 상태에 처했다"라는 것이었다. 그 이유는 2007년 차기 17대 대통령 선거운동기간과 겹친 시점에 나온 이 장기연재물의 직접적 계기와 그 관찰 결과에서 정리된다. 즉 이 기획의 직접적 계기는 민주화 이후 대학의 교수들이 "대선 캠프를 기웃거리며 자신들의 학문적 소신과 무관하게 정치권력에 줄을 대는 이른바 '폴리페서(polifessor)'의 행태에 불편한 시선이 쏠릴 즈음에 지식인 문제가 공론화되면서 주목도가 높아진" 데서 기인한다. 그 근본적 원인은 1987년 이래 한국 민주화 20년이 경과한 20세기 초엽의 시점에 ─다른 나라에서는 거의 찾아볼 수 없는─ "한국 지식인처럼 명예와 돈을 모두 갖는 경우"가 일반화되면서 "한국 사회에선 지식인 그 자체가 이미 권력인" 사태가 정착되었다는 데서 찾아진다. 그런 가운데서도 "이

---

69) 송영승 경향신문 편집국장, 「(발간에 부쳐) '지식인의 죽음'이라는 질문」, in: 경향신문 특별취재팀, 『(민주화 20년,) 지식인의 죽음. 지식인, 그들은 어디에 있나』(서울: 후마니타스, 2008.4.), 6쪽.

70) 위의 글, 8쪽.

땅의 지식인들은 자신들에게 이런 사회적 자원과 가치를 부여한 사회에 응당한 기여"를 전혀 하지 못했다는 것이 이 기획의 결론이었다.[71] 다시 말해서 한국 지식인은 그 자신 제도권의 정치권력과 시장의 경제권력 그리고 공론장의 언론권력과 유착하여 거기에 봉사함으로써 지식인 사회 자체가 지식권력으로 변모 아니 전락하였다. 이 기획에서 밝혀진 한국 지식인 아니 —이 기획에서 쓰여진 대로— "한국 지식사회"의 21세기 실상은 다음과 같이 묘출된다.

"대통령 선거는 우리 사회의 성격을 분절적으로 노출시킨다. 한 사람을 뽑아 그에게 국가 경영을 위임하는 기능과 더불어 한국 사회가 5년새 어떻게 변화했는가를 가늠할 수 있는 망외의 소득을 가져다 준다. 2007년 내내 한국인들은 허다한 말을 쏟아냈다. 후보의 철학과 정책을 논하면서 자신을 드러냈다. 그 가운데 가장 도드라진 것은 **지식인이라는 사람들**이다. 그들은 말을 할 뿐만 아니라 선거운동 캠프로 수십 수백명씩 몰려다니며 입신양명을 위해 지식을 팔고 줄을 섰다. 어느 나라에서 예를 찾기 어려울 정도로 불미한 모습이 적나라하게 드러났지만 그들 낯의 두꺼움은 정치인을 뺨친다. 2007년 대선이 끝나고 출범한 이명박 정부의 청와대와 내각에도 교수들이 대거 들어갔다. 그 과정에서 폴리페서 논란이 다시 불거졌고, 일부 인사들은 논문 표절, 중복게재, 소신 뒤집기 등으로 **지식사회의 환부**를 여실히 드러냈다. 뒤이어 2008년 4·9 총선의 공천에 과정에서도 역시 폴리페서들의 흉악한 그림자가 어른거렸다. 결국 서울대학교에서 '폴리페서 윤리 규정' 제정 움직임이 나오기에 이르렀는데, 이는 어쩌면 당연한 귀결이라고 할 수 있다. **한국의 지식사회는 그만큼 병들어 있다.**"[72]

---

71) 이상의 인용 위의 글, 7쪽.

이 글 전반부에서 규정한 대로 지식인이란 전사회적 도덕 규범의 차원에서 '권력에의 진리(truth to power)'를 자기 나라 시민대중에게 공적으로 드러내 보여주는 이들로 정의된다면, 이런 개념정의에 해당되는 그런 이들이 2007년 당시 이미 찾아지지 않고 오히려 지식권력으로 새로 생성되었다는 것이다. 그리고 이렇게 외연(外延)이 결여된 개념이라면 더 이상 적용가능하지 않다. 따라서 한국 사회에서 지식인은 2023년 기준으로 몰락한 것이 아니라 이미 16년 전에 멸종했다고 봐야 한다. 그것도 지식인들 스스로 이렇게 자기멸종의 길을 기꺼이 걸었다는 것이고 자신들이 지식인이 아니라는 것에 그닥 개의치 않게 되었다는 것이다. 이렇게 한국에서의 지식인 몰락 담론의 일차적 판본은 한국 지식인 몰락의 지식인 책임론을 집중적으로 부각시킨 지식인 몰락의 주관적 원인론으로 귀결된다.

지식인 몰락의 객관적 원인론 : 대학제도의 반지성적 개편과 지식기업화 및 현대 시민사회의 분화, 그리고 "지식인의 죽음"과 "지식인의 무덤"

21세기 들어 국내외로 제기된 지식인 몰락 담론에서 그 몰락의 원인을 기준으로 위와 같은 주관적 원인론 내지 책임론이 한 편에 있다고 하면, 다른 한편으로, 그에 대비되는 객관적 원인론으로는 단연 송호근 선생의 "'21세기 한국 지성의 몰락'-담론"이 있음을 상기시키지 않을 수 없다. 지식인의 지성과 문명의 내적 연관에 대한 선생의 견해는 이 글 뒤에 상론하기로 하고, 21세기 한국 지성이 몰락한 원인에 대한 선생의 분석은 (선생이 그 요점을 정확하게 인용하기도 하는데)[73] 16

---

72) 위의 글, 7-8쪽. 굵은 글자 필자.
73) 송호근(2023), 앞의 책, 225-226쪽(「제7장 지식인의 실종」 중 "영혼 있는 대학" 중에서).

년 전 경향신문 특집기획으로 제기되었던 "민주화 이후 한국 지식인의 죽음"에 대한 원인을 핵심적으로 수용하면서 그 원인을 촉발시킨 다른 차원의 몰락 요인을 제시한다는 점에서 지식인 몰락 담론의 한 축을 이룬다고 보아도 무방하다. 이미 그 내용은 앞에서 상론하였으므로 관건개념만 제시하자면, 21세기 한국 지성이 몰락한 가장 심각한 원인은 지성의 원천이 되는 "대학의 영혼"을 고갈시키는 데 작용하는 크게 두 가지 요인에서 찾아지는데, 그 하나는, 대학의 교수와 연구자들을 논문 생산의 양에 따라 적자생존의 투쟁으로 내모는 교수평가제도와 정부의 연구지원정책의 결과 이들을 전문학술지 기고에 몰입시켜 대중을 상대로 한 글쓰기로부터 이들을 분리하도록 하여 "대중과 작별하기"가 일어났다는 것이고,[74] 다른 하나는, 수많은 분열성 이데올로기와 원한과 증오 및 허위가 난무하는 공론장의 타락을 조장한 그동안의 한국 민주주의 정치판이 "지성을 몰락"시키고 지식인들을 대학 안으로 움츠러지게 만들었다는 것이다.[75]

지식인들 자신의 몰지각함에서 지식인의 종말 내지 죽음을 논하는 경향이 뚜렷했던 국내의 담론 상황에 비해 지식인이 발휘할 지성의 요람이어야 할 대학의 제도와 교육문화를 탈지성 내지 반지성적으로 만드는 치명적인 객관적 원인은 국외에서는 이미 20년 전에 제기되어 격렬한 논쟁을 야기한 적이 있었다. 2004년 헝가리 출신 영국 사회학자 프랭크 퓨레디는 대학에서 (인간 삶과 자연 전반을 조망하고 인도하는 지식을 추구하여 지성적 통찰을 추구하는 기풍이 있었던) '아카데미즘

---

74) 위의 책, "대중과 작별하기: 전문학술지의 시대", 258-273쪽.
75) 위의 책, 「8장 민주주의는 왜 지성을 몰락시켰는가?」, 275-317쪽.

(academism)'이 쇠퇴하고 (특정 분야의 세밀한 전문 지식과 능력을 집중적으로 추구하는) '전문가주의(professionalism)'가 압도하면서 "학생들은 책 한 권도 읽지 않고 대학을 졸업할 수 있게 되었다." 지식사회는 이들을 우대하는 정부권력과 손잡고 지적 수준이 낮다고 간주되는 대중을 "바보 만들기(dumbing down)"에 열중하여 이들을 침묵시킨다. 그에 따르면, 우리 시대는 대학부터 초등학교, 갤러리와 박물관, 선거 방식, 정치 논쟁, 문화 이벤트까지 무교양주의에 침윤되어 있으며, 이를 토대로 사회전반적으로 도구주의화와 실용주의 노선이 극단화되고, 대학교육, 정치논쟁, 대중문화 등의 영역에서 대중을 어린 아이처럼 취급하는 것이 보편적 현상이 되었다. 실용주의적 목적으로 지식을 도구화하는 분위기, 반(反)엘리트주의를 근거로 "쉽고 편한" 지식 전달에만 치중하는 분위기, 전문가가 사상가를 대체하며 "지식을 위한 지식추구"를 폄하하는 분위기 등이 우리 시대의 무교양주의를 낳았다. 이에 따라 대학은 지식기업 그 이상도 그 이하도 아니게 되었다.[76]

이렇게 되면 21세기 들어 그때까지 대학이라는 교육제도에서 배출되었던 학자와 교수들에서 생성되었던 지식인은 그 지식사회의 핵심이었던 대학이 반지성·무교양주의로 내몰리는 정책적·경제적 압력으로 인해 그 거점을 상실했다고 말할 수 있다. 그런데 21세기를 전후하여 국내외적으로 유행하기 시작한 '지식인의 실종 내지 죽음' 또는 '지성의 몰락' 담론에 가장 치명적인 근거로서, 21세기 들어 점점 명확해지는 "시민사회의 분화"가 지식인의 존립근거와 현실적 가능성을 완전히

---

76) 이상 프랭크 퓨레디(Frank Furedi), 『그 많던 지식인들은 다 어디로 갔는가. 21세기의 무교양주의에 맞서다*Where Have All the Intellectuals Gone*(2004)』, 정병선 옮김(서울: 청어람미디어, 2005.5.) 참조.

종식시켜 '전통적 지식인'은 더 이상 필요하지도 않고 지속적으로 존립할 수도 없다는 극단적 주장이 제기되었다. 본격적 민주화가 개시되고 10여 년이 경과하여 해방 이후 처음으로 제대로 된 정권교체를 이루면서 이른바 'IMF 사태'를 막 극복하는 와중이었던 1999년 6월 4일 '한국 지성사의 회고와 성찰 – 근현대사 100년을 중심으로'라는 주제로 열린 《교수신문》 창간 7주년 기념 학술세미나는 "한국에도 지성사가 있는가? 20세기 영욕의 근현대사 1백년 동안 이땅의 지성들은 과연 무엇을 했는가?"라는 주제를 걸고 사회과학 및 인문학을 전공한 대학 교수들에게 한국사 전반과 특히 조선 말에서 20세기 말의 현대사에서 한국 지식인과 지식사회의 역사적 역할과 의의를 정리하도록 하였다. 한국 대학의 높은 학문적 역량을 대표하는 이 세미나 참여자들 거의 전부는 한국 역사와 현대사에서 '한국 지식인'이 대대로 형성되었고 한국 지식인의 역사적 역할에 대하여 비교적 긍정적인 평가와 아울러 미래 역할에 대해서도 긍정적 기대를 하고 있었다. 이런 대체적인 세미나 분위기안에서 임현진 선생은 1987년 이후 다음과 같은 "시대적 상황 변화와 지식의 내적 구조 변화", 즉

- **[민주화]** 첫째, 군부 정권 퇴장의 결과 도래한 민주화 상황 안에서 "직접적인 비판의 영역이 세분화되었을 뿐만 아니라 지식인들이 공통적으로 논의할 수 있는 주제가 세분화됨으로써 토론의 장이 협소화되었고(공유된 전망의 상실과 '거대담론의 붕괴'),
- **[전문화]** 둘째, 이제 구체적 문제에 대한 구체적 해결이 요구됨에 따라 무조건적 비판이나 슬로건보다 전문 지식을 활용한 현실 개입이 요구되며(전문화 및 '인문학의 위기'),

- **[정보화]** 셋째, 정보화가 전개되면서 지식과 정보의 순환 주기가 가속화되어 사회와 지식의 관계가 근본적으로 변화되어 그 행보와 속도에 발맞추지 못하는 지식인 사회는 권력과 자본으로부터 요구되는 통치와 축적의 효율성 원리에 못미치게 되었고('지식의 재생산 구조'의 질적 변화와 '대학의 위기'),

- **[지구화]** 마지막으로, 시공간의 원격화와 압축의 동시적 진행으로 지식인이 맞닦뜨리는 사회 문제의 성격이 변하는데, 한편으로는 국민국가의 범위를 넘어서는 전 지구적 문제틀이 필요해지는가 하면, 각 지방에서 풀어나가야 할 국지적인 문제들이 제기되고 있어 지구방화(glocalization)가 요구됨으로 인해[77]

"국가나 사회운동"과 "지식인"의 관계가 변함으로써 '지식인의 변조'가 불가피하다고 예측하였는데, 1987년 이후 각종 활동과 표현의 자유화를 통해 정부와 정당 같은 제도권 진입, 학술 및 문화 활동의 제도권화, 민중운동이나 지식운동 등의 사회운동 참여, 1990년대 소비문화 현장에서의 각종 '포스트-담론' 및 '신세대담론'의 직접적 전달, 좌파적 성향의 자임 그리고 자유주의적 지식인의 등장 등 "지식인 특히 좌파 지식인의 분열 양상"이 급격히 다양해지는 현상들을 지적하였다.[78] 그리고 이렇게 다양해지고 복잡해지는 1987년 이후의 시민사회의 공간을 임현진 선생은 ―지식인에게 비판과 대안의 새로운 과제를 던져주는― "지성의 복원"의 계기로 이해하면서[79] 그것을 지성의 죽음이나 몰락과 연관시키지는 않았다.

---

77) 이상의 4가지 시대적 변화상의 열거는 임현진(2001), 앞의 글, 249-250쪽.
78) 위의 글, 250-251쪽.
79) 위의 글, 264쪽.

그러나 21세기 들어 한국 사회에서 전면적으로 전개된 바로 이 "시민사회 분화"와 새로운 지식 구조는, 이 세미나에 논평자로 참여했던 당시 계명대 철학과의 소장 교수였던 이진우 선생에게는, 1984년 료타르가 어떤 차원에서든 더 이상 보편적이거나 거대한 담론이나 기획이 불가능할 뿐더러 무의미하기까지 하다고 판단한 '탈현대의 조건(la condition postmoderne)'과 동질동형체(isomorph)로 인지되고, 그에 따라 21세기에 들어선 한국 사회는 전반적으로 리오타르가 "지식인의 무덤(tombeau de l'intellectuel)"으로80) 비유한 사태 그 자체로 등장한다.81) 이진우 선생은 21세기 한국 시민사회의 분화에 대한 임현진 선생의 분석을 전적으로 받아들이는데, 만약 사태가 그렇다면 그것은 "지식인의 변조" 정도에 그치지 않을뿐더러 임현진 선생이 여전히 "불변적인 것"으로 견지하고 있는 "전통적 지식인"의 상(像), 즉 1) 진리를 주장하고 허위를 폭로하는 인식론적 특권을 가지고, 2) "사실 판단보다는 가치 판단을" 중시하고, 3) "전체 사회의 맥락 안에서 대안을 제시"하고, 4) "비판정신의 담지자"로서, "역사적 인식을 토대로 구체적 현실의 모순을 비판함으로써 보편적 가치를 구현하는 주체"라는 그런 상(像)이82) 더 이상 성립할 수도 없고 유의미하지도 않다고 단정한다.

---

80) 장-프랑수아 리오타르, 「지식인의 무덤」, in: 같은 저자, 『지식인의 종언人文社會科學叢書 *Tombeau de l'intellectuel et autres papiers*(1984)』, 이현복 편역(서울: 문예출판사, 1993.11.), 217-230쪽 참조. 필자로서는 이현복 선생이 왜 이 책의 제목을 지식인의 "종언" 정도로 옮겼는지, 개인적으로 불만스럽다. 왜냐하면 그 프랑스어 원제는 명백히 프랑스어로 "무덤(tombeau)"이고, 이 표현이 료타르, 나아가 이진우 선생의 급진적 포스트모던주의를 더 정확하게 드러내고 있다고 생각되기 때문이다. 즉 이들에게 '지식인'은 단지 '종언', '종식'되거나 더 심하게 '죽은' 정도도 아니고 죽어서 아예 땅밑에 묻혀 매장까지 끝냈기 때문이다.

81) 이진우, 「시민사회의 분화와 지식인의 죽음 – 누가 지식인이고, 무엇이 비판적인 것인가」, in: 강만길 외(2001), 앞의 책, 281-283쪽.

82) 이상은 이진우 선생이 임현진 선생의 지식인 개념을 요약한 것이다(위의 글, 282쪽).

"간단히 말해 지식인은 죽은 것이다."[83] 사실 원래 이런 참혹한 말을 했던 리오타르의 본의에 충실한 쪽으로 더 정확히 말하자면, 탈현대적 조건 아래에서 지식인은 사망해서 이미 무덤에 매장되어 장례절차도 끝난 그런 존재이다. 그러면서 이진우 선생은, 그래도 "마르크스의 명쾌한 지적"처럼 지식인이란 "정신적 생산수단을 소유하고 있는 계층"으로서 "자신들이 담당하고 있는 비판적 책무가 일반적이라고 서술할 수 있는 권력을 추구하고 있는지도 모르는" 처지에서 "변화된 시회에서의 지식인은 (자신들이 사회적 영향력을 획득할 수 있는 유일한 길로 남았기 때문인데) 자신들이 비판하고 있는 사태가 일반적이라는 사실을 끊임없이 담론화할 수밖에 없다"고 아직 지식인에게 남은 일을 지적해 준다. 이러고도 지식인이 죽어가는 —혹은 이미 죽어버린— 21세기 현재 상태에서 그나마 지식인으로 연명하려면 "저항 자체가 도덕적 선이며 또 자신이 반드시 권력과 대립관계에 있다는 근대성의 편집증으로부터 벗어나야 한다."[84]

여기에서 아주 역설적으로, 권력에 대한 비판자로서 '권력에의 진리'를 포착하고자 했던 '전통적' 지식인은 기묘하게도, 탈현대적 조건들의 맥락 안에서는, 그 자신이 '지식권력'이라고 역비난의 대상이 된다. 그런데 이렇게 자기가 행하는 비판이 일반성을 가졌다고 변명하기 급급하면서, 혹이나 자신의 저항이 —다른 이들이 보기에— 도덕적으로 선하다고 주장하는 것으로 비치지나 않을까 끊임없이 조심하고, 반드시 권력과 대립관계에 있어야 한다는 편집증에 빠지지나 않을까 전

---

83) 위의 글, 같은 쪽, 이 단언은 위의 글, 288쪽에서 다시 한번 되풀이된다.
84) 이상의 인용은 위의 글, 288-289쪽.

전긍긍하고 있어야 한다면, 그런 이들을 여전히 ─ 전통적 의미에서든 아니든─ '지식인'이라고 할 수 있을지 의문을 품지 않을 수 없다. 또 지식인이고자 하는 이들이 이렇게 소심해지는 데 성공하더라도 그런 소심한 지식인을 도대체 어디에 써먹을 것인가?

결국 지식인 몰락 담론에서 제기되는 그 원인들에 대한 주관적 책임론과 객관적 원인론을 총괄해 보면, 또 우리가 그 진단을 전부 수긍하면, 21세기 들어 이미 세기 초에 지적됐던 그런 원인사태들이 20년 이상 지속된 2024년 3월 현재의 21세기 문명에서 '지식인'이라는 인간 종은 이미 멸종되고 '지식인 사회'는 흔적도 없이 멸실된 것이 확증되었다고 단언해야 할 것이다. 그리고 앞에서 수행한 사회인식론적 고찰에 따르면 지식인의 '지성'이라는 것은 그 어디서 인위적으로 배양되는 그런 성격의 지식물이 아니기 때문에 교육제도와 사회적 정세 전반에서 지성을 필요로 하지 않는다면 딱히 '지식인'이라는 것이 필요로 하는 시대도 아닌 것이다. 그렇다면 이렇게 생겨날 여지도 필요도 없는 '지식인'의 존립이 왜 새삼 고민되어야 하는가? 더 나아가, 21세기 세 번째 십년기를 반 정도 경과하고 있는 현재 우리들이 영위하는 삶에 대하여, 과연 '지식인'이라고 할 수 있는 이들이 활동하도록 만들 필요가 있는, 그런 중대하고도 유의미한 문제가 있는가?

'지성의 몰락' 또는 '지식인 죽음' 담론들의 현대주의적 편견과 지적 공백 그리고 '21세기 초확장세계 조건 안에서의 지성'의 요구 : 특정 문명의 지속적 자기극복 요건으로서 '지식사회'의 진화

　　동학혁명이 좌절당하는 구한말에서부터 21세기 현재까지 약 130년을 헤아리는 한국 현대정치사는 봉건조선왕조, 일본제국주의 그리고 가부장독재정권과 군사독재정권에 대항하여 각기 성취한 민족내부의 신분제 철폐와 조국의 광복 그리고 국가의 민주화에 '비판적 지식인'의 대중계몽과 저항적 활동이 일정 정도 기여하는 과정이기도 했다. 따라서 최종적으로 군사독재정권의 직접적 당사자 세력이 인적으로는 척결된 20세기 말 이래 한 세대 이상을 경과하면서 시대마다 폭정을 자행한 봉건권력, 제국주의 권력 그리고 독재권력이 직접적으로 척결된 이후 목숨을 걸고 공적으로 투쟁을 전개해야 할 '현존 권력'은 사라졌으므로 공적으로 비판적·저항적 활동에 투신할 전통적 의미에서의 지식인의 존립 근거 역시 없어지고, 그에 따라 지식인이 관심을 가져야 할 '동시대적이고 가치평가적인' 문제, 즉 한국 현대 정치의 부정적 지배권력의 극복 문제가 소멸됨으로써, 이 문제를 중심으로 결집하고 연대했던 지식인들로 이루어진 '지식인 사회' 역시 사라지는 것이 마땅했다. 단, 20세기 종반기까지 100여 년에 이르는 한국 현대정치사에서 활동하고 인정받았던 '20세기 한국 지식인 사회'는, 종언되거나 종식되거나 심지어 죽거나 하여 멸망하는 몰락의 길을 걸었던 것이 아니라, 실질적으로는 '자진 해산' 내지 '자동 해소'되었다고 보는 것이 저간에 지식인들이 거기에 참여했던 대한민국의 역사적 성취물들을 고려한 정확하고도 공정한 기술일 것이다. 즉, 지식인의 종말이나 몰락 이전에 '지식인들'이 있었고, 그 지식인들이 활동했으며, 그리하여 뭔가를 성취했다는 사실을 먼저 인정하고 그것을 인식하도록 해야 할 것이다.

그리고 (앞에서 임현진 선생이 지적했던 바와 같은) 21세기 들어 '민주화'와 더불어 급속하게, 복합적으로 도래한 대한민국 국가와 시민사회의 다양한 변화, 즉 '전문화', '정보화', '지구화' 등이, '지식인의 변조' 정도가 아니라, 아예 (이진우 선생의 단언처럼) '지식인의 죽음'을 불러온다고 했을 때, 공교롭게도 똑같은 시기에 바로 이런 변화된 추세들을 조건으로 하여 지식인의 죽음 내지 몰락뿐만 아니라 그 지식인 활동과 밀접하게 관련되었던 대한민국 정치군부의 활동 양상에도 죽음 내지 몰락이라고 할 수 있는 사태가 전개되었다. 한국의 지식사회에서 지식인의 변조, 종식, 죽음 등의 흉흉한 언사가 횡행하던 시기와 똑같은 시기인 노무현 정부 때인 2004년 가을 《월간 중앙》에 '군은 청와대를 어떻게 보나'라는 기획 기사가 실렸는데, 여기서 현역 사단장 K소장이 "이제 한국에서 군사 쿠데타는 영원히 불가능하다"면서 쿠데타를 불가능하게 만드는 다섯 가지 이유를 단계별로 제시했다. 즉,

첫 번째, 쿠데타 모의 단계인데, "휴대전화 때문에 보안 유지가 불가능하다." "설사 모의가 성공했더라도 거사로 이어지기 어렵다, 특정 부대, 특정 집단의 일거수일투족이 사람들에 의해 순식간에 세상에 알려지기 때문이다." 이것은 '정보화'의 조건 때문에 일어나는 현상이다. 그리고

두 번째, 쿠데타 발발 시점으로, "군사를 집결시키고 장비를 앞세워 중앙무대로 치고 들어오려고 해도 교통체증 때문에 이동이 어렵다." "과거에는 통행금지가 있었기 때문에 병력과 장비의 신속한 이동이 가능했지만, 지금과 같은 상황에서는 중앙 당국의 통제가 없는 한 수도권 교통체증을 극복하기 어렵다." 이 점은 민주화와 더불어 진정으로

도래한 생활상의 자유의 확대와 심화로 인해 나타난 현상으로 봐야 할 것이다. 나아가

세 번째, 쿠데타 성공 단계인데, "만난(萬難)을 무릅쓰고 병력과 장비를 중앙무대에 진출시켰다 해도 국민을 설득할 방도가 없다." "과거처럼 몇 안 되는 신문사와 방송사를 접수하는 것으로 국민 동의를 구할 수 없으며 국민은 휴대전화와 인터넷으로 서로 의견과 정보를 주고받으며 쿠데타군을 응징할 것이 분명하다." 역시 이 점도 정보화와 아울러 전문화의 심화가 대중적 차원에서도 이루어진 결과라고 보인다. 또한 같은 점을 원인으로 하여,

네 번째, "더 이상 군이 한국 사회의 최고 엘리트 집단이 아니다.", "군사 쿠데타는 다른 사회 부문보다 군이 가장 앞서 있는 곳에서나 가능하다. 그래야 군이 명분과 힘을 가지고 다른 부문을 압도한다. 그러나 우리는 오래전부터 정치·경제·사회·문화 등 군 이외의 부문들이 앞서 나가 있다." 그리고 마지막

다섯 번째, "너무도 명백한 앞의 4가지 사실을, 누구보다 군이 먼저 잘 알고 있기 때문에 쿠데타는 더 이상 없다." "이 글이 올라온 게 20년 정도 전이니 그 사이 한국 사회가 더 촘촘해지고 더 개방되어 무모한 쿠데타는 더 이상 설 자리가 없게 되었다."[85]

총괄적으로, **한국에서 지식인의 존립을 불가능하게 만드는 그 조건들 즉 한국 지식인들의 죽음의 조건이 바로 지식인이 비판하고 저항했던 정치군부의 죽음 내지 종식 조건이다.** 따라서 '한국 지식인'이나

---

85) YTN, 〈YouTube 2000년 이후 쿠데타가 불가능한 이유 … 현역 사단장이 말한 5가지 [와이즈픽]〉 (2023.12.9. https://www.youtube.com/watch?v=CoexvTkjyb8 / YTN 구독자 436만 명; 조회수 1,373,181회; Access: 2024.3.10., 16:03)

그 대립자인 '한국 정치군부'는 새로이 전개된 한국 국가와 사회의 변화된 조건들 때문에 거의 같은 시기에 그 위력이 사라졌다. 그런데 이렇다고 해서 21세기 대한민국에서 지식인이 생성돼 나오는 한국의 '지식사회'나 한국의 국가를 보위하는 '군대'가 죽거나 소멸하지는 않았다. 즉, 한국의 지식인이나 군대가 다같이 존립하고 작동하는 그 공통 기반인 한국 사회구성(Korean social formation)이 변하면서 한국 지식사회(Korean knowledge-society)와 한국 군대(Korean military)의 존립양상이 결정적으로 변모해야 하는 것인데, **이런 점에서 군사독재가 나올 여지가 고갈된 문민 통제 하의 한국 군대의 21세기 존립상에 대하여 굳이 반응할 필요가 없어진 '21세기 한국 지식인'은, 그런 측면에서는, 등장할 필요가 없어졌다.** 다시 말해서 국가폭력의 위험도가 현격하게 낮아졌다는 이런 측면에서 본 21세기 한국 사회구성은 예전에 비하여 문명화의 정도가 높아졌으며 이 점에서 이른바 '전통적 지식인'이 대응했어야 했던 그런 성격의 위기와 갈등은 이미 지나가고 대한민국 국가시민이 살아가는 21세기 생활지평이 국내외로 새로이 편성되어 왔다고 봐야 할 것이다. 이런 측면에서 보면 세기초의 포스트모던적인 "지식인의 죽음"이나 그로부터 이십여 년이 지난 현재 시점에 다시 제기된 송호근 선생의 "21세기 한국 지성의 몰락"은 (오리/시리넬리의 의미에서) "탄생"하지도 않아 그 말로 지시할 것이 없는 '(아직 부재(不在)하는) 21세기 한국 지식인'을 상대로 한 메아리 없는 경고음으로 보인다.

따라서 지식인 현상에 대한 그동안의 사회학적·역사적 연구의 결과 포착된 특징적 요소들을 사회인식론적 견지에서 재정렬하면, '지식인'이란 한 문명이 존립함에 있어서 그 문명의 유지와 발전에 필수적인 객관적 세계지(世界知, world-knowledge), 상호주관적 사회지(社會知, social knowledge) 및 주관적 자기지(自己知, self-knowledge) 등으로 이루어지는 삶의 앎들(生活知, life-knowledges)을 토대로 하는 지식계(知識界, knowledge-world)가 구축되어 자율적으로 그리고 또 체계적으로 작동하는 과정에서 국가적·정치적 권력관계와 관련하여 동시대 규범의식의 차원에서 이상(異狀)현상이나 위기(危機)가 발생할 경우 그 쟁점에 따라 비판적으로 파악한 진실과 실천적 비전을 대중에 공적으로 언표하면서 그때그때 '당대의 지식인 사회'로 결집하여 능동적으로 투신하는 지성(知性)의 실행자라고 규정할 수 있다. 지식인 형성의 이런 조감도에서 보면, 현대에 와서 지식계는 주로 대학교육제도를 통해 학문적으로 형성된 전문지식 생산의 제도를 핵심으로 하지만, 역사적으로 보면, 현대 이전에는 각 시대와 문명권을 통괄한 국가종교에서 생산한 종교적 세계관과 신앙적 규범들이 주류를 이루었다. 그리고 현대로 들어오면서 대학과 학계가 지식계의 중심을 이루면서도 전(全) 사회적으로 필요한 지식과 정보는 정치, 경제, 사회, 문화 및 국제관계 등 세부적으로 분화된 각 생활영역 전반에 걸쳐 산출되고 각종 미디어를 통해 순환적으로, 파동적으로 또는 단속적으로 유통되면서 대중들 사이에서 각종 담론과 공론을 형성하거나 아니면 형성하지 않는다. 그런데 20세기 현대가 진행되면서 각 국민국가 단위 내부와 국가간 관계망이 총집결되어 지구화의 추세가 외연적으로 확대되면서도 내포적으로도 심화되고, 지식사회가 기술적으로 web → app → chat로 진화하는 정보화를 매개로 실재세계뿐만 아니라 가상세계 그리고 인공지능망까지 포괄하는 플래폼을 펼쳐주는 **초팽창세계**(超膨脹世界, hyper-dilatation world)를 형성한다. 이 초팽창세계 안에는 각각의 생활지평과 활동무대를 갖춘 수많은 단자적 세계들(單子的 世界, monadic worlds)이 생성되며, 이 생활권의 각종 세계들 사이에서는 수없이 다종다양한 이해관계의 접합과 대립, 그리고 가치 융합과 상충이 발생하면서 각자의 세계들에 단속적으로 닥치는 자기위기를 극복하기 위한 **다양한 미시지성들**(微視知性, micro-intellects)이 교착하고, 이 상호교착된 미시지성들 자체가 **다층적으로 중첩**된다.

이것은 곧 지식 그리고 지성의 출처를 대학중심적으로만 파악할 수 없으며, 어느 면에서 송호근 선생이 지적한 대로 대학이 논문생산에 매달리는 협소한 전문화의 추세로 대중과 격리되면서, 역설적으로 '지성'에 대한 욕구와 추구는 **대학 외에서 애초에 대중과의 접촉 내지 의사소통이 직업적으로 강제되거나 아니면 권유되거나 촉진되면서 대중적 표현의 매체를 기왕에 확보하고 있는 활동 분야**에서 더 다양한 형태로 공표된다. 이 때문에 현대적 의미의 '지식인'이 출현했다고 했을 때 그것이 최초로 공식적으로 의식된 계기였던 드레퓌스 사건에서 나중 지식인다운 역할이라고 규정된 활동을 처음 개시했던 이는 대학 교수가 아니라 소설가 에밀 졸라였음을 상기할 필요가 있다. 이미 앞에서 분석한 대로 졸라 이후 지식인들의 자기실현은 대학에서 소양을 갖춘 학자와 교수들이 대세를 이룬 것은 사실이지만, 대중언론과 대중문화의 발달에 따라 이 분야에서 전문적 소양을 인정받은 이들이 지식인으로서 앙가주망을 전개한 모범적 사례는, 대중에 대한 정치적 영향으로는, 양적으로는 오히려 더 많고, 질적으로도 더 강렬한 정치적 인상과 메시지 전달력을 발휘했다. 이 점은 한국 현대사에서 전통적인 비판적·저항적 지식인이 학자나 대학 교수보다는 작가, 문필가, 언론인 등에서 배출되었다는 사실에서도 방증된다.

이런 경향은 **초팽창세계**(超膨脹世界, hyper-dilatation world) 조건 안에서 탈(脫)대학화된 21세기의 지식사회들에서 더욱 다채로운 모습으로 나타난다. 이 조건 안에서 공적 의제를 놓고 공적 논변으로 대중에게 의견을 개진하는 지식인의 전통적 능력으로서 '지성'은 특히 대중문화 분야에서 발휘되며, 송호근 선생을 비롯한 대학교수들이 그토록 혐오해 마지 않는 유튜브 같은 플랫폼에서는 일종의 '대중지성'으로 표출되어 경우에 따라 대한민국 16대 대통령 선거에서의 노사모나 박근혜 탄핵을 실현한 '촛불혁명' 같이 거대한 정치적 변혁을 촉발시킨다. 유튜브를 비롯하여 트위터(현재는 'X'), 페이스북, 인스타그램, 카카오톡, 밴드, 텔레그램 등의 SNS가 기술적으로 보장하는 "뉴미디어"를 통해 조성되는 초팽창세계 안에서의 의사소통 모형은 "콘텐츠 측면에서 아무런 규제도 받지 않은 채" "참여자 사이 관계가 평등주의적이고 그 어떤 규제도 받지 않는다는 특성과 이용자들이 즉흥적으로 기사를 제공할 수 있다는 동등한 권한"을 보장하면서 주목할 만한 두 가지 효과를 발생시킨다. 즉 우선 하나는, "모든 시민을 평등하게 포용한다는 부르주아 공론장의 평등주의적-보편주의적 요구가 비로소 이 뉴미디어의 형태로 마침내 성취된 것처럼 보인다. 그리고 이 미디어 덕에 모든 시민에게 공적으로 인식될 수 있는 자신의 목소리를 제공하고 나아가 이 목소리에 대중적 동원력을 제공할 수 있다."[86] 물론 이렇게

---

86) 하버마스, 위르겐(Jürgen Habermas), 『공론장의 새로운 구조변동 Ein neuer Strukturwandel der Öffentlichkeit(2022)』, 한승완 옮김(서울: 세창출판사, 2024.2.), 50쪽.

다중적으로 전개되는 초팽창세계는, 앞에서 송호근 선생이 사실적으로 지적한 대로, 예상을 넘어설 정도로 **"소란스럽고 폭력적"**이고, "이해와 오해, 괴담과 진실이 엇갈리고 이념적 정쟁이 난무하며" "욕설과 비방의 대가, 곡해와 날조의 사회적 비용이 **민주주의의 이점을 상쇄하고 '자유로부터의 도피'를 불러들인다"**면서 하버마스의 충고를 원용하여 "개인적 견해의 소중함을 인정받고 그 권리를 행사하려면 정치적 자유주의(political liberalism)의 기본 윤리를 우선 지켜야 한다."[87]

그런데 정치적 자유주의를 일종의 도덕적 의무로 훈계하는 송호근 선생과 결을 약간 달리하여 그 취지는 충분이 동일하면서도 하버마스는 조금 다른 차원의 대안을 제시한다. 어쨌든 하버마스 본인도 자신이 60년 전에 문제삼았던 공론장의 구조변동을 21세기 미디어의 디지털 플래폼 상황에서 재검토하면서 이 초팽창세계가 전통적인 시민적 자유와 기본권에 대하여 양가성을 갖는다는 것을 지적한다. 21세기 세 번째 십년기에 적어도 유럽-아메리카(歐美) 권역 범위 안에서 공론장을 기술적으로 매개하는 미디어세계의 디지털화(digitalisation)와 초국적화(trans-nationalization) 그러면서 공중에 참입(參入)하는 개인들의 극단적 사인화(私人化, privatization)를 분석하면서 이로 인해 대두한 "즉흥적 의견의 무정부적 교환"으로 "반권위주의적이고 평등주의적인 용암"이 분출했지만 "곧 실리콘밸리에서 자유지상주의적으로 찡그려진 얼굴로 세계를 지배하는 디지털 대기업"으로 인해 그 용암은 굳어졌음을 동시에 부각시킨다. "그리고 뉴미디어가 제공하는 글로벌 조직의 잠재력은 (벨라루스 독재자로 1994년 7월 이래 2024년 현재까지

---

87) 송호근(2023), 앞의 책, 「서문」, 5쪽. 이 글 앞의 각주15)의 본문 참조. 굵은 글자 필자.

물경 30년간 대통령직을 독점하고 있는_필자) 루카센코(Lukashenko)에 끈질기게 항거하는 벨라루스 여성뿐만 아니라 (그와 정반대되는 경향의_필자) 우익 극단주의 네트워크에도 도움이 된다." 그로 인해 "매체 이용자에게 자기 전권을 부여하는 효과"가 나타나는 일방, "아직 뉴미디어의 사용법을 충분히 학습하지 못한 상태에서 예전 구식 미디어에서는 독자의 후견 역을 하던 편집자의 보살핌에서 벗어남으로써 비용을 치르게 되는" 그런 효과, 아마도 부작용도 있다. 그런데 플랫폼은 "해방된 이용자에게 일반적으로 인정되는 인지척도에 즉하여 콘텐츠를 전문적으로 선별하고 논변적으로 검토하는 것을 대체할 수 있는 어떤 것도 제공하지 않는다."[88]

이에 대하여 하버마스와 그의 학문적 동료들은 어떤 경우에도 "간단히" '지성의 몰락'이나 '전통적 지식인의 죽음' 같은 것을 얘기하지 않는다.[89] 우선 이들은 자신들의 의지와는 상관 없이 전개된 이 초팽창세계의 대중매체 사용에 다른 미디어 사용자들과 동등하게 참입(參入)하여 자신들이 마주하는 지식과 의견들에 대하여 사안별로 비판적 검토를 행하여 오프라인에서의 논변과 같은 기능을 하여 잘못된 지식과 의견을 걸러내는 문지기(gate-keeper) 역할을 제안한다.

하버마스는 세비그나니가 제안하는[90] 이 구상을 플래폼에서 유통되는 정보와 지식에 대한 "소비자의 역할"에 대한 건강한 제안이라고

---

88) 이상의 인용 하버마스(2024/2022), 앞의 책, 50-51쪽. 인용된 번역은 Habermas(2022)를 참조하여 부분적으로 맥락에 맞추어 필자가 재번역.

89) 디지털화된 플래폼이 들어섬으로써 기존의 공론장에서 야기된 이런 변화들에 대한 최근의 가장 주목할 만한 집단 연구로는 Seeliger, Martin/Sevignani, Sebastian, E*in neuer Strukturwandel der Öffentlichkeit?* (Baden-Baden : Nomos, 2021) 참조.

90) S. Sevignani, "Ideologische Öffentlichkeit im digitalen Strukturwandel", in: Seeliger/Sevignani, 위의 책, 43-67쪽. 하버마스(2024/2022), 앞의 책, 51쪽의 각주25) 재인용.

정리한다. 그런데 들여보낼 것과 막아설 것을 가려내는 이 문지기의 역할은 "단지 모든 국가시민이 정치적 규제가 필요한 문제에 대하여 저마다 스스로 판단을 내리는 데 필요한 지식과 정보를 습득할 수 있는 의사소통형태를 기술할 뿐"이라고 일단 그 의의를 한정한다. 그러면서 그는 미디어 플래폼에 참입하는 모든 국가시민이 거기에서 돌아다니는 정보와 뉴스를 소비하는 것에 그치지 않고 그로부터 "자신에게 결핍된 것에 대한 의식을 강화"하여 자신과 "불일치하는 의견과 비판에" 건설적으로 대응하는 "작가(Autoren)로서의 역할"이 보다 적극적으로 개발되어야 함을 지적한다.[91] 만약 플래폼에 들어오는 각 시민들이 거기에서 돌아다니는 정보, 지식, 의견들을 단지 소비하기만 하면 플래폼 공론장에서 이미 "경계가 해제된" 발언들이 그냥 "파편화"되어 산포되기만 하고 그에 책임질 수 있는 "공론(公論)"으로 정리되지 않는다. 그런데 안쇄술의 발달이 모든 소비자를 잠재적 독자로 만들었지만 독자가 되기 위해 꼭 필요한 글자 읽기 능력, 즉 문해력(文解力, literacy)의 습득에 상당한 시간이 걸리듯이, 이 디지털화된 플래폼에서 국가시민은 이 플래폼의 기술적 진화를 이해하고 습득하여 가짜 뉴스를 판별할 수 있는 **디지털 문해력(digital literacy)**뿐만 아니라 익명의 타자들에 대하여 자기 책임 아래 디지털화된 플래폼에서 돌아다니는 타자의 정보와 의견을 공정하게 참조하여 정립된 자기 의견을 논변적으로 공표하여 정론(正論)으로 인정받을 수 있도록 표명하는[92] **디지털 작문력 (digital writing ability)**도 길러져야 한다.

---

91) 하버마스(2024/2022), 위의 책, 51쪽.

92) 위의 책, 52쪽. 본문에서 적용한 "디지털 문해력", "디지털 작문력"이라는 용어들은 필자의 표현이다.

'21세기 지성'의 작동구조와 인식지평 : '초팽창세계'로 작동하는 '단일지구문명'의 '복합다중진실'의 파악을 위한 '디지털-대응력-있는-다多차원적-지성'의 요건

여기에서 필자는, 공론장의 기술적 구조변동에 대한 국가시민의 능동적 대응태세에 대한 위의 하버마스 논의를 재해석하여 개념화시킨 '디지털 문해력'과 '디지털 작문력'이 요구되기 이전 시기부터 말하기와 글쓰기의 전통적 토대인 '언어 기반 의사소통(language-based communication)' 방식을 넘어, 디지털화된 플랫폼의 신축으로 조성된 '**초팽창세계' 안에서는 '동영상매개-수행적 의사소통(video-mediated performative communication)'이** 교착하는 가운데 '**인공지능을 통한 동시간적 학습의 도움으로 가상의 자아까지 전인적으로 연출된 복합교류'가 가능한 '디지털 연출력(digital direction)'이** 사고, 표현, 행위, 판단의 동력이 될 것이라는, 조금은 무모한 추정(conjecture)을 제출하고자 한다. 즉 21세기 들어 점점 더 확산되고 심화된 '초팽창세계'의 전 지구적 지식사회는 더 이상 대학과 과학적 연구기관에서 정돈해낸 과학적 지식으로만 가동되지 않는다.

표현된 문자, 즉 말과 글에 대한 상호이해가 핵심이던 현대까지의 세계운동과 인간활동은 이제까지의 그 과정들을 데이터로 축적하면서 웹(web)에 저장되고 앱(app)으로 활용되며 챗(chat)으로 연출되어 실시간에 전 지구적으로 직접 교류한다. **살고자 하는 삶을 상상하는 것이 아니라 상상하던 것이 바로 직접 살아지면서, 단지 시공간적으로 확장되는(extended) 것이 아니라 가상세계로까지 팽창된다(dilated).** 즉 "동네맛집이 SNS로 소문을 타서 글로벌 맛집이 될 수 있다."는[93] 시대로 특징지어질 수 있는 '21세기 한국의 지식계'는 이미 '**딱 하나의**

지구문명(just one earthian civilization)' 또는 '단일지구문명(mono-global civilization)'을 지평으로 하여 작동하고 있다. 이제 비로소 이 지구문명 안에서 다양한 모습으로 변모하면서 작용하는 **모종의 거시적·미시적 권력관계들**(certain macro- & micro-sophic power-relations)**에 상응하는 복합-다중-진실들**(複合多重眞實 complex-multi-truths)이 포착되어야 할 그런 분위기가 무르익고 있다. 하지만 이런 맥락에서 이른바 사실과 허구의 분리가 더 이상 가능하지도, 유의미하지도 않는다고 주장하는 탈(脫)진리(post-truth) 또는 탈(脫)사실(post-factual)의 정치는 모든 복합적 관계들이 그 안에서 상호교착적으로 작용하고 있는 '단일지구문명'의 실상을 호도하려는 정치적 악의이거나 만화경처럼 전개되는 다방면의 변화상에 미혹되어 그 실상의 인식을 위한 노력을 제풀에 포기시키고 자기 시야를 확장시킬 엄두도 내지 못하게 하여 자발적으로 미발전 상태에 주저앉는 나태한 지능의 편집증 또는 직무유기일 뿐이다.

필자가 오랫동안 상정하다가 그저 직관에 담아두고 있었던 것과는 달리, 구식 계몽주의에 입각한 진보적 역사철학의 사변적 낙관주의에 기대지 않고 진화생물학에서부터 고고학 그리고 역사적 사건들을 천재적으로 집합시켜 실증적으로 검토했던 유발 하라리의 성찰적 검토 결과를 빌리자면, "1만 년 전만 해도 인류는 수없이 많은 고립된 부족들로 나뉘어 있었다. 1,000년이라는 세월이 지날 때마다 부족은 점점 더 큰 집단으로 뭉쳤고, 이들은 수는 줄었지만 개성은 더 뚜렷한 문명을

---

93) KBS1 라디오, 「외국인이 찾는 상권, 결제액 10배 늘어난 바로 여기가 핫플 - 노승욱 대표(창톡), 문지민 기자(매경이코노미)」, in: [성공예감 이대호입니다] (2024.3.12.) https://youtu.be/dywTZ5Ghozg?si=q67BsmVKx0Rqwl7M)

건설했다. 최근 몇 세대 동안에는 지금까지 남아 있는 소수의 문명들이 다시 하나의 지구촌 문명으로 섞여들고 있다. 정치적, 민족적, 문화적, 경제적 분열은 그대로이지만 이것이 근본적 통합을 전복하지는 않는다." 따라서 "장기적으로 볼 때 역사의 방향은 분명하다."[94) 결론적으로, **"현재 인류는 전체가 하나의 문명을 이루고 살며 모든 사람이 공통의 도전과 기회를 함께 맞고 있다."**[95)

하지만 이렇게 전 지구적 통합화의 방향으로 진행하는 (하지만 아직 '통합완료되지는 않은' 상태에서 모든 인류가 복합적으로 연결되어 중첩적으로 임의작동 중인) '하나의 지구문명(one earthian civilization)'은, 현재까지는 200여 개의 국민국가들과 그 안의 계층들이 합종연횡식으로 다양한 형태의 입체적 연합과 대립을 벌이다가 경우에 따라 그 국가나 같은 민족 안에서 연접과 단절을 거듭하면서 수많은 단층선이 교착하는 **범(凡)인종적 마그마(pan-species magma)**를 품에 안은 채 들끓고 있다. 이미 이 글 들어오면서 인용한 송호근 선생의 지적대로, 대한민국 정치권과 시민사회 안에 '민족모순'과 '계급모순'이리고 하는 "두 개의 (대립이나 갈등 정도가 아니라_필자) 단층선"이 있어 "강대국들의 세계정치에 의해 단단히 굳어져 한국만의 독자적 역량으로는 풀지 못하는 일종의 운명이 되었다."[96) 그런데 송 선생의 예측 내지 기대에 따르면, 이 단층선상에서 인생을 보내던 이들이 세월의 흐름에 따라 조용히 사라지고 신세대들의 기억에서는 희미해지면서 이미 시작

---

94) 하라리, 유발(Yuval Noah Harari), 『21세기를 위한 21가지 제언: 더 나은 오늘은 어떻게 가능한가 21 Lessons for the 21st Century (2018)』, 전병근 옮김 (파주: 김영사, 2018. 9.), 156쪽.

95) 위의 책, 172쪽.

96) 송호근(2023), 앞의 책, 348쪽.

된 현 단계 인류 문명의 모순, 즉 **대(大)자연과 대(大)시장에 대한 통제의 상실**이 엄청난 충격을 몰고 오면 한국 내의 단층선들은 "은연중에 녹다가" 경우에 따라서는 그야말로 "눈깜짝할 사이에 녹아내릴 수 있다."[97] 하지만 자신의 학문적 일생을 한번 매듭지으면서 대한민국의 현실 안에서 지적·사상적 편린과 학문적 탐구를 진행했던 서강대학교 정치학과의 박호성 선생이 "한국 지식인 사회의 행로"라는 큰 주제 아래 **"시민참여와 국민복지 확대로 민족통일을"**이란 명제로 당신의 학문 인생의 결론을 내렸을 때,[98] 그것은 어떤 경우에도, 지구문명의 모순이 터짐으로써 민족모순 같은 것은 (우리 힘으로 능동적으로 그리고 건설적으로) 해결되는 것이 아니라 그저 아무 결실 없이 자동소멸되는 것을 함의하지는 않았을 것이다.

결국 21세기 세 번째 십년기를 경과하는 **현재 지구상의 인류가 공동으로 대응해야 하는 문명의 모순과 그로 인한 전 지구적 위기**에 대해서는, 각 국민국가들 내부와 그것들 사이에서 각자에게 '위협'을 가하는 측면만 주목할 것이 아니라, 그 위기에 공동대응함으로써 각자의 '미시적 생존가능성'을 제고하고 기왕의 문명 발전에서 역사적으로 합의된 것으로 축적해온 **'거시적 보편가치'를 보다 고차적 차원에서 체화시킬 수 있는 실질적 계기로 전형시킬 범인류적 연대**(凡人類的 連帶, **pan-human solidarity**)로 대응할 수 있어야 할 것이다. 이런 식으로 발상의 전환을 시도할 경우, 민족모순이나 계급모순의 해결 차원을 국내적 맥락에다 설정할 것이 아니라 오히려, 앞에서 고찰한 대로, **'초**

---

97) 위의 책, 355쪽.

98) 박호성, "제3부 한국 지식인 사회의 행로" 안의「4. 시민 여러분께: 시민 참여와 국민 복지로 민족통일을!」, in : 같은 저자, 『지식인』(파주: 글항아리, 2014. 6.), 375-390쪽.

팽창세계'로 작동하는 '단일지구문명' 안에서 '디지털-대응력-있는-다(多)차원적-지성(the multi-dimensional intellect of digital confrontation ability)'을 배양함으로써 다중적으로 얽힌 권력관계들을 투시하고 이 단일지구문명의 정치적 향방을 설정하여 그 안에서 민족모순과 계급모순의 당사자들을 지구정치의 공동 참여자로 그들의 실천적 위상을 끌어올려 다른 국민국가 구성원들과도 지구문명 차원의 보다 강도 높은 통합을 추구하도록 범지구적으로 설득할 수 있어야 할 것이다. 즉 이제 '21세기 한국 지성'이 있다면 '디지털-대응력-있는-다차원적-지성'의 자태로 현재의 '단일지구문명' 안의 복합적 권력관계들을 투시하는 '복합다중진실'을 파악하여 그 통찰을 바탕으로 '유기적으로 통합된 지구문명'으로 진화시키는 궤적을 설계할 수 있어야 한다는 것이다.

'디지털-대응력-있는-다차원적 지성'의 과제로서 '지구문명'의 향방 : 다국적 엘리트들의 '지구제국(GE)'? 아니면 지구시민연대의 '지구연합(GU)'?

'단일지구문명'에 근거한 '미래 지구권력 구상' : 유발 하라리, '지구제국'으로의 길 또는 도덕냉소주의에 따른 문화제국주의

'디지털 대응력'까지 포함하여 필자가 그려보인 21세기의 '초팽창세계'가 외연적으로는 '단일지구문명'으로 구현되고 있다는 사실은, 인류의 진화과정을 거시사적으로 검토한 유발 하라리에게는, 단지 "새로운 지구문명"뿐만 아니라 지금까지의 "제국 주기"의[99] 지속선이 드디

---

99) 유발 하라리, 『사피엔스. 유인원에서 사이보그까지*Sapiens*(2014)』, 조현욱 옮김, 이태수 감

어 "진정 세계적 차원"에서 "새로운 지구제국"에100) 도달하는 현실적 조건으로 상정된다. 우선 21세기 현재 지구상의 모든 인간들이 '단일지구문명'을 공유하는 증거로 하라리는, "오늘날 거의 모든 인류는 동일한 지정학체계(행성 전체가 국제적으로 승인된 국가들로 나뉘어져 있다), 동일한 경제체제(자본주의 시장의 힘은 지구의 가장 구석진 곳까지 미친다), 동일한 법체계(인권과 국제법은 세계 모든 곳에서 적어도 이론적으로는 효력이 있다), 동일한 과학체계(원자 구조나 결핵 치료법에 대해 이스라엘, 호주, 아르헨티나의 전문가들은 완전히 동일한 견해를 보인다)를 공유한다."는 점을 제시한다.101) 물론 **"지구 전체의 각 문화들은 균일하지 않다.** 하나의 유기체에 수많은 장기들과 세포들이 포함되어 있듯이, 우리의 전 지구 문화는 뉴욕의 증권 중개인에서 아프카니스탄의 양치기에 이르기까지 다양한 생활방식들과 인간들을 아우른다. 하지만 **이들은 모두 밀접히 연결되어 있으며 서로에게 무수히 많은 방식으로 영향을 미친다.** 이들은 여전히 서로 논쟁하고 싸우지만, 논쟁에 사용하는 개념들은 동일하고, 싸움에 사용하는 무기도 동일하다."102)

세부적으로 재검토의 필요가 없지는 않지만, 지난 2,500년의 세계 역사를 종(種)으로서의 인류(human species) 중 호모 사피엔스(homo sapiens)가 주도하는 인간 생활권의 지속적 확장 과정, 구체적으로는, 나름의 시대를 주도하는 제국들(帝國, empires)의 순차적 등

수 (파주: 김영사, 2017. 12.), 290쪽.
100) 위의 책, 295쪽.
101) 위의 책, 242-243쪽.
102) 위의 책, 243쪽. 번역 부분적으로 약간 고치고, 굵은 글자 필자.

장과 계속적 광역화로 파악하고 이것을 "역사의 화살"이라고 비유한[103] 하라리의 고찰에 따르면, "서로 다른 문화적 정체성을 지니고 서로 떨어진 지역에 살고 있는 상당히 많은 숫자의 서로 다른 민족이나 국민들을 지배"함으로써 성립하는 "제국이라는 정치질서"는 "자신의 기본구조와 정체성을 변화시키지 않은 채" "탄력적인 국경과 잠재적으로 무한한 식욕"으로 "더 많은 국가와 영토를 소화하고자 한다"는 특징을 가지고 있다. 이와 같은 '제국'-체제가 역사에서 중심적인 역할을 하는 이유를 그것의 "문화적 다양성과 영토적 탄력성"에서[104] 찾는 하라리는, 한편으로는, "지난 2,500년간 세계에서 가장 일반적인 형태의 정치조직"으로서 '제국'은 문화적 다양성을 특징으로 한다는 점을 강조하면서도, 그와 동시에, 그 제국이 흡수하거나 정복한 "수많은 민족들의 독특한 특징을 지워버리고 그것들보다 훨씬 더 크고 새로운 집단들을 만들어냄으로써" "인류의 다양성을 급격히 축소"시키는 그 역설적 반대경향도 두드러지게 강조한다.[105]

　"제국의 비전"을 논하는 장에서[106] 하라리는 지구상에 존립했던 그 많은 제국들이 성립하는 일반적 과정과 이유는 관찰하면서도 그것들이 시대별로 각기 쇠망한 원인은 굳이 적출하지 않는데, 그것은 하라리가, 키루스 이래 제국에 의한 지배를 추구한 이들이 "제국 지배란 모든 인간을 위한 것이다"라는 제국관(帝國觀)을 고수하면서 그것을 공유하는 전투적이고도 잔인한 집단을 구성하고 활성화시켜 지배자를 달

---

103) 위의 책, 234-247쪽.
104) '제국'-체제에 대한 이상의 고찰은 위의 책, 273쪽.
105) 위의 책, 274-275쪽.
106) 위의 책, 233-347쪽의 "제3부 인류의 통합" 중 270-296쪽의 「11. 제국의 비전」.

리하면서도 성공할 수밖에 없다고, 믿기 때문인 듯하다. 이런 보편적 인류애라는 위선적 허구에 입각한 "이처럼 자애로운 제국관"은, 하라리에 따르면, "키루스의 페르시아에서 새로이 시작된 이래 알렉산드로스 대왕에게로, 그에게서 다시 고대 그리스의 왕, 로마 황제, 무슬림의 칼리프, 인도의 세습군주, 그리고 마침내 소련의 지도자들과 미국의 대통령들에게로 이어졌다."107) 그리고 "제국의 주기"에 따라108) '로마 → 이슬람 → 유럽제국주의'로 확대되는 과정에서 이 제국들의 식민지 지배를 받았던 종속국가들은 그 지배를 받는 과정에서 자신들의 지배자와 투쟁하면서 지배자의 문화를 자기 것으로 적극적으로 수용함으로써 "제국의 문화"는 확장되고 공유되면서 제국을 통한 통합은 계속 진척돼 왔다.109) 이런 역사적 귀납에 입각하여 하라리는, 이렇게 지구상의 역사적 제국들은 각기 교체되어 왔지만 '제국-지배체제'는 그대로 유지되어, "기원전 200년경 이래 인간은 대부분 제국에 속해 살았으며", "미래에도 대부분 하나의 제국 안에서 살게 될 가능성이 큰데", **"이번 제국은 진정으로 세계적일 것이고", "전 세계를 지배하는 제국"**, 즉 "단일세계정부가 지키는" **"지구제국이라는 환상"**이 실현될지도 모른다고,110) (약간은 조심스러운 기분으로) 전망한다. 하라리는 이 지구제국에 각국의 '지식인들'이 적극 호응할 것이라는 확신을 숨기지 않는다. 즉, "우리 눈앞에서 형성되고 있는 지구제국은 특정 국가나 인종집단이 지배하는 것이 아니다. 옛 로마제국과 비슷하게 이 제국은 **다**

---

107) 위의 책, 280-281쪽(여기에서 빠진 것이 있다면, 아마도, 중국의 천자(天子)일 것이다_필자).
108) 위의 책, 290쪽.
109) 위의 책, 289-290쪽.
110) 위의 책, 295쪽. 굵은 글자 필자.

인종 엘리트가 통치하며, 공통의 문화와 이익에 의해 지탱된다. 전 세계에 걸쳐 **점점 더 많은 기업가, 엔지니어, 학자, 법률가, 경영인**이 제국에 동참하라는 요청을 받고 있다. 이들은 **제국의 부름**에 응할 것인가, 아니면 자기 국가와 민족에 충성을 바치며 남아 있을 것인가를 심사숙고해야 할 것이다. 그리고 **점점 더 많은 사람이 제국을 선택**하고 있다."111)

그런데 과연 그럴까? "제국을 건설하고 유지하려면 수많은 사람을 악랄하게 살해하고 나머지 사람들을 무자비하게 억압할 필요가 있었고", "전쟁, 노예화, 국외 추방, 대량학살은 제국의 일반적 수단이었다"는 것을 알고 있는데112) 그가 이번의 "새로운 제국"만은 과연 예외라고 할 수 있을까? 현대의 역사적 발전 경로를 따라 제국-지배체제를 구축하려고 할 경우 거기에는 예전에 없던 전쟁 수단 즉 핵무기가 동반된다는 것, 그에 따라 제국 성립 이전에 지구 전체가 절멸될 가능성이 있다는 점을 간과해도 될까? 러시아-우크라이나-전쟁의 기저에 있는 "경우에 따라 런던(또는 파리)까지 2분 안에 핵미사일이 날아간다"는 푸틴의 협박을 단순한 권력지상주의자의 헛된 공갈로 치부해도 될까? 당장 하라리의 조국인 이스라엘이 구호품을 보고 몰려든 가자의 팔레스타인 비무장 민중들에게 하마스를 빙자하여 폭격 또는 공습을 가하는 것을 뜯어말릴 그런 자애로운 제국은 어디 있을까?

물론 유럽 중세 전쟁사를 중심으로 자신의 역사관을 정립한 하라리가 보기에 "**역사에 정의란 없다.** 과거에 존재했던 문화 대부분은 늦든 이르든 어떤 무자비한 제국의 군대에 희생되었고, 제국은 이들 문

---

111) 위의 책, 296쪽. 굵은 글자 필자.
112) 위의 책, 277쪽.

화들을 망각 속에 밀어넣었다. **제국도 마침내 무너지지만, 대체로 풍성하고 지속적인 유산을 남긴다.** 21세기를 사는 거의 모든 사람은 어디가 되었든 제국의 후예이다."[113] 바로 이 때문에 그는 제국주의자라는 비난을 그다지 모욕스러운 것으로 여기지는 않는 것 같은데, 그의 냉소에 따르면, "오늘날 '제국주의자'라는 말은 거의 최고의 정치적 욕설"이고 "이보다 심한 말은 '파시스트'밖에 없지만", 첫째, "수많은 피정복민족을 효과적으로 다스리는 것은 결국 불가능"하기 때문에 "제국은 제대로 작동하지 않는다"거나, 둘째, "모든 민족은 자결권이 있고 다른 민족의 지배를 받아서는 안 되기에" "제국은 파괴와 착취의 사악한 엔진"이라서 "실행해서는 안 된다"는 두 주장 모두 "넌센스"이거나 (첫 주장의 경우), "큰 문제가 있다."(두 번째 주장의 경우)[114] 그에 따르면, "제국이 무너졌다고 해서 피지배민족이 독립을 얻은 경우는 역사적으로 드물었고,"[115] 제국은 망한다고 하더라도 그것이 남긴 문화적 유산은 고스란히 인류에 전승된다. 이제 그의 냉소는 일종의 제국적 성취에 대한 문화주의적 찬양으로 발전하는데, 그의 결론에 따르면, "모든 제국을 검게 지워버리고 제국의 유산을 모두 거부한다는 것은 인류문화의 대부분을 거부하는 것이다. 제국의 엘리트들은 정복에 따른 이익을 군대와 성채에만 쓰지 않았다. 철학, 예술, 사법제도, 자선에도 썼다. 아직 남아 있는 인류의 문화적 성취 중 상당한 몫은 **제국이 피정복민을 착취한 덕분에** 생겨날 수 있었다. (…) 대부분의 현대 문화들에서 우리는 제국의 유산을 찾아볼 수 있다. **오늘날 대부분의**

---

113) 위의 책, 272쪽. 굵은 글자 필자.
114) 이상의 유발 하라리 인용들은 위의 책, 275쪽.
115) 위의 책, 276쪽.

사람들은 자기네 조상들이 칼로써 강요당했던 제국의 언어로 말하고 생각하고 꿈꾼다."116)

하지만 만약 그가 (가정하건대) 운나쁘게 하마스가 기습했던 콘서트장에 있다가 하마스 대원들의 폭탄에 예상치 못하게 죽어가야 했다고 할 경우 이것 역시 지구제국이 세워지는 과정이고 이 과정의 결과 자신이 죽더라도 후세의 지구인류는 이 지구제국의 문화를 향유할 것이라고 스스로를 위안하면서 자기 죽음을 기꺼이 받아들일 수 있을까? 필자는 유발 하라리가 자기네 조상들을 칼이나 총으로 격살하는 정도가 아니라 집단적으로 가스실에 넣었던 '독일 제3제국' 언어를 사용하고 그 문화를 향유하고 있는지 궁금하다. 그리고 필자는 독립한 이스라엘이 과거 제국이었던 대영제국의 공용어였단 영어 교육을 대단히 탁월하게 실행해 왔다는 것은 잘 알지만, 전 세계 전 지역에 디아스포라로 흩어져 사실상 현지에 동화되어 있던 유대인 동포들을 이스라엘의 깃발 아래 팔레스타인에 무리하게 집겼시켰을 때 왜 굳이 대영제국의 언어가 아니라 '고대 히브리어'를 인위적으로 재생시켰는지 묻고 싶다. 그런데 그 어떤 제국의 신민이 아니라 엄연히 '이스라엘 사람으로서 유발 하라리'가 앞으로 도래할 세계적 차원의 "제국의 부름"에 **"점점 더 많은 기업가, 엔지니어, 학자, 법률가, 경영인"**이 호응할 것이라고 했을 때, 그 어떤 '전통적 지식인'이라기보다 '첨단지식 전문가들'이라고 할 수 있는 이들로 제국통치를 위한 다민족 엘리트 집단이 구성된다면 도덕적 명분에 공연히 흥분하지 않는 도덕냉소주의를 체현하는 이들 집단 안에 유대인들은 반드시 들어가 살아남으리라는 것만은 분

---

116) 위의 책, 278쪽.

명해 보인다.

어쨌든 유발 하라리가 세계사에서 객관적으로 귀납한 것으로 보여주고 싶어하는 '제국의 주기'에 따라 '단일지구문명'을 "새로운 지구제국"으로 발전하는 그 최종적인 "진정 세계적 차원"의 기반이라고 한다면, 천재적으로 냉소적인 유발 하라리의 무(無)도덕주의(amoralism)는 "결코 균일하지 않는" 다층적 지구문명을,

- 첫째, 문화적 성취 중심으로 극단적으로 단순화시켜 파악하고(문화로의 단순화의 오류),
- 둘째, 그 문화적 성취조차 '제국'만이 성취로 귀인시킴으로써 제국 내의 타자 내지 피지배자가 그것을 반제국주의적으로 가동시킨 권력이동 내지 권력전복의 요인은 전적으로 무시함으로써 역사의 구체적 진행과정을 분석함에 있어서 인과연관을 추적함에 있어서 제외된 변수가 지나치게 많아지며(원인적 다요인 간과의 오류),
- 셋째, 역사가 진행됨에 있어서 일상생활인의 '유기적 생존'과 '실존적 생활'의 차원을 모두 추상화시키고(일상생활 세계의 배제),
- 넷째, 이와 아울러 무엇보다 역사진행에 있어서 규범적 요인을 원천적으로 배제하고 있기 때문에 정치적 차원에서의 대중규모의 운동적 활성화에 작용하는 동기요인들을 포착하는 데 원천적 한계를 안고 있다(규범요인의 원천 배제에 따른 동기화 요인의 제한).

'지구시민'의 기대와 '지구연합'으로의 길 : 「대한민국헌법」 안에 잠재하는 민주적 법치주의에서 발진하는 '둥근 아시아'의 비전을 통해 국가시민에서 지구시민으로의 성숙

필자 역시 하라리와 같이 추상적 단순화의 오류를 무릅쓰고 압축적으로 요약하자면, 유발 하라리의 지구제국론은 지구문명을 주도할

권력체의 구상에 있어서 그 주체적 측면, 즉 **지구시민들(earthian citizens)의 형성과 그들에 의한 지구적 차원의 운동 가능성**을 전적으로 간과했다는 데 치명적 문제가 있다. 따라서 21세기 지식인이 등장한다면, 그것은 바로 이런 **지구공동체 또는 '지구연합'**의 지구시민이 **체득해야 할 다층적 권력구조와 대면할 수 있는 '다차원적 지성'**을, 그것도 **'디지털 대응력이 있는'** 그런 지성을 학습시킬 비전을 제시하면서 **그것을 실행할 대중능력을 구사할 수 있는 이들**이라고 할 수 있다. 그리고 **지구통합체의 다층적 권력구조 안에는 서로 연접하거나 대립하는 다양한 단층선들이 중층적으로 복합**되어 있는데, 앞에서 송호근 선생이 한국현대사 역대의 두 가지 불가항력적 역사적 단층선, 즉 민족모순과 계급모순의 두 단층선 역시 이 복합적으로 중층화되어 있는 지구적 권력 형성의 단층선 안에 분명히 포함되어 있다.

이제 **전 지구적으로 연관되어 조화와 갈등의 인연망을 이루고 있는 다층적 권력구조들**이 우리 대한민국 안으로도 내입하고 있음을 확인한다면, 조선 후기 이래 우리 한국인이 축적한 성공과 실패의 역사적 경험과 현실적 성과들이 필자가 제기하는 '디지털-대응력-있는-다차원적-지성'의 발휘에 어떤 의미를 가지면서 기여할 수 있는지 본격적인 탐구에 착수해야 할 것이다. 그러나 솔직히 말하자면 이와 같이 난해하고 중대한 과제는 결코 누구 한 사람의 힘으로 혼자 수행할 성질의 것이 아니다. 단지 필자는 2008년 이래 인생 15년을 한국내 외국인 이주 노동자들의 문제를 개별적으로 해결하는 데 투신했던 '화성외국인노동자센터'의 한윤수 소장이 개별 사례마다 기록했던 895편의 수기를 9권의 책으로 편집하고[117] 그 글 전체에 대한 이끔글(導論)을 쓰면서 광복 이후 현재까지 약 80년에 걸쳐 이룩한 대한민국의 발전이 우리 주변 국가들의 국민들에게 인간적으로 어떤 의미를 지닐 수 있는 지를 다각도로 검토하면서[118] 사소하나마 이런 출발의 첫 걸음을 사고 실험적으로 시도한 바가 있었다.

우선 무엇보다 1960년대부터 본격적으로 출발한 대한민국의 경제 발전은, 일제강점과 국제적 내전으로 인해 서구와 일본에 비해 일백년 이상 뒤늦었음에도 불구하고 4·19 시민혁명 이후 그때까지 축적되었 던 고학력의 인적 자원을 바탕으로 반세기의 압축성장을 추동하여 2022년 5월 현재 교역량 기준으로 세계 7위의 경제규모를 달성하는 데 성공했다.[119] 그리고 이런 수준의 대한민국 국부(國富)는 (1960년 대 한국이 서독에 노동인력과 간호양로인력 및 베트남에 전투인력, 그 리고 1970년대 중동에 건설인력을 대규모로 파견하여 각 노동력의 가 계와 대한민국 국가의 외환취득과 소득증대에 크게 기여하도록 했던 바와 같이) 아직 개발도상국 수준에 있는 동남아시아와 남아시아 국가 들의 빈곤한 국민들이 자신의 경제적 처지를 개선하는 데 명백히 유의 미한 의지처로 작동하며, 거꾸로, 이들의 저임 노동은 대한민국 국민 이 취업하기를 꺼리는 대한민국 경제의 기층기반인 뿌리산업을[120] 떠

---

117) 한윤수, 『오랑캐꽃이 핀다 1~9』, 홍윤기 엮음(서울: 박영률출판사, 2023. 2.)

118) 졸저, 『오랑캐꽃이 핀다 10. 둥근 아시아의 비전』(서울: 박영률출판사, 2023. 2.)

119) 위의 책을 집필할 당시 필자는 이 경제적 성취를 대한민국 국가미래를 구상함에 있어서 "부동의 전제"로 상정하였으나(위의 책, 170쪽) 윤석열 정권이 들어선 지 2년 지난 2024년 3월 현재 그 규모는 10위권 밖으로 급속하게 떨어졌다. 하지만 그 원인은 정권의 미숙한 국정운영에 있고, 이것은 민주적 자정기능에 의해 금새 교정될 것으로 간주하여, 이 경제적 전제의 변화 사태는 일단 논외로 친다.

120) 여기에서 "뿌리산업은 나무의 뿌리처럼 겉으로 드러나지 않으나, 최종 제품에 내재되어 제 조업 경쟁력의 근간(根幹)을 형성하는 주조·금형·용접·소성가공(塑性加工)·표면처리·열 처리 등 부품 혹은 완제품을 생산하는 기초 공정산업을 가리킨다. 그리고 「뿌리산업 진행과 첨단화에 관한 법률」 제정 10년 만인 2021년 12월 개정 「뿌리산업 진흥과 첨단화에 관한

받침으로써 대한민국 국민경제에 큰 의미를 갖는다. 그리고 다음, 무엇보다, 1987년 군사독재정권을 타도하고 한 세대 이상 주권자 자율통치에 의한 민주주의적 법치주의(democratic constitutionalism)를 상당 수준 안정화시킨 대한민국의 국가통치는, 그 현행 헌법전문(前文)에 명시한 대로, "정치·경제·사회·문화의 모든 영역에 있어서 각인의 기회를 균등히 하고, 능력을 최고도로 발휘하게 하(는)" "자유와 권리에 따르는 책임과 의무를 완수"함으로써, "안으로는 국민생활의 균등한 향상을 기하도록" 하고 "밖으로(도) 항구적인 세계평화와 인류공영에 이바지"하도록 한다는121) 그 핵심규정에 따라, 외국인 이주노동자에게도 국내법에 따른 노동의 권리와 소득을 보장하는 토대가 되었다. **즉 대한민국의 민주적 법치국가 체제는 대한민국의 국가시민뿐만 아니라 한국 안에서 명백히 약자인 외국인 노동자에게도 그 정당하고도 합법적인 의지처가** 된다.

앞에서 언급한 '화성외국인노동자센터'의 한윤수 소장도 이들 약자를 위한 자신과 센터 동료들의 앙가주망이 단지 전인적 정의감의 발로일 뿐만 아니라 법치국가 대한민국의 국가기관들과 사회단체를 사안마다 적절하게 조직하고 가동하는 과정이라는 점을 때마다 강조한다. 즉, "외국인 노동자를 돕는 사람은 무슨 일이든지 혼자 처리하려고 하면 안 된다. 도와주는 기관이 얼마나 많은데 왜 독불장군처럼 혼자 다

법률 시행령」이 시행되면서 4개 소재다원화 공정기술(사출·프레스, 정밀가공, 적층제조, 산업용 필름 및 지류 공정), 4개 지능화 공정기술(로봇, 센서, 산업 진흥형 소프트웨어, 엔지니어링 설계) 등 총 8개 차세대 공정기술이 추가됐다. 뿌리기술 범위 확대에 따라 뿌리산업의 범위도 기존 6대 산업 76개 업종에서 14대 산업 111개 업종으로 확대됐다."('뿌리산업' [네이버 지식백과] 시사상식사전, 강조 필자)
https://terms.naver.com/entry.naver?docId=938447&cid=43667&categoryId=43667)
121) 여기에서 현행 헌법이라 함은 1987.10.29. 전부개정한 제10호 「대한민국헌법」을 가리킨다.

하려고 하는가? 노동부 근로감독관 및 고용지원센터 외국인력팀, 경찰, 출입국, 병의원, 보건소, 변호사, 법무사, 노무사, 근로복지공단, 국민연금, 건강보험공단, 삼성화재, 산업인력공단에서 일하는 직원들은 외국인 문제를 함께 풀어가는 동반자들이다."[122) 이 점에서 보면 **현행 「대한민국헌법」**은 자체 규정한 주권자인 '대한민국 민주시민'이 곧 '아시아의 대륙시민' 나아가 내외국인이 다같이 터잡고 살면서 오가는 '**지구시민**(地球市民, the erathian citizen)'으로 발전적으로 성숙시킬 잠재력을 그 안에 품고 있다.

그 국가통치구조 안에서 지구시민으로 진화할 수 있는 **포용적 민주주의를 구현하는 헌법적 잠재력**을 안고 있음과 동시에 그에 의거하여 그 산업구조 안에서 대한민국 1, 2, 3차 산업을 가로질러 그 기층을 떠받치고 있는 '이주 노동자들' 즉 '재한 외국인 노동자들'을 포용하면서 대한민국은 아시아 전체를 시야에 두고 다음과 같이 시대적으로 진화된 전망의 윤곽을 그려볼 수 있다. 즉, 대한민국은, 중국을 가운데 두고 대한민국을 출발점으로 동아시아, 동남아시아, 남아시아 및 중앙아시아를 동시에 꿰는 '**둥근 아시아**(round Asia 圓亞細亞, One-Asia)'의 표상 안에서

- 중진국 단계에 진입하던 시기였던 1990년대의 '노동력을 단지 수입'하는 단계는 일찌감치 넘어,
- 인구의 3% 가까이 외국인을 안게 되어 '대한민국 국가의 사회구성을 다문화화·다민족화'하는 것이 불가피함을 확인한다면,
- 역사적 민주화의 과정을 통해 다져진 '대한민국의 민주주의적 법치주

---

122) 한윤수, 「동반자들」(2010년 1월 4일). 졸저(2023), 앞의 책, 113-114쪽 재인용.

의' 안에 그들이 한국사람과 동일한 인권을 누리는 '같은 한국사람(韓國人)'으로 포용(inclusion)하는 구도를 짜면서,

- 이들을 각자의 고향 마을과 연결하여 생산한 부(富)를 각자 사정에 맞게 나누면서 법적으로, 그리고 정신적으로, 동등한 권리를 누리는 '아시아에서 부의 공유와 인권의 연대'를 내용으로 하는 **하나의 '둥근 아시아(round Asia 圓亞細亞, One-Asia)'**, 즉 **'원아시아'**를 그려보자!

아시아를 하나의 지역공동체로 만들자는 구상이 역사적으로 없었던 것은 아니었다. 과거 일제의 '대동아공영권(大東亞共榮圈)'은 사실상 서구 제국주의의 일본제 아시아 버전이었는데, 전쟁을 앞세운 학살과 차별을 통해 아시아 제민족을 천황전체주의에 복속시키려던 시도에 다름 아니었다. 현재 아시아 전역을 휩쓸 듯이 뻗치고 있는 중국의 '일대일로(一帶一路)'는 국가주도 독점자본주의로 축적된 신(新)중국의 압도적 자본력을 앞세워 아시아 저발전 국가들에게 채무를 통한 인프라 건설을 내세워 각 국가의 경제적 내부를 관통하는 자본식민지를 구축하려고 하는 것으로 보인다. 이에 반해 '둥근 아시아(圓亞細亞, round Asia)', 즉 '원(One, 圓)아시아'의 비전은 **아시아 각국의 발전을 점진적으로 자극하고 측면 지원**하면서 **대한민국 안에서 통하는 법치주의와 그에 따른 대한민국 시민문화가 동아시아, 동남아시아, 남아시아, 중앙아시아 민족의 각 마을과 부족 단위에도 통한다는 것을 체감시키는 인권연대 기반의 부의 공유**라는 전망을 각 국가에 설득할 수 있을 것이다. 이것은 같은 아시아 동료 시민들에게서 그 마음을 얻는 것인데. 이 점에서 **'정의·인도(正義·仁道)'에 기반을 두고 '대한민국 법치주의'를 준수**하는 것은 그 자체가 **'세계시민적 휴머니즘'을 구현**하는 것이며,

이 선에서 '대한민국 국민'은 바로 '아시아의 세계시민'이 되는 것이다.[123)]

'재한 외국인 이주노동자들'을 위한 한윤수 소장의 앙가주망에서 일차적으로 부각되는 것은 우선 '우리'와 상대하는 '그들'의 '당면한 고통'에 대한 **공감능력**이었다. 그리고 이 공감능력을 주관적 동정심이나 연민에 머물게 하지 않고 그 **'고통과 관련된 이쪽과 저쪽의 인적 요인들'** 전부와 이들 인적 요인들과 결부된 **'법적·제도적 요건들'을 총체적으로 파악**한 다음, 이런 **인적·법적·제도적 요인들로부터 '고통을 해결할 방법과 그 목표점'을 전략적으로 설정**하면서 이 **전략적 목표를 공동으로 해결할 '동반자'를 결속**시킨다. 결국 이 과정을 전반적으로 조망하면 한윤수 소장이 부당한 고통을 당하는 '재한 외국인 이주노동자'를 도울 수 있는 모든 정서적·인적·제도적 자원이 모두 '대한민국의 민주주의적 법치체제' 안에서 조달되었음을 간파할 수 있다. 그러면서 이 **'대한민국의 민주주의적 법치체제'가 '외국인'에 대하여 아무런 모순이나 갈등 없이 그들을 '포용'**하는 결과가 산출된다. 그런데 이 대한민국의 입헌적 민주주의의 대외적 포용성은 1) 외국인 노동자와 그 한국인 고용주 사이의 분쟁, 2) 그 한국인 고용주에 대한 또 다른 한국인인 화성외국인노동자센터의 동반자들의 이의제기 내지 항의, 3) 이 노사분쟁과 항의 사태를 합법적으로 판정하는 대한민국 국가기관의 고차적 위상 등, 적어도 세 가지를 헤아리는 **다차원적 단층들을 복합적으로 통합**시킴으로써 가능하게 된 것으로 파악된다.

---

123) 이상에서 "둥근 아시아"에 대한 구상적 현출(顯出)은 졸저(2023), 위의 책, 170-172쪽 전재.

'21세기 K-지식인' 또는 초팽창세계까지 뻗은 한국 지식계의 다원화에서 도달가능한 단일지구문명의 구상과 지구시민적 실존의 선취? : 'K-컬처'가 예감하는 것

　　이 글의 애초 발단이 되었던 '비판적 지식인의 현재적 효능성' 문제에 미력하나마 응답하기 위해 필자는, 한편으로 우선, 21세기 현재와 같은 의미의 지식인이 개념화되는 과정을 어원학적으로 추적하면서, '지식인(the intellectuals)'이란 그 어떤 사회적 계층이나 계급으로 이미 생성되어 선재(先在)하는 특정 집단이라기보다, 사회인식론적으로, 특정 생활권들에 각기 거시적 차원의 규범적 판단을 요구하는 근본적 생활문제가 제기될 경우 그 생활권이 속한 문명 차원에서 형성되어 작동하는 '지식계(知識界 또는 知識社會; knowledge-society)'에서 그때마다의 쟁점에 따라 결집되어 활동한다는 것을 밝혀내고자 하였다. 지식인에 대한 이런 이해에 따르면, 지식인은 이 지식계에 대하여, 자신이 전문적으로 또는 전업적으로 가동할 수 있는 전문지식을 필수적으로 보유하는 정도를 넘어, 바로 그런 전문지식을 공급하고 유통시키는 자기 생활권에서 제기된 쟁점문제에 관해 지식계로부터 미시적이고도 거시적인 보편적 통찰을 추출하여 공적으로 설득하는 능력, 즉 지성(知性, intelligence)을 능동적으로 참입시킴으로써 그 안에서 자기가 살아가는 사회, 국가 더 나아가 나름의 문명세계의 위기적 한계를 돌파하는 데 성공하거나 좌절하는 그런 기능을 한다.

　　여기에서 필자가 특정적으로 부각시키고자 했던 것은 이 **지식계에서 유통되고 생활권에서 생성되어 지식계로 유입되는 '지식적인 것들'의 소재가 반드시 대학에 국한되는 것이 아니라 생활권 전체 그리고 그 안의 분화점마다 분포**한다는 것이다. 즉 지성의 발휘에 소요되는 지식들이 주로 대학의 학자나 교수에게서 조달된다는 생각은 19세기 이후 대학교육 및 연구제도가 제도적으로 정착된 현대 사회에 특정된 것이었지만, 역사학계와 사회학계 그리고 사상사 연구자들 사이에 통용되는 지식인 개념은 현대 이전의 역사를 문명론 관점에서 볼 때 역사시대에 존립했던 모든 문명연구에 적용가능한 것이 되었다. 따라서 특히 21세기 들어 (송호근 선생이 세밀하게 부각시킨) 한국 지성에 대해서뿐만 아니라 세계 전반에 걸쳐 지성의 위기, 몰락 심지어 그 죽음의 담론이 지식계 내지는 사상계에서 유행이 되다시피 한 것은, 이 경우의 지성이 주로 대학에서 배양되는 대학교육 내지 대학연구에서 배양되는 것으로 간주되어 대학교육의 변질이 곧 지성의 변질 내지 몰락과 동일시된 데서 기인한다. 하지만 **역사적으로 볼 때 지성은 대학제도권에서만 생성되는 것이 아니라 문명생활의 모든 부분에서 출현**해 왔다.

대학이라는 제도가 없었던 현대 이전에는 동서양을 막론하고 종교체계를 비롯한 신분공동체 곳곳에서 생성되어 시대적으로 제기되는 쟁점들을 감당하고 나섰고, 현대에 와서 지식인 개념화의 직접적 계기였던 드레퓌스 사건에서의 지식인 앙가주망도 대학의 학자나 교수가 아닌 작가 에밀 졸라였다. 현대에 들어 사회적 생활세계가 분화되면서 정치, 경제, 시민대중사회 그리고 문화 영역들에서 지식인적 앙가주망은 극적으로 증가하였다. 그리고 필자가 **웹(web), 앱(app), 챗(chat) 단위로 디지털 가상세계가 급속히 팽창되면서 객관세계, 주관세계, 사회세계로 이루어지는 생활세계의 지식계에 전 지구적 범위에 걸친 가상세계가 지구인류의 생활세계에 산입되어 '초팽창세계'가 조성된다고** 했을 때, 동아프리카에서 호모속(屬)들이 전 지구상으로 걸어가 각기 분화되었던 이래 **최초로 가상세계가 구축되면서 인류는 사피엔스종 (種) 차원에서 비로소 이 지구행성 안에서 실시간의 직접소통이 가능한 양상으로 초연결(超連結 hyper-link)**되었다.

이 초팽창세계의 형성으로 인해 최근 지구적 권력구조에서 국민국가 단위로 그 문화적 영향력이 가장 돌출한 나라는 대한민국이다. 이미 세기초를 지나면서 〈대장금〉 같은 드라마와 영화 등의 문화상품을 중심으로 아시아권에서 서서히 '한류(韓流, K-wave)'가 형성되다가 2012년 7월 15일에 한국 가수 싸이가 그의 6번째 정규 앨범 〈싸이6甲 Part 1〉의 타이틀곡으로 내어놓은 '강남스타일'은 앨범 출시(오프라인)와 동시에 유튜브에 온라인으로 업로드되면서 그 이래 이 유튜브에 접속가능한 전 세계 모든 지역에 골고루 확산되어 50억뷰 이상의 조회를 기록했다. 인생 실패자의 좌절심리를 진상스럽게 패러디한 이 문화상품은 심지어 필리핀 휴양도시 세부의 교도소 수감자들이 떼춤(플래시몹)까지[124] 추게 만들 정도의 직감적 공감과 모방을 창출했다. 당시 필자는 인터넷 언론 《프레시안》 화면에 "루저들의 떼춤 '강남스타일'이 슬프다"라는 제목의 '시민정치시평'에서 베니스 영화제에서 김기덕 감독에게 황금사자상을 안긴 영화 〈피에타〉와 같이 묶어 그 현상을 다음과 같이 분석했다.

---

124) Ryan Christopher, 'CPDRC Inmates Gangnam Style (2012)', in: YouTube, https://www.youtube.com/watch?v=o1AGTGLL_wg (구독자 1.4천명, 조회수 6,400,004회, upload 2012. 9. 29.)
세부 구금재활센터(CPDRC. Cebu Provincial Detention and Rehabilitation Center)에 대해서는 WIKIPEDIA, "Cebu Provincial Detention and Rehabilitation Center", in: https://en.wikipedia.org/wiki/Cebu_Provincial_Detention_and_Rehabilitation_Center(last edited on 29 September 2023, at 03:11 (UTC))

"2012년 10월 초 현재, 지구 전체가 '범(汎)한국 대중문화' 안에 모두 포섭된 것 같다. 지구 자체가 '한국물결(韓流)'이 아니라 조민수의 처절한 오열과 싸이의 말춤으로 자전하는 '한국판(韓板)'이라는 디스크 위에 얹혀진 형세이다.

지구 최북단 부동항인 노르웨이의 베르겐에서 남반구로는 시드니, 아시아의 몽골에서 서유럽 파리나 미국 LA다저스의 야구장까지, 몸놀릴 정도의 공간에 "오빠 강남스타일"만 울려 퍼지면, 항구의 넓은 공간이든 교도소 담장 안의 죄수용 운동장이든, 한두 명에서 많게는 수만 명이 동시에 일어나 떼지어 말춤을 춘다. 몇백 광년 밖의 외계인도 지금 이 순간은 지구 자체가 자전하기를 잊고 말춤을 추는 것으로 볼 것이다. 베니스 영화제의 분위기도 공감과 찬사의 밀도에 있어서는 차라리 '강남스타일'을 능가한다. 여우주연상까지 받았을 〈피에타〉의 영상과 메시지는 심사위원 전원이 김기덕 감독에게 황금사자상을 주는 데 만장일치로 찬동하게 만들었다. 사실 문화적 성숙성이라는 측면에서 〈피에타〉의 위업은 '강남스타일'의 성공을 넘어선다.

그래서 지금 한국 언론들은 특히 '강남스타일'에 대한 전 지구적 대중의 호응에 고무되어 거침없이 국가주의적 언사를 내뱉는다. "'한국' 대중문화가 '세계'를 석권했다!"는 식으로.

하지만 나는 한국에서 나온 대중문화가 세계를 향해 간다는 식의 국뽕 관점이 철저한 자기기만이라는 점에서 이런 국가주의적인 언사를 수긍할 수 없다.

내가 보기에 한국 대중문화가 세계를 '말아먹은(席捲)' 것이 아니라 국적을 불문한 전(全)지구적 우울증이 이 신나는 한국판 대중문화를 일거에 '공중부양(空中浮揚)'시켰다. '강남스타일'은 '한국'의 그 어떤 우수한 문화라고 간택된 것이 아니다.

지구 대중들이 집집마다 놓은 컴퓨터의 유튜브 포털은 전 세계의 갖가지

문화상품들이 어지럽게 굴러다니는 난장(亂場)이다. 싸이는 "아예 맘 먹고 저질덩어리로 만들기로 작심한" 댄스 뮤직 하나를 거기에다 던져 넣었다. 결과는? 우연찮게 '강남스타일'을 본 이들이 모두 '그냥 빵' 터진 것이다. 이제 싸이가 말춤을 추는 것이 아니다. 전 지구적 말춤에 싸이가 말아먹힌 형세이다. 싸이는 말춤 추는 여러 사람들 가운데 가장 잘 추는 말춤꾼에 지나지 않게 되었다. 그것도 순식간에!

'강남스타일'의 어떤 부분이 이렇게 전 지구를 말춤의 떼춤판으로 만들었을까? 왜 이해하지도 못하는 한국말 가사가 녹여진 비트풍 가락만 나오면 미국 대선 후보들에서 필리핀 교도소의 죄수들까지 팔을 흔들며 춤판을 벌릴까? 내가 보기에 한 가지는 확실하다.

21세기 첫 십년기를 지난 현재 지구인으로 태어난 존재들에게 이렇게 신나고 흥이 날 일이 있는가? 지난 세기 말 동유럽 공산권이 붕괴하면서 (후쿠야마에 의혜) 이제 역사가 그 완성된 낙원의 종말점이라고 선언되었던 자본주의와 민주주의가 그로부터 이십년이 지난 지금 전 세계 시민대중들에게 무슨 신날 일을 주고 있는가? 온통 자본주의 우울증에 걸린 지구에서 '강남스타일'의 말춤만큼 별 힘을 들이지 않고도 신날 일이 없는 것은 분명하다. 인간으로 살고 있다는 것이 한없이 무거운 것이 전 세계 시민대중들의 현실이다. 실업, 부채, 파산 등에 짓눌리는 지구 대중들이 간단한 스텝만 몇 번 밟으면 온몸을 신명나게 흔들어주어 잠시나마 경제적 스트레스에서 벗어나 자신이 인간임을 느끼게 만드는 것으로 이 말춤보다 더 좋은 것이 지금 이 순간의 이 지구에는 없다.

한국에서 상황은 더 진중하다. '강남스타일'은 한국에서 신흥부자들의 집결지인 강남 지역을 위한 관광 내지 장소 마케팅 가요가 아니다. 어느 면에서 그것은 강남에 대한 해학적인 비판이다. 강남은 온갖 저질 욕망이 최고급 소비재로 포장되어 있는 혼돈의 땅이다. 없는 자가 강남스타일을 따라 할 수 있는 방법은 강남 흉내 내기밖에 없다. 해변에 갈 능력은 없으니 어린이 놀이터의 모래밭에 비치파라솔을 펼쳐 놓고 선탠 기분을 낼 수밖에 없다. 승마할 돈은 없으니까 마장에서 말 타는 흉내를 내면서 승마 기분을 낼 수밖에 없다. 외제차는 죽어도 못 타니까 그 앞에서 얼쩡거리다가 유재석에게 쫓겨난다. 이런 불만도 내놓고 못하니까 혹시 누가 들을까봐 변기통에 걸터앉아 검은 선글라스를 쓰고 혼자 허공에다 욕질하는 기분만 내야 한다. 섹시한 여자와 엉켰으면 하지만 언감생심 자기가 할 수 있는 것은 요가하는 여자 엉덩이 뒤에서 섹스 흉내나 내거나 지하철에서 멋진 여자를 보고 상상으로 관음하는 것뿐이다. 당연히 여자에게 진짜 덤비지 않으려고 안간힘을 써 참으면서 말이다.

'강남스타일'의 영상과 메시지는 참으로 슬프다. 쌓이기는 하지만 손에 넣을 수는 없는 갖가지 욕망들을 앞에 두고 보통 인간들이 할 수 있는 것은 이 모든 저질 욕망들이 표출되지 않도록 하면서도 자기도 인간임을 쉽게 느끼도록 해주는 말춤을 자기와 똑같은 처지의 다른 인간들과 더불어 떼춤을 추어 달래는 것뿐이다. 그리고 비애감이 어린 쉬운 리듬이 같은 처지의 세계 시민들에게 발견된 것이다. 충족시킬 수 없는 저질 욕망이 고급 소비재로 치장된 것 속에서 그것을 채울 수단은 아무것도 갖지 못한 지구의 모든 루저들이 아무데서나 떼춤판을 만든다. 이 춤이 얼마나 저질인지 "정작 강남 나이트에서는 강남스타일을 틀어주지 않는다." 이런 허구적인 저질 욕망의 발원지는 어디인가? '강남스타일'의 떠들썩함에 부당하게 광채를 잃은 영화 〈피에타〉는 그런 증대하는 욕망과 증대하는 만큼 억제되어야 하는 욕망의 팽팽한 긴장이 모두 돈을 둘러싸고 저 심연의 인간막장에서 벌어지는 금전살육전에서 뻗어 나온다는 것을 보여준다.

영화 〈피에타〉는 잔인한 채권추심자인 강도(이정진 분)가 엄마라고 나타난 미선(조민수 분)에게서 자기가 그렇게 쫓아다닌 돈 말고도 자신이 욕구할 수 있는 것에는 모정(母情)이라는 것도 있음을 깨닫는 과정을 절묘하게 파고든다. 이 과정만 해도 충분히 감동적이다. 그러나 마지막 반전은, 더할 나위 없이 잔혹무도한 강도를 녹여낸 모정조차 자신이 엮어놓은 돈의 사슬 안에서 자신에 대한 처절한 보복의 한 분절로 다가온다는 것이다. 강도는 돈뿐만 아니라 돈을 벗어나려고 매달렸던 모정에게서도 배반당한다. 그에게는 남는 것이 이제 하나도 없다. 자신이 죽인 수많은 인간을 통해 그는 자신의 영혼을 하나하나 스스로 비우면서 빈껍데기만 남는다. 막장은 단순한 돈과 사랑의 멜로가 아니다. 막장은 총체적 배신이다.

세계적 인정을 받은 대한민국산(産) 두 문화제품의 실질적 심층코드는 막장과 저질, 그리고 그것들을 재생산하는 총체적 배신이다. '강남스타일'의 말춤과 떼춤은 〈피에타〉에서 총체적으로 배신당한 인간들이 집단자살을 하지 않으려면 택할 수 있는 마지막 몸부림이다.

〈피에타〉와 '강남스타일'의 화면 분위기는 정반대이다. 전자는 잔혹하게 비극적이고 후자는 기괴하게 희극적이다. 하지만 대한민국에서 발원한 이 두 문화제품의 심층코드는 일종의 총체적 니힐리즘이다. 국제적으로 인정받고 지구적으로 호응받으면서 이 두 문화제품은 전 지구적으로 편만해 있는 글로벌 니힐리즘의 초절정을 보여준다.

〈피에타〉를 보고 '강남스타일'을 따라하는 지구상의 시민대중을 보다보면 백인들의 총공세 앞에서 멸족을 앞두고도 저지시킬 수 없었던 인디언 부족들이 마지막으로 추던 열광댄스가 연상된다. 더구나 2012년은 지구 멸망이 사방에서 예언되어 온 해이기도 하다. 그야말로 최초로 세계를 석권한 두 개의 한국산 문화상품이 종말 앞에서 무력한 글로벌 니힐리즘을 가감없이 구현한 B급 레벨의 적나라함 때문에 인정받았다고 생각하면 너무 씁쓸하다.

하지만 이것은 우리 대한민국이 세계를 향해 보다 적극적인 메시지를 준비하는 징후는 아닐까 하고 안쓰럽게 희망해 보고도 싶다. 놀랍도록 열광적인 '강남스타일'과 슬플 정도로 방관되는 〈피에타〉 사이에서 〈도둑들〉과 〈광해〉가 조용히 관객 수를 넓혀가는 것이 위안이 되면 좋겠다. **무엇보다 도덕적 영웅과 정치적 천재가 우리 시민대중에서 나오는 징조**가 되면 아니 될까?"[125]

이른바 K-컬처의 본격적 개시를 알리는 싸이의 '강남스타일'은 2024년 2월까지 약 12년 동안의 유튜브 누적 조회수가 49억 95,869,077회인데, 그것은 전 세계에서 11위에 해당된다. 더 놀라운 것은 이 시점에 세계 범위에서 유튜브 조회수 1위가 역시 한국 콘텐츠라는 것인데, 다름 아닌 유아용 가요 '아기 상어(Baby Shark Dance)'는 2016년에 나와 현시점까지 조회수가 138억 10,629,337회에 달한다.[126] 여기까지는 일단 한국 대중문화 안에서 다른 문화권으로부터 초민족적 공감(trans-national sympathy)을 불러일으킬 문화능력을 입증한 것이라 생각할 수 있는 정도인데, 중요한 것은 한국의 경제적 성공보다 몇 배에 달하는 이런 문화적 성취를 가능하도록 만든 물질적 기반은 다름 아닌 **전 지구적으로 접근가능한 디지털화된 플랫폼에서 전개된 가상현실로 부풀어진 '초팽창세계'**라는 점이다.

여기에서 놓치지 말아야 할 것은, 일단 한국 대중문화 안에서, 전 지구적 현안에 대한 비판적 메시지를 구성하여 오프라인으로 전달할 수 있는 지적 주제화와 문화적 표현능력, 즉 지성의 능력이 발휘되었다는 사실이다. 위의 두 문화컨텐츠는 글로벌 니힐리즘을 적나라하게

---

125) 졸고, 「루저들의 떼춤 '강남스타일'이 슬프대[시민정치시평] '피에타'와 '강남스타일', 글로벌 니힐리즘의 초절정」 in:《프레시안》(2012.10.09. https://www.pressian.com/pages/articles/21372). 굵은 글자 필자.

126) 나무위키, 유튜브/조회수 순위(2024.2.6. https://namu.wiki/w/유튜브/조회수%20순위)

시현함으로써 지구 대륙 전체에 21세기 지구문명의 인간적 공허함을 시연하여 그야말로 전형적인 '비판적 지식인'의 면모를 아낌없이 보여 주는데, 이런 K-컬처의 지성적 잠재력은 2019년 5월 국내 개봉되어 전 세계 국제영화상을 휩쓸다시피 하면서 2020년 2월 '92회 아카데미 시상식'에서 비영어권 최초의 작품상, 감독상, 각본상을 수상한 봉준호 감독의 〈기생충〉에서 국제적 인증의 한 매듭을 장식하였다. 봉 감독은 자신의 작품에 대해 다음과 같은 소감을 전했다.

> "영화 〈기생충〉은 '상생 또는 공생'이라는 인간다운 관계가 무너져 내리고, 누가 누구에게 '기생'해야만 하는 서글픈 세상을 담아내고 있다. 봉준호 감독은 〈기생충〉을 통해 부자와 가난한 자의 이야기를 다룬 것에 대해 "굳이 양극화, 경제 사회적인 이야기를 결부시키지 않아도 가난한 자와 부자들의 이야기를 넓게 이야기하고 싶었다"고 연출 의도를 밝혔다. 이어 봉 감독은 "내가 하고 싶은 말이라는 건 영화 그 자체"라며 "영화를 통해서 부자와 가난한 자들을 학술적으로 분석한 것이 아니다. 인간의 모습을 투영돼서 보여지는 것이다"고 설명했다. 그는 "요즘 들어드는 생각은, 서로에 대한 예의에 대한 문제라고 생각한다. 인간 존엄에 대한 문제들을 건든다고 생각한다. 기생, 공생과 상생이 거기서 갈라지는 것이 아닌가 싶다"라고 전했다."[127]

이 영화를 직접 관람한 슬로베니아 철학자 슬라보예 지젝은 "〈기생충〉은 약자에 대해 좌파가 취해야 할 올바른 태도를 보여준다."고 논평함으로써 봉준호 감독이 자신의 동영상으로써 21세기 지구문명이

---

127) 정다훈 기자. 「[종합] '기생충' 봉준호 감독이 던진 질문 "인간에 대한 예의와 존엄"」, in: 〈서울경제〉(2019.5.28., https://www.sedaily.com/NewsVIew/1VJBH6EPH3)

안고 있는 심각한 사회문제, 즉 양극화로 인한 개개인격의 파멸, 사회적 관계의 붕괴 그리고 있을지도 모를 각종 생활공동체의 붕괴와 파편화에 대해 위기를 경고하고 그 과정을 납득할 수 있는 수준에서 지성적으로 논변하면서 자본권력에의 비판을 동영상적으로 시연하고 있음을 인정하였다.[128]

그런데 2020년부터 3년간 전 세계에서 오프라인에서의 인간 활동이 코로나 팬데믹으로 사실상 상호고립되었을 때 가상현실이 산입된 초팽창세계의 위력은 이론의 여지 없이 발휘되었는데, 특히 190여 개국에 서비스되는 넷플렉스를 필두로 한 OTT 서비스가 전 지구적으로 펼쳐지면서 〈오징어게임〉을 비롯한 한국 콘텐츠들이 지구적 메시지를 담은 문명비판으로 수용되기에 이르렀다. 나아가 2023년 12월 오직 넷플렉스를 통해 전 세계에 개봉된 10부작 드라마 〈경성크리처〉는 대한민국의 대학과 전문연구기관에서 그렇게 오랜 세월 연구하고 축적했지만 세계적으로 그것을 알리는 데 있어서 결코 한국 국경선을 제대로 넘지 못했던 일본제국주의 폭력성을 단 두달 안에 전 세계 대중(이 안에는 일본의 신세대층도 다수 포함됨)에 알려 각인시키는 데 성공했다. 인간 생체를 실험대상으로 실시된 일본제국주의의 생화학무기 실험의 참상을 영상화시킨 이 문화콘텐츠는 2023년 12월 22일 공개된지 4일이 지난 12월 26일 플릭스 패트롤 집계에 따르면 TV 쇼 부문에서 전 세계 랭킹 1위에 올랐고 같은 시각 기준으로 IMDB 집계 결과 10점

---

128) 우마 서먼(UMA THURMAN), '[한글자막/클립] 지젝도 기생충 봤다 Slavoj Zizek on the movie 'Parasite'', in: YouTube, https://www.youtube.com/watch?v=Vvy0_PRDOr8 (구독자 1,81천 명, 조회수 13,571회, 2020.7.3.)
이 동영상은 I WOULD PREFER NOT TO, 'Slavoj Zizek on Bong Joon-ho's 'Parasite'', in: https://www.youtube.com/watch?v=FR5RgxTBPxk&t=0s(구독자 8,51만 명, 조회수 166,594회, 2020.4.24. 탑재)

만점에 7.2점을 달성했다.[129] 한일 양국의 시민운동에서 양심적인 활동가들과 지식인들이 적극적으로 투신하였던 종군 위안부 동상 건립과 확산 운동이 일본 우익의 집요한 방해공작으로 그 유지가 계속 위협받고 있는 반면, 초팽창세계의 동영상과 731부대의 생체실험이라는 반인륜적 만행과 치밀하게 일체화된 반(反)제국주의 스토리라인은 오프라인상에서 자행되는 일본 우익의 방해 책동이 끼어들 틈 없이 온라인 가상현실을 타고 순식간에 단일지구문명 안의 각국 시민들 내면에 스며들었고, 이들은 적어도 이 문화콘텐츠를 관람하는 그 순간만은 '지구 시민적 수준'으로 그 의식이 팽창하면서 질적으로 진화했다. 한국 현대사의 역사적 경험은 거의 실시간으로 지구시민적 양심과 인권의식의 공통경험으로 공유된다.

그런데 이런 예들은 21세기 들어 '한류'에 이어 'K-컬처'를 이끄는 한국 대중문화의 문화콘텐츠들이 지식인들이 전통적으로 해왔던 비판적 기능을 체질적으로 구현한 경우들 가운데 그 영향이 전 지구적 범위에 미치는 데 성공한 ―아직은 소수의― 극적인 사례들에 속한다. 그 이전에 이미 국내에서는 21세기 들어 대한민국 민주화 과정의 가장 큰 수혜자인 대중문화 영역들이 헌법에 규정된 '표현의 자유'를 극대적으로 향유하면서 그 지적 수준을 질적으로도 제고시켜, (예전에는 말하기와 글쓰기에만 의존하여 문자적 한계를 의식하지 않을 수 없었던) 지식인의 비판적 표현가능성을 입체적으로 다양화시켜 왔다. 대한민국 공교육은 아직, 일제강점체제, 분단체제, 군사독재 그리고 민주화로

---

129) OSEN, 「'경성크리처' 박서준·한소희, 日 악플 테러 무릅쓴 용기→전 세계 1위」, in: 〈朝鮮日報〉 (2023.12.27., https://www.chosun.com/entertainments/broadcast/2023/12/27/QHDPLN WDICHPJPPOEBNUL5DK4I/)

점철되는 한국 현대사를 제대로 가르쳐 주지 않는데, 〈암살〉(2015), 〈태극기 휘날리며〉(2003), 〈국제시장〉(2014), 〈실미도〉(2003), 〈쉬리〉 (1999), 〈효자동 이발사〉(2004), 〈남산의 부장들〉(2020), 〈서울의 봄〉 (2023), 〈화려한 휴가〉(2007), 〈택시운전수〉(2017), 〈1987〉(2017), 〈변호인〉(2013), 〈사랑의 불시착〉(2018) 등의 영화와 드라마는 이 교육적 공백을 통(通)감각적으로(dia-sensually) 추체험시킴으로써 극장에서 자연발생적으로 이루어지는 시민교육의 동영상 교재로 기능해왔다. 실제로 놀랍게도 1999년의 〈쉬리〉를 시작으로 하여 21세기 들어천만 관객을 동원한 국내 영화 22편 중[130] 절반이 넘는 12편이 조선후기 이래의 실제 역사적 사건들을 직접 소재로 다루면서 아직도 '대한민국 국가시민들의 현재 생활'을 조건지우고 있는 '과거 비극체험'을역사적 정의(正義)의 입장에서 공(共)시간적으로(syn-chronically) 현전시킨다. **이 초팽창세계가 동영상 콘텐츠를 통해 현재의 생활 안에 체화됨으로써 우리는 '과거 역사를 현재의 실시간으로 사는(living a past history in the present real-time)', 시공간적으로 넓은 시야와 의식적으로 팽창한 지성을 체현한 시민성을 확보**한다. 하지만 전 세계국민국가의 경계를 넘어 각국의 시민대중에 직접적으로 접근가능한 인터넷 통신망과 아울러 그에 덧붙여 문화적으로 직접 접근할 수 있는 OTT 서비스망을 염두에 두면(이것이 문화산업적으로 문제되는 점은[131] 일단 도외시하고), 자연언어적으로 제약된 말하기와 글쓰기의

---

130) '영화관입장권통합전산망(KOBIS)'의 '역대 박스오피스(통합전산망 집계 기준)' (https://www. kobis.or.kr/kobis/business/stat/offc/findFormerBoxOfficeList.do 접근: 2024.3.19.)

131) 한국 문화산업 맥락에서 OTT 역할에 대해서는 다음의 우려를 경청할 만하다. "앞으로도 OTT와 레거시 미디어 모두 높은 수익성과 장기간 수익창출이 가능한 실시간 동시 방영, 혹은 IP 확보 전략을 지향할 것이다. 결국, 좋은 콘텐츠를 수급하기 위한 핵심은 '자본력'이

장벽을 넘어 **통(通)감각적 직관으로 다른 사람의 신체에 직접 스며드는 디지털 가상세계의 호소력**을 기왕의 전제로 상정할 경우, 여기에 대응하는 '지식계'의 반응에는 두 가지 상반된 선택지가 동시에 주어진다.

하나는, 바로 앞에서 제시한 대로, 비교적 보편적으로 동의되는 통상적 정의 관념에 입각하여 그것을 침해하는 악(惡)의 양태들을 보다 다채로운 개인격체들을 통해 보다 다양하고 섬세하고 그리고 치밀하게 반정립시켜 이른바 '전통적 지식인'의 역할을 입체적으로 현시하는 방향으로 승화시키는 것이다. 앞에서 예시한 천만 이상의 관객을 동원한 한국 영화나 높은 비율의 시청률을 보여온 K-드라마들은 **21세기 들어 본격적으로 확장된 초팽창세계에서 민주화된 공론장 안에서의 시민사회 규범 수준을 유지하고 강화시키는 데 대체로 기여해** 왔다고 평가된다.

이와 반대되는 다른 경향은, 이 글 서두에서 송호근 선생이 비관적으로 지적한 대로, 그리고 하버마스 역시 음울하게 관찰하는 대로, 이 디지털화된 플래폼에서 만인이 각자 구사할 수 있는 극대화된 표현기술들을 구사함에 있어서, 예전에는 사전에 적어도 최소한의 풍속관념에 따라 편집됨으로써 여과되었던 그런 막장 행태들이 그대로 쏟아져 나오고, 경우에 따라서는, **과거 제한된 청중에만 발생하였던 데마고그적 선동효과를 거둠으로써 민주적으로 개방된 국가적 정치권력을 점거**

다. 콘텐츠 제작사 입장에서는 제작비 대비 많은 비중을 투자해주는 플랫폼과 거래를 할 것이기 때문이다. 그 자본 경쟁의 대표 상대는 연간 콘텐츠 예산만 20조 원인 넷플릭스고, 이런 넷플릭스가 국내에도 중간광고를 도입하며 방송사들의 주요 수익원인 광고 매출마저 갉아먹고 있다. 계속 자본력에서 뒤처진다면 제2의 〈오징어 게임〉 역시 넷플릭스에서 탄생할 가능성이 높다고 판단된다. 국내 핵심 크리에이터들이 모여 제작한 〈더 글로리〉가 결국 넷플릭스 독점으로 나온 것처럼 말이다. 한국 기업이 한국 콘텐츠를 제작할 뿐 아니라 IP도 지켜내, K-콘텐츠의 IP 지켜내기 위한 적극적인 노력과 실질적인 정책이 절실하다"(지인해(신한투자증권 기업분석부 연구위원), 「기획 리포트. 국내 OTT 산업 및 기업의 주요 현황과 시사점」, in: *Media Issue & Trend* (2023. 1x2, Vol.54), 32쪽.)

하는 사태까지 적지 않게 발생한다는 것이다. 무한 개방된 가상세계에서 SNS 활동을 통해 헌법적 규제를 벗어난 대중난동이 일어나는 그런 일이 2020년 대통령 선거가 끝난 직후 민주주의 최선진국이라는 미국에서 벌어진 광경은 바로 이 디지털화된 미디어들을 통해 전 세계에 실시간 전달되었다.

이런 양자선택을 앞에 두고 21세기 단일지구문명 안에서 올바른 비전을 제시할 **일종의 '지구지성(an earthian intelligence)'**이 등장할 것인가? 21세기를 맞은 미네르바의 새장에 있는 부엉이는, (송호근 선생의 비관처럼) 아예 날지 않는 것이 아니라, 아직 비관하기도 성급하게 여겨지지만, 알에서 깨어나지도 않은 것 같다. 그것은 지금 산란 중이고, 따라서 아직은 날아갈 날개조차 돋지 않았는데, 부엉이로 깨고 나올 경우 날아야 할 황혼이 몇 번은 더 될 것 같다. (이어 덧붙임) 그리고 주로 한글이나 영어 또는 독일어 등 주로 언어와 문자로 글쓰기와 말하기를 통해 지성을 벌휘하도록 훈련된 이른바 '전통적' 지식인으로서는 정말 말하고 싶지 않지만, 21세기 전반 현재까지 전 세계 주로 대학 캠퍼스에서 일하고 살았던 그런 지식인들은 이 새로운 초팽창세계의 표준소통수단인 통감각적 디지털매체에 대해 충분히 능숙하지 못하다. 즉 대학에서 길러지는 지성은 아직 디지털 문맹 수준에서 크게 벗어나지 못하고, 한자에 능숙하면서도 한글책을 봐야 했던 20세기 초엽의 유생들과 마찬가지로, 고도의 정신능력을 갖고도 새로운 소통조건과 이질감을 느껴야 하는 저강도의 문맹, 즉 디지털맹(盲)이다.

21세기에 진정 두려운 것은 황혼이 지고 어둠이 오는 것이 아니라 밤이 지나고 낮이 와도 이 지구상에 살아갈 인간종이 거의 없는 것이 더 두려울 일이다. 이제 **진정 지상의 정의가 실현될 인류세의 궁극적 단계를 제시할 그런 지구적 지성**은 이제 막 태동되어야 할 것 같다. 그런데 이때 발휘될 지성은 비판적일 뿐만 아니라, 그리고 지식인에, 국한될 것이 아니라, **이 단일지구문명을 협동적 자치로 통치할 지구시민의 주권자적 소양으로 전 지구적 차원에서 공유되는 시민지성(civil intellect)**이라야 할 것이다. 즉 이제 'K-지식인'이라고 할 수 있는 그런 지식인이 발휘할 지성이라고 한다면, 그 '지성'은 특정 시대에 국한된 지식인의 역사적 소양이 아니라 **지구시민이 시민적으로 공유할 권리와 의무가 있는 시민성의 한 요건으로 여전히 문명인으로서의 인류 생존의 지속적 보장책**으로 작동할 것이다.[132]

---

132) 이 글은 홍윤기, 「21세기 K-지식인과 지구지성」, in: 사회와철학연구회, 『사회와 철학』, 제47집(2024. 04.), 157-206쪽에 게재된 것을 대폭 보완한 것이다.

참고문헌

강만길 외(2001), 『한국의 지성 100년: 개화 사상가에서 지식 게릴라까지』, 민음사.

경향신문 특별취재팀(2008), 『민주화 20년, 지식인의 죽음: 지식인, 그들은 어디에 있나』, 후마니타스.

노암 촘스키, 『지식인의 책무』, 강주헌 옮김(2005), 황소걸음.

니콜라스 할라즈, 『드레퓌스 사건과 知識人 : 歷史的 展開過程과 집단 발작』, 황의방 옮김(1982), 한길사.

레지 드브레, 『지식인의 종말』, 강주헌 옮김(2001), 예문사.

박호성(2014), 『지식인』, 글항아리.

송호근(2023), 『(21세기 한국) 지성의 몰락: 미네르바 부엉이는 날지 않는다』, 나남출판.

스티브 풀러, 『지식인: 현대 사회에서 지식인으로 살아남기』, 임재서 옮김(2007), 사이언스북스.

_____, 『쿤/포퍼 논쟁: 쿤과 포퍼의 세기의 대결에 대한 도발적 평가서』, 나현영 옮김(2007), 생각의 나무.

알렉시스 드 토크빌, 『앙시앙 레짐과 프랑스혁명』, 이용재 옮김(2013), 지만지(지식을 만드는 지식).

유발 하라리, 『21세기를 위한 21가지 제언: 더 나은 오늘은 어떻게 가능한가』, 전병근 옮김(2018), 김영사.

_____, 『사피엔스: 유인원에서 사이보그까지, 인간 역사의 대담하고 위대한 질문』, 조현욱 옮김(2003), 이태수 감수, 김영사.

유봉학(1998), 『조선후기 학계와 지식인』, 신구문화사.

임현진, 「지식인(知識人, 인텔리게챠 intelligentia)」, 한국학중앙연구원, 『한국민족문화대백과사전』 (게재 일자 미상), https://encykorea.aks.ac.kr/Article/E0054278 (2024.8.12.)

자크 르 고프, 『중세의 지식인들』, 최애리 옮김(1999), 동문선.

장 폴 사르트르, 『지식인을 위한 변명』, 박정태 옮김(2007), 이학사.

장 프랑수아 리오타르, 『포스트모던적 조건: 정보 사회에서의 지식의 위상』, 이현
복 옮김(1992), 서광사.

_____, 『지식인의 종언』, 이현복 편역(1993), 문예출판사.

장-푸랑수아 시리넬리, 파스칼 오리, 『지식인의 탄생: 드레퓌스부터 현대까지』,
한택수 옮김(2005), 당대.

최장집(2010), 『민주화 이후의 민주주의: 한국 민주주의의 보수적 기원과 위기』,
개정2판, 후마니타스.

카를 만하임, 『이데올로기와 유토피아』, 임석진 옮김, 송호근 해제(2012), 김영사.

폴 존슨, 『지식인의 두 얼굴』, 개정판, 윤철희 옮김(2020), 을유문화사.

폴 화이트, 『토머스 헉슬리: 과학 지식인의 탄생』, 김기윤 옮김(2006), 사이언스북스

프랭크 퓨레디, 『그 많던 지식인들은 다 어디로 갔는가: 21세기의 무교양주의에
맞서다』, 정병선 옮김(2005), 청어람미디어.

한윤수(2023), 『오랑캐꽃이 핀다 1~9』, 홍윤기 엮음, 박영률출판사.

홍윤기(2023), 『오랑캐꽃이 핀다 10: 둥근 아시아의 비전』, 박영률출판사.

Eyerman, Ron(1986), "The Free-Floating Intellectual", In: American Sociological
Association, *Contemporary sociology*, 15(4), pp. 540-542.

02

인공지능과 지식인:
인공지능은 지성의 종말인가

2.

인공지능과 지식인

인공지능은 지성의 종말인가

이국배

들어가며

최근 세계와 인간에 관한 미래 담론은 온통 인공지능 관련으로 채색되고 있다. 그 담론의 대체적인 방향과 논점 역시 인공지능 시대로 들어선 인류 문명의 절박한 위기를 강조하는 분위기이다. 이러한 경향은 지난 2022년 출시된 생성형 인공지능으로 인해 대중이 받게 된 놀라운 충격과 무관하지 않다. 세계적인 인공지능 업계 관계자들은 생성형 인공지능을 출시한 지 얼마 되지 않은 시점에서 "인공지능을 핵무기나 팬데믹에 준하는 인류의 우선적 위험 요인으로 간주할 것"을 촉구하는 공동 성명을 발표했다(Center for AI Safty, 2023.05). 그 위험을 생성한 당사자들의 선언이라는 점에서 언뜻 이해가 쉽지 않은 아이러니이다.[1] 같은 시기 미국의 시사 주간지 《타임》은 '인류의 종말'이

---

1)　실제로 그간 AI 규제를 강력히 옹호했던 오픈 AI의 CEO 샘 올트만이 언행과는 다르게 지난

라는 제하로 특집기사를 연재한다(Time, 2023.01). 문제는 대중의 일상으로 진입한 생성형 인공지능의 위력이 예상보다 놀라웠다는 점이다. 미국의 변호사 자격시험을 통과했고 MBA 학위를 취득하는가 하면, 일본의 의사 자격시험에도 합격했다. 시험만 잘 보는 것이 아니다. 그림을 그리고 작곡을 하며, 소설을 쓰고 시를 짓는다. 일도 잘해서 질병을 진단하며 수술도 하고, 다양한 판례를 분석하는가 하면, 각종 사업의 시장 전망을 제시한다. 이미 인공지능은 여러 분야에서 인간의 업무 능력을 넘어선 듯하다. 일상에서 나타나는 생성형 인공지능의 이러한 활약은 대중을 놀라움과 기대, 불안함이 중첩된 혼란스러운 감정으로 몰아가기에 충분했다. 지난 수천 년간 인간만의 고유 능력이라고 믿어 의심하지 않았던 지성과 감성, 그리고 행위의 능력은 인공지능의 가공할 학습 능력 앞에 무력해 보였다.

인류는 오랜 세월 지적 능력을 자신의 정체성을 구성하는 핵심적 특성으로 정초했다. 그러나 이제 인간은 이러한 지적 능력을 통해 창출한 도구로 인해 더는 자신의 능력이 필요하지 않게 되는 역설의 세계에 직면한다. 근대의 형성과 관련하여 막스 베버가 주목했던 도구적 합리성은 헤겔의 말처럼 세계로 '외화(externalization)'되어 낯선 세계를 형성하고, 그 결과 인간은 그 세계를 창출한 자신의 지적 능력에 대한 소유권을 스스로 상실해 가고 있는 듯한 모습이다. 오늘날 기술(technology)이 인간과 비교해 압도적 지위를 차지하고, 세계 역시 소외된 형태로 마주 서게 된 실존적 상황에 대해 하이데거는 세계의 전면적인 '부속품화(enframing)'로, 아렌트는 '세계 소외'로, 그리고 마르

2022년부터 유럽연합(EU) AI법이 생성형 AI를 강력히 규제하지 못하도록 EU 당국에 로비를 해왔다는 주장이 최근 보도되고 있다(지니넷코리아, 2024.08.05).

쿠제는 '기술적 합리성의 지배'로 규정했다(Heidegger, 1997; Arendt, 1998; Marcuse, 1998).[2] 이러한 생각의 연장선에서 멈퍼드는 이렇게 묻는다. "왜 우리는 기술에서는 신이 됐으면서도 도덕에서는 악마가 되었고, 과학적으로는 초인이면서도 미적으로는 바보가 되었을까(Mumford, 2000: 137-138)." 사실 기술에 대한 이러한 사상적 대응 과정은 지난 20세기를 지배했던 관찰의 방법적·이론적 형식과 무관해 보이지 않는다. 이러한 사상적 흐름은 지난 세기 동안 계속해서 점차 자율성을 확대해 가는 기술에 대한 일반적인 이론적 대안 문화를 형성했다.

오늘날 일반화된 인공지능의 상용화가 인류 문명의 주목할 만한 변혁을 예고하고 있음을 부정하기는 힘들다. 무엇보다 인공지능은 오랜 세월 인간의 정체성을 구성했던 지적 능력을 정확하게 조준하고 있다. 이런 이유로 인공지능은 지식의 생산과 확산뿐 아니라, 사회적 규범과 정치적 대안에 관해 비판적 성찰을 주도했던 지식인 집단의 존재 근간을 일차적으로 흔들 수 있다는 우려는 자연스럽기까지 하다. 어떠한 의미에서든 지식인이라 불리는 집단은 지식의 생산과 그것과 연계된 행위를 수반한다. 과거에는 이를 지성이라 불렀다. "과거에 미네르바 부엉이는 어둠이 깔리면 날기라도 했지만, 지금은 날개를 접었다. 날이 새도록 자신이 택한 나뭇가지에 앉아 두리번거릴 뿐이다. 지성이 생성되지 않는다(송호근, 2023: 13)." 그러나 어느 원로 교수의 이러한 자조적 술회가 어떤 면에서는 새삼스러울 수 있다. 잘 알려진 것처럼 리오타르는 일찌감치 한 세대 전에 지식인의 종언을 선언했다. 그에게

---

2) '부속품화'를 뜻하는 영어 'enframing'은 독어 'Gestell'에 해당한다.

지식인은 이미 무덤에 있다. "무지는 더 이상 부당함이 아니며, 지식의 획득은 보다 좋은 수입을 보장하는 직업적인 자격 부여일 뿐이다. 그러므로 이제 더 이상 '지식인들'은 존재하지 않는다(리오타르, 2011: 226)."

물론 이러한 종말론적 선언은 이미 무덤에 있는 지식인이 과연 어떤 지식인을 말하는가에 대한 지식인 정의의 문제를 촉발할 것이다. 이때의 지식인이 사르트르가 말한 보편적 지식인을 말하는지, 아니면 특정 영역의 전문가로 연구와 공적 개입을 통해 헌신하는 특수 지식, 혹은 그와 유사한 뜻을 가진 영미 지역의 공적 지식인을 의미하는지는 사실상 분명하지 않다(박명진, 2016: 75-91). 다만 리오타르는 거대 담론에 근거하여 계몽적 성향을 띠는 지식인 모두를 대상으로 했다는 점에서 일단 보편적 지식인이 무덤의 주인임은 분명해 보인다. 사르트르가 말하는 '보편적 지식인(intellectual Total)'은 그 행위의 동기가 "진리, 선, 정의, 인류애와 같은 절대적 가치와 도덕성으로 합리적 계산이나 공리주의적 이익이 아니라 윤리적이고 도덕적인 당위성에 기초"한다는 점에서 "1960년대 이래 우리나라 진보 지식인들의 전범"[3]이 되었다(박명진, 2016: 86). 사실 이러한 지식인 상은 동유럽의 '인텔리겐차(intelligentsia)'에 가깝다. 폭정의 러시아를 살았던 문호 레오 톨스토이가 대표적일 것이다. "이런 사회에서 만들어진 인텔리겐차라는 개념은 서구의 '인텔렉추얼'보다 동아시아의 '이민위천(以民爲天)의 지사(志士)'에 더 가까웠으며, 그만큼 '지식인'으로 번역되어 한국 사회에서 쉽게 뿌리를 내렸다(한겨레, 2019.02)."[4] 하지만 러시아와

---

3) 한국 지식인 담론의 고전이 된 '대자적 지식인'의 당위성 역시도 이와 동일한 맥락에 있다고 보아야 한다(한완상, 1978).

동아시아 지식인 개념의 친화성을 말하는 박노자 역시도 인텔리겐차의 몰락을 강조한다. 브르뒤외(Bourdieu)는 "보편의 추구를 가능하게 하는 특권의 조건을 영원한 투쟁과 연계할 수 있도록 스스로에게 강요하는 일(Bourdieu, 1991: 669)"이 오늘의 지식인에게 주어진 사명이라고 강변했지만, 오히려 이러한 주장은 지식인의 종말론적 현실을 더 잘 설명하는 근거로 작용할 뿐이다.

지식인은 이제 그 존재와 역할에서 정말로 종말을 고했을까. 이 글은 오랜 세월 논란의 대상이었던 이른바 '지식인 종언론'을 인공지능의 출현이라는 새로운 사회적 맥락 안에서 비판적으로 탐색하고자 한다. 이는 지식인의 생존 가능성을 인공지능의 출현이라는 새로운 시대적 환경으로 끌고 들어와 다시 한번 모색해 보는 일이다. 이러한 탐색은 미래의 정치 철학이 기술 철학이어야 한다는 관점과 연계되어 있다.

> 기술은 중립적인 것이 아니라 매우 정치적인 것이다. 이는 또한 정치 철학과 기술 철학이 일반적으로 생각하는 것보다 훨씬 더 밀접하게 관련되어 있어야 한다는 것을 의미한다. … 인공지능과 기술 혁신의 시대인 지금의 정치 철학은 기술 철학이어야 한다(리스, 2024: 13).

지식인의 죽음을 선언하는 일종의 지식인 종말론이 앞에서 본 것처럼 각자의 정치적 입장과는 무관하게 일반적 문화가 되어가고 있지만, 그러한 판단 자체 역시도 특정한 정치적 입장에서 자유롭기는 힘들다. 이 글은 이러한 전제에서 출발하여 일종의 문화적 흐름을 형성

---

4) 박노자의 글 「지식인은, 이미 죽었다」에서 인용.

하고 있는 지식인 종언론에 대해 반성적 탐색을 하고자 한다.

이를 위해 우선은 1) 인공지능이란 과연 무엇인가에 대한 개념적 정의를 분명히 할 필요가 있다. 물론 인공지능에 대한 개념적 정의는 예상보다 단순한 일이 아니다. 그러나 이 부분에 대한 정의가 비록 포괄적인 수준에서일지라도 보다 분명해질 때 지능(intelligence)과 지성(intellectual)의 구분이 가능해질 것이다. 이어서 이 글은 2) 기술의 결과가 미래 사회의 위기를 초래할 것이고, 이 과정에서 지성 역시 종말을 고할 것이라는 일종의 종말론적 경향성이 사실은 기술 결정론의 또 다른 표현일 뿐이라는 점을 강조하고자 한다. 이를 위해 이 글은 주·객 이원론과 인간중심주의적 기술이론의 대표격인 아놀드 겔렌(Arnold Gehlen)의 관점을 니클라스 루만(Niklas Luhmann)의 시각에서 비판적으로 분석한다. 그러나 3) 이 글은 루만의 기술에 대한 관점이 기술 결정론을 넘어서는 해법의 실마리가 될 수 있다고 본다. 그리고 이러한 분석과 논의들을 근거로 인공지능 시대를 사는 지식인의 지속 가능한 공존 방안의 가능성을 탐색하고자 한다.

인공지능과 지식인의 위기

인류는 반복되는 노동으로부터의 자유를 오랜 세월 꿈꿔왔다. 따라서 인간의 사고와 행동을 모방할 수 있는 기계를 만드는 일은 지난 수백 년 동안 인류의 숙원 중 하나였다. 인간은 이러한 희망을 실현하기 위해 충성스러우면서도 능력있는 기계를 끊임없이 개발했다. 인공지능은 이러한 노력의 산물이다. 그러나 막상 '인공지능(AI)이 무엇인가'라고 묻는다면 이에 대한 답변은 예상처럼 간단하지 않다. 인공지능은 일반적인 상식과 달리 상당히 모호한 개념이어서, 단일한 정의가 생각보다 쉽지 않다. 그 이유는 두 가지 때문이다. 첫째, 일단 지능이란 무엇인가에 관해 명확한 정의를 찾기가 쉽지 않다. 지능은 학습, 추론, 계획, 이해, 비판적 사고, 창의성, 그리고 문제 해결 능력과 같은 여러 가지 개념으로 대체되어 경우마다 다르게 사용되기도 한다. 둘째, 인공지능은 변화하는 개념이다. 과거에는 인공지능으로 간주 되었던 기능들이 시간이 지남에 따라 인간에게 익숙해질 경우, 그 기능은 점차 인공지능으로 간주되지 않게 된다. 이러한 현상을 "인공지능효과(AI effect)"라 한다(Bailey, 2016). 사실 컴퓨터가 어떤 결과를 낼 때마다 인간 사유 활동과는 동질의 지능이 아니라는 비판은 언제나 뒤따랐다. 사람들은 특정 장치에 익숙해지면 그때부터는 그것을 일종의 계산기로 간주했다.

인공지능(AI)이라는 용어는 1956년 미국 다트머스 대학교의 여름 연구 프로젝트를 위해 모인 연구자들이 처음으로 사용했다(Haenlein & Kaplan, 2019b: 17). 당시 워크숍에 모인 마빈 민스키(Marvin Minsky)나 존 맥카시(John McCarthy)와 같은 연구자들은 자신들이 기획하고 있는 기계가 언젠가는 인간의 학습이나 지능의 특성을 정확하게 시뮬레이션할 것이라고 주장했다. 이 자리에서 맥카시가 제안한 '인공지능(AI)'이라는 말이 연구자들의 합의를 통해 처음으로 확정됐다. 당시 이들이 생각한 지능은 시각적 지각과 음성인식, 의사결정과 언어 간 번역 등의 일이었다. 지금은 이런 기능들이 휴대전화 안에서 모두 가능하다. 하지만 당시로서는 논란이 될 만한 흥미로운 주장이었다.

하지만 인공지능을 정의할 때 "기계가 인간의 상상에서만 가능했던 어떤 작업을 대신하게 되는 순간"에 초점을 둘 경우, 인공지능의 출발은 1821년 찰스 배비지(Charles Babbage)의 계산 엔진에 기원을 두게 된다(Brown, 2021: 456). 물론 단순한 산술 기능을 수행하는 일은 이제 인공지능의 주된 기능이 아니게 됐다. 오늘날 인공지능의 기능으로 고려되지 않는 것들에는 연산 기능 외에도 글꼴이나 광학 문자 인식, 그리고 문서 편집 작업 등도 포함된다. 이 기능들은 이제 단순한 소프트웨어 프로그램들일 뿐이다. 이미 당시에도 체스 두기, 인간 언어의 이해, 얼굴 인식 기능 등은 인공지능의 실현 목표로 설정되었다. 따라서 넓은 의미에서 보자면 "인공지능은 인간의 별도 입력 없이도 고유한 기능을 수행하면서 새로운 상황을 학습하고, 예상치 못한 상황에도 적응할 수 있는 컴퓨터 알고리즘"으로 정의할 수 있다(Brown, 2021: 457). 하지만 조금 더 정교하게 표현하자면, "외부 데이터를 인지하여 해석하고, 그러한 데이터를 근거로 학습하며, 그와 같은 학습을 활용하여 유연한 적응을 이룸으로써 특정 목표와 작업을 달성하는 시스템의 능력"이다(Haenlein & Kaplan, 2019a: 5).

인공지능은 머신 러닝(machine learning)이나 전문가 시스템(expert system)과 비교할 때 그 정체성이 더욱 분명해진다. 머신 러닝은 대량의 데이터가 갖는 기본 패턴을 판별하기 위한 것이다. 이러한 능력은 인공지능의 필수 조건에 불과하다. 그래서 인공지능은 머신 러닝보다 훨씬 더 광범위한 개념이다. 인공지능은 대상을 제어하는 능력이 있으면서도, 음성·이미지 인식과 자연어 처리를 할 수 있어야 한다(Haenlein & Kaplan, 2019b: 17). 인공지능은 낮은 수준의 유사 인공지능으로 알려진 전문가 시스템(expert system)과도 구분된다. 전문가 시스템이란 이른바 "if〉 then 문장으로 프로그래밍된 규칙들의 모음"이다(Haenlein & Kaplan, 2019b: 18). 이러한 시스템은 외부 데이터로부터 자율적으로 학습하는 능력이 없다. 전문가 시스템은 지식 기반이며, 미리 정의된 규칙 따라 코딩된다. 반면 인공지능은 지식 기반이 아닌 행동 기반으로 대량의 데이터를 토대로 해서 지식을 독립적으로 추론함으로써 인간 뇌의 구성을 모방한다. 인공 신경망이 이에 해당한다.

컴퓨터를 인간처럼 생각할 수 있도록 하려는 시도는 앨런 튜링(Alan Turing)의 획기적인 연구 이후 반세기 이상 추진되었다. 지금은 인공지능의 첫 번째 세대라고 할 수 있는 협의 인공지능(ANI) 시대이다. 얼굴 인식을 하고 시리가 우리의 목소리에 따라 행동하며, 자율주행 자동차 개발에 주력한다. 나아가 합성곱 신경망(CNN)이 전통적인 통계 기계 학습 모델을 크게 능가하면서, DNN 모델, 즉 딥러닝 패러다임을 구성하고, 이어서 대규모 언어 모델(LLM)로 발전하면서 드디어 인간 전문성의 토대를 이루는 도메인 지식의 영역을 장악해 들어가고 있다(Chun & Elkins 2023, 150). 인공지능의 두 번째 세대라는 소위 일반 인공지능(AGI)을 곧 보게 될 수도 있다. 일반 인공지능은 자율적으로 사태의 원인을 설명하고, 계획을 세우며, 애초에 설계되지 않은 작업에 대해서도 문제 해결이 가능하다. 그리고 인공지능의 세 번째 세대라는 초지능(ASI)을 실제로 마주하게 될 수도 있다. 장기적인 계획에 따르면, 이는 자기의식을 가진 시스템으로, 인간이라는 존재를 어느 정도 불필요하게 만들 수도 있다. 일부에서는 이러한 초인공지능

(ASI)을 진정한 인공지능이라고 부르기도 한다(Haenlein & Kaplan, 2019b: 16-17).

이 지점에서 제기될 수 있는 질문은 다음과 같은 것들이다. 미래에 인간에게만 고유하게 유지될 수 있는 것은 무엇일까. 그리고 인공지능 시스템으로 모방할 수 없는 것은 또 무엇일까. 과거에는 창의성에서만큼은 인간만이 독점권을 행사할 수 있다고 믿었다. 물론 일반적으로는 인공지능 시스템이 정말로 창의적일 수 있는지는 여전히 회의적인 견해들이 많은 것도 사실이다. 하지만 창의성이 정확히 무엇인지, 그리고 누가 그것을 판단할 것인지가 또 다른 문제로 남는다. 현재 인공지능 개발은 '인간화된 인공지능(humanized AI)'을 목표로 한다. 과거의 인공지능이 세계에 대한 인지적 결과들을 생성하고 과거의 경험에 기반한 학습을 통해 미래에 대한 특정한 결정을 내렸다면, 앞으로의 인공지능은 인지적·감성적 지능의 요소를 포괄하여, 결정을 내릴 때 인간 감정을 이해하며 이를 고려하는 능력을 갖추고자 한다. 인간화된 인공지능은 모든 유형의 인간 능력, 즉 인지적·감성적, 그리고 사회적 지능의 특성까지도 포괄하면서, 타자와의 상호작용을 통해 이른바 메타 인지력 역시도 확보하고자 한다. 물론 이러한 인공지능의 발전 목표가 그것이 곧 가능하다는 것을 보장하지는 않는다. 현재로서는 여전히 갈 길이 먼 이야기일 뿐이다.

그러나 이미 인공지능은 도메인 지식의 영역, 즉 전문지식 영역에서는 상당한 영향력과 지배력을 확보했다. ChatGPT가 출시된 지 단 두 달 만인 2023년 1월 미국에서 있었던 한 여론조사를 보면 미국 대학생의 89%가 리포트 작성, 논문 개요 작성, 과제와 각종 평가 작업을 위해 ChatGPT를 사용하고 있다고 응답했다(Chun & Elkins 2023, 148). 사회과학의 이론 영역을 비롯해 대부분의 인문학적 전통은 그간 독해 작업에서부터 복잡한 사유의 결과들을 수려한 문체로 표현하는 지적 작업에 중점을 두었다. 그러나 이제 고도의 프롬프트 엔지니어링(prompt engineering) 기술과 "최첨단 인공지능 모델(SOTA)"[5]을 활용하여 복잡한 연구 논문을 요약하고, 해당 주장의 이론적 장단점을 구체적으로 제시하면서 인용문을 포함한 학술적 에세이를 작성하는 일은 그리 어려운 일이 아니게 되었다. 인공지능의 발전 현황과 진행 과정은 이미 지식인의 정체성 존립에 위기감을 조성하기에는 충분해 보인다. 그렇다면 자신의 정체성을 지식인에 두고 있는 관련 종사자들은 이대로 인공지능의 위력 앞에 몰락의 길을 가게 될 것인가.

인공지능이 기계 학습 일반이라고 하기는 쉽지 않을지라도, 기계 학습을 근거로 할 수밖에 없다는 것은 분명하다. 기계 학습(ML)은 넓은 의미에서 학습(learning)과 탐색(search), 추론(inference)과 지식 표현(knowledge representation)이다. 다만 인공지능은 그러한 기능의 자율성을 확대해 나갈 뿐이다. 중요한 것은 자율성이다. 그러나 기계 학습의 기능들은 합리성의 일부분, 즉 막스 베버가 오래전 도구적 합리성으로 이름했던 도구적 이성의 범주를 크게 벗어나지 않는다. 도구적 이성은 지성이 아닌 지능일 뿐이다. 그것은 호르크하이머가 한 세기 전 강조했던 "현존재가 우연이나 맹목적인 운명으로 인도되는 것을 막기 위한" 객관적·반성적 이성은 결코 아닌 것이다(호르크하이머, 2020: 248). 따라서 도구적 이성의 기능이 확대되고 그 자율성이 강화

---

5) SOTA는 'state-of-the-art'의 줄임말이다.

된다는 것이 곧 지성의 종말을 의미하기는 어렵다고 볼 수도 있다. 그러나 과거 지식인 계급의 부상이 지식의 전문성과 그것을 근거로 한 사회적 권력의 결과라고 한다면, 인공지능은 이 양자의 관계성에 치명적인 타격을 줄 것임에는 분명해 보인다. 단순한 전문적 지식의 보유와 활용, 그리고 그것의 도구화를 통한 사회적 권력의 유지 확대는 이제 불가능하다. 이 지점에서 기술의 근본적 측면에 대한 보다 심도 있는 논의가 불가피하다. 다시 말해 이른바 "기술 철학의 근본 문제"로 돌아가 생각해 볼 필요가 있다(강성화, 1995: 11-30).

행위의 원과 기능적 단순화로서의 기술

인공지능이 지성의 종말을 촉진할 것이라는 생각은 소위 '기술 결정론(technological determinism)'을 연상시킨다. 기술이 특정 대상의 존재 유무를 결정하기 때문이다. 인간은 생존을 위해 언제나 기술에 의존해 왔다. 과거의 인간은 인간·기술의 관계에서 비교적 적극적인 관계에 있었다. 그러나 오늘날에는 반대로 기술에 대한 인간의 의존성은 더욱 강화되었지만, 인간의 기술에 대한 지배는 더 이상 적극적이라고 보기 힘들다. 현대 사회에서 기술에 대한 인간의 지위는 다음과 같은 주장으로 대변된다.

인간은 자유롭고 의식 있는 존재라고 생각하지만, 사실 그들은 착각에 빠진 동물이다. […] 그들의 종교는 그들이 결코 소유하지 못했던 자유를 없애려는 시도이다. 20세기에는 우익과 좌익의 유토피아가 동일한 역할을 했다. 오늘날, 정치가 심지어 오락으로서도 설득력이 없는 상황에서 과학은 인류의 구원자 역할을 하게 되었다(Gray, 2002: 120).

이미 현대 사회의 인간은 디지털이 구성한 네트워크와 알고리즘의 작동에서 벗어나기 힘들다. 스스로가 이러한 네트워크 안에 있지 않으면 자신 역시도 존재하지 않는 것으로 간주하는 극단적인 경우도 가능하다. 네트워크는 네트워크 안에 있는 것만을 겨우 설명할 수 있지만, 오늘날의 SNS 네트워크는 세계 전체를 대변하는 듯하다. 이러한 세계관이 이른바 '네트워크 중심주의'이다. SNS 네트워크와 실제 네트워크 사이에는 분명한 차이와 괴리가 존재함에도 이를 동일한 것으로 간주할 경우, 이 과정에서 이른바 '강제된 교호(coerced sociality)'가 이루어져 양자가 엇갈리는 탈구 현상이 발생한다. "그런데 문제는 양 네트워크 사이의 괴리에 머물지 않고 SNS가 실제 네트워크를 SNS의 기술적 네트워크로 끌어들이려 한다는 것이다. 하버마스의 용어를 빌리면, 교호의 탈구는 SNS에 의한 사회적 교호의 '식민화(colonization)'라 표현할 수 있을 것이다(이재현, 2014: 284)."

기술이 인간의 강화(enhancement)를 통해 인간 세계의 유토피아를 가능하게 할 것이라는 기술 낙관주의를 표명하거나(Bostrom, 2003: 4), 반대로 "자율화된 기술(autonomous technology)이 미래 인간 문명의 몰락을 재촉할 것(Ellul, 1964)"이라고 예언하는 일은 결국 이 모든 전망을 추동하는 주된 변수가 기술이라는 점에서 기술 결정론의 일종일 뿐이라는 비판 앞에 자유롭기는 힘들다. 그러나 특정 이론을 소위 '결정론'으로 분류하는 것 만큼 손쉬운 비판도 없을 것이다. 어떤 이론을 결정론으로 낙인하는 일은 그 이론을 공략하는 효과적 전략이기는 하지만 비판의 성실성을 담보하기는 어렵다. 오히려 특정 이론을 기술 결정론으로 이름할 수 있는가 하는 문제는 기술이 과연 무엇인가에 대한 정의, 그리고 기술과 인간의 관계는 어떠한 방식으로 설정되는가 하는 문제를 촉발하게 된다.

인간·기술 관계에서 주목받는 고전적 기술 이론 중의 하나는 아놀드 겔렌(Arnold Gehlen)의 '행위의 원(circle of action)' 개념이다. 겔렌이 말하는 행위의 원은 인간과 세계의 상호작용에 주목하면서, 기술을 통해 현실이 원활하게 구성될 수 있음을 설명하는 개념 형식이다. 이 방법은 근대 철학의 전통적인 주·객 운동에 따른다. 동시에 주·객 운동을 설정하는 한 사실상 인간중심주의적 관점을 벗어나기 힘들다. 이 글이 여기에서 겔렌의 기술 이론을 소개하는 이유는 겔렌의 관점이 일체의 주·객 이원론과 기술에 대한 인간중심주의적 이론의 대표적 사례가 될 수 있기 때문이다.

겔렌에 따르면, 기술을 통해 주체를 표현하는 작업은 노동을 객관화하는 작업인데, 그러한 객관화 과정에서 기술은 인간의 주체성에 해당하는 부분, 즉 인간의 자유와 자율성의 영역을 일정 수준 축소시킨다. 그 이유는 기술의 개입 과정이 인간이 제어할 수 있는 영역 '외부에(out there)' 존재하게 되기 때문이다. 기술을 통한 이와 같은 노동의 객관화(objectification) 과정은 역사에서 세 가지 차원에서 단계별 변화·발전 과정을 거치게 된다고 겔렌은 주장한다.

첫 번째 단계인 도구의 경우에는 노동에 필요한 물리적 에너지와 이에 필요한 지적 기여가 여전히 주체에게 의존했다. 두 번째 기계의 경우, 물리적 에너지는 기술을 통해 객관화된다. 마지막 세 번째 단계인 자동

기계(Aoutomata)의 경우에 기술적 수단은 주체의 참여 없이도 노동을 대체할 수 있도록 한다(Gehlen, 1980: 19).

겔렌은 우리가 자동화에 매료되는 것이 "선합리적(prerational)이면서도 초실용적인 충동(transpractical impulse)" 때문이라며, "이 충동은 지난 몇천 년 동안 하나의 마법으로 표현"되었다고 말한다(Gehlen, 1980: 14). 겔렌이 보기에 자동화를 열망하는 성향은 기본적인 인간의 충동이자 특성이다. 이는 인간이 자연에 대해 '원활함을 추구하고자 하는 성향(tendency toward facilitation)'을 갖고 있기 때문이다. 따라서 인간은 기술을 통해 인간의 힘을 증대시켜 신체적·인지적 노력에서의 해방을 꾀한다(Gehlen, 1980: 18). 겔렌이 보기에 인간은 근본적으로 나태한(indolent) 존재이기 때문에 삶을 보다 용이하게 만드는 방법을 끊임없이 추구한다. 그러나 다른 관점에서 보면 겔렌이 말하는 '원활화'는 자연에 맞서 권력을 행사할 수 있는 능력, 즉 자연을 통제할 수 있는 능력이기도 하다. 그러한 의미에서 기술은 일종의 '마법'이며, 기술을 통해 자연에서 인간의 지위를 확보하고자 하는 인간의 권력 표명이기도 한 것이다.

이처럼 겔렌이 살던 시대에 유행하던 철학적 인간학 혹은 인본주의적 관점에서 보면, 인공지능은 인류 역사의 당연하고도 자연스러운 귀결이다. 겔렌의 관점에서 인공지능은 합리성이나 실용성 추구의 결과가 아니다. 그것은 인간이 지닌 선천적 나태함과 권력 충동을 효과적으로 해결하는 일종의 마법이다. 인간은 자연을 효과적으로 통제할 방법을 기술을 통해 발견함으로써 인간에게 최고의 지위를 부여하는 "인간 권력의 가장 완벽한 표현"이다(Ashworth, 1996: 629~653).

이러한 관점은 인공지능을 평가하는 다수의 이론적 관점에 실제로 깊은 영향을 주었다. 그러나 이러한 겔렌의 시각은 자동화의 과정이 진행될수록 인간이 '행위의 원에서 배제될 가능성'을 간과하고 있다. 기술을 매개로 한 인간·자연의 관계는 겔렌이 생각했던 것처럼 '자동적'으로 평화적인 결과만을 선사하지 않는다. 자동화 과정은 인간·자연 관계를 그저 원활하게만 진행될 수 있도록 하는 것이 아니라, 기후 위기와 같이 오히려 인간과 기술, 인간과 자연의 관계를 단절시키는 경우를 무수히 발생시키기도 한다. 따라서 주·객 이원론과 기술에 대한 인간중심주의적 관점을 고수하는 한 기술은 인간의 욕망을 실현시켜주는 최상의 매체이거나 인간을 소외시키고 그 지위를 끊임없이 위협하는 불안과 공포의 대상으로 남게 될 수밖에 없다. 기술에 대한 이론적 선택지는 기술 낙관주의이거나 기술 비관주의 두 가지 관점으로 협소화된다.

반대로 니클라스 루만(Niklas Luhmann)은 주·객 이원론과 인간 중심주의를 거부한다. 기술을 사회로부터 추상화하여 독립화하지 않고, 사회체계와의 연계 속에서 조망한다. 루만이 보기에 기술의 과제는 한마디로 '어떻게(how)'의 문제이다(Luhmann, 2017: 84-85). '어떻게'의 문제라는 것은 학문이나 과학의 역할처럼 '무엇(what)'이나 '왜(why)'를 묻는 작업이 아니라는 뜻이다. 사실 '어떻게'의 문제는 단지 기술의 측면뿐 아니라 근대의 일반적 특성, 즉 기능(function)의 문제이다. 근대의 기능적 성격은 인쇄술에 연계된 종교를 탄생시키며, 절차에 따라 수권 활동에 집중하는 정치를 만든다. 그런데 기술이 '어떻게'라는 문제에 집중하는 작업이란 뜻은 인과 관계를 물리적으로 입중할 필요 없이 세계의 무한한 인과적 필연성과는 별도로 특정한 인과 관계만을 선택하여 기능적 차원에서 선별적으로 그 인과성을 단순화(simplification)하는 일이라는 의미이다. 루만은 기술을 "인과 관계의 입증된 관계가 아니라 인과적 맥락 안에서의 단순화로 생각할 수 있으며, 이러한 단순화는 자체적인 성과를 갖는 것"으로 설명한다(Luhmann, 1990: 223). 따라서 기술은 사실상 세계 전체의 필연성에 관심이 없다. 자연의 수많은 인과 관계 안에서 특정 목적을 위해 특정한 인과 관계만을 선택적으로 적용했을 때, 그 인과 관계가 반복적으로, 또 안정적으로 작동하느냐가 기술의 핵심적 관심사이다. 작동하는 것은 작동하는 것이고, 그 작동이 입증된 것은 입증된 것이다. 이 지점에서 기술의 임무는 일단락된다. 이것이 루만이 말하는 "기능적 단순화(functional simplification)"로서의 기술 개념이다(Luhmann, 2012: 317).

기술은 각각 다른 차원에서 두 종류의 코드를 근거로 하여 작동한다. 사회적 관점에서만 보면, 1) 복잡성을 축소하는가(reduce), 하지 못하는가(unreduce)가 기술의 코드이다. 기술의 존립을 가능하도록 하는 것은 현존하는 사회의 복잡성을 축소하는 일이다. 이미 앞서 언급된 것처럼 기술은 사회 진화 과정에서 출현하는 현재의 복잡성을 축소함으로써 더 높은 수준의 복잡성을 창출한다. 따라서 복잡성의 축소(to reduce)/비축소(to unreduce)가 기술의 일차적 작동 코드라고 할 수 있다(Luhmann, 1990: 224).

그러나 더욱 본질적인 측면은 복잡성을 축소한 '결과'가 안정적이면서도 반복적으로 작동해야만 한다는 사실이다. 따라서 기술 자체의 특성, 그리고 결과의 측면에서 보자면 2) 작동하는가(it works), 작동하지 않는가(it does not work)가 기술의 핵심 코드가 된다(Luhmann, 1990: 224-225). 기술은 이처럼 작동/비작동의 원리에 따르는 반복 작업으로 정의할 수 있다. 기술의 입장에서는 세계의 실제적 인과 관계가 중요한 것이 아니라 어떤 대상을 특정 방식의 인과 관계로 단순화했을 때, 그것이 사회의 목적에 합당하게 작동하는가, 작동하지 않는가가 핵심 관건이 된다. 따라서 모든 관찰이 그러하듯이 기술의 작동 코드 역시도 어떠한 관점과 맥락에서 보느냐에 따라 이처럼 그 내용을 달리할 수 있다.

따라서 기술은 이제 과학과의 관계 설정을 다시 할 수밖에 없다. 기술이 기능적 단순화라면, 기술이 과학의 응용이라는 관점 역시 포기할 수밖에 없다. 과학적 응용의 결과가 기술은 아니기 때문이다. 현대 사회에서 과학을 선도하는 것은 기술이며, 기술의 발전 방향이 오히려 과학의 패러다임을 설정한다. 철강산업의 발전이 금속학을 생성하고 컴퓨터의 기능적 발전이 IT학의 내용을 구성한다(Luhmann, 2012: 313). 이처럼 기술이 과학을 선도한다는 말은 기술이 애초부터 자연 세계에 대한 관심의 결과가 아니라는 의미를 다시 상기시킨다.

오히려 기술은 경제체계와 구조적 결합(structural coupling)을 갖는다(Luhmann, 2017: 99-100). 정치·경제·법·교육·도덕 등 사회의 다양한 하위체계들 가운데에서 기술이 유독 경제체계와 구조적으로 긴밀히 연계되어 있다는 지적은 기술의 정체성과 존재의 근거, 그리고 그것의 역할과 임무의 결정적 측면을 보여준다. 경제체계는 이윤/손실이라는 코드에 근거하여 자기 폐쇄적이면서도 독립적으로 작동한다. 따라서 기술이 경제체계와 구조적으로 연계되어 있다는 것은 어떤 기술이 채택되고 널리 사용되려면 반드시 경제적 이윤을 창출할 수 있어야 함을 뜻한다. 이러한 임무를 수행하지 못할 경우, 그 기술은 사회적으로 채택되지 않거나 사라진다. 즉 특정 기술은 경제체계의 발전과 진화에 도움이 될 수 있는 경우에 존재하거나 유지되거나 발전한다. 그러나 오늘날의 첨단 기술(high technology)에서는 그 양상이 변화하고 있다. 기술은 이제 사회체계 전반과 결합하면서 기술과 사회체계 사이에서 이루어지는 커뮤니케이션의 복잡성을 더욱 증대시키고 있다. 한마디로 기술과 사회체계, 그리고 환경으로서의 인간은 이제 공진화한다. 이 말은 오랜 세월에 걸쳐 일종의 도구로 단순하게 표현되었던 기술 개념이 드디어 종말을 고하게 되었음을 의미한다. 이제는 과거보다 더욱 광범위하고도 진화된 기술 개념이 요구된다.

기술의 위기와 지식인

루만의 기술 개념은 기술을 일종의 '악(惡)'으로 간주하는 기술 혐오주의(luddism)에 경도되지 않으면서도, 기술 낙관주의에도 동시에 비판적 경종을 울린다. 기술의 발전 과정이 자연에 대한 이해에 근거한 것이 아니라 경제체계와의 구조적 결합에 따른 것이라면, "기술의 진화가 더 진행되면서 카오스가 다시 기술을 따라잡을 가능성도 배제할 수 없다(Luhmann, 2012: 324)." 이 지점에서 중요한 역설(paradox)이 발생한다. 과학과 기술의 차이를 고려한다면, 기술의 발전이 바로 자연에 대한 인식의 순탄한 확대를 의미하지는 않는다는 것이다. 기술은 자연에 대한 특정한 이해에 근거하여 작동 가능한 인과관계를 임의적으로 "선택(selection)"했다는 점에서, 기술의 발전은 동시에 "자연에 대한 무지의 확대"를 뜻할 수도 있다(Luhmann, 1990: 225). 특정 사안에 대한 선택은 동시에 나머지 사태들에 대한 배제를 의미한다. 바로 이것이 기술이 불가피하게 사회적 위기(risk)를 양산하게 되는 이유이다. 문제는 "이때 사람들이 감수해야 하는 위기는 증가하며, 미래는 이처럼 지금 사용할 수 없는 기술에 달려 있다"는 것이다(Luhmann, 2012: 322).

루만이 보기에, 기술이 주장하는 안전성은 사실상 허구이다. 기술이 주장하는 안전함이란 그저 반복성이 가능하다는 것이며, 결함이 통제되고 있는 상황을 말하는 것일 뿐이다. 따라서 루만에게 기술은 불가피하게 위기를 초래하는 내재적 속성이 있다. 루만은 기술이 초래하는 위기에 대한 분석을 위해 위기(risk)와 위험(danger)를 개념적으로 구분한다.

위기(risk)는 어떤 결정으로 인해 미래의 손실 가능성이 발생하는 것으로, 그 손실이 모든 합리적인 비용을 초과하는 것이다. 위기는 결정과 손실 간의 인과 관계로, 즉 결정 이후에 잘못된 결정이었다라는 후회를 남길 수 있다는 것으로 정의될 수 있다. … 반면 위험(danger)은 외부 사건 혹은 사태에 기인한 미래의 손실 가능성이다. 위기(risk) 결정의 속성이지만 위험(danger)은 피할 수 없는 일반 생활의 양태이다(Luhmann, 1990: 225).

한 마디로 위기(risk)는 사회 내부에서 이루어지는 의사소통의 결과이지만, 위험(danger)은 자연재해와 같이 사회 외부로부터 발생하는 손실이다. 위기(risk)가 의사소통의 결과라는 루만의 지적은 위기라는 것이 객관적인 사태가 아니라, 특정한 의사결정이 만들어 내는 '정치적인 것'이라는 의미이다. 위기는 특정 사회 구성원들이 위기를 위기로 규정했을 때, 위기가 된다. 예를 들면 후쿠시마 오염수 방류에 대해 정부가 일절 대응하지 않기로 한 결정은 위험이 아니라 위기(risk)이다. 위기는 특정한 정치적 의사결정이며, 그러한 의미에서 책임의 소재가 발생한다. 하지만 그러한 결정에 대해 사회 구성원 다수가 이를 수용했다면, 이는 위기로 간주될 수 없다. 사회 구성원 그 누구에게도 책임의 귀속이 발생하지 않기 때문이다. 따라서 위기는 타인의 의사결정과 이에 대한 사회 구성원의 수용 여부에 따른 결과라는 점에서 공적·정치적 성격을 갖는다. 위기는 '정치적인 것(the political)'이다. 물론 위기에 대한 규정 역시도 특정 위기에 대한 의사결정이라는 점에서 이는 나머지 다른 위기 상황들에 대한 배제를 동시에 의미한다.

이제 지식인 담론으로 다시 돌아오자면, 기술이 그 속성상 위기와 필연적 연관을 가질 수밖에 없다고 할 때, 바로 이 지점에서 지식인의 존립과 그 역할의 중요성은 오히려 적극성의 계기를 맞을 수 있다. 지식인 집단의 영향력이 확대되거나 혹은 축소될 때의 과정을 살피자면 사회적 위기의 상황, 더 정확하게는 특정 시대를 위기 상황으로 규정할 수 있는 사회적 환경과 일정한 상관 관계가 있음을 발견할 수 있다. 이는 유럽의 경우에도, 국내의 경우에도 그 양상이 유사하다(Gouldner, 2006; 김진균, 2001). 한 마디로 막스 베버가 프로테스탄티즘의 윤리와 자본주의 사이의 친화성(affinity)을 강조했던 것과는 조금은 다른 의미에서, 지성과 위기는 '역설적 친화성(paradoxical affinity)'을 갖는다. 다시 말해 위기 국면은 정치·사회적 극복의 대상이지만, 모순되게도 그와 같은 위기 국면은 위기를 위기로 규정하고 이를 극복하기 위해 지성의 능력을 요구하게 된다는 것이다. 즉 사회적 위기는 사회를 존속시키는 힘으로 작동한다. 루만에 따르면, 사회는 인간의 총합체가 아니라 거대한 사회체계 안에 있는 영역별 하위체계 간의 커뮤니케이션이 사회이다. 따라서 위기는 필연적으로 체계들 사이의 소통을 활성화할 수밖에 없다. 이처럼 위기는 비판적 담론 문화를 형성하며, 이 과정에서 위기는 사회체계뿐 아니라, 그것의 환경으로 존재하는 지식인의 자기 존립을 가능하게 한다. 위기는 정치적인 것을 촉발하고, 정치적인 것은 언제나 비판적 담론 문화를 형성한다. 커뮤니케이션으로의 사회가 존속하려면 비판적 담론의 영역은 불가피하며 비판적 담론 문화가 지속되는 한, 사회는 자기 활성화의 지성을 요구한다. 앨빈 굴드너(Alvin Gouldner)는 비판적 담론 문화가 갖는 정치성, 즉 정당화의 과정일 뿐이라는 점을 강조한다.

비판적 담론 문화는 역사적으로 진화된 일련의 규칙, 즉 담론의 문법으로, (1) 그 주장을 정당화하는 데 관심이 있지만, (2) 정당화의 방식이 권위에 의존하는 방식으로 진행되지 않으며, (3) 제시된 논거만을 근거로 청중의 자발적인 동의를 끌어내기를 선호한다. 비판적 담론 문화는 정당화라는 하나의 담화 행위 행위(a speech act)가 중심이다(Gouldner, 2006: 124).

프랑스 혁명 이후 사회적 분화의 확대는 공교육을 활성화하면서 지식인 집단을 권력의 후원(patron)으로부터 자유롭게 했다. 하지만 사회 분화의 지속적인 전개는 지성의 보편성을 흔든다. 지성의 자율성을 옹호하는 이론가들은 지식인을 여전히 "초월적이거나 보편적인 의미를 추구하는 사회적 행위자"로 정의한다(Parsons:1970: 15). 그러나 이러한 사회 분석의 관점은 "과학적 객관성이 현실에서는 결코 '순수한' 형태로 발생할 수 없다는 이론적 딜레마에 직면"하게 된다(Barrow, 1987: 420). 현실 세계는 편견 없는 과학으로만 설명될 수도, 반대로 이데올로기적 채색만으로도 해석 불가능하다. 따라서 지성은 언제나 이데올로기와 편견 없는 과학이라는 두 극단 어딘가에 위치한다. 이는 지성 자체가 역사와 사회의 산물이라는 사실을 반증한다. 루만의 표현을 빌리면 지성은 오히려 환경이다. 지성에 복무하는 지식인 역시 이 양자 사이의 긴장에서 자유로울 수는 없다. 일반적으로 지식인은 그들이 보여주는 업무와 행위의 특징을 기준으로 해서, 인텔리겐차와 인텔렉추얼, 혹은 테크노크라트 등으로 구분되거나 정의된다. 이러한 구분은 개념적 편의에 따른 것이겠지만, 과연 한 지식인의 정체성과 역할이 이처럼 고착화될 수 있느냐는 문제 제기가 있을 수 있다. 오히려 그들이 처한 사회·역사적 조건이 위기 발생에 대한 지식인의 대응 방식을 다르게 한다고 보는 것이 설득력을 가질 수 있다. 최근 국내 한 기관의 테크노크라트였던 어느 과학자는 정부가 R&D 예산을 삭감하고 70억 예산이 없다며, NASA가 한국을 위해 달에 큐브샛을 보내주겠다는 제안을 거절하는 결정을 내리자, 한국 우주 과학체계의 붕괴를 우려하며 결국은 정치권에 입문했다. 그의 이러한 결정이 타당한가의 문제를 떠나, 이 사례는 지식인라는 존재가 결코 고착화된 존재는 아니라는 사실을 말해 준다는 점이다. 물론 지식을 정의하고 분류하는 관찰 역시도 이를 가능하게 하는 사회·역사적 환경에 의해 좌우될 것이다. 따라서 지식인 담론에는 지식인의 성격과 그 지식인을 둘러싼 사회·역사적 환경 사이의 역학에 대한 보다 역동적인 시각이 요구된다. 이러한 요구는 지식인의 죽음을 논할 때도 마찬가지로 적용되어야 한다. 지식인에 대한 종말론적 선언은 사태를 관찰하는 고정된 시각의 산물일 수 있다. 지식인이 현실에서 실제로 몰락한 것이 아니라 지식인에 대한 특정한 규정이 종말을 고한 것일 수 있기 때문이다. 지성은 현재의 패러다임 안에서 규정할 수 없는 또 다른 형태로 계속 진화한다. 리오타르가 강조한 지식인의 종언 자체도 한 세대가 지나도록 지식인과 대중 사이에서 담론으로 살아있음이 아이러니할 뿐이다.

지식인의 몰락을 강조하는 경우에는 흔히 그 배경으로 정보사회의 도래와 형식적 민주주의의 확대 등을 꼽는다. 하지만 이러한 사회적 배경은 반대로 집단 지성의 출현과 확산을 위한 지렛대로 작용하기도 하는 것이다. 집단 지성의 사회적 확산이 지식인 몰락의 주요 원인 중 하나라는 주장은 무리가 있어 보인다. 오히려 지식인의 관점에서는 집단 지성의 확대라는 사회적 환경의 변화가 지식인을 위한 긍정적 변화일 수도 있다. 오히려 지식인 몰락을 가속화하는 요인은 반지성주의적 사회적 분위기일 가능성이 크다. 물론 집단 지성의 확산은 과거 지식인이 누릴 수 있었던 사회적 권력의 축소를 초래할 수 있다. 그러나 과거 지식인이 가졌던 사회적 권력과 이로 인한 영향력의 감소를 곧 지식인의 종말로 동일시하는 시각은 설득력을 갖기 어렵다. 오히려 과거 지식인이 가졌던 사회적 영향력의 감소는 루만이 강조하는 '사회적 기능 체계'의 분화로 인한 복잡성의 확대와 무관하지 않다. 사회의 기능적 분화 과정은 체계 사이의 보편적 규범 설정을 무력화하고, 지식의 영역을 대폭 축소하는 동시에 오직 기능적 지식만을 활성화하는 경향이 있기 때문이다. 그러나 이 역시도 역동적 시각으로 포착할 필요가 있다. 과거 유럽의 근대 지식인의 출현 역시도 사회의 기능적 분화와 무관했던 것이 아니다. 기능적 사회의 분화는 공교육의 확대를 가져왔고, 공교육의 확대는 비교적 '자유롭게' 사고하는 지식인 집단의 안정적 형성을 이끌었다(Gouldner, 2006: 118-119). 이러한 자유로운 지식인 집단의 확산은 당시 귀족의 후원(patron)으로 생계를 이어가던 수많은 가정교사(tutor)의 일자리를 대거 일소해 버렸다. 전문성의 확대라는 배경 또한 마찬가지이다. 오늘날 심화되고 있는 지식의 전문화, 혹은 기능화 역시 보편적 지식인의 존립과 지식인의 공적 기여에 적지 않은 장애로 작동하는 것은 사실이다. 그러나 과거에는 오히려 그와 같은 지식의 전문화로 인해 지식인 집단의 형성이 가능했다. 이 사실을 충분히 고려한다면 지식의 전문화·기능화는 과거 지성의 몰락을 가져올 뿐 아니라 새로운 지성의 형성 역시도 가능하게 한다. 지성과 지식인은 이처럼 역설의 존재이다.

앞에서 논의된 것처럼 인공지능이 지성의 몰락을 가져올 것이라는 우려는 기술 결정론이라는 비판에서 자유롭기 힘들다. 극단적인 기술 결정론의 입장을 견지할 경우, 지식인의 출현을 가능하게 했던 "구텐베르크의 은하계" 역시도 오직 인쇄술에 의해서만 형성 가능했다고 주장해야 할 것이다(McLuhan, 2011). 구텐베르크 은하계가 지구를 점령할 당시에는 "알파벳의 발명으로 가능해진 사고의 계몽(그리고 관련 행위)이 마침내 승리를 거두었고, 서구를 넘어 전 세계를 정복한 것으로 보였다(Flusser, 2003, 21)." 빌렘 풀루서(Vilém Flusser)의 말처럼 문자가 형성한 소위 '선형성(linearity)의 세계'가 오늘날 상당 수준 위기에 봉착해 있음을 부정하기는 힘들다. 그러나 지식인의 형성도, 그리고 그것의 몰락도 오직 기술이 낳은 매체에 의해 '결정'된다고 주장하는 것은 지나친 단순화일 수 있다. 이제 세계는 과거처럼 단순하지 않다. 이와 관련해 루만은 이렇게 말한다.

> 기술적 인공물들은 한편으로는 특수하게 근대 사회의 특징을 이루는 어떤 특별한 것이기도 하면서 다른 한편으로 그 자체로부터만 설명될 수 없는 성취이기도 하다. … 이는 기술이 익명의 권력으로 사회를 지배하는 것이 아니라, 사회가 기술에 관여하면서 미리 합리적으로 계획하지 않은 방식으로 기술에 의존하게 된다는 것을 뜻한다(Luhmann, 2012: 316).

루만의 주장에 동의한다면 지식인의 존립과 몰락은 기술이라는 단일 변수로 결정되지 않는다. 그것은 사회의 정치·경제·법·교육 등 사회의 수많은 하위체계 사이의 복합적인 커뮤니케이션의 과정을 통해 이루어진다. 따라서 이러한 사회적 진화 과정 안에서 지식인의 역할은 자신이 속해 있는 하위체계의 전문성에 따라 다양하게 도출되고 형성될 수 있다. 그리고 그 전문성은 상호 소통한다. 다시 강조하자면 그러한 체제 사이의 소통 자체가 사회이다. 미래의 지식인은 사실상 해당 영역에서 인공지능과의 협업이 불가피하다. 이 말은 지식인이 사실상 사라지지 않는다는 말과 동의어인 동시에 현존하는 지식인 자신도 이미 기술과 공진화한 존재라는 것을 의미한다. 인공지능은 모든 기술의 운명이 그러했던 것처럼 심각한 사회적 위기를 촉발할 것이다. 그러나 역설적이게도 이러한 위기는 지식인의 존립과 역할을 확대하는 계기가 될 것이다. 인공지능은 지식인의 위기인 동시에 기회이다.

기술은 스스로가 발생시키는 위기를 스스로가 나서서 해결해야 하는 운명을 갖고 있다. 기술이 발생시키는 위기는 일차적으로 그 해결의 임무가 기술에게 주어지겠지만, 그러한 일련의 해결과정 역시도 단지 기술의 역할만으로 가능한 것은 아니다. 그 위기를 결과적으로 해결하는 것은 사회이다. 특정 위기의 해결 여부는 사회체계 안에 있는 다양한 하위체계들 상호 간의 소통 결과에 따른다. 위기 극복이 종국적으로 기술의 독자적인 힘에 의존한다고 주장한다면, 그것이 바로 기술 결정론이다. 그러한 주장은 처음부터 불가능하다. 왜냐하면 기술은 루만이 앞에서 지적한 것처럼 사회와 분리되어 '그 자체로만 설명될 수 없는 성취'이기 때문이다.

나가며

이 글은 지금까지 오랜 세월 논란의 대상이었던 이른바 '지식인 종언론'을 인공지능의 출현이라는 새로운 사회적 맥락 안에서 비판적으로 탐색했다. 오늘날의 인공지능은 소위 '인간화된 인공지능'을 목표로 한다. 그 실현 가능성 여부와는 별도로, 초인공지능은 모든 유형의 인간 능력, 즉 인지적·감성적, 그리고 사회적 지능의 특성까지도 포괄하면서, 타자와의 상호작용을 통해 이른바 메타인지 능력까지 확보하고자 한다. 그러나 인공지능이 지식인을 대신할 수는 없다. 인공지능은 말 그대로 지성이 아닌 지능일 뿐이다. 오히려 이에 대한 과도한 우려는 기술 결정론에 근거한 사고 탓이다. 이러한 결정론을 넘어서기 위해서는 기술이란 과연 무엇인가에 대한 철학적 접근이 요구된다. 이 글은 니클라스 루만의 기술 개념과 위기론에 근거하여 그 해법을 모색하고자 했다. 루만에 따르면, 기술은 자연의 원리와는 무관하게 단순한 인과 관계를 설정하여 예상된 목적을 이루는 '기능적 단순화'의 작업이다. 이때 기술 존립의 코드는 작동/비작동의 원리에 따른다. 다시 말해, 온전히 작동하면 기술로 존립 가능하지만, 그렇지 못하면 기술이 될 수 없는 것이다. 이런 이유에서 기술의 시행착오는 불가피하며, 따라서 기술 발전에 따르는 사회적 위기는 필연적이다. 그러나 이러한 사회적 위기는 오히려 사회를 보존하고 발전시키는 역설을 창출하며 그러한 위기 극복을 위해 기술적 오류 역시도 새로운 기술 발전을 위한 대안 마련의 동기로 작동한다. 이 글은 기술에 대한 루만의 이러한 시각이 오히려 기술 결정론과 기술 혐오주의 모두를 비판적으로 극복할 수 있는 이론적 단서를 갖고 있다고 보았다. 마찬가지의 의미에서 위기 상황의 도래는 오히려 무덤에 있는 지식인의 부활을 촉발할 수도 있다. 미네르바의 부엉이는 이제 더 이상 날지 않는 것이 아니라, 때가 이르면 날 수밖에 없는 불행한 존재일지 모른다. 이 글은 지금까지 기술과 지식인의 관계에서 비롯되는 역설의 계기들에 주목했다.

지식인은 다층적 차원에서 역설의 존재이다. 민주주의와 공론장의 확대는 지식인을 탄생시키고 영향력의 확대도 가져왔지만, 동시에 그것들은 지식인의 영향력과 입지를 과거에 비해서는 크게 축소시킨다. 역사적으로 볼 때에도, 지식인이 가진 지식의 전문성은 자신의 고유 영역을 확보할 수 있는 계기를 제공함으로써 사회적으로 높은 위상을 가질 수 있도록 돕는 계기가 되었지만, 기능사회의 지속적 분화로 인한 전문성의 심화는 오히려 지식인의 보편적 역할을 축소하는 결과를 낳았다. 최근 인공지능의 점증하는 활약은 지식인의 사회적 지위를 위태롭게 하겠지만, 기술이 가진 위기 촉발의 내재적 속성은 오히려 지식인의 역할 확대의 가능성을 잠재하고 있다. 지난해 《타임》은 해당 특집 기고에서 인공지능 업계의 경쟁 상황은 마치 냉전 시기의 군비 경쟁을 연상시키고 있는 것이 사실이라며, 하지만 과거와 가장 크게 다른 점은 "군비 경쟁에서는 어느 한쪽이 다른 쪽을 이길 수 있었지만, 인공지능의 경우에는 승자가 고도의 인공지능 자신이라는 점"[6]이라고 강조했다(Time, 2023.05). 인공지능이 초래하고 있는 이러한 세계적 위기 상황은 무덤에 있는 지식인의 존재를 흔들어 깨운다. 인간을 위한 인공지능(human centered AI) 설계의 당위성뿐 아니라 일단은 인공지능이 인간과의 협업을 필연적으로 요구한다는 점에서, 인공지능은 새로운 지식인의 존재를 이미 자신의 존재 가운데 잉태하고 있다.

인간이 불을 발견하고 활용한 이후, 기술로 불리던 '도구적 성취'는 인간과의 관계에서 지속적인 분리와 재통합 과정을 거치면서 문명을 창출했고 사회를 구성했으며, 그렇게 형성된 또 다른 세계와 함께 인간은 사실상 공진화 되어왔다(Luhmann, 2012: 251-252). 인간은 진화 과정에서 과거에 가졌던 능력 중 그 일부를 상실했지만, 환경의 변화는 인간에게 다시 또 새로운 능력을 부여하기도 했기 때문에, 그러한 상실과 성취의 과정은 인류의 진화이자 역사이기도 하다. 예를 들어 농경 기술의 성취는 곧 수렵·채집 능력의 상실을 의미한다(하라리,

---

6)   Katja Grace, "AI Is Not an Arms Race".

2015: 120-147). 오늘날 인간이 가공할 학습 능력을 지닌 도구 앞에서 느끼는 공포와 무력감은 스스로가 그러한 가공할 존재를 창조할 능력을 보유하게 됐음을 동시에 의미한다. 물론 계속해서 사라져갈 기존의 인간 능력 역시도 무수히 많을 것이다.

지식인의 영향력이 축소되는 것은 단지 기술의 발전 때문이 아니다. 지식인 몰락의 가장 큰 요인을 찾아야 한다면, 오래전 베버가 우려했던 것처럼 지식인을 기능화하는 사회의 분화체계라고 할 수 있을 것이다. 이제 인간이 하는 모든 일은 직업이 되었다. "여러분은 실제로 어떤 다른 것에 대하여, 즉 학문에 대한 내적인 소명에 대하여 듣고 싶어 할 것이라고 나는 믿습니다. 오늘날 직업으로서의 학문의 조직에 비하면, 그 내적인 소명은 우선 학문이 예전에는 볼 수 없을 정도로 전문화 단계에 들어갔으며 또 이러한 사정은 앞으로도 계속 그러할 것이라는 사실에 의해 제약되어 있습니다(베버, 2017: 22)." 베버는 지식인이 그저 직장인으로 전락하게 될 것을 우려했다. 한 세기 전의 일이다.

기술의 성장은 새로운 테크노크라트 집단의 형성을 견인한다. 그러나 루만의 지적과도 같이 기술은 단순한 인과 관계를 설정하여 특정한 목적을 이루고자 하는 '기능적 단순화'의 과정인 관계로 그 속성 자체에 이미 위기를 내포하고 있다. 바로 이 점이 기술이 왜 자연을 파괴할 수밖에 없는가에 관한 비밀이다. 자연의 인과성과는 거리가 있는 기술에게 시행착오는 불가피하다. 특히 과거와 달리 이 시대에는 기술이 단순한 도구적 수단이 아니라 오히려 사회를 자신의 발전 과정에 따라 재편하는 사회 진화의 주된 동인으로서의 위상을 갖게 된 관계로 그 위기의 규모는 세계적 수준에서 사회 전체에 전면적인 영향을 미치게 된다. 이러한 대규모 위기 상황의 도래는 그 위기를 위기로 규정하는 정치적 의사결정을 필연적으로 요구한다. 그리고 위기는 그 해법을 위해 새로운 형식과 내용을 갖춘 지식인을 계속해서 탄생시킬 것이다. 미네르바의 부엉이는 더 이상 날지 않는 것이 아니라, 때가 이르면 불행히도 날 수밖에 없는 것이다.

지성의 몰락을 선언하든, 지성의 새로운 역할을 강조하든, 지난 한 세기 동안의 역사에서 지식인 담론 가운데 간과되고 있는 측면은 지식인의 영향력이 강대했던 시기가 인류의 안녕과 행복이라는 측면에서 과연 바람직한 시대였는가 하는 점이다. 이런 부분에서도 지식인은 자신의 존재론적 역설에서 자유롭기가 힘들다. 그렇다고 지식인의 영향력이 대폭 축소된 이 시대가 인류의 안전과 안녕을 의미하지도 않는다. 한 세기 전과 비교할 때 인류의 불행을 야기하는 구조적 모순들은 지속되고 있고, 그 심각성의 정도는 오히려 강화되었다고 보는 관점도 가능할 것이다. 민주주의의 심각한 위기와 각종 사회적 격차의 심화, 세계적 수준의 기후와 자원 위기, 방향을 상실한 미래와 이에 따른 교육의 역할 부재 등, 이른바 역사의 보편적 문제들을 둘러싼 해결의 과제가 결코 사라진 것은 아니다. 다만 그러한 문제들에 관한 관심을 이제는 그만 하도록 그 어떤 힘이 그저 강제하고 있을 뿐이다. 따라서 이제 지식인이 지식인으로서의 정체성을 갖고자 한다면, 자신의 존재 여부에 집착할 것이 아니라, 변화된 새로운 시대에 무엇을 할 것인가에 보다 집중해야 할 것이다. 인공지능의 출현과 이를 둘러싼 각종 담론은 마치 이 시대가 과거와는 그 지속성을 단절하고 전적으로 질적인 차별을 갖게 된 것과 같은 환상과 이데올로기를 계속해서 확산하고 있다. 물론 인공지능이 새로운 변화의 시대를 이끄는 중요한 계기가 될 것은 분명하다. 동시에 인공지능에 의해 비롯되는 수많은 사회적 위기 역시 인류의 심각한 당면 과제가 될 것이다. 하지만 인류의 역사가 언제나 그래왔듯 위기의 도래는 동시에 지성의 비상을 의미할 것이다.7)

---

7) 이 논문은 『사회사상과 문화』 27권 3호(2024년 9월 30일)에 투고된 글임을 미리 밝힌다.

참고문헌

강성화(1995), 「기술과 인간: 기술 철학의 근본 문제」, 『시대와 철학』, 한국철학사 상연구회, 6(2).

김진균 외(2001), 『한국 지성의 100년: 개화 사상가에서 지식 게릴라까지』, 민음사.

마티아스 리스, 『AI 시대의 정치이론: 인공지능이 민주주의를 파괴할 것인가』, 박 성진 옮김(2024), 그린비.

막스 베버, 『직업으로서의 정치』, 이상률 옮김(2017), 문예출판사.

박노자(2019. 2. 12.), 「지식인은, 이미 죽었다」, 《한겨레》.

송호근(2023), 『(21세기 한국) 지성의 몰락: 미네르바 부엉이는 날지 않는다』, 나남 출판.

유발 하라리, 『사피엔스: 유인원에서 사이보그까지, 인간 역사의 대담하고 위대한 질문』, 조현욱 옮김(2003), 이태수 감수, 김영사.

박명진(2016), 「인터넷과 SNS 시대 한국 사회의 여론과 지식인」, 이재열 외, 『공동 체의 삶』, 민음사.

이재현(2014), 「SNS와 소셜리티의 위기」, 김우창 외(2014), 『풍요한 빈곤의 시대: 공적 영역의 위기』, 민음사.

장 프랑수아 리오타르, 『지식인의 종언』, 이현복 편역(1993), 문예출판사.

한완상(1989), 『민중과 지식인』, 정우사.

Arendt, Hannah(1998), *The Human Condition*, Univ. of Chicago.

Ashworth, W. J.(1996), "Memory, Efficiency and Symbolic Analysis: Charles Babbage, John Herschel, and the Industrial Mind", *Isis*, 87(4), pp. 629-653.

Bailey, Katherine(2016. October 27), "Reframing the 'AI Effect'", Medium.

Barrow, Clyde W.(1987), "Intellectuals in Contemporary Social Theory: A Radical Critique", *Sociological Inquiry*, 57(4), pp. 415-427.

Bostrom, Nick(2003), *The Transhumanist FAQ*, Ver. 2.1, World Transhumanist Association.

Bourdieu, Pierre(1991), "The Role of Intellectuals in the Modern World" In *Poetics*

Today, trans, by Gisele Sapiro and Brian McHale, National Literatures/Social Spaces, 12(4), pp. 655-669.

Brown, Gary D.(2021), "If You Think AI Won't Eclipse Humanity, You're Probably Just a Human", *William & Mary Bill of Rights Journal*, 30, pp. 120-152.

Center for AI Safety. "Statement on AI Risk", https://www.safe.ai/statement-on-ai-risk (2024.8.12.)

Chun, Jon & Elkins, Katherine(2023), "Crisis of Artificial Intelligence: A New Digital Humanities Curriculum for Human-Centered AI", *International Journal of Humanities and Arts Computing*, 17(2), pp. 147-167.

Ellul, Jacques(1964), *The Technological Society*, Vintage Books.

Flusser, Vilém(2003), "Crisis of Linearity", *Archiving the Future: The Media Burn Independent Video Archive*, trans. by Adelheid Mers, https://monoskop.org/images/c/c0/Flusser_Vilem_1988_2006_The_Crisis_of_Linearity.pdf (2024.8.12.)

Gehlen, Arnold(1980), *Man in the Age of Technology*, P. Lipscomb, trans. New York: Columbia University Press.

Gouldner, Alvin(2006), "The Future of Intellectuals and the Rise of the New Class" In *Inequality Reader: Contemporary & Foundational Readings in Race, Class, & Gender*, edited by David B. Grusky and Szonja Szelényi.

Gray, John(2002), *Straw Dogs*. Granta.

Haenlein, Michael & Kaplan, Andreas(2019), "A Brief History of Artificial Intelligence: On the Past, Present, and Future of Artificial Intelligence", *BerkeleyHaas*, 61(4): 000812561986492.

_____(2019), "Siri, Siri, in my hand: Who's the fairest in the land? On the interpretations, illustrations, and implications of artificial intelligence", *Business Horizons*, 62:10.1016/j.bushor.2018.08.004.

Heidegger, Martin(1997), *The Question Concerning Technology and Other Essays*, trans. by William Lovitt, Garland Publishing.

Katja, Grace(2023 May 31), "AI Is Not an Arms Race", *Time*.

Luhmann, Niklas(2012), *Theory of Society*, Vol.1. trans. by Rhodes Barrett, Stanford University Press.

_____(1990), "Technology, Environment and Social Risk: a Systems Perspective." *Industrial Crisis Quarterly*, 4(3).

_____(2017), "The Special Case of High Technology." In *Risk: A Sociological Theory*, trans. by Nico Stehr & Gotthard Bechmann. Routledge.

Marcuse, Hebert(1998), "Some Social Implicatins of Modern Technology." In *Technology*, war and Fascism ed. by Douglas Kellner. Routledge.

McLuhan, Marshall(2011), *The Gutenberg Galaxy*, University of Toronto Press.

Mumford, Lewis(2000), *Art and Technics*, Columbia University Press.

Parsons, Talcott(1970), "The Intellectual: A Social Role Category." In *On Intellectuals*, edit by Philip Rieff, Doubleday and Co., Inc.

Time(2023 Jan 1), "The End of Humanity: How Real is The Risk?", *Time*.

03

사회변혁과
비판적 지식인의
리더십

3.

사회변혁과 비판적 지식인의 리더십[1]

선우현

진영논리의 수렁에 빠진 한국사회와 지식인(집단)의 책임 방기

근래 한국사회에는 '진영논리'가 사회 전반 도처에 광범위하게 번져나가 전일적으로 지배하는 상황이 연출되고 있다. 주요 정치적 사안들은 말할 것도 없고 부동산 정책을 비롯한 경제적 현안이나 다양한 사회적·문화적 이슈들의 경우에도, 그것들의 규범적 정당성 여부나 옳고 그름에 관한 가치판단은 전적으로 진영논리에 의거하여 재단되고 판별되고 있는 실정이다. 그 결과, 자신이 속하거나 지지하는 진영의 결정이나 행태는 그 어떤 것이든 정당한 것으로 간주된다. 반면, 대립적 이념 집단이나 적대적 정치 세력의 입장이나 견해, 행위 등은 '무조건적으로' 잘못된 부당한 것으로 배척된다. 이처럼 구성원들로 하여금

---

1) 이 글은 2022년 5월 기준으로, 당시 촛불 정권이라 불리던 문재인 정부하에서의 한국 사회의 진영 논리적 실태와 그 안에서의 비판적·진보적 지식인의 행태를 주된 비판적 검토의 대상으로 삼아 작성되었다. 이 점을 충분히 감안해 읽어주기를 당부 드린다.

'자신이 지지하는 진영만이 절대적으로 옳다'라는 비합리적인 맹신적 사유와 판단을 유인함으로써 사회를 두 적대적 진영으로 단절지어 끊임없는 대립과 충돌, 증오와 혐오를 심화시키는 진영논리는 사실상 '집단적 신앙'[2]으로 기능하고 있는 셈이다.

그런데 이러한 논리는 특정 결과나 효과를 산출해 낼 현실적 힘을 지닌 권력 집단, 특히 '집권 세력'에 의해, 불순한 정치적 의도에 따라 정교하게 작동되기 십상이다. 가령 국민들에게서 위임받은 통치 권력을, 자신들의 기득권 및 사적 이익의 유지·확대를 위한 통치 기법의 하나로 진영논리를 적극 활용하면서, 마치 이를 부당한 적폐 세력을 청산하기 위한 '개혁적 논리'인 양, 열혈 지지층을 중심으로 다수의 국민들을 호도하고 '오인'시키는 논리로 기능한다. 그에 따라, 일반 시민들은 자신이 지지하는 통치 집단이 행하는 그 어떤 결정이나 정책도 규범적 원칙에 부합하는 정치적 정당성을 지니고 있다고 절대적으로 맹신하게 된다.

이렇듯 진영논리는 외견상 적폐 청산 등의 그럴듯한 명분을 내세우지만 실제로는 '반민주적 힘의 논리'이자 '강자의 논리'에 다름 아니다. 정치 사회적으로 중대한 이해관계가 걸린 상호 대립적인 입장이나 결정 사항 등이 팽팽히 맞설 경우, '아래로부터의' 합리적인 공적 토론과 같은 민주적인 절차적 판단 과정을 통해 그 타당성 여부가 따져지는 대신, 어느 진영이 보다 더 막강한 현실적 권력과 여론 형성적 힘, 실질적 영향력을 지니고 있는가에 따라 옳고 그름이 판별되기 때문이다.

그럼에도 집권 세력에 대한 열혈 팬덤층과 지지층은, 통치 집단이

---

2) 진보 진영 전체가 신앙으로 정치를 대하고 있다는 비판적 언급에 관해서는 강준만, 『정치 전쟁』(2022), 6-7쪽 참조.

장기 '진보 집권 플랜'의 구현이나 기득권 강화를 위해 '정치적 조작 기법'으로서 이러한 진영논리를 적극 활용하는 과정에서, 자신들이 희생양 내지 정치적 도구로 이용되고 있다는 생각은 별로 없는 듯 보인다. 오히려 본인들은 특정 정치적·사회적 현안을 놓고 그 누구의 강요나 강제 없이 스스로 사유하고 선택·결정한 일이라고 굳게 믿고 있는 것 같다. 한 마디로 자율적으로 이루어진 정치적 소신이자 민주시민으로서의 실천적 결단이었다고 자신하고 있는 듯하다.

하지만 바로 이 점을 정치적 세력들, 특히 '진보 정권'[3]임을 자임했던 문재인 정부는 집요하게 노려 왔다. 왜냐하면 진영논리는 본질상 구성원들 각자가 스스로의 판단에 따라 특정 이념 및 정당을 선택·지지하고 있다고 믿게 하면서, 실제로는 은밀하게 그들의 사유와 판단을 조정·제어함으로써 '자발적 복종'[4]을 이끌어 내는 '비(非)가시적인 일상적 파시즘'의 논리로 기능하고 있기 때문이다.[5]

사정이 이런 만큼 진영논리는, 통치 권력의 행사와 관련해 다수 시민들의 민의를 대변하고 이를 실현코자 시도함에 있어 그 근간이 되는 민주주의 원리에서 벗어나, 통치 세력과 정치적 강자들의 이익을 일방적으로 강변 관철함에 있어 그 토대가 되는 반(反)민주적인 '정치 공학적·정략적 원리'인 것이다.[6] 아울러 그에 따른 개별 구성원들의 처지

---

3) 이 글에서 사용하는 진보와 보수의 개념은 '엄밀한 학적 구분'에 입각해 쓰인 개념이 아니며, 우리사회의 통념상 이해·통용되고 있는 의미에 의거해 사용된 것임을 밝혀 둔다.

4) 이에 관한 고전적 논의로는 에티엔 드 라 보에시, 『자발적 복종』(2015) 참조.

5) 민주화 이후에도 여전히 그 위력을 발휘하고 있는, 비가시적인 '일상적 파시즘'의 논리에 관한 대표적인 해명으로는 임지현, 「일상적 파시즘의 코드 읽기」(2013), 23-45쪽 참조. 아울러 임지현, 「우리 안의 파시즘, 그 후 20년」(2022), 9-27쪽 참조. 참고로 이 책의 부제는 "내 편만 옳은 사회에서 민주주의는 가능한가?"이다.

6) 선우현, 「도덕 판단의 보편적 잣대에 대한 요청: '힘의 논리'에서 벗어나 '자유로운' 인간으로 살아가기 위한 전제」(2020년 11월 8일자).

란, 진영논리에 기반한 정당성이 결여된 통치 권력에 전적으로 예속된 '자율성과 자유를 상실한 정치적 노예의 삶'을 살아가고 있음에 다름 아닌 셈이다. 자신이 지지하는 지배 집단의 행태를 맹목적으로 옹호 지지한다는 것은, 진영논리의 구현체인 특정 지배 권력에 의해 일방적으로 지배·조종되어 그것에 무반성적으로 복속하는, 구속적 삶을 받아들이고 있는 것이기 때문이다.

이 글은 이처럼 나라 전체가 진영논리의 수렁에 빠져 아수라장이 되어 버린 작금의 사태를 초래하는 데 주도적인 역할을 수행하거나 기여한 당사자들 가운데 '비판적 지식인'을 주 대상으로 삼아,7) 주어진 소임을 다하지 못한 무책임적 실상을 폭로하고, 치열한 자기비판 및 자기성찰을 통해 '계도적(啓導的) 리더'8)로서 새롭게 태어나야 할 필요성, 그리고 그에 상응하여 현 시점에서 수행해야 될 당면 과제를 개진해 보는 데 일차적 목적이 있다. 더불어 그 과정에서 '리더로서의 비판적 지식인'에게 요구되는 리더십의 유형과 그 주요 특성에 대해 단초적(緞綃的) 형태로나마 제시해 보고자 한다.

한데 이러한 작업에서, 지식인을 일차적 비판의 타깃으로 삼은 것은 '살아 있는 권력'에 대한 비판적 견제와 감시를 생명으로 삼는9) 비

---

7) 근대적 '지식인'으로서 비판적 지식인의 출현은 '앙가주망(engagement)'의 문제가 대두되기 시작한 프랑스 혁명의 전후에 속한다. 즉 당시의 계몽 사상가들이 견지했던, '앙시앵 레짐(Ancien Régime)'과 '가톨릭교회'에 대한 '실천적 비판의 태도'야말로 비판적 지식인의 등장을 알리는 결정적 계기였다. 이광주, 『지식인과 권력』(1994), 43–45쪽.

8) '계도적(啓導的)'이라는 형용어구는 '시민 대중으로 하여금 이론적 차원에서 깨닫고 자각케 하여 문제의 해결을 위한 실천적 활동에 자율적으로 적극 참여토록 이끈다'는 의미를 강조하기 위해 '잠정적으로' 차용한 것이다. 곧 이론의 차원에서의 '일깨움'이나 '계몽'에 한정되지 않고 그것이 계기가 되어 실천의 차원에서 '행위의 변화'까지 일으킨다는, 보다 포괄적인 의미를 담고 있다. 반면 '계몽적(啓蒙的)'이라는 어구는 '이론적 차원에 국한되어 일깨운다'는 상대적으로 좁은 의미를 담고 있다. 이런 연유로 이 글에서는 다소 생소한 표현 어구이지만 '계도적'이라는 수식어를 사용하였다.

판적 지식인들이 그 같은 역할을 제대로 수행하지 못했을 뿐 아니라,[10] 진영논리에 의거한 사회의 극단적 분열 및 적대화 사태를 조장하는 데 적지 않게 일조했다는 사실에 기인한다. 그런 만큼 주된 비판의 대상이 되는 지식인에는 진영논리의 심화와 확산을 주도하거나 적극적으로 가담한 '진보적·비판적 지식인'이 우선적으로 거론된다. 아울러 침묵 방관하거나 (정치적 혹은 대중) 권력의 눈치를 보며 보신주의적(補身主義的) 행태를 일삼은 ―논자를 비롯한― 다수의 비판적 지식인들 또한 이에 해당된다.[11]

---

9) 사르트르(J.P. Sartre)에 의하면, 지식인의 궁극적인 역할은 "모든 권력―대중정당과 노동계급의 조직에 의해서 표현되는 정치권력까지 포함한 모든 권력―에 대항"하는 것이다. 장 폴 사르트르, 『지식인을 위한 변명』(2018), 95쪽.

10) 그러한 지식인의 역할 수행이 간단치 않음은, 《한겨레》 기자인 강희철의 언급을 통해 확인해 볼 수 있다. "문재인 정권 들어 기자로 살기가 몹시 팍팍해졌다. 무엇이 사실인지는 뒷전인 채 '너는 누구 편이냐'고 추궁한다. 최고 권력자가 '양념'이라 부른 돌팔매가 일상화되고, 제 맘에 안 들면 다짜고짜 '기레기'라고 덤빈다. 그래도 기자는 여전히 모든 것에 물음표를 던지는 '직업적 회의주의자'여야 한다고 믿는다. '권력자' 박근혜를 의심했던 눈으로 '권력자' 문재인을 바라볼 뿐이다", 강희철, 『검찰외전』(2021), 7쪽.

11) 이 점과 관련해 혹자는 진영논리를 정치 공학적으로 이용하고 이를 심화·확대·재생산하는 데에는 오히려 보수 수구 지배세력의 잘못과 책임이 훨씬 더 크다는 점을 내세워, 촛불정권에 모든 책임을 돌리는 것은 공정치 못한 편파적인 처사라고 항변하기도 한다. 충분히 그 지적에 대해 공감하고 동의한다. 실제로 이전 비민주적 권위주의 정권이던 박근혜 정부는 소위 '두 국민 정책'을 추진하면서, 박 정권에 대한 지지층은 국민으로 대우한 반면, 비판적 저항 계층은 '친북 혹은 종북 세력' 등으로 규정하여 차별적 배제 정책을 강행하였다. 그런데 문제는 '사회 개혁적·혁신적 정권'을 자임했던 문재인 정부 역시 이를 답습하여 적극적으로 구사했다는 사실이다. 곧 자신들과 정치적·이념적·정책적으로 대립하던 반대 진영을 반개혁적 '적폐 세력'으로 규정하여 정치 사회적 차원에서 배제·청산하고자 시도하였다. 논자가 보기에, '적폐'나 '반개혁적 청산의 대상'이라는 비판적 낙인찍기는, 사실상 그간 문민·군부 독재 정권을 비롯한 비민주적 보수 집권 세력들이 지속적으로 사용하던 '종북 세력' 메커니즘과 논리적으로 동일한 구조를 지닌 것이다. 이 지점에서 논자의 소신은, 적어도 사회변혁과 혁신을 추구하는 진보 (정치) 세력은 이러한 정치 공학적 도구나 진영논리를 '결코' 활용해서는 안 된다는 것이다. 보수가 그렇다고 해서, 진보마저 똑같은 행태를 보인다면, 양자 간의 '차이성'과 '우열성'은 어디서 찾을 수 있는가? 그런 점에서 논자는 보수에 비해 진보가 한층 더 가혹한 비판을 받아야 한다고 생각하는 것이다. 여기에는 보수로 외피를 두른 수구 반동 세력 및 지식인은 ―대단히 교만한 발언이겠지만― 비판의 대상조차 되지 못한다는 논자의 입장도 한 몫 거들고 있다. 그런 만큼, 이 글에서 진보 진영과 비판적·진보적 지식인을 신랄한 비판의 대상으로 삼은 것은, 그만큼 아직도 진보 및 진보적 지식인에 대한 깊은 애정과 기대치가 있다는 반증으로 보아주기 바란다.

이처럼 이 글은 논자를 포함한 비판적 지식인 집단에 관한 '자기 비판적 고발'의 성격을 강하게 취하고 있다. 이렇게 된 데에는, 그간 주로 '외부'의 대상을 비판하는 데에 주력해 온 비판적 지식인들 중 적지 않은 이들이 진영논리의 심화 확산에 일조함으로써 촉발된 민주주의의 파괴적 양상과 관련하여, 지식인들이 자신의 '내적 자아'를 비판의 대상으로 삼아 치열하게 성찰해 보는 기회가 절실히 필요하다는 논자 본인의 '신앙 고백적' 의도 또한 한 몫 거들고 있다. 더불어 이를 통해 사회의 구조적 혁신과 변혁, 사회 정의와 실질적 민주화의 구현을 추구하고 선도할 비판적 지식인의 역할과 책무를 다시 한번 생각하고 일깨워 보는 계기로 삼고자 한다는 점도 부언해 두고자 한다.

사회변혁을 추구하는 '비판적 지식인'이 왜 보다 더 가혹한 비판의 대상이어야 하는가?

1) 진영논리와 그것에 기대어 구축된 '정치의 팬덤화' 현상[12]이 끼친 치명적 폐해들 중 하나는, 진보 정권을 통해 보다 공정하고 정의로운 민주사회의 구현을 이룰 수 있다는 일반 시민들의 기대감과 희망, 감동이 정치에 대한 환멸과 절망, 탄식으로 바뀌게 되었다는 점이다. 흔히 "그놈이 그놈이다"라는 말처럼, 촛불 민심을 대변한다고 자임하던 문재인 정부 또한 개혁적 진보정권이라는 '자기 지칭적인 표현'에도

---

12) 정치의 팬덤화 혹은 '팬덤 정치'의 반민주적 위험성과 문제점에 관해서는 진중권 외, 『한번도 경험해 보지 못한 나라』(2020)의 「3장 새로운 정치 플랫폼, 팬덤 정치」 참조. 이와 관련하여 강준만은 "정치 팬덤은 어떨까?"라는 질문에 대해 "빠들은 특정 지도자를 숭배하면서 정치적 투쟁의 위험이 없는 안전한 권력 감정을 만끽한다"고 답하고 있다. 강준만, 『부족국가 대한민국』(2021), 110쪽.

불구하고 한갓 또 다른 권위주의적 기득권 세력으로 전락해 버렸다.

이러한 평가는 논란의 여지는 있지만, 대체로 부정할 수 없는 객관적 사실로 굳어지는 듯하다. 이는 일상적 삶의 현장에서 '일반 시민들이 직접 보고 듣고 느끼는' 반민주적 작태들이 웅변해준다. 가령 조국 사태와 관련해 "조 전 장관이 지금까지 겪었던 고초만으로도 아주 크게 마음에 빚을 졌다"는 전근대적인 '의리 정치'의 민낯을 여실히 보여준 신년기자회견장에서의 대통령의 '공적' 발언, 고대 교수 임미리의 칼럼 「민주당만 빼고」의 내용을 문제 삼아 검찰에 고발한 소위 '개혁적' 촛불 정권의 처사, 수구 보수 야당의 준(準)연동형 비례대표제의 무력화에 맞서 집권 여당의 정치 공학적 대응 전략으로서 준(準)연동형 비례대표제 '배신(背信)' 방안, 정대협 활동과 관련한 '국회의원 윤미향의 횡령 및 배임 사건', 전 서울시장 박원순의 '서울시장(葬)'과 '피해 호소인'이라는 기괴한 용어 사용의 문제, 검찰 조직의 '정치적 중립화'가 아닌, 통치 권력의 영원한 시녀 집단으로의 재구조화로서 소위 '검찰 개혁' 방안의 문제점, 당 대표의 말 한마디에 (내부 비판은 고사하고) 일사분란하게 전체가 하나가 되어 작동되었던 집권 여당의 '반민주적·유사 전체주의적' 당 운영 방식, 정치 윤리적 차원에서 의구심 덩어리인 '대장동 의혹 사건' 등등.[13] 이렇듯 몇 가지 생각나는 대로 열거하기에도, 넘쳐나는 촛불 정권의 '민주주의 침탈적 난맥상'을 옹호 정당화하는 '논리적 기제'가 다름 아닌 진영논리와 그에 기댄 팬덤 정치였다.

한데 이처럼 명백한 개혁의 변질과 진보적 이념 및 가치의 붕괴, 그리고 그에 따른 민주주의의 원칙과 규범이 급속도로 허물어져 가는

---

13) 선우현, 「진영논리와 소위 '진보적 지식인'의 자세와 역할」(2020), 4-5쪽 참조.

대단히 위험한 '민주주의의 퇴행적' 사태를 야기한 근본 요인의 하나인 진영논리와 팬덤 정치를 제거하기보다, 오히려 이를 확대·강화·재생산하는 데 주도적으로 참여한, 진보 진영에 속한 일부 비판적 지식인들의 행태는 아마도 '진보 이념의 전개사(史)'에서 가장 부끄럽고 수치스러운 일로 기록될 것이다. 아울러 이러한 사태에 대해 용기 있게 나서, 보다 적극적으로 저항하지 못한 채 현실 권력이나 문파(文派)와 같은 강성 친문 지지 집단의 눈치를 보느라 의도적으로 침묵하거나 외면 혹은 방관한 ─ 논자를 포함하여 ─ 적지 않은 비판적 지식인들의 행태 또한 '기회주의적 처신'으로 비판받아 마땅하다.14) 한 마디로 사회변혁을 추구하는 비판적 지식인들은, 지식인으로서의 책무와 역할을 온전히 수행치 못한 직무유기와 책임 방기에 대한 준엄한 정치철학적·역사적 비판 및 비난으로부터 '결코' 자유롭지 못할 것이다.

2) 그런데 여기서 한 가지 질문이 던져 질 수 있다. '왜 지식인들 중에서도 사회 변혁을 추구하는 진보적·비판적 지식인들이 보수적·수구적 지식인들에 비해 한층 더 가혹한 비판의 대상이 되어야 하는가?'라는 물음이다. 이에 대한 답변은 사실 간단하다. 비판적·진보적 지식인은 '근본적으로' 공정하고 정의로운 인간 사회, 누구나 자유롭고 평등한 해방 사회, 사회적 약자와 소수자도 인간답게 살아갈 수 있는 다원적 개방 사회, 자본이 아닌 인간이 진정한 사회의 주인인 실질적 민주 사회의 구현을 갈구·추구하는, 한 마디로 사회 구조적 혁신을 현실화하고자 진력하는 지식인이기 때문이다. 이러한 연유로, 민주주의

---

14) 이와 관련해 미국의 현존 좌파 지식인 촘스키(N. Chomsky)의 "지식인의 책무는 진실을 말하는 것이다!"라는 발언은 한국의 비판적 지식인들에게 시사하는 바가 적지 않아 보인다. 노암 촘스키, 『지식인의 책무』(2005), 15쪽.

의 이념과 가치, 규범을 훼손하고 허물어뜨리는 반민주적 작태, 그것도 진보적 정권이라고 믿었던 문재인 정부에 의해 '의도적으로 자행된(?)' 사태에 적극 가담했거나 일조했다면, 그러한 지식인은 마땅히 가혹한 실천철학적 비판의 타깃이자 규범적 비난의 대상일 수밖에 없는 것이다.

주지하다시피 해방 이후 오랜 기간 한국 사회에 군림했던 보수 집권 세력은 '민간 및 군부 독재 정권'이거나 그 이념적 노선을 계승한 비민주적 권위주의 정권의 양태를 취하고 있었다. 그런 만큼 이러한 정치 이념적 지형도에서 '독재 및 비민주적 정권' 대 '민주화 운동 세력' 간의 이념적 대립의 경계는 보다 명확했으며, 그 정치철학적 정당성과 부당성의 판별 또한 상대적으로 명료했다. 그리고 잘 기억하듯이, 당시 정치적 정통성과 규범적 정당성이 결여된 독재 권력을 비호하고 옹호하는 데 적지 않은 수의 '수구 반동적 지식인'들이 이데올로그 또는 이념적 하수인으로서의 역할을 충실히 수행하였다. 그런 점에서, 과거 독재 권력의 '사상적 완장 맨'으로 나섰던, 아울러 그런 과거 행적에 대해 전혀 반성치 않는 보수적 지식인들에 대해서는 감히 언급조차 하고 싶지 않다.[15] 다만, 논자의 이러한 발언이 적지 않은 보수적 지식인들은 합리적이며 균형적 감각을 지닌 개방적인 자기 성찰적 지식인이라는 사실을 부정하는 것으로 오인되는 일은 없기를 바란다.

여하튼 이러한 연유로 인해, 한국 사회의 실질적 민주화의 진척과 사회 구조적 혁신은 '기본적으로' 사회 변혁을 추구하는 비판적 지식인

---

15) 이와 관련해 대표적인 실천 철학자로 왕성하게 활동했던 최종욱은 "이들은 온갖 지식과 이론을 다 동원하여 독재 권력을 비호하고 그들의 '역사적(?) 정당성을 선전하는 데 앞장서 왔다"고 일갈하고 있다. 최종욱, 『이 땅에서 철학하는 자의 변명』(2001), 198쪽.

들의 역할에 보다 큰 기대를 걸 수밖에 없다. 한데 현실은 어떠했는가? 가령 높은 대중적 인지도와 영향력을 지닌 비판적 지식인들 일부는 이러한 진영논리와 그에 기초한 팬덤 정치, 나아가 그것을 무반성적으로 추종하는 열혈 친문 지지층을 옹호하고 정당화하는 데 여념이 없었다. 아울러 그러한 논리에 편승하여 집권 여당의 사당화나 정권의 영속적 유지와 기득권 관철을 위해 진보와 민주주의의 이념 및 가치마저 여지없이 무너뜨리는 행태를, 소위 적폐 세력의 청산 및 개혁이라는 미명하에 불가피한 진보적 선택이나 대안으로 감싸고 포장하기에 급급하였다.

예컨대 지식인과 정치인의 경계를 아슬아슬하게 넘나들던, 자칭 '어용 지식인'을 표방했던 작가 유시민은 진영논리의 문제점을 비판하기보다, 그것을 두둔하고 옹호하는 데 열정적이었다. 2019년 《JTBC 뉴스룸》이 개최한 토론회에서 유시민은 조국 지지자들이 진영논리에 빠졌다는 상대방의 지적에 대해, "우리 각자는 어떤 진영을 선택해서 해도 돼요. 손석희 앵커만 진영 논리를 안 따르시면 돼요. 근데 우리나라의 문제는 언론 자체가 이미 다 진영에 속해 있어요, 대부분의 언론이요. '진영논리에 빠지지 마십시오, 진영논리는 나쁩니다'라고 말하는 것 자체가 진영 논리예요, 지금 안 그래요, 솔직히? (…) 진영 논리가 왜 나빠요? 아니 그건 언론에서 칼럼 쓰는 분들이나 지키시라고요. 주권자들보고, 시민들 보고 진영논리에 빠지지 말라, 이거보다 멍청한 말이 없는 거 같아요"16)라며 진영논리에 빠지는 것이 문제될 것 없다는 견해를 너무나 자신만만하게 펼치고 있다.

하지만 이러한 주장은 '은밀한 재정의의 오류'에 기초한 '궤변적

---

16) 《JTBC 뉴스룸》(2019년 10월 1일자).

주장'에 다름 아니다. 이는 진실과 거짓을 혼동케 하고 옳고 그름의 공정한 가치론적 판별을 무력화시킴으로써 촛불시민들을 호도하고 선동하며 급기야 친문 지지층을 결집시켜, 그들을 정치 공학적 지배의 도구로 이용하는 사태로 귀착되게끔 유인한다. 그런 만큼 진영논리를 옹호하는 이 같은 발언이나 행태는 적어도 비판적 지식인으로선 결코 해서는 안 되는, 역사 앞에서 변명할 수 없는 '중대한 지식인의 과오이자 죄악'이라는 점을 분명히 해두고자 한다.

또 다른 예로는 여전히 활발하게 실천적 철학함을 수행하고 있는 전남대 교수 박구용을 들 수 있다. 그는, 현 한국사회의 지형을 극단적인 적대적 대결 상황으로 만든 주된 요인의 하나로 진영논리에 매몰된 극렬 팬덤인 문파(문빠)를 거론하는 데에 대해 '격렬한' 반박을 제기한다.[17] 박구용은 문파와 문빠를 '규범적'으로 구별하면서, 문파를 "문재인의 정치를 지지 지원하면서 시민 주권과 민주주의의 복원을 지향하는 공론과 공감의 상호 주체들과 그들의 활동 및 효과를 총괄하는 개념"[18]으로 규정하여 '새로운 주권자'로서의 문파를 적극적으로 옹호·정당화하는 데 앞장서 왔다.

하지만 이러한 다분히 추상적이며 모호한 규범적 개념인 문파에 조응하는, 현실에서 찾을 수 있는 구체적인 '활동'이나 '행위 주체'는 '문빠'로 귀착될 수밖에 없어 보인다. 그러기에 그 역시 "문파와 문빠는 같을 수도 있고 다를 수도 있다"고 밝히고 있다. 더욱이 박구용이 그토록 옹호하는 새로운 민주주의의 주권자인 문파가 결국 문빠일 수밖에

---

17) 가령 박구용, 「'문파' 때문에 망한다고? 문파가 뭔지도 모르면서」(2021년 5월 2일자) 참조.
18) 박구용, 『문파, 새로운 주권자의 이상한 출현』(메디치미디어, 2018), 13-14쪽.

없는 보다 결정적인 근거는 그의 다음과 같은 언급에서 찾아진다. "문파의 이념적 지평이자 미디어는 팟캐스트다. 그들의 가치와 이념은 《김어준의 뉴스공장》, 《김용민 브리핑》, 《김용민의 정치쇼》 (…) 등을 통해 확인할 수 있다."[19]

놀랍게도 박구용이 소개한 미디어들 중 적지 않은 수는, 진영논리에 기댄 작금의 치열한 정치적 투쟁 상황에서 문재인 정권을 결사적으로 옹호·지지하는, 최전선의 이념적 전위에 해당하는 것들이다. 이 점을 고려한다면, "문재인 대통령이 문파(문빠)를 수단으로 이용하는 일은 일어나지 않을 것"[20]이라는 박구용의 진단은 모종의 정략적 의도를 담고 있는 것인지, 아니면 문재인 정권과 친문 강성 지지 세력인 문파(문빠)를 너무나 순진하게 바라보고 있는 것은 아닌지, 적지 않은 의구심이 든다.

여하튼 새로운 주권자의 등장으로서 문파(문빠)를 '철학적 관점'에서 긍정적으로 분석·평가하려는 시도는 나름 의미가 있다고 판단된다. 하지만 박구용이 의도하든 아니든, 그의 작업은 작금의 정치 사회적 지형도에서, 본성상 증오와 혐오, 배제와 타도의 논리로 작동하는 진영논리에 매몰된 "정치 지도자 문재인의 정치 팬덤"인 문파(문빠)의 왜곡된 역할과 기능을 옹호하는 결과로 이어지기 쉽다. 요컨대 그 같은 작업은, 자신들만이 가치론적으로 정당한 민주주의 수호·개혁 세력이라고 확신하면서 실제로는 민주주의적 절차와 방식에서 벗어난 '비민주적·집단적 힘의 논리'에 따라 행동하는 문파(문빠)의 행태를 철학적

---

19) 박구용, 『문파, 새로운 주권자의 이상한 출현』(메디치미디어, 2018), 136쪽.

20) 박구용, 『문파, 새로운 주권자의 이상한 출현』(메디치미디어, 2018), 16쪽.

으로 사면하고 정당화 해주는 '정치적·이데올로기적 논변'으로 기능할 수 있다는 점이다. 다른 것은 몰라도 문파(문빠)와 그들의 이념적 지평인《김어준의 뉴스공장》등이 민주주의적 절차와 논의 과정을 파괴하고 황폐화시키면서 '선동 및 배척의 논리'인 진영논리를 얼마나 강고하게 고착화시켰는가를 상기해 볼 때,21) 비판적 지식인의 한 사람으로서 박구용이 수행한 역할이 끼친 부정적 영향은 결코 작다고 할 수 없다. 그런 만큼 박구용의 이러한 논변은, '정치 선동가적' 또는 '유사 이데올로그적' 징후22)를 엿보이게 한다는 점에서 심히 우려하지 않을 수 없다.

하나 더 소개하면, 사소한 것처럼 보이지만 친문 진영의 입지를 옹호함으로써 진영논리를 한층 더 부추기는 결과로 이어질 수 있었던 이진경의 편향적 논법이다. 알다시피 이진경은 1980년대 '사회구성체 논쟁'의 핵심에 위치했던 대표적인 진보적·비판적 지식인이다. 그런 이

---

21) 이 점에 대한 진중권의 언급은 충분히 귀 기울여 들어볼 필요가 있다고 생각된다. "정상적인 정당이라면 대중의 흥분을 차가운 이성으로 거르고, 그들의 거친 언사를 정제된 언어로 정식화해야 한다. 하지만 민주당의 586세대는 김어준의 선동 방송을 통해 대중을 늘 정치적 흥분상태로 몰아놓고는 그들의 분노를 당의 안팎에서 헤게모니를 구축하는 데에 활용해 왔다. (…) 민주당은 '권리당원' 제도로 김어준에게 세뇌당한 극성분자들 중심으로 정비되었다. 이들이 당 내의 이견자를 배척하고 당 밖의 비판자를 핍박하니 피드백 시스템이 마비될 수밖에. 그 결과 진보와 중도의 합리적 계층이 떠나버린 것이다." 진중권, 『이것이 우리가 원했던 나라인가』(2021), 218쪽. 이러한 언급의 연장선상에서 강준만 역시 다음과 같은 비판적 발언을 개진하고 있다. "김어준은 부정확한 사실과 무리한 해석 등으로 친문 지지자들의 피를 끓어오르게 만드는 선동에 충실했다. 그의 방송은 친문 세력 결집의 구심점이 되었다. 김어준이 이런 선동을 밥 먹듯이 하지만 않았어도 조국 사태의 전개 양상과 문재인 정권의 운명은 달라졌으련만, 문재인 정권과 지지자들은 김어준의 손아귀에 잡혀 있는 것처럼 보였다", 강준만, 정치 무당 김어준(2023), 81–182쪽. 언론학자인 손석춘 또한 "교통방송의 김어준 시사프로그램은 노골적인 진영방송이다. 그 결과 저널리즘은 쇼나 희화화하고 있다"고 일갈했다. 《미디어 오늘》(2020년 6월 10일자). 한편, 같은 친문 진영에 속하면서도 조국 사태를 둘러싸고 김어준을 '깨시민의 일그러진 영웅'으로 규정하여 신랄한 비판과 문제를 제기하고 입장으로는 최인호 외, 『김어준이 최순실보다 나쁘다』(2021) 참조.

22) 이 점은 특히 오디오 매거진 《월말 김어준》 —가령 2022년 2월호— 같은 다양한 미디어 매체에서 이루어진 김어준과의 대담이나 강연 등에서 더욱 도드라진다.

진경이 조국 사태 당시 '도덕과 윤리'의 구분을 통해 '조국 수호'의 입장을 천명한 바 있다. 다소 길지만 소개하면 다음과 같다.

"조국에 대해 사람들이 지지를 주저하는 이유 가운데 큰 것이 도덕적 판단인 것 같다. '(자신이) 한 말과 다르게 어떻게 그렇게 살았냐'고 하는데, 그런 평가를 할 만한 여지도 있다. 다만 모럴(Moral · 도덕)과 에시크(Ethic · 윤리)는 구별해야 한다고 생각한다. 도덕의 범주는 선과 악이고, 윤리는 좋음과 나쁨이라는 범주를 쓴다. 지금 많은 경우 선악으로 평가하는 것 같은데, 나는 윤리주의적 전환이 필요하다고 본다. 예를 들어 일반 국민, 민중의 관점에서 어느 것이 좋은가 나쁜가 하는 관점에 서야 한다. 누군가의 능력을 증진하는 게 좋고 감소시키는 게 나쁘다고 본다면, 조국을 버려야 할까 지지해야 할까. 나는 지지하는 것이 바르다고 생각한다."[23]

이진경이 내세우는 '윤리주의적 논변'은, 간략히 말해 '도덕성'의 두 원천 가운데 좋음에 기반을 둔 목적론적 · 결과론적 평가에 기우는 것이다. 그런데 좋음에서는 사회 구성원 모두가 수용할 수 있는 '보편적 도덕 판단'이 쉽지 않은 다분히 주관적이며 상대주의적 판별로 이어지며, '도덕적으로 결코 정당화될 수 없는 사태'를 정당화시킬 수 있는 결정적 한계를 드러낸다.[24] 곧 좋음을 바탕으로 한 이 같은 윤리적 판단은, 마치 그것이 일반 국민의 보편적 시각인양 호도하여 조국의 입장을 변호해 주면서, 조국 수호에 동조하는 태도 역시 도덕적으로 정

---

23) 이진경/우석훈 대담, 「"촛불을 개혁 동력으로" "검찰개혁이 1번일 수 없어"」(2019년 10월 1일자).

24) 이에 관한 상세한 논의는 선우현, 『도덕 판단의 보편적 잣대는 존재하는가』(2020), 49-76쪽 참조.

당한 것으로 간주케 한다. 친문 집단으로 하여금 일방적인 '진영 논리적 지지'로 나아가도록 부추기는 위험성을 내장하고 있는 셈이다. 그 결과 조국 사태에 대해 비판적인 시각이나 부정적 입장을 개진하는 측에 대해서는, 무조건적으로 적대시하고 악마화하도록 내모는 효과를 발휘한다.

이 같은 사례들에서 알 수 있듯이, 지난 문재인 정권하에서 적지 않은 수의 비판적 지식인들은, 개혁을 빙자하여 정권 유지 및 권력의 확충, 기득권 강화를 획책하는 데 통치 권력을 남용한 이른바 진보적 '촛불 정권'에 정면으로 맞서 싸우기보다, 그 같은 민주주의 퇴행적 사태를 초래하는 데, 이론적·실천적 차원에서 정치 공학적 조력자로서의 역할을 적극적으로 수행하였다. 혹은 곤혹스러운 입장을 보이면서 침묵하거나 애써 외면하는 태도를 보여주었다.[25] 그런 점에서 이 글은 그러한 책임에서 자유로울 수 없는, 비록 역량도 부족하고 학문적 영향력 차원에서 낮은 레벨에 위치하고 있지만, 그럼에도 여전히 진보적

---

25) 이처럼 비판적 지식인들이 '곤혹스러운 입장'을 보이게 된 이유나 요인 등에 관해서는 추후 보다 세밀한 탐구 작업이 필요하다. 다만 이에 대해 즉시 생각해 볼 수 있는 것 중 하나가, 현실 정치의 장(場)에서 작동되는 칼 슈미트(C. Schmitt)의 '적과 동지' 프레임이다. 주지하다시피 과거 '민주 세력 대 독재 정권'이라는 적과 동지 간 대결 구도가 명확했던 시절에는, 타도해야 될 '적'인 독재 권력에 맞서 동지들 간의 결속과 연대가 최 우선시되었다. 한데 현재도 그러한 사유 틀의 연장선상에서 비록 내부의 문제에도 불구하고, 소위 진보 정권에 맞선 '보수 적대 세력'의 편을 들 수 없다는 생각에서, 문재인 정보를 지지할 수밖에 없다는 식의 입장이 '적과 동지' 프레임에 의거해 개진되고 있다. 하지만 명색이 민주화 시대에 진입한 현 시점에서는, 그러한 프레임이 제대로 작동되고 그 타당성을 인준 받으려면, 그 전제로 적과 동지를 가르는 객관적 기준이나 근거가 규범적으로 정당해야만 한다. 앞서 언급한 민주화 진영 대 독재 세력 간의 대결 구도에서는 적과 동지를 가를 수 있는 정당한 정치 윤리적 근거가 명확하였다. 하지만 문재인 정권 하에서 작동된 적과 동지 프레임은, 단지 통치 권력을 둘러싸고 그것을 장악·강화·견지하려는 '우리 편'과 그것을 가로채려는 정치적 반대 진영을 '적', 곧 적폐 세력으로 규정하여 타도하고자, 자의적으로 적과 동지로 나눈 것으로서, 그 자체 규범적 정당성과 타당성이 결여된 것이다. 이와 관련하여, 이해영은 슈미트의 '적과 동지 테제'는 '우적(友敵) 형이상학'으로 전락해 버렸으며 이는 모든 규범에 대한 허무주의, 사상적 우발주의 그리고 '정치적 기회주의'로 귀착되고 있다고 지적한다. 이해영, 「칼 슈미트의 정치사상: '정치적인 것'의 개념을 중심으로」(2004), 8-10쪽 참조.

철학자이길 염원하고 미련을 버리지 못하는 논자 자신의 개인적 자기 고발이기도 하다.

현 한국적 상황에서 요구되는 비판적 지식인의 당면 과제와 역할

진영논리가 사회 도처에 침윤해 들어와 일상적 삶의 세계마저 장악하여 휘젓고 있는 대가로,[26] 최소한의 '정치적 도덕성'은 '법적 적법성'으로 대체되었고 절차적 민주성에 기초한 소통의 방식은 정치 전쟁을 치르기 위한 '총화단결적인 원 팀' 앞에서 무력화되었다. 또한 사회적 공정성과 정의는 내로남불식 선택적 공정성과 편의적 사회정의로 변질되었다. 명색이 촛불 정권하에서 빚어진 이 같은 경우는 그야말로 비일비재하다.

한데, 이로 인해 초래된 보다 심각하고 중대한 문제는 따로 있다. 곧 이 같은 아수라장 속에서, 국민이 위임한 통치 권력을 기득권 강화와 사적 이익의 관철을 위해 남용하는 —이념적 좌우를 떠나— 반민주적 정부가 들어설 경우, '진영논리와 정치의 팬덤화를 활용하여 민주주의 파괴적 행태를 자행한 소위 진보 세력은 대체 어떻게 이에 맞서 저항·투쟁할 수 있을 것인가?' 하는 점이다. 과연 개혁을 빙자하여 권력의 반영구적 장악을 기도했던 촛불 진영이 자신을 사회의 혁신과 민주화를 구현해 나갈 개혁적 실천 주체라고 여전히 자부할 수 있을까? 그

---

26) 진영논리와 팬덤화는 사실상 입장과 견해가 다른 상대방에 대한 배제와 차별을 핵(核)으로 한 '폭력의 논리'에 다름 아니다. 실제로 이는 일상적 삶의 영역에까지 스며들어와 특정 현상이나 사안에 대해, 나의 생각과 다른 타자에 대해 무차별적인 공격과 폭력의 행사로 이루어지고 있다. 이러한 사례의 하나로는 「가세연에 거액 슈퍼챗 쏜 의사 … '배신자' 낙인 찍히자 '불륜' 거짓 영상까지」, 《한국일보》(2022년 8월 25일자) 참조.

렇게 주장할 자격조차 지니고 있는 걸까? 왜? 이러한 민주주의 퇴행적
사태를 만든 장본인이 바로 촛불 정권을 필두로 한 '진보 진영 자신'이
었기 때문이다. 참으로 개탄스러울 뿐이며, 단지 "똥 묻은 개 겨 묻은
개보고 짖는다"라는 오랜 속담만이 떠오를 뿐이다.

   이에 더해 또 다른 우려스러운 점은, 이미 앞에서도 살펴본 바와
같이, 이러한 참담한 사태를 초래함에 있어 비판적 지식인들의 몫이
결코 작지 않았다는 사실이다. 일부 진보적 지식인들의 경우, 정치적
권력에 대한 사적 야심이나 문화 권력 혹은 지역 사회의 영향력 획득
욕망이든, 아니면 좌표 설정을 통한 집단적 공격(?)이 두려워서이든,
상당 정도 선을 넘어 진영논리와 정치의 팬덤화를 심화·고착화하는 데
주목할 만한 역할을 수행하였다. 또한 적지 않은 이들은 이른바 진영
논리에 기인한 이념적 대세를 따르거나 '그럼에도 보수 정치 세력을 지
지할 수 없다'는 80년대 식 운동권적 사고방식에 젖어, 문재인 정부의
권력 남용이나 전횡, '좌파 전체주의적 징후' 등에 대해 예리한 비판 및
저항의 날을 겨누지 못한 채 우왕좌왕할 뿐이었다. 한 마디로 진보의
가치와 원칙들마저 속절없이 붕괴되어 버리는 상황에서, 비판적 지식
인이 마땅히 수행해야 할 책무와 소임을 제대로 수행하지 못하고 말았
던 것이다.

   그렇다면 현 시점에서 비판적 지식인들은 어떻게 해야 하는가? 또
무엇을 할 수 있으며 해야 하는가? 지금부터는 당장 수행해야 할 당면
과제와 그 역할은 무엇인지에 대해 거칠게나마 논자의 입장을 개진해
보려 한다.[27]

---

27) 이를 위해 논자는 만하임(K. Mannheim)과 사르트르, 촘스키 등으로 대변되는 '근대적 지식
    인론'을 비판적으로 원용하여 논의를 개진해 나가고자 한다. 한데 만하임에서 사르트르와

치열한 '자기성찰' 및 '자기비판'의 과제

현 시점에서 비판적 지식인에게 우선적으로 요구되는 것은, 명색이 진보 정권이라 불렸던 촛불 정부하에서 벌어진, 진보적 이념과 가치가 허망하게 무너져 내리고 민주주의의 원칙과 절차가 현저히 훼손되는 민주주의 파괴적 사태가 빚어진 데에 대해, 지식인으로서의 역할과 책임을 다하지 못한 점에 대한 통렬한 반성 및 자기비판이라 할 것이다.

무엇보다 보편적인 '옳고 그름의 도덕적 잣대'를 주관적이며 자의적인 '팬덤적 좋고 싫음'으로 대체하고, 정치적 사안의 진실을 은폐·왜곡하고 '거짓된 대안적 사실'을 마치 참인 양 내세우며 호도하는 '탈(脫)진실(Post-truth)'[28] 전략과 그에 기반 한 '적대적 진영논리'를 심화하는 데 적지 않게 일조한 '조력자'로서 비판적 지식인의 현 처지에 대한 뼈저린 반성과 비판적 성찰이 요구된다.

사실 그 간 비판적 지식인 계층은, 집권 여당의 부당한 통치 행위와 관련해서, 군부 및 민간 독재 정권은 말할 것도 없고, 진보 정권이

부르디외(P. Bourdieu)를 거쳐 촘스키에 이르는, '근대론'의 관점에서 지식인의 역할을 조망하는 지식인론에서 공통적으로 제기된 핵심 논지의 하나는, 지식인은 계급 특수적인 '당파주의'나 '진영논리'에서 벗어나야 한다는 점이다. 이에 대해서는 카를 만하임, 『이데올로기와 유토피아』(2012), 335-353쪽; 장 폴 사르트르, 『지식인을 변명』(2018), 87-106쪽; 노암 촘스키, 『지식인의 책무』(2005), 14-43쪽; 이상길, 「피에르 부르디외의 사회학적 참여와 미디어 실천」(2005), 157-160쪽 참조.

28) 매킨타이어(L. Mcintyre)에 따르면, 탈진실의 문제가 대단히 심각한 까닭은 "단지 진실이 위협받고 있기 때문이 아니라 탈진실이 정치적 우위를 공고히 하려는 메커니즘으로 활용되고 있기 때문이다", 리 매킨타이어, 『포스트트루스: 가짜 뉴스와 탈진실의 시대』(2019), 6쪽. 케임브리지대학교 정치학과 교수인 런시먼(D. Runciman) 또한 스나이더의 말을 인용하여 "탈진실은 파시즘의 전조"라는 점을 강조하고 있다. 데이비드 런시먼, 『쿠데타, 대재앙, 정보권력』(2020), 134쪽. 이런 이유에서도 진실과 거짓을 명확히 가르는 보편적인 도덕적·규범적 잣대는 필수적이다. 한데 이를 의도적으로 무력화하거나 허문 당사자가 다름 아닌 진보적 정권이라고 불린 문재인 정부라는 것이 민주화 시대의 '아이러니'이다.

었던 노무현의 '참여정부'의 실정(失政)에 대해서도 가차 없는 비판과 민주적 투쟁을 전개한 바 있다. 하지만 문재인 정부에 들어와서는, 통치 권력에 대한 비판적 목소리가 거의 사라졌다. 그와 동시에 진보적·비판적 지식인 집단 '내부'에서도 '이념적 파열음'이 불거지면서 분열적 분위기가 조성되었다. 곧 한편에서는 진영논리를 비롯해 촛불 정권 하에 빚어진 수다한 문제점들에 대해 직간접적으로 이를 두둔하고 변호하기에 여념이 없던 지식인들이 여전히 '중심적 위치'를 차지하고 있었다. 반면 다른 한편에는 촛불 정부의 무능과 부도덕성, 그리고 민주주의의 퇴행적 실상에 대해 비판적 시각을 견지하고 있음에도, 이를 공개적으로 표명하지 못한 채 조심스러운 자세를 취하는 지식인들이 또한 존재하였다.

사실상 후자의 경우, 그처럼 표면상 관망적 태도를 취할 수밖에 없었던 데에는 나름 곤혹스러운 이유가 있었다. 가령 문파(문빠)와 같은 강성 친문 전위 집단들에 의해 행해지는 '유사 전체주의적 타격(?)'의 대상이 되는 것에 엄청난 심리적 부담을 느낀 탓도 있었을 것이다. 또한 변절자나 '내부 총질'이라는 낙인과 비난을 견디기 어려웠을 것이라는 점도 영향을 미쳤을 것이다. 그런 탓인지, 소위 '조국흑서'의 집필자인 진중권, 강양구, 권경애, 김경률 등과 강준만 정도의 소수 비판적 지식인들만이 공개적으로 집권 세력과 권력을 등에 업은 친문 강성 옹호 집단들에 맞서 외로이 민주적·저항적 투쟁을 전개했을 뿐이다.

이렇듯 진영논리는 진보 진영에 속한 비판적 지식인 집단 내부에도 침투해 들어와 주된 가치판단의 준거로 작동하게 되었다. 특히 '조국 사태'를 기점으로, 다양한 정치 사회적 현안에 대한 평가 및 판단을 놓고 비판적 지식인들 사이에 대립·충돌하는 상황이 빈번하게 연출되었다. 물론 '다수'의 지식인들은, 기존의 진보/보수 간 이념 대결 구도 아래 작동하던 전통적 방식의 '당파성'을 견지한 채 문 정부와 그 지지층에 대한 옹호에 치중한 반면, '소수'의 지식인들은 현존하는 통치 권력의 부당한 사유화나 오남용에 대해, 이념적 피아를 구분치 않고 '무차별적인 비판'을 가해야 한다는 입장을 고수하고 있었다. 다만 이를 공개적으로 표출하는 데에는 대단히 조심스러운 자세를 취하고 있었다.

하지만 대단히 유감스럽게도 이처럼 상이한 입장 차에 따라 이루어진, 서로 분열적인 상이한 판단과 평가도 '이성의 공적 사용'에 입각한 상호 간의 합리적인 토론과 논쟁을 통해 도출된 것은 아니었다. 서로 간에 합치하기 어려운, 일방적인 입장을 상대방에게 강요하는 다분히 적대적 반목과 정서적 반감, 심지어 동료로서 함께 하기 어렵다는 심정적 껄끄러움이 지식인 집단 내부에 퍼져 있는, 그런 음울한 분위기 속에서 '비공식적으로' 이루어진 것이었다. 이렇듯 비판적 지식인 집단 내부에서조차도 촛불 정권 아래서 자행되는 그야말로 '기괴한' 반민주적 작태들에 대한 치열하지만 이성적인 '공론장(公論場)'은 사실상 찾아보기 힘들었다.[29] 이런 연유에서, 그 간 보여준 비판적 지식인의 실망스러운 양상과 관련하여, 사회의 혁신적 변화를 도모 추구하는 비판적 지식인 집단 내에서 개인적 차원뿐 아니라 '집단 지성의 수준'에서, 처절한 자기반성과 자기비판이 필수적으로 요청된다. 그리고 그 구체화된 형태로서 지식인들 사이의 치열한 성찰적 토론과 논쟁이 활

---

29) 한국의 실천 철학계에서도 지식인의 역할과 소임을 둘러싸고 본격적인 토론이나 논쟁을 벌이는 경우는 거의 없었던 것으로 기억된다. 그 나마 논자가 속한 '사회와 철학 연구회'에서, 2020년 8월에 개최된 '하계 학술 심포지엄'에서 이에 대한 논의가 있었다. 이때 논자 또한 「진영논리와 소위 진보적 지식인의 자세 및 역할」이라는 글을 발표한 바 있다.

성화될 필요성이 절실하다 할 것이다.

그런 만큼 그러한 논쟁 과정에서는 '진정한 의미'에서의 비판적 지식인과 지식인의 가장 직접적인 적(敵)인 '사이비' 비판적 지식인[30] 간의 엄격한 구분과 후자에 대한 비판적 평가가 제대로 이루어져야만 할 것이다. 마치 2차 세계대전이 끝난 직후, 프랑스 지식인 사회에서 나치에 부역했던 '반민족적 지식인'들에 대한 도덕적·역사적 심판과 처단을 놓고 좌파의 카뮈(A. Camus)와 우파의 모리야크(F. Mauriac)를 중심으로 벌어졌던 '정의냐 관용이냐?'[31]의 논쟁에 버금하는 정도의 '대(大)토론'이 이루어지기를 감히 기대해 본다. 그럼으로써, 진보 정권 하에서 비판적 지식인의 역할이 왜곡·변질된 결정적 요인 등을 반추해 보고, 온전한 유형의 비판적 지식인으로의 정상적인 전환과 이후 수행해야 할 소임에 대해 다시 한번 숙고해 보는, 자기 성찰적 재기의 발판으로 삼아야 할 것이다. 이를 위해서는 진보적·비판적 지식인의 새로운 '롤 모델'과 그에 합치하는 역할 등에 관해 진지하게 고민해 보는 작업이 동시에 진행되어야 할 것이다. 나아가 여건이 조성된다면, 촛불 정권 아래서 허물어진 진보의 이념과 가치를 새롭게 재구성하는 과제에 대한 반성적 논의 역시 시도되어야 할 것이라 본다.[32]

---

30) 사르트르는 지식인이 대면하는 가장 직접적인 적으로 사이비 지식인을 거명하면서, 이는 "니장(P. Nizan)이 집 지키는 개라고 명명했던 자, 즉 지배계급의 사주를 받아 자칭 엄격한 논증을 통해 특수주의 이데올로기를 옹호하려는 자"라고 일갈하고 있다. 장 폴 사르트르, 『지식인을 위한 변명』(2018), 70쪽.

31) 이에 관한 상세한 논의는 주섭일, 『프랑스의 대숙청: 드골의 나치협력 반역자 처단 진상』(1999), 62-73쪽 참조.

32) 이와 관련해 여전히 의미 있는 저술물로는 노회찬/구영식, 『대한민국 진보, 어디로 가는가?』(2014) 참조.

진영논리의 실체적 본질 규명 및 해체의 과제

촛불 정권하에서 시도된, 진영논리에 기반한 '정치 공학적 팬덤 정치'가 마치 진보적이며 개혁적인 민주 정치인 양 적지 않은 구성원들에 의해 오인(誤認)되고 있는 것이 우리사회의 '문제적 현실'이다. 그에 따라 문파(문빠)를 비롯한 친문 결집 세력들은 민주화의 구현에 걸림돌이 되고 있는 이른바 '적폐 세력'을 청산하고 검찰을 위시한 권력의 주구들을 개혁하는 데, 현실적 동력원이 되고 있는 자신들을 '깨어있는 민주 시민'이라고 간주하는 이념적 자긍심마저 갖고 있다.

이와 마찬가지로, 적폐 척결 내지 개혁이라는 명분하에, 이념적 대립 진영을 청산의 대상으로 규정하여 정치적으로 타도해 버리고자 입안된 소위 개혁적 민주화 과업으로서의 '진보 집권 플랜'의 경우도 사실상 그 겉과 속은 전혀 다르다고 볼 수 있다. 즉 겉으로는 개혁적 민주화 작업인 것처럼 보이게 하면서, 실제로는 민주당 정부를 새로운 기득권 권력 집단으로 공고히 구축하는 가운데 지속적으로 통치권을 장악·유지하려는 반민주적 정치 공학적 작업에 다름 아니라고 판단되기 때문이다.[33] 이러한 점들은 민주 시민들의 절대적 지지를 얻어 탄생한 촛불 정권하에서 벌어진 '문제성 농후한' 수다한 정치적·이념적·사회적 사태나 사안들을 통해 곧바로 확인해 볼 수 있다.

그러므로 만약 사태의 진상(眞相)이 이렇다면, 비판적 지식인은 국민이 위임한 지배 권력이, 민주주의적 원칙과 절차, 규범을 훼손하는 가운데[34] 통치 집단의 반영구적 집권 플랜을 위해 전용 남용되었던 상

---

33) 이런 점에서, 2010년 출간된 오연호/조국, 『진보집권플랜: 오연호가 묻고 조국이 답하다』(2019)의 경우, 현 시점에서 보다 세심한 비판적 독해가 요구된다고 보인다.

34) 하버드대 정치학과 교수인 레비츠키(S. Levitsky)와 지블렛(D. Ziblatt)에 의하면, 미국에서

황에 대한 비판적 폭로의 작업을 지금이라도 응당 수행해야만 한다. 아울러 '협치와 상생'이라는 민주 정치적 규범성과 방향성을 거스르며 진영논리에 의거한 '무조건적 지지 대 무차별적 증오'라는 적대적 분열 통치 기법을 활용하여 집권 여당의 사당화와 권력의 독점화를 도모했던 자칭 개혁정권의 반민주적 조작적 통치 행위에 대해서도 가감 없이 그 전모를 드러내어 정치적 역사적 심판을 내려야만 할 것이다. 당연히 그러한 비판과 본질 폭로, 규범적·역사적 평가와 비판의 대상에는, 집권 세력뿐 아니라 중심 혹은 주변부에서 이념적 조력자로서 적지 않은 힘을 보탠 비판적 지식인들도 당연히 포함되어야 할 것이다.

이를 위해서는 지식인 집단 내부에서부터 먼저 이념적 당파성이나 정파적 지향성에서 벗어나, 살아 있는 ─좌파와 우파를 가리지 않고─ 통치 권력과의 '비판적 거리두기'가 확립되어야만 한다. 그리고 그 토대 위에서 민주주의의 규범적 정당성과 정치적 정통성이 결여된 통치 권력의 행사 및 행태, 동시에 그러한 과정에 주도적으로 참여하거나 소극적으로 관여한 '어용' 지식인들의 행위에 대해서도 그 실체를 여지 없이 드러내어 치열한 자기성찰이 이루어지는 환경을 조성해야만 할 것이다. 물론 이러한 비판적 폭로의 과정은 시종일관 자유롭고 개방적인 이성적 토론과 합리적 논쟁의 과정을 통해 이루어져야만 할 것이다. 이것이, 논자가 생각하기에 현 시점에서 한국의 비판적 지식인에게 일차적으로 요구되는 과업이라고 본다.

그런데 이처럼 당파주의와 진영논리에서 벗어나 통치 권력과 거리

정치가 전쟁으로 추락하면서 그간 민주주의를 지탱했던 규범들, 가령 상호 관용과 존중, 자제 등의 규범이 오히려 공격이 대상이 되면서 급격히 허물어졌는바 이는 결국 '불법만 아니면 뭐든 괜찮다'라는 반민주주의적 상황으로 귀착되었다. 스티븐 레비츠키/대니얼 지블랫, 『어떻게 민주주의는 무너지는가』(2021), 192쪽 참조.

를 둔 채 치열한 견제와 감시, 비판을 수행해야 한다는 논변의 기저에
는 1929년 『이데올로기와 유토피아(Ideologie und Utopie)』를 출간하
던 시기에 개진된 만하임(K. Mannheim)의 지식인상(像), 곧 "비교적
자유 부동하는 지식인층(relativ freischwende Intelligenz)"[35]이라
는 개념이 자리하고 있다. 통치 권력과 열혈 충성 집단으로부터 거리
를 둔, 상당 정도로 자유로운 주체로서의 지식인이야말로 적어도 현
시점 한국 사회에서 요청되는 비판적 지식인의 모델이라고 판단된다.
이는 만하임이 이러한 지식인론을 개진하던 당시의 독일 내 정치적·이
념적·사회적 상황이 극단적인 상호 대립적인 '정치 이데올로기들'이
난립하여 충돌하고 있던 대단히 사회적으로 어지러운 '이념적 카오스'
의 상태였다는 사실과 관련된다.[36] 논자가 보기에 작금의 한국적 상황
역시, 만하임이 활동하던 시기의 독일 사회 못지않게, 진영논리에 입
각하여 처절하리만큼 생사를 건 적대적인 정치 사회적·이념적 전쟁터
로 전락해 버렸기 때문이다.

사정이 이런 만큼, 비판적 지식인 집단은 과거 독재 정권 시절, '민
주화 세력 대 독재 정권'으로 선명히 나뉜 이분법적 대결 구도 속에서,
진보 진영에 가담하여 독재 권력에 맞서 민주 항쟁을 수행해야만 했던,
당시에는 규범적으로 지극히 정당했던, 하지만 지금은 변화된 시대상
황에 맞지 않는 당파주의와 그에 기초한 386세대 식 투쟁방식 그리고
여전한 도덕 우월적 사유에서 탈피해야만 한다. 그럼으로써, '민주화
이후의 민주주의 시대'에 이념적 진보성 및 보수성을 떠나, 통치 권력

---

35) K. Mannheim, *Ideologie und Utopie*(1969), 135쪽; K. 만하임, 『이데올로기와 유토피아』
(2012), 337쪽.
36) 강수택, 『다시 지식인을 묻는다』(2004), 66-67쪽 참조.

이 공적 이익과 민주주의의 규범적 원칙에 부합하지 않는 방식으로 오용될 경우, 한층 더 엄격한 정치 윤리적 잣대를 들이대면서 치열하게 견제·감시·저항하는 역할을 수행해야만 한다. 그리고 그 과정에서 최우선적으로 진영논리와 정치적 팬덤화 기도를 철저히 척결해야만 할 것이다. 그런 만큼, '정치의 오락화 및 팬덤화'가 구현되기에 최적인 오늘의 '미디어적 생태 환경'에 대한 비판적 분석과 그로부터 '정치의 쇼비즈니스화'와 결합된 팬덤 정치의 폐해, 아울러 진영논리에 기초한 파시즘적 망령의 횡행과 민주주의의 토대가 서서히 허물어져 가는 실태에 관한 철저한 비판적 폭로 및 해체의 작업이 비판적 지식인에 의해 수행되어야만 한다.

나아가 진영논리가 난무하는 가운데 세속적 이해관계와 권력욕을 내장한 집권 세력에 의해 자행되는 여러 현안 등에 대해, 구성원 누구나 동의하고 수용할 수 있는 보편적 가치판단의 방식을 소개·안내함으로써, 자의적 도덕 판단의 변형태인 진영논리로부터 벗어날 발판을 마련하는 데 주력해야 할 것이다. 이 점에서, 특히 왜곡되지 않은 '의사소통적 담론 절차'를 소개하고 그를 통해 보편적인 시민적 도덕 판단 능력을 함양할 시스템을 구축하는 데 힘을 쏟아야 할 것이다.[37] 아래로부터의 개방적이며 자유로운, 이성적인 공적 토론을 전개해 나갈 경우, 이념적 편향성 및 편협한 당파성에서 벗어난 '잠정적으로' 타당한 보편적 가치판단이 이루어질 수 있으며, 동시에 거짓된 '대안적 상상의 세계'가 아닌 객관적 진실과 진상을 제대로 드러내 보일 수 있기 때문이다.

이러한 작업이 현 시점에서 비판적 지식인들이 선도적으로 해나갈

---

[37] 이에 관한 좀 더 상세한 논의로는 선우현, 『도덕판단의 보편적 잣대는 존재하는가』(2020)의 「4. 이성적 토론과 대화를 통해 도덕적 정당성과 부당성이 따져질 수 있는가?」 참조.

수 있는 최적의 당면 과제이자 소임이라고 보인다. 더불어 이것이 성공적으로 이루어질 때, 현실적인 가치판단의 잣대로 오용되고 있는 진영논리의 늪에서 빠져 나올 수 있는 통로가 마련될 수 있을 것이다. 나아가 이를 통해, 소수 통치 집단의 '기득권 확충 논리'이자 '권력욕의 충족 논리'이며, 이를 위해 (열혈) 지지층을 도구적으로 이용하는 '정치 공학적 조작의 논리'이자 그로부터 구성원 각자의 자유를 상실하게 만드는 '자발적 복종의 논리'임과 동시에 구성원들 간에 적대와 증오를 부추기는 '배제적 혐오의 논리'라는 사실이 백일하에 드러날 수 있을 것이다.

정치 조작적 '오인의 메커니즘'의 폭로를 통한 시민들에 대한 각성적·계몽적 지도의 과제

과거 1970년대 박정희 유신 체제나 80년대의 신군부 독재 정권하에서는, 민주화 운동 세력을 안기부 등의 공권력을 동원하여 간첩 등으로 몰아 체포·구금·탄압하는 강압적인 '가시적 파시즘'의 통치가 주된 지배 양식으로 자리하고 있었다. 하지만 지속적인 민주 항쟁을 통해 형식적 민주화를 거쳐 실질적 민주화 단계에 진입한 오늘의 시대 상황, 특히 진보 정권하에서는 그러한 강압적 복종과 같은 통치술을 사용한다는 것은 상상조차 할 수 없는 일이 되었다. 하지만 그렇다고 해서, 은밀하게 작동하는 '비(非)가시적인 파시즘적 통치 방식'이 완전히 사라진 것은 결코 아니다. 곧 한편에서는 '알아서 자발적으로 복종하는' 방식이라 할 비가시적인 일상적 파시즘의 논리에 기초한 통치 방식이 지속적으로 활용되어 왔으며, 또 다른 한편에서는 '유사(類似) 전

체주의적 지배 방식' 또한 작동되었다.[38]

말할 것도 없이 그러한 비가시적인 (유사) 파시즘적 통치 행태의 기저에는 진영논리가 확고하게 안착해 있었다. 가령 집권 세력은, 반영속적인 통치권의 장악과 그에 따른 집단적·사적 기득권의 유지 확대를 위해, 진영논리에 기반한 적폐 청산 및 제도 개혁을 흡사 사회 변혁적 민주화 작업으로 오인하게끔 적극 유인하는 은밀한 정치 공학적 전략을 구사하였다. 그렇게 함으로써, 콘크리트 친문 지지층을 중심으로 문재인 정부를 무비판적·무반성적으로 추종하는 구성원들은, 진보 진영 및 정권에 대한 지지와 옹호가 '의식 있는 민주시민의 자세'라고 확신하기에 이르렀던 것이다. 이로부터 다양한 유형의 친문 지지층들은 반문(反文) 집단이나 비판적 시각을 지닌 정치 사회적 반대 진영의 구성원들을 공공연히 적대시하고 심지어 증오하면서, 집단적인 정서적 린치나 폭력적 댓글 공격 등을 지속적으로 감행하였다. 가령 친문 진영의 전위(前衛)라 할 수 있는 문파(문빠)는, 표면적으로는 개혁성과 진보성을 내세우면서, '익명성'과 '집단성' 뒤에 숨어 문재인 정부의 노선과 다르거나 부정적 입장을 개진하는 정치인이나 지식인 등에 대해, 배신자 혹은 선택적 기회주의 비판자 등의 프레임을 씌워, 무더기로 악플을 달거나 신상 털기 식의 개인적 약점의 폭로를 통해 부도덕한 위선적 존재로 비쳐지게 하는 등 집단적인 '상징적 폭력'을 가함으로써 그야말로 회복불능의 상태로 만들어버리기까지 하였다.

전임 대통령 문재인은 이를 "흥미롭게 만들어주는 양념"[39]이라고

---

38) 진중권, 『이것이 우리가 원했던 나라인가』(2021), 7쪽.

39) 보다 정확한 진술은 다음과 같다. "그런 일들은 치열하게 경쟁하다 보면 있을 수 있는 일들이다. 우리 경쟁을 더 이렇게 흥미롭게 만들어주는 양념 같은 것이었다고 생각한다", 《한겨

가볍게 이야기 하고 있지만, 관련 당사자에게는 친문 진영 구성원 전부를 상대해야만 하는, 그런 탓에 어마어마한 공포와 불안을 느끼지 않을 수 없는, 반민주적 폭거에 다름 아닌 것이다. 그럼에도, 문파(문빠)를 비롯한 집권 세력의 옹호자들은 이를 사회 개혁과 혁신을 통한 민주화의 구현이라는 중차대한 과제에 저항하는 수구 반동적 적폐 세력을 척결하는 '민주화 투쟁'으로 여전히 강변하고 있는 듯하다.

한데 이 대목에서 심히 안타까운 점은, '권력 연관적 이해관계'의 관철을 목표로 삼은 집권 세력에 의해, 친문 열혈 지지자들을 비롯하여 진보적 시민이라고 자부하는 계층들이 정치적 수단 내지 도구로 '이용될 수 있다(can be exploited)'는 사실을, 그들은 제대로 간취하지 못하고 있다는 사실이다. 동시에 진영논리와 그에 의거하여, 거짓된 사실을 진실인 양 믿게 만드는 오인의 메커니즘을 통해 통치 권력 집단에 '자발적으로 순응 복종할 수 있다'는 사실 또한 온전히 인식하지 못하고 있다. 그들은 시종일관 '자유 의지'에 따라 선택하고 옹호·지지하고 있는 순전히 자유로운 실천적 행위자로서 자신을 인식하고 있는 것이다.

이과 관련해, 유튜브(Youtube)를 비롯하여, SNS 계정, 블로그, 쌍방향 인터넷 방송 등의 급속한 확산 및 지배에 따른 '미디어 매체 및 기술에 대한 숭배'가 일상화된 미디어 생태 환경의 문제점을 예리하게 간파한 포스트먼(N. Postman)에 따르면, 이러한 사태가 빚어지게 된 주된 요인은 작금의 한국사회에 '헉슬리식 지배 방식'이 확고하게 자리하고 있기 때문이다. "헉슬리식 예언에서는 빅 브라더가 자기 뜻대로

레》(2017년 4월 일자). 아울러 이에 대한 비판적 논변으로는 권경애, 『무법의 시간』(2022), 204-209쪽 참조.

우리를 감시하지 않는다. 우리 스스로가 자청해서 바라본다. 감시자나 감옥문이나 진실부(ministries of truth)따위는 필요 없다. 대중이 하찮은 일에 정신이 팔릴 때, 끊임없는 오락 활동을 문화적 삶으로 착각할 때, 진지한 공적 대화가 허튼 소리로 전락할 때, 한마디로 국민이 관객이 되고 모든 공적 활동이 가벼운 희가극(vaudeville)과 같이 변할 때 국가는 위기를 맞는다."[40] 한마디로 "사람들은 스스로 압제를 환영하고, 자신들의 사고력을 무력화하는 테크놀로지를 떠받들 것"[41]이라는 주장이다.

이러한 흐름과 방식을 가장 예리하게 간파하고 정치 공학적으로 선점한 것이 미국에서는 극우적 트럼프 정권이었다면,[42] 한국에서는 촛불 정권이었다고 할 수 있다. 문파(문빠)의 진영논리적 사상적 원천을 제시해 준 김어준을 필두로 한 '나꼼수' 등이 이를 가장 '잘' 그리고 '적극적으로' 활용했다고 볼 수 있다.[43] 그러므로 이러한 분석이 나름 타당한 근거와 설득력을 갖추고 있다면, 문파를 비롯한 친문 진영에 속한 지지자 그룹과 일반 시민들에게 이러한 문제점을 제대로 규명해 보이고 실체적 진실을 명쾌히 밝혀 보여줄 필요가 있다. 그럴 경우에라야 정치권력에 의해 조종되고 구속되는 꼭두각시의 상태에서 벗어나 독립적이고 자율적인 인간으로서 온전히 자유로운 삶을 살아갈 수 있게 될 것이다.[44]

---

40) 닐 포스트먼, 『죽도록 즐기기』(2020), 233쪽.

41) 닐 포스트먼, 『죽도록 즐기기』(2020), 10쪽.

42) 이에 관한 상세한 논의로는 스티븐 레비츠키/대니얼 지블랫, 『어떻게 민주주의는 무너지는가』(2021), 223-255쪽; 데이비드 런시먼, 『쿠데타, 대재앙, 정보권력』(2020), 235-241쪽 참조.

43) 이 점에 대한 보다 상세한 비판적 논의는 진중권 외, 『한번도 경험해 보지 못한 나라』(2020), 27-40쪽 참조.

44) 이와 관련해 이탈리아의 기호학자 에코(U. Eco)는, 지식인이란 '일반인들이 눈치 채지 못하

이러한 사실을 진지하게 고려할 때, 현 시점에서 한국사회가 필요로 하는 가장 시급한 당면 작업은, 정치 조작적 오인의 메커니즘으로서 진영 논리와 팬덤 정치의 본질적 실체를 고스란히 드러내 보여주는 것이 될 것이다. 그렇게 함으로써만, 거의 맹목적으로 문재인 정권을 지지했던 친문 열혈 집단을 비롯한 소위 진보적 성향의 시민들이 내장하게 된 '허의의식'과 왜곡되고 호도된 신념, 아울러 '거짓된 대안적 믿음'으로부터 벗어날 수 있는 통로가 마련될 수 있다고 보여 지기 때문이다. 그리고 당연하게도 이러한 과업을 수행해야 할 소임과 역할은, 이 분야에 가장 탁월한 전문가적 식견과 통찰력을 갖춘 비판적 지식인에게 주어져야만 할 것이다.

왜 비판적 지식인에게 '리더십'이 요청되는가?

비판적 지식인의 당면 과제 및 역할과 관련하여

학습과 교육, 학문적 탐구나 연구 등을 통해 형성된 비판적 지식인의 '고유한' 특성 가운데 하나는, 특정 사태에 관한 참과 거짓, 옳고 그름, 허상과 진상을 객관적으로 온전히 파악할 수 있는 '전문적 식견'과 '비판적 통찰력'을 지니고 있다는 점이다. 가령 대표적인 지식인층이라 할 수 있는 실천철학자들은 적어도 진영논리의 본질과 실체, 그리고 그것이 내장한 정치 조작적 지배 메커니즘의 윤곽을 제대로 인식하여 간취할 수 있다. 더불어 그러한 논리가 끼칠 사회 정치적 파장과 반민

는 중요한 사항을 지적해 주는 사람'이라고 언명하였다. 이는 은폐된 사회 문제를 폭로하는 것으로서, 지식인이 담당해야 할 가장 중요한 역할 중의 하나라는 것이다. 이성재, 『지식인』 (2012), 21쪽 참조.

주적 폐해 등을 비판적으로 드러내 보여줄 수 있는, 특화된 전문가적 분별 능력이라 할 '(실천)철학적·학문적 역량' 또한 갖추고 있다.

그런 만큼, '현상'과 현상 배후에 놓인 '본질'을 구분하여 후자를 오롯이 간파할 수 있는 전문가적 분석 및 포착 능력이 비판적 지식인 집단 내부에서만 전유되어 발휘되게끔 해서는 곤란하다. 왜냐하면 진영논리와 그로부터 귀결되는 민주주의의 심대한 훼손과 개인의 자유 상실 실태를, 강성 지지층을 비롯하여 일반 시민들에게 비판적으로 드러내 보여줄 수 있는 과업은 오직 비판적 지식인들'만'이 감당해 낼 수 있기 때문이다. 다시 말해 정치 조작적 기제의 전말을 폭로·규명해 보임으로써, 소위 '진보적' 통치 세력에 의해 시민들이 은밀하게 통제·조종되어 자발적으로 정권에 순응하여 살아가는 도구적 노예의 삶에서 벗어날 수 있도록 계몽·계도해야 할 사명과 그것을 완수할 능력은 — 다소 과장되게 말해서 — 전적으로 비판적 지식인들에게 주어져 있기 때문이다.

나아가 이런 사정으로 인해, 사회의 혁신과 실질적 민주화를 위해 이론적·실천적 차원에서 맡은 바 책무를 결행해 나가야 될 비판적 지식인들은, 작금의 민주주의의 위기 상황을 타개할 계도적(啓導的) 리더가 될 것을 사회적으로 요구받고 있다. 물론 이때의 계도적 리더란 군대나 기업 같은 조직에서 강력한 조직 장악력을 통해 구성원들을 원팀으로 만들어 설정된 목표를 달성하게끔 이끄는 강력한 카리스마적 권위와 권력을 지닌 전통적 의미의 '보스적 리더'와는 거리가 멀어도 한참 멀다. 그보다는 권력 장악과 유지를 최우선적인 목표로 설정한 정당 및 집권세력 등을 상대로 끊임없는 견제와 감시를 앞장서 수행하는

'선봉장'이면서, 그러한 힘을 확보키 위해 '비(非)조직화되고 비정형적인' 형태의 생활세계 구성원들을 각성·자각시켜 '민주주의적 시민 권력(체)'를 형성할 수 있게끔 개별 구성원들을 인도해 나갈 선도적·계몽적 리더라고 할 수 있다.

이런 점에서, 계도적 리더로서의 지식인은 한편으로 수평적 관계로 맺어진 동료 구성원들 중의 한 사람이면서, 동시에 동료 구성원들 '위에 위치 지어진' 리더이다. 이는, 동료 구성원들로 하여금 '실상'을 제대로 통찰할 수 있게끔 깨우쳐, 규범적 정당성이 결여된 통치 권력이 야기하는 부조리한 사태를 제대로 인식하고 그로부터 벗어날 저항적 실천에 나설 수 있게 이끄는 역할을 수행해야 한다는 점에서 그렇다. 그러므로 당연하게도 시민사회를 포함한 생활세계의 리더로서 비판적 지식인은 '학문적·지적 권력'과 특화된 '전문가적 식견에 기초한 현실적 영향력'을 지니고 있어야만 한다. 그리고 이러한 권력과 영향력은, 공론장을 비롯한 다양한 의사소통적 영역에서 지배 권력과 통치 집단에 맞서 비판적으로 견제하고 대응하는 실제적 힘과 영향력을 내장한 ─지식인들이 주도한 가운데 구성원들을 중심으로 형성된─ '의사소통적 권력' 혹은 '시민적 권력'으로 보다 구체화되어 작동하게 된다.

상황이 이렇다면, 작금의 한국적 상황에서 계도적 리더로서의 비판적 지식인의 자격과 위상, 책무에 걸 맞는 리더십 또한 필수적으로 요청되지 않을 수 없다. 왜냐하면, 일반적으로 이해되어 온 리더십이란, 리더가 '집단의 목표를 달성하기 위해 구성원들을 동기화시키고 그들에게 영향력을 행사하는 과정'[45]으로서 그 의미를 드러내고 있기 때

---

45) 신응섭 외, 『리더십의 이론과 실제』(1999), 15쪽.

문이다. 여기서 드러나듯이 리더십의 개념 규정에서 가장 핵심적인 부분은, 구성원들의 가치관과 신념, 세계관이 변화하게끔 새로운 동기를 부여하고 그에 따른 실천적 행위를 결행하도록 유인하는 '지도적 힘'과 '영향력'이다.

그런데 리더십에 관한 이 같은 의미 규정에는 유의해서 봐야 할 사항이 하나 있다. 리더와 리더를 따르는 구성원들, 양자 가운데 전자가 후자에 비해 한층 더 중심적인 지위를 차지하고 있다는 사실이다. 왜냐하면 이런 이유로, 리더와 동료 구성원들 간의 관계는 자칫 일방적인 상명 하복과 지배/복종이 주가 된 수직적·위계적 관계로 구축되기 십상이기 때문이다. 하지만 오늘의 달라진 민주주의 시대 상황에서는 구성원들을 그처럼 무비판적으로 리더를 추종하거나 리더에 의해 일방적으로 조종 받는 수동적 존재로 간주하기 쉬운 '전통적 의미'의 리더십은 사실상 존속되기 어려운 지경에 있다.[46]

이에 따라 새롭게 제시된 '현대적 정의(定義)'의 리더십은 '집단과 각 구성원들의 목표 달성을 촉진하기 위해 각 구성원들이 다른 구성원들에게 영향을 미치고 또한 그들을 동기화시키는 상호적(reciprocal)·교환적(transactional)·변환적(transformational) 과정'[47]으로 재

---

46) 이상오에 의하면, 개인들 간의 수평적 관계에 기초한 오늘의 민주사회는 '리더십의 전개사'라는 관점에서 볼 때 '홀라키(holarchy) 사회'로 해석될 수 있는데, 이는 개인들 간의 상호 협력과 협응을 위한 수평적 관계를 바탕으로 한 '열린 조직'과 '창의성 조직'에 기초한 사회이다. 따라서 이러한 사회 조직에 가장 잘 부합하는 리더십은 효율성과 효과성 대신, 상생에 기반 한 창의성의 산출과 활성화를 추구하는 리더십인 바, 이것이 바로 '홀라키 리더십(holarchy leadership)'이다. 이에 관한 보다 상세한 논의는 이상호, 『리더십: 역사와 전망』(2009), 250-263쪽 참조.

47) 신응섭 외, 『리더십의 이론과 실제』(1999), 16쪽. 여기서 변환적 과정이라 함은, 가령 임진왜란 당시 조선 수군의 '삼도수군통제사'였던 이순신이 위험을 무릅쓰고 적탄이 날아오는 전선의 선두에서 진두지휘를 함으로써 부하들의 전의를 북돋웠던 것처럼, 리더의 권력이나 권한을 일방적으로 행사하고 전달하는 것이 아니라, 리더가 몸소 솔선수범적인 행위를 함으로써 구성원들의 신념이나 가치, 요구 등을 변화시켜 특정 목적의 달성을 위해 매진하게

규정되고 있다. 여기서 리더와 구성원들 양자는 원칙적으로 상호 대등하고 수평적인 관계, 즉 '상호 간의 평등한 합리적인 소통과 논의의 관계, 서로에게 보상을 제공하는 교환적 관계, 리더의 솔선수범과 선도적 모범을 통해 구성원들의 자발적인 참여와 헌신을 일으키는 변환적 관계'로 서로 연결되어 있다. 특히 세 번째 변환적 관계와 관련해, 베니스(W. Bennis)와 나누스(B. Nanus)는 '오늘의 시대에 부합하는 새로운 리더란, 구성원들을 행동하도록 만드는 사람, 추종자들을 리더로 만드는 사람, 그리고 그 리더들을 변화의 주도자로 만드는 사람'이라고 칭하며, 이때 작동되는 리더십을 '변환적(변혁적) 리더십'이라고 부르고 있다.[48]

다만, 리더와 동료 구성원들 사이의 관계가 수직적·위계적 형태에서 상호 대등한 수평적·민주적 형태로 전환되었음에도 불구하고, 새로운 유형의 현대적 리더십에서도 리더의 지도력과 영향력이 갖는 중요성은 '여전히' 강조되고 있다. 특히 이러한 요소들은 대다수 구성원이 주축이 된 민주 항쟁을 통한 형식적 민주화를 거쳐, 보다 진전된 실질적 민주화를 구현해 나가는 도정에서 직면한 '예상치 못한' 민주주의의 퇴행적 사태에서 벗어나기 위한 과업을 수행함에 있어, 이를 주도적으로 견인할 비판적 지식인이 지녀야 할 계도적 리더십의 구축에 필수적인 것이다. 무엇보다도 진영논리가 전일적으로 삶의 세계 도처를 지배하고 있는 한국적 현실에서 벗어날 방안을 강구하는 데, 해당 분야에 관한 전문적 식견과 역량 그리고 그로부터 나오는 지도적 힘과

만드는, 그러한 일련의 과정이다.

48) 워렌 베니스·버트 나누스, 『워렌 베니스의 리더와 리더십』(2007), 23쪽.

영향력을 지닌 지식인인의 역할은 결코 작다고 할 수 없기 때문이다.

요컨대, 진영논리와 팬덤 정치의 실상에 관한 일반 시민들의 근본적 인식 변화를 유도하고 그에 대해 적극적으로 분노·저항하는 데 앞장 설 리더로서의 비판적 지식인에게 요구되는 —전문성 권력[49]과 영향력 그리고 지도적 역량을 바탕으로 한— 새로운 '형식'의 리더십, 즉 '상호적·교환적·변환적 리더십'은 그 같은 지식인의 근본적 역할 수행을 위한 '원형적 리더십의 형태'라고 할 수 있다. 이러한 리더십의 형식은 동료 구성원들로 하여금 특정 사태에 관한 본질 인식과 실천적 저항운동에의 참여를 결행하는 데 주된 동력원으로 작용할 수 있다는 점에서, 잠정적으로 '계도적 리더십'이라고 이름 붙이고자 한다. 이러한 리더십을 제대로 체화하고 있는 경우에라야, 무엇보다 촛불 정권이 추진했던 적폐 청산 및 개혁 작업의 허구성과 거짓됨을 제대로 간파할 수 있는, 그에 따라 진정한 의미의 비판적 민주시민으로 거듭날 수 있는 통로를 동료 구성원들에게 제공해 줄 수 있을 것이다. 이어 그 발판 위에서, 진보적 가치의 몰락과 민주주의 원칙의 심대한 훼손을 초래한 촛불 정권 내 위정자들과 정치인들, 그리고 이를 앞장서 조력한 이른바 진보적·비판적 지식인들 그리고 여전히 자신이 정치 공학적 도구로 이용되고 있다는 사실을 깨닫지 못하는 문파(문빠)를 비롯한 (강성) 지지층들에 맞서, 합리적이며 비판적인 다수의 민주 시민들과 더불어 '이성적이며 민주적인 의사소통적 투쟁'을 성공적으로 결행해 나갈 수 있게 될 것이다. 당연히 그 선봉에는 이러한 리더십을 견지한 계도적 리더로서 비판적 지식인이 자리하고 있어야만 할 것이다.

---

49) 이 점과 관련하여 신응섭에 따르면, 리더십은 권력의 행사로 생각될 수 있다. 신응섭 외, 『리더십의 이론과 실제』(1999), 52쪽 참조.

비판적 지식인의 '필수 덕목'으로서 '계도적 리더십'

이제껏 살펴본, 비판적 지식인 집단이 추진해야만 될 당면 과제들을 계도적 리더로서의 비판적 지식인에 초점을 맞추어 재정리해 보면 다음과 같이 요약될 수 있다.

먼저, 소위 진보 정권 하에서 빚어진 반(反)민주주의적 작태들, 특히 민주주의의 기본 원칙과 이념, 규범 등이 심대하게 훼손되어 한국 사회의 민주화가 퇴행적·파괴적 행로를 밟게 된 위기적 사태에서 벗어나, 다시금 실질적 민주화의 도정을 정상적으로 전개시켜 나가는 과업이다.

다음으로, 촛불 정권하에서 진보의 이념과 가치가 여지없이 무너져 버리고 그 방향성과 지향점마저 현저히 흔들려 버린 '진보의 위기적 상황'을 극복해 내어, 다시금 진보의 정신과 이념을 새롭게 재구성·재구축해내는 과제이다.

셋째, 국민이 위임한 통치 권력을, 집권 세력의 반영구적 집권화와 특권화를 위해 남용하면서, 소위 깨어있는 시민들을 마치 자율적이며 주체적인 민주 시민인 양 치켜세우면서 실제로는 정치적 도구이자 전위 조직으로 적극 활용했던 사실을 비판적으로 폭로해 보여주는 작업이다. 그렇게 함으로써만, '이념적 오인에 기초한 대안적 가공 세상'에서 벗어나 그 어떤 통치 권력에게도 휘둘리지 않는 그야말로 자주적이고 주체적인 민주시민으로 거듭날 수 있는 발판이 마련될 수 있게 된다.

끝으로, 정교한 정치 공학적 기제로 작동되어 온 진영논리와 정치적 팬덤화 전략, 그리고 민주시민들의 도구화 기법 등을 기획 구축하는 데 주도적으로 참여하거나 관여했던 비판적 지식인들을 비롯하여, 작금의 '민주주의-파괴적' 사태가 빚어지는 과정을 목도하면서 수수방관한 채 주어진 책무를 다하지 못한 다수의 비판적 지식인들에게 요구되는 사회적 과제, 곧 가혹하리만큼 처절한 자기 비판적 성찰을 반드시 실행에 옮기는 일이다.[50)]

2) 이상의 것들이 현 시점에서 계도적 리더로서의 비판적 지식인들이 우선적으로 수행해야 될 당면 과제이다. 그런 만큼 이러한 과제들을 성공적으로 완수해 내는 데 주도적으로 기여할 계도적 리더에게는 계도적 리더십이 필수적인 '덕목'으로 요청된다. 그런데 이러한 리더십은 크게 네 가지 성격 또는 특성이 상호 긴밀하게 연결된 '포괄적 유형'의 리더십이라 할 수 있다. 해서 이를 좀 더 쉽게 해명해 보기 위해, 리더십의 '네 가지 구성적 특성', 곧 '자기비판, 자기 성찰, 상호 신뢰(상호 존중), 계몽'을 포괄적 형태의 리더십을 형성하는 '하위 유형'의 리더십으로 잠정 규정하여 논의를 전개시켜 나가 보고자 한다.

① 무엇보다, 이런 한시적 전제하에 비판적 지식인이 지녀야만 될 첫 번째 (하위 유형의) 리더십은 '자기 비판적 리더십'이다. 이미 수차례 언급했듯이, 최근의 한국적 상황이 이 지경에 이르게 된 데에는 사회의 변혁과 혁신을 선도한다고 자부하던 비판적 지식인들의 책임이 매우 크다. 그런 점에서 이런 사태를 극복해 낼 과제를 떠맡은 계도적

---

50) 지면상의 한계 등 몇몇 사정으로 인해, 비판적 지식인들 가운데 적지 않은 이들이 진영 논리를 탈피하지 않았던(혹은 못했던) 보다 근본적인 이유와 그에 대한 반박 논변 등에 관한 보다 치밀한 분석 및 검토 작업, 아울러 훼손된 진보의 이념과 가치를 복원하고 새로이 재구성하는 과제의 방향성과 내용적 윤곽, 방식 등에 관한 논구 작업은, 이후의 후속 작업을 통해 보다 상세히 다룰 것이라는 점을 미리 밝혀 둔다.

리더로서의 비판적 지식인은 그야말로 '참회'에 가까울 정도의 가혹한 자기비판을 실행에 옮겨야만 한다. 그만큼 여기에는 엄청난 용기와 결단이 필요한 바, 이때 요구되는 리더십이 바로 자기 비판적 리더십이다. 이는 진영논리와 그에 기댄 '적대적 악마화(化)' 프레임을 직·간접적으로 정당화했던 지식인들, 특히 진영논리에 매몰된 문파(문빠) 등의 맹목적인 지지 집단을 민주화 시대의 새로운 주권자의 등장 인양 옹호했던 지식인들이 반드시 체득해야만 될 리더십이다. 자신의 행위나 판단, 분석 등이 —의도하지 않았다 해도— 결과적으로 잘못되었거나 오류였다는 점을 과감히 인정하고 치열하게 자신을 비판함으로써 새롭게 환골탈태하게끔 이끄는 리더십이 바로 자기 비판적 리더십이기 때문이다.

이와 더불어, 이러한 리더십이 활성화되기 위해서는 비판적 지식인 사회 내부에서도 이러한 사태와 문제를 주제화하여 보다 가열찬 이론적·비판적 논쟁을 전개하여 적어도 '학술적 차원에서' 지식인들의 행태에 대해 그 잘잘못을 엄중히 따지고 재단(裁斷)하는 기회를 반드시 가져야만 할 것이다. 이러한 자기 비판적 작업이 일정 정도 이루어질 때, 비판적 지식인 집단은 비로소 '기본적 수준'에서나마 동료 사회 구성원들을 계도하고 이끌어 나갈 선도적·계도적 리더십의 기초적 토대가 마련되었다고 볼 수 있다.

② 다음으로 지녀야 할 리더십(유형)은 '자기 성찰적 리더십'이다. 이것은 자기 비판적 리더십과 내적으로 긴밀히 연결된 일종의 '일란성 쌍둥이'이라 할 수 있는 리더십이다. 자기비판은 본질상 자기성찰이기 때문이다. 그럼에도 '분석적' 수준에서 양자를 구분한 것은, 자기비판

은 주로 과거의 행적에 대해 —미시적 차원에서— 이루어지는 것인 데 비해, 자기성찰은 과거 뿐 아니라 현재와 미래의 행적에 대한 것까지 포함하여 고민하고 사유한다는 점에서, 보다 '거시적' 차원에서 기능하는 리더십이라고 판단되기 때문이다. 그런 만큼 이러한 시각에서 볼 때, 계도적 리더로서 갖추어야 할 자기 성찰적 리더십은 무엇보다 작금의 사태와 관련하여 실추된 동시에 상실된, 비판적 지식인에 대한 '신뢰'를 일반 시민들로부터 되찾기 위해 필수적으로 요청되는 리더십(유형)이라고 할 수 있다.

특히 정치적 선동 꾼이나 권력의 나팔수, 이념적 하수인 등으로 비쳐지는 부정적·불신적 이미지로부터 탈피하기 위해서는 비판적 지식인 집단 내부에서부터 뼈를 깎는 자성의 목소리와 반성적 행동이 선행되는 등 '진정성'이 담보된 처절한 자기반성이 가열 차게 지식인들 사이에서 이루어져야만 한다. 더불어 이 지점에서 솔직하면서도 치열한 '성역 없는' 자기 성찰적 논쟁과 토론이 활성화되어야만 한다. 이러한 과정을 거치면서 무늬만 비판적 지식인인 '사이비' 지식인을 솎아내어, 다시는 이 같은 불행한 사태가 되풀이되지 않게끔 가혹한 비판이 가해져야만 할 것이다. 물론 이는 쉽지 않으며 매우 잔혹한 처사일 수도 있다. 하지만 이러한 근본적인 자기 반성적 비판 작업을 통해 비판적 지식인 집단 스스로 '규범적으로 자정되는' 상황을 만들어 내야지만, 진보의 이념과 가치를 다시금 비판적으로 재구성할 있는 자격조건이 확보될 수 있다고 생각된다. 나아가 이러한 과정을 거칠 때에서야 비로소 진보적·비판적 지식인에 대한 일반 동료 시민들의 믿음과 신뢰를 다시금 얻을 수 있게 될 것이다. 동시에 그 경우에라야, 일반 대중은 비로소 비판적 지식인의 목소리에 귀 기울이게 될 것이다. 이 같은 맥락과 의미에서, 자기 성찰적 리더십은 비판적 지식인들이 지녀야 될 필수적 리더십이라 할 수 있다.

③ 세 번째로 소개할 리더십은 '상호 신뢰적 리더십' 또는 '상호 존중적' 리더십'이다. 이것은 앞서 언급한 자기 비판적 리더십 그리고 자기 성찰적 리더십과 내적으로 연계되어 있을 뿐 아니라, 다음에 살펴볼 '계몽적 리더십'과도 불가분의 전제적 관계를 맺고 있다. 곧 계몽적 리더십이 제대로 작동되기 위해서는 먼저 비판적 지식인과 동료 구성원들, 양자 간에 신뢰가 형성되어 있어야만 하는데, 그러한 신뢰 ─따라서 상호 신뢰적 리더십─ 는 비판적 지식인들의 자기 성찰과 자기비판을 토대로 해서만 구축될 수 있는 것이기 때문이다. 물론 이러한 신뢰의 대상은 (동료 구성원인 시민의 입장에서) 비판적 지식인뿐 아니라, (비판적 지식인의 입장에서) 일반 시민들도 해당된다. 특히 후자에는 문파(문빠)를 비롯하여 촛불 정권에 대해 거의 일방적으로 충성심을 보여주었던 친문 강성 지지층도 당연히 포함된다.

이런 사정에 비추어, 비판적 지식인이 지녀야 할 '상호 신뢰적(존중적) 리더십' 앞에는, 그것이 제대로 가동되기 위해서는 반드시 넘어서야 할 장애가 '이중적으로' 주어져 있는 셈이다. 하나는, 촛불 정권의 소위 '적폐 청산 프로젝트'에 주도적으로 참여했거나 기여한 지식인에 대한 실망감으로 인해 지식인 집단 '전체'를 불신하거나 외면하는 대중들이 적지 않다는 점이다. 다른 하나는, 신앙에 가까울 정도로 맹신적으로 촛불 정권을 지지하면서, 문제인 정부를 비판하는 지식인들에 대해서는 적개심과 증오심마저 드러내는 문파(문빠)를 비롯한 지지자들 또한 상당하다는 점이다.

　이렇게 된 데에는, 결국 '탈진실(post-truth) 기법'과 가짜 뉴스의 지속적 산출로 인한 '적대적 매체효과(hostile media effect)'[51] 등을 적극 활용하여, 옳고 그름이 아닌 좋음과 싫음에 입각한 '결사적 옹위 대 적대적 증오'라는 '진영 논리적 전쟁 구도'를 집권 세력 ─그리고 조력자로서의 비판적 지식인들 일부─ 이 공고하게 구축해 놓은 정치 사회적 분열적 상황에 기인한다. 왜냐하면 그로 인해 문파(문빠)를 비롯한 다수의 진보적 성향의 시민뿐 아니라 '중도'에 속하는 일부 시민들마저 자신이 지지하는 정치적 이념 세력과 그것을 정당화하는 지식인만을 선택적으로 '우군'으로 받아들이는 반면, 비판 저항하는 지식인에 대해서는 '수구 반동적 적폐 세력'의 일원으로 간주하게 되었기 때문이다.

　이러한 연유로, 지식인 사회 내부의 치열한 자기 비판적·반성적 토론과 논쟁을 통해 일부 (혹은 대다수) 지식인들의 치명적 과오와 기회주의적 행태 등에 대해 실천철학적·학술적 단죄가 이루어져야만 한다. 그리고 그로부터 시민사회의 동료 구성원들을 향해 비판적 지식인 집단 전체의 진정성 있는 반성과 참회, 용서를 구해야만 할 것이다. 그럴 경우 일반 시민들이 지닌, 사회변혁을 추구하는 비판적 지식인에 대한 불신과 실망스러움이 일정 정도나마 개선될 단초가 마련될 수 있을 것이다.

---

51)　적대적 매체효과란 '중립적이고 객관적인 언론보도도 자신의 입장과 부합하지 않을 경우, 이를 편향되었다고 인식하고 적대시하는 효과'를 가리킨다. 이는 '사람들이 가짜 뉴스에 지속적으로 노출될 때 보이는 경향'이다. 이와 관련해 권경애는, 가짜 뉴스와 그에 따른 적대적 매체 효과를 정치 조작적으로 가장 잘 활용했던 정권이 미국의 트럼프 정부였으며, 한국 사회에서는 유시민과 조기숙이 적대적 매체효과를 형성한 탁월한 선동가였다고 꼬집고 있다. 권경애, 『무법의 시간』(2022), 214-218쪽 참조.

그와 함께 비판적 지식인들 또한 일반 동료 구성원들을 혹여 경시하거나 의구심의 대상으로 바라보아서는 안 될 것이다. 특히 문파(문빠)를 비롯한 강성 친문 시민들을 일방적으로 비난하거나 비판적 배제의 대상으로 간주해서도 '결코' 안 될 것이다. 신앙의 차원으로 고착화된 정치적 의식에서 탈피하여 보다 이성적이며 합리적인 소통적 민주 시민으로 전환하기 위한 '계몽 및 계도의 대상'으로 보아야 하며, 그러한 시각의 바탕에는 궁극적인 '신뢰와 믿음, 존중'이 굳건하게 자리하고 있어야만 한다. 반복하지만 이 또한 쉽지 않은 과제이자 과업이다.

여하튼 이처럼 비판적 지식인인 견지해야 하는 '상호 신뢰적(존중적) 리더십'(유형)은, 리더로서의 비판적 지식인과 시민 구성원, 양자 사이에 상호 존중과 상호 신뢰 관계를 형성해 나가기 위한 ─포괄적 형태의 계도적 리더십의─ '예비태(혹은 가능태)'로서의 리더십이자, 동시에 그 형성 과정에서 보다 더 강화·심화되어 실제로 작용하게 되는 '현실태'로서의 리더십이다. 따라서 이러한 상호 신뢰적 리더십이 온전하게 작동할 경우, 비판적 지식인의 관점에서 동료 (시민) 구성원들에 대한 신뢰감이 한층 더 강화될 것이며, 비판적 지식인에 대해 동료 구성원들, 즉 시민들이 보내는 신뢰의 강도 또한 한층 더 공고화될 것이다.

④ 끝으로 언급할 리더십(유형)은 '계몽적 리더십'이다. 이는 현 시점에서 가장 시급한 현안, 즉 통치 권력에 의해 정치 공학적 도구로 이용된 결과로서, 다수의 '민주' 시민들이 갖게 된 왜곡된 정치의식과 오인(誤認)적 인식 틀을 바로 잡아 현 사태의 실체와 본질을 제대로 통찰할 수 있게 인도하는 과제의 성공적 완수와 관련해, 가장 긴요한 비판

적 지식인의 리더십(유형)이라 할 수 있다.

그런데 계몽적 리더십이라는 개념과 계몽이라는 용어에서 알 수 있듯이, 이러한 리더십은 형식적으로는 '계몽시키는 주체'와 '계몽되는 객체'의 관계 속에서 작동하는 것처럼 비쳐질 수 있다. 하지만 계몽적 리더십이 제대로 작동하기 위해 전제하는, 비판적 지식인과 동료 사회 구성원 간의 관계는 서로 대등하고 수평적인 동시에 '동반자적인 협력적' 관계이다. 아울러 그러한 관계를 바탕으로, 동료 시민들과의 상호 소통과 대화, 토론을 통해 현 사태에 관한 타당하고 설득력 있는 분석적·평가적 논변을 제시함으로써 그들의 의식을 각성·변화시키는, '계몽적 과제'를 성공적으로 성취하게 되는 것이다.[52]

사정이 이런 만큼, 계도적 리더로서의 지식인이 그러한 계몽적 리더십을 발휘한다고 해서, 용어에서 풍기는 것처럼 비판적 지식인이 동료 시민 위에 '군림하여' 일방적으로 그들을 교화하는 것처럼 이해되어서는 곤란하다. 단지 일반 시민들과 차별화된 학문적·이론적 전문성과 ―가령 좋음(이익)과 나쁨(손실)이 아닌, 보편적으로 옳고 그름을 판별할 수 있는― 전문(가)적 인식능력과 판단력에 의거하여 사태의 진상을 제대로 드러내 보여주는 전문가적·학술적 역량에서 차이가 난다는 점에서, 형식상 비판적 지식인이 보다 선도적으로 동료 시민 구성원들을 '앞장 서' 인도하고 계도할 뿐인 것이다. 더불어 계도적 리더로서 비판적 지식인이 지닌 그러한 전문가적 역량은 통치 권력에 의해 조작적·도구적 대상으로 전락해 버린 '수동적·예속적' 시민들을 주체

---

52) 엄정식은 현대의 시대정신에 걸맞은 계몽적 리더십을 갖춘 대표적 인물로 독일의 전 총리 메르켈(A. Merkel)을 꼽고 있다. 이어 케이티 마튼의 저서 『메르켈 리더십』의 내용을 원용하여, 메르켈 리더십의 핵심은 '경청'과 '소통'을 통해 합의에 이르는 힘이라고 소개하고 있다. 엄정식, 「시대정신과 계몽의 리더십」(2021), 23~24쪽.

적이고 이성적인 자율적 존재로서 회복시키는 데 있어서도 '현실적으로' 매우 긴요하다. 바로 이 같은 점에서 동료 시민들을 제대로 각성·자각시켜, 주어진 현상의 배후에 놓인 진상을 통찰하게끔 이끄는 계몽적 리더십은, 현 시점에서 '포괄적 리더십'으로서의 계도적 리더십을 구성하는 가장 중요한 '하위 리더십 유형'이자 필수불가결한 '리더의 덕목'이라 하지 않을 수 없다.53)

---

53) 이 글은 『사회와 철학』 44집(2022)에 실렸던 논문을 수정·보완한 것이다.

참고문헌

강수택(2004), 『다시 지식인을 묻는다』, 삼인.

강준만(2021), 『부족국가 대한민국』, 인물과사상사.

_____(2022), 『정치 전쟁』, 인물과사상사.

_____(2023), 『정치 무당 김어준』, 인물과사상사.

강희철(2021), 『검찰외전』, 평사리.

권경애(2022), 『무법의 시간』, 천년의 상상.

노암 촘스키, 『지식인의 책무』, 강주헌 옮김(2005), 황소걸음.

노회찬, 구영식(2014), 『대한민국 진보, 어디로 가는가?』, 비아북.

닐 포스트먼, 『죽도록 즐기기』, 홍윤선 옮김(2020), 굿인포메이션.

데이비드 런시먼, 『쿠데타, 대재앙, 정보권력』, 최이현 옮김(2020), 아날로그(글담).

리 매킨타이어, 『포스트 트루스: 가짜 뉴스와 탈진실의 시대』, 김재경 옮김(2019), 두리반.

박구용(2018), 『문파, 새로운 주권자의 이상한 출현』, 메디치미디어.

_____(2021. 5. 2.), 「'문파' 때문에 망한다고? 문파가 뭔지도 모르면서」, 《피렌체의 식탁》, http://www.firenzedt.com/news/articleView.html?idxno=16199 (2024. 8. 12.)

버트 나누스, 워렌 베니스, 『워렌 베니스의 리더와 리더십』, 김원석 옮김(2006), 황금부엉이.

선우현(2020), 「진영논리와 소위 '진보적 지식인'의 자세와 역할」, 『2020년 하계 심포지엄 자료집』, 사회철학연구회.

_____(2020), 『도덕판단의 보편적 잣대는 존재하는가』, 울력.

_____(2020. 11. 8.), 「도덕 판단의 보편적 잣대에 대한 요청: '힘의 논리'에서 벗어나 '자유로운' 인간으로 살아가기 위한 전제」, 《대학지성 In&Out》, https://www.unipress.co.kr/news/articleView.html?idxno=2393 (2024. 8. 12.)

스티븐 레비츠키, 대니얼 지블랫, 『어떻게 민주주의는 무너지는가』, 박세연 옮김(2018), 어크로스.

신응섭 외(1999), 『리더십의 이론과 실제』, 학지사.

엄정식(2021), 「시대정신과 계몽의 리더십」, 『철학과현실』 131호, 철학문화연구소.

에티엔 드 라 보에시, 『자발적 복종』, 심영길, 목수정 옮김(2015), 울력.

오연호, 조국(2010), 『진보집권플랜: 오연호가 묻고 조국이 답하다』, 오마이북.

이광주(1994), 『지식인과 권력』, 문학과지성사.

이상길(2005), 「피에르 부르디외의 사회학적 참여와 미디어 실천」, 『한국언론정보학보』 29호, 한국언론정보학회.

이상오(2009), 『리더십: 역사와 전망』, 연세대 출판부.

이성재(2012), 『지식인』, 책세상.

이진경, 우석훈 대담(2019. 10. 1.), 「"촛불을 개혁 동력으로" "검찰개혁이 1번일 수 없어"」, 《한겨레21》 1282호, https://h21.hani.co.kr/arti/cover/cover_general/47675.html (2024. 8. 12.)

이해영(2024), 「칼 슈미트의 정치사상: '정치적인 것'의 개념을 중심으로」, 『21세기정치학회보』 14(2), 21세기정치학회.

임지현, 권혁범, 김진호(2016), 「일상적 파시즘의 코드 읽기」, 『우리 안의 파시즘』, 삼인.

임지현, 우찬제, 이욱연(2022), 「우리 안의 파시즘, 그 후 20년」, 『우리 안의 파시즘 2.0』, 휴머니스트.

장 폴 사르트르, 『지식인을 위한 변명』, 박정태 옮김(2018), 중심.

주섭일(1999), 『프랑스의 대숙청: 드골의 나치협력 반역자 처단 진상』, 중심.

진중권(2021), 『이것이 우리가 원했던 나라인가』, 21세기북스.

진중권 외(2020), 『한번도 경험해 보지 못한 나라』, 천년의 상상.

최인호 외(2021), 『김어준이 최순실보다 나쁘다』, 써스케이프(이맛돌).

최종욱(2001), 『이 땅에서 철학하는 자의 변명』, 사회평론.

카를 만하임, 『이데올로기와 유토피아』, 임석진 옮김(2012), 김영사.

Mannheim, K.(1969), *Ideologie und Utopie*, Verlag G. Schulte-Bulmke.

《JTBC 뉴스룸》(2019년 10월 1일자).

《미디어오늘》(2020년 6월 10일자).

《월말 김어준》(2022년 2월호).

《한겨레》(2017년 4월 일자).

《한국일보》(2022년 8월 25일자).

지식인의 나침반, 잃어버린 길 찾기:
인격의 구원과 정치의 재구성

4.

지식인의 나침반, 잃어버린 길 찾기

인격의 구원과 정치의 재구성

안효성

지금 우리나라는

2024년 4월 10일, 대한민국은 22대 국회의원을 선출하는 총선을 치렀다. 윤석열 대통령의 취임 1년 11개월(3년차) 시점에 치러진 이번 22대 총선은 취임 정국부터 국정을 총체적인 난국에 빠뜨리고도 책임을 자인하지 않는 대통령과 온갖 부정의 이력과 의심을 안고 있는 주변인들로 가득한 국민의힘 정권에 대한 심판 분위기가 고조된 속에 치러졌다. 결과는 총 의석 수 300석 중 민주당 161석, 민주당의 비례정당 더불어민주연합 14석, 조국혁신당 12석, 개혁신당 3석, 새로운미래와 진보당이 각 1석으로 범야권이 192석을 얻고, 여당(국민의힘과 국민의힘의 비례정당 국민의미래)은 108석을 얻는 데 그치는 결과로 막을 내렸다. 비록 여당이 개헌과 대통령 탄핵소추 저지선인 100석을 넘겨 최악을 모면했고 개혁신당도 국민의힘에서 갈라져 나온 이들의 정당인한 범여권에 속한다고는 하지만, 이번 총선이 윤석열 정부에 대한 중간평가 성격을 띠고 있었음을 감안하면 정부 여당의 참패요, 국민의 총의가 무엇이었는지 분명하게 표명된 것이라고 하겠다.

이명박-박근혜 대통령으로 이어지는 소위 보수정권의 극악한 통치에 지치고 박근혜-최순실 게이트로 분노가 극에 달했던 과거, 국민들은 이른바 촛불혁명 국면으로 박근혜 전대통령을 탄핵한 뒤, 압도적인 지지 속에 문재인 정권을 탄생시켰다. 그러나 문재인 정부의 행보는 시대정신과 다수 국민의 열망에 부응하지 못했다. 수많은 지지자들은 약속된 적폐 청산 실패에 실망했고, 광범위한 국민들은 부동산 정책 문제 등으로 분노했으며, 적폐 그룹을 위시한 상대진영은 강한 적대감을 불태우는 방식으로 민주당 정권의 연장을 허락하지 않았다.

그런데 의아하다면 의아하게도 많은 국민들은 대표적 적폐 존재 중 하나였던 검찰에 대한 개혁에 열광적으로 동의하였던 초심을 까마득하게 잊은 듯, 검찰개혁을 전면적으로 방해하고 정부 여당 및 민주 진보 진영의 개혁 행보에 찬물을 끼얹은, 그리고 그 자신 여러 불법과 비리의 의혹 당사자였던 검찰총장 윤석열을 보수 진영의 대통령 후보로, 그리고 급기야는 대통령으로 만들어주었다. 그리고 그 결과 대한민국 전 분야는 급속도로 퇴행하였고, 해외에서는 대한민국이 독재국가로 진입하고 있다는 평가를 내놓고 있는 가운데 대부분의 국민들은 극도의 실망감과 피로감을 느끼고 있다.

대통령과 정부, 여당이 선두에 서서 오직 그들의 카르텔을 공고히 하기 위해 진실을 호도하며 언론을 장악하고 검찰력을 총동원해 야당이나 정권에 대한 비판 세력을 무자비하게 탄압하는 가운데, 극우 세력들은 불의의 홍위병이 되어 사회의 품격을 바닥으로 떨어뜨리고 있다. 그러나 이 분명한 현실 속에서도 국민의 30%가량은 제 삶이 어떻게 나락에 빠지든 상관없다는 듯이 변함없이 정부 여당에 대한 지지를 철회하지 않고 있으며, 이들을 콘크리트처럼 믿고 기대는 보수 기득권 세력은 대한민국 수립 후 이어온 그들의 행태를 반성하기는커녕 그들의 몰상식한 행각을 강화하는 역행적인 모습을 보인다. 그리고 이 30% 국민을 경계로 대한민국은 선명하게 쪼개진 상태로 오랫동안 방치되어 있다. 대한민국은 지금 부조리와 부정의가 되려 큰소리를 치고 있는 가운데 극도의 분열 상태에 있는, 물리적 경계선 없는 (각종) 분단 상태에서 신음하고 있으며, 적절한 합의된 해법을 찾지 못한 채 방황하고 있다고 할 수 있을 것이다. 헌데 이런 기형적 지형이라도 믿는 구석이 되어서일까 윤석열 대통령은 총선의 민심에도 끄덕하지 않고 자신의 괴이한 국정운영을 전혀 수정하지 않고 있으며 현재로선 정부 여당 대부분의 인사들 역시 별로 변한 것이 없어 보인다. 윤석열이 강권적 방식으로 삼켜버린 대형 언론사들은 패악을 오히려 강화하는 모습마저 보이는 지경이다.

한편 정치 영역에서도 만연한 '가짜 뉴스(Fake News)'의 범람과 폐해는 지구촌 사회를 총체적인 '탈진실(post-truth)' 상태로 몰아넣고 있는데,[1] 우리나라의 현실 역시 다르지 않다. 특히 이번 총선 국면에서도 다르지 않듯 국민들의 합리적 판단을 방해하는 거짓 정보와 흑색선전, 사실 식별을 무의미하게 만드는 이미지의 유포만이 우리의 일상에서 난무하고 있으며, 기괴하게도 가장 엄중한 공적 관리자여야 할

---

[1]   2016년에 영국 옥스퍼드 사전이 올해의 단어로 '탈진실(post-truth)'을 선택했다는 것은 잘 알려져 있다.

정부가 사실적 진리(fact)를 외면하고 가짜 뉴스와 음모를 앞장서 이용하는 현실을 우리는 목도하고 있다. 정상적인 다수의 사람에게 명백히 "바이든"이라고 들리는 말을 "날리면"이라고 우기고, 사실을 있는 그대로 보도한 언론에 법적 책임을 묻는가 하면, 온갖 종류의 거짓말을 한 점의 수치심도 보이지 않고 거듭하는 것이 이 나라의 정부 여당이라는 사실이 우리를 당혹스럽게 한다. 뇌물을 받고 사람을 응접하는 영부인의 현장을 찍어 공개하면 '몰래카메라'가 되고, 기자가 장관의 이상 행적을 추적하면 '스토킹 범죄'가 되며, 정적의 행적은 증거 입증이 되지 않아도 범죄라고 우기면서 본인들의 범법 의심 행적에 대해서는 증거 있는 해명도 수사도 하지 않는 등, 권력과 그들의 비호세력이 비논리적이고 비윤리적인 언행을 일삼아도 명백한 심판이 행해지지 않는 의문의 시대를 사는 우리는 대단히 불행하다 할 것이다.

가짜 뉴스의 폐해는 전 세계적 현상이다. 여러 해 전부터 특정 정당이나 후보에게 유리한 여론을 형성하기 위해 검증되지 않은 허위뉴스들이 주로 온라인을 통해 유포되는 사례가 잦아지고 있다. 독일의 메르켈 총리는 총선을 앞두고 테러 현장에서 난민과 함께 엄지손가락을 치켜들고 있는 것 같은 합성사진이 트위터에 퍼지며 구설수에 오른 바 있고, 프랑스의 마크롱 대통령은 대선 당시 조세회피설과 사우디아라비아로부터 선거자금을 지원받고 있다는 등의 가짜 뉴스로 곤혹을 치른 바 있다. 한편 도널드 트럼프 미국 대통령이나 우리나라의 박근혜 전 대통령, 각종 비위나 거짓이 드러난 일부 논란의 정치인들, 현재의 윤석열 정부처럼 자신에게 우호적이지 않은 여론과 매체들을 무조건 가짜 뉴스로 싸잡아 비난하는 경우도 늘어가고 있다. 상상을 초월하는 국정농단 사태와 정권비리의 실체가 드러나면서 몰락해간 박근혜 정부의 탄핵 심판 과정에서도 극단적인 박사모 집단과 보수언론을 위시한 보수 세력이 국면전환을 꾀하고자 진실을 호도하는 가짜 뉴스를 필사적으로 생산해 유포시킨 바 있다.

시민적 소통과 적극적 참여정치의 경로를 지원해 민주주의의 역동성을 높이기도 하는 SNS와 인터넷은 해외에선 재스민 혁명으로 불리는 북아프리카와 중동의 민주화를 이끌기도 했고, 한국의 촛불혁명을 촉발시키는 기반이 되기도 했다. 그러나 바로 그 SNS와 인터넷이 한편으론 정치적 기만과 은폐를 위해 교묘하게 편집된 가짜 뉴스의 통로로 변질되어 정치적 혐오와 반목을 부추기고 있다는 데에 문제의 심각성이 있다. 사람들의 일상을 광범위하고 긴밀하게 연결시켜 주고 있는 정보 인프라가 악의적이고 부정의한 정치적 목적을 달성하기 위한 프로파간다 채널로도 쓰이게 되었다는 점은 공공성을 뿌리채 교란시킬 수 있게 되었음을 의미하기 때문이다.

《뉴욕타임스》는 예일대의 연구를 인용해 전 세계인들에게 친숙한 페이스북 등이 가장 자주 가짜 뉴스 사이트로 이동되는 플랫폼임을 보고한 바 있고, 특히 연령대가 높고 교육수준이 낮은 유권자들이 가짜 뉴스에 취약하다는 사실을 확인시켜주었다. 이것은 과거처럼 젊고 교육수준이 높은 시민들이 비교적 정치적 뉴스를 적극적으로 챙겨보던 것과는 달리 요즘은 어느 누구라도 일상적으로 가짜 뉴스에 노출될 수 있는 환경이라는 것이고, 그에 따라 정치적 거짓말이 여과 없이 널리 퍼져나가 상시적으로 영향력을 발휘할 수 있는 여지가 높다는 것을, 특히 판단력이 명철하지 못한 계층의 사람들을 더욱 손쉽게 지배할 수 있다는 것을 의미하는 만큼 실로 위험천만한 상황이 아닐 수 없다.

과거로부터 통치술의 차원에서나 정치적 목적 달성을 위한 일정한 기만과 거짓말이 허용되거나 존재해 온 것은 사실이지만, 지금과 같이 정치에서의 거짓말이 뻔뻔한 수준에 도달해 있고 또 일상적으로 만연해 있은 적은 없을 것이다. 기술의 발달과 민주주의의 발전으로 언론 매체에 정치의 민낯이 적나라하게 노출되는 정보화 시대의 현대 사회에서 정치적 거짓말을 남발할 수 있다는 것은 역설적이다. 뻔뻔하다 못해 오히려 너무도 노골적인 수준으로 정치에서의 거짓말을 강화하고 사회에 관철시키려는 일부 정치 세력의 태도는 어느 시점까지는 야유와 분노를 불러일으키다가도 더 나아가면 급기야 사람들로 하여금 사리 분별을 어렵게 만드는 지경에까지 도달한다는 점에서 근본적으로 정치 파괴적이다.

한국의 상황을 돌아보자면 가짜 뉴스 외에도 우리 시대에 두드러진 정치에서의 거짓말들은 숱한 유형으로 만연해 있음을 목도하게 된다. 지난 이명박근혜 정권 기간 정부·여당 측 인사들은 온갖 악행을 자행하고도 사실을 은폐하고 비판 세력의 의혹 제기에 대해서는 철저하게 함구 또는 부인하거나 정당한 방법으로 요청된 자료를 절대 제출하지 않는 방식으로 포괄적인 거짓말을 행사함으로써, 국민이 사실적 진리에 도달하는 것을 강력히 가로막았다. 만일 최순실–박근혜 게이트가 터지지 않았더라면 국민들의 정치적 판단력은 지속적으로 쇠미해져 갔을 것이며, 정치의 회복과 공공성의 복구는 요원했을지도 모른다.

최순실–박근혜 게이트로 인해 국민의 분노가 극에 달하고 국회에서 국정조사가 이루어지는 과정에서도 너무도 많은 관련 정치인과 관료들이 "나는 최순실을 모릅니다." "블랙리스트 같은 것 본 적도 없습니다." 등 대부분의 쟁점과 혐의에 대해 모르쇠로 일관하거나 고의적인 거짓말을 일삼을 정도였고, 국정농단의 정점 당사자인 최순실이나 박근혜는 검찰조사와 재판 과정에서조차 거짓말로 일관했던 실정임에 비추어 볼 때 그런 염려는 괜한 것이 아닐 것이다. 이후로도 국민의힘 정부 등장으로 다시금 여러 정황과 증거들의 속출에도 불구하고 사실적 진리를 고의적으로 부정하거나 가짜 뉴스를 활용하는 방식으로 정치적 거짓말을 거둘 줄 모르는 세력이 당당하게 횡행한다는 사실은 정치에서의 거짓말이 한국에서 너무도 깊게 뿌리내리고 있음을 증명하는 것일 수 있다.

정치에서의 거짓말은 기만과 자기기만, 이미지 만들기, 이데올로기화, 탈사실과 관련한다. 정치에서의 거짓말은 사회를 병들게 할 수밖에 없다. 그리고 그 와중에 심화되는 판단의 결여는 정치에서의 거짓말이 공공성을 훼손하는 것을 방치하게 된다. 정치에서의 거짓말의 득세와 상용화는 최종적으로 정치의 파괴와 공공성의 유린이라는 비참한 결과를 가져올 수밖에 없다. 다시 말하지만 교육과 기술의 보급 수준이 높아져 정보를 특정권력이 함부로 장악할 수 없게 된 사회에서 가짜 뉴스가 범람하고 그것이 영향력을 발휘한다는 것은 매우 역설적인 일일 수 있다.

거짓과 불의가 진실과 정의를 삼키는 협잡의 시대, 대체 우리 사회는 지금 왜 이러한 처지에 처해 있는 것일까?

적폐 청산의 실패

단 10년이 채 안 되는 기간 동안 민주주의를 경이로운 속도로 후퇴시키고 나라의 공공성과 정의를 송두리째 파괴했던 이명박, 박근혜 정권의 숨 막히는 암흑기를 우리는 똑똑히 기억한다. 그 시기 자행된 불통과 고집, 탐욕과 무능, 배척과 탄압, 위선과 거짓, 온갖 불법의 정치는 사회 전반을 적폐로 물들게 했고, 급기야 분노를 더 이상 참지 못한 시민들의 장엄한 촛불 행렬이 박근혜를 대통령 자리에서 끌어내림으로써 배덕의 시기는 일단락되었다. 곧이어 2017년 5월 '나라다운 나라'를 만들어 달라는 온 국민의 기대를 한몸에 안고 문재인 대통령의 민주당 정권이 탄생하였고 단연 새정부 제1의 화두, 온 국민의 최대 바람은 '적폐 청산'이었다. 그러나 그 후의 전개 상황은 어떠했던가?

문재인 정부 출범 후 1년 7개월여 만이었던 11월 1일 문재인 대통령은 2019년도 예산안에 대한 국회 시정연설에서 "정부는 국민 요구에 응답해 권력적폐를 넘어 생활적폐를 청산해 나갈 것"이라고 강조하더니, 20일에 청와대에서 '3차 반부패정책협의회' 회의를 열어 '생활적폐 9대 과제'를 선정하고 그에 대한 종합대책 마련에 나섰다. 이는 소위 채용비리, 우월한 지위를 이용한 갑질문화 등 생활 속의 적폐를 반드시 근절하겠다는 의지의 표명으로, 정부 출범 첫 1년간 정부가 권력형 적폐 청산에 집중하였다면 앞으로는 국민의 일상에서 부딪히는 다양한 부패 문제들을 척결함으로써, 모든 국민이 공정한 기회와 경쟁을 보장받고 억울한 일을 당하지 않는 생활환경을 만드는 적폐 청산의 제2라운드에 돌입할 것임을 천명한 것이라 할 수 있다.

정부가 설정한 '생활적폐 9대 과제'는 1) 학사·유치원 비리 2) 공공기관 채용 비리 3) 공공분야 불공정 갑질 4) 보조금 부정수급 5) 지역토착 비리 6) 편법·변칙 탈세 7) 요양병원 비리 8) 재건축·재개발 비리 9) 안전분야 부패 등 9개 분야로 요약되며, 문재인 대통령은 정부 각 관계부처에 공공부문과 공적 영역, 그리고 재정보조금이 지원되는 분야의 부정부패부터 먼저 없애야 한다는 의지를 강하게 다질 것과, 1) 부패 사전 예방 인프라 및 감시체계 구축 2) 피해 구제 제도 마련 3) 부패 신고 보상 제도 확대 4) 부패로 얻는 것보다 잃는 것이 더 많도록 하는 강력한 처벌을 주문했다고 언론에 대서특필되었다.

물론 이와 같은 민생과 직결된 적폐는 우리 주변에서 오래도록 충분히 체감되어 온 심각한 문제들로서 많은 국민이 해결되기를 애타게 바라온 것들임에 틀림없다. 정부로서도 그 점을 모르지 않았기에 하락하고 있는 국정 지지율을 만회하기 위해서라도 생활적폐 청산이라는 카드를 들고 나왔을 것임은 누구나 예상할 수 있을 것이다. 그런데 문제는 시의적절성과 정부가 보인 적폐 청산의 태도에 있었다. 정권 출범 초기에 국민의 염원이었던 적폐 청산 임무에 가능한 한 최선을 다하는 듯 보였던 문재인 정부였지만 기대에 비해 진척은 더디고 예상보다 적폐 세력의 저항은 맹렬했다. 밝혀지고 있는 적폐 세력의 실체는 매우 광범위하고 뿌리 깊다는 것이 여실히 확인되고 있었음에도, 상응하는 만족스러운 수사나 처벌과 같은 확실한 청산은 이루어지지 않았다.

그 사이 적폐로 똘똘 뭉쳐 나라를 위태롭게 만든 수구 패권 세력의 상당수는 각자의 자리에서 멀쩡히 살아남았고, 문재인 대통령과 정부 여당을 목청 높여 비토하는 적반하장의 꼬락서니를 서슴없이 시전하였다. 그런 눈앞의 현실을 두고 그 시점 정부가 시행한 '생활적폐 청산'

행보는 그 무엇보다 중요한 '권력적폐 청산'이라는 시대적 과제를 제대로 수행할 의지가 쇠하였다는 인상을 주었고, 적폐 청산의 힘을 스스로 분산시킴으로써, 궁극적으로는 적폐 청산의 성공 가능성을 낮추는 패착으로 작용할 뿐이었다.

박근혜 대통령 탄핵과 새정부 출범의 정국 앞에서 잔뜩 움츠려 있었다가도 자신들의 생존을 위해 역설적으로 극도의 뻔뻔한 모습으로 제대로 된 반성은 생략한 채 협치를 일체 거부하고 정부와 여당의 발목잡기에만 급급해 온 적폐 세력은 아니나 다를까 정부의 조치를 향한 조롱과 비난에 여념이 없을 뿐이었으니, 정부 여당으로서는 당장의 실익도 크지 않았다. 그렇다고 그 시점 당장 국민의 환영과 지지 반응이 크지 않았던 것도 사실이다. 정부 여당에 대한 지지율 반등보다는 자유한국당의 지지율이 올랐던 현실이 그것을 입증한다. 문재인 정부는 정말이지 배가 산으로 가는 듯한 결과를 예상하지 못했던 것일까?

한국 정치 적폐 세력의 온상임을 부정할 수 없는 당시 자유한국당에서 정부의 생활적폐 청산이라는 적폐 청산 2라운드를 대하는 태도는 크게 두 가지로 대변되었다. 김병준 비상대책위원장처럼 "문재인 대통령이 생활적폐 청산을 외치는 데 청와대 내부는 썩어들어 가고 있다."고 일침함으로써 생활적폐 청산의 의의를 깎아내리고 내부 적폐나 청산하라는 식의 반격을 가하는 방식이거나, 함진규 정책위의장이 "올해에만 20년 넘은 낡은 온수관이 터지는 사고가 무려 6번이나 발생하는 등 빠르게 노후화하는 SOC에 대한 전면적인 안전점검과 보수, 보강 노력이 시급하다. 과거 보수정권을 향한 적폐 청산보다는 일상안전을 위협하는 생활 적폐를 청산해달라."고 말한 것처럼 내심 환영을 담은 훈수를 던지는 방식이었다. 어느 쪽이든 현 정부가 출범 직후부터 줄기차게 외쳐온 적폐 청산은 정치보복과 다름없으며 정작 필요한 적폐 청산의 대상과 내용은 따로 있다는 논리의 확산과 제대로 된 적폐 청산의 지연 및 모면을 목표로 하고 있다는 것은 다를 바가 없다.

도대체 적폐가 단어적으로 무엇을 말하고 우리 사회에서 가장 척결이 시급한 적폐의 대상과 내용이 무엇일까에 대해서는 적어도 이 글을 읽는 독자들이라면 모르지 않을 것이기에 굳이 여기서 상세히 기술할 필요까지는 없을 것이다. 다만 행정부와 의회, 사법부를 가리지 않고 포괄적으로 퍼져 있는 권력의 부패는 물론이고, 기업부터 학교, 유치원에 이르기까지 일상적 삶의 곳곳에 만연해 있는 갑질과 부정, 불공정이 만인이 체감하는 우리 사회 적폐에 해당하며, 적폐 세력이 법과 도덕을 농단하고 이 나라의 기강을 뿌리째 흔듦으로써 국민을 끝모르는 패퇴감과 자괴감에 빠뜨린 것이 그간의 현실이라고 간단히 정리해 볼 수는 있을 것이다.

박근혜와 이명박 전대통령의 개인적인 죄를 중심으로 한 이전 청와대와 관료들의 불법과 부패, 그리고 무능, 양승태 전 대법원장이 군림한 대법원의 정치화와 온갖 패악, 당시 자유한국당과 바른미래당의 간판 아래 흩어져 있었던 적폐 정치인들의 대국민 기만과 만행, 그들의 돈과 권력에 대한 탐욕에 협조하면서 자신들의 게걸스러운 탐욕 역시 사납게 채워온 삼성을 비롯한 재벌, 대기업들의 일탈, 나아가 거기에 편승해 이익을 수령한 자들, 그들과 공명해 변태적인 정신적 카타르시스를 만끽하면서 증오와 갈등의 굿판을 벌여온 어리석은 보통사람들―일베, 아줌마부대, 어버이연합, 극우 성향 탈북자단체, 재향군인회

등과 같은 집단의 창궐이 대표적인 사례에 속할 것이다 — 의 존재와 행위는 우리 사회 적폐 극장의 주연들이었다.

그들이 공연해 보인 나라는 어떤 모습이었던가 되돌아보자. 문화계와 교육계, 노동계를 가리지 않고 블랙리스트가 만들어지고, 자국의 역사와 국민을 배신하는 법원 판결과 외교가 행해지며, 전문가도 일반인도 받아들이기 힘든 편향된 역사관과 정치관을 강제하는 국정 역사 교과서를 만들고자 한 나라. 대통령이 앞장서서 나라의 혈세와 공공자산을 탈취하고 빼돌린 나라. 대통령의 비리와 무능을 눈감고 한 대통령 측근 사인의 끝모르는 이권 탐닉과 따님 사랑을 위해 나라의 권력과 돈을 퍼다 바친 대가로 호의호식해 놓고서도 자신들이 저지른 일들에 대해 끝까지 '나는 모릅니다'라는 말로 일관한 정신 나간 관료와 정치인들이 요직을 차지할 수 있었던 나라. 그런 나라 꼴을 어떻게든 바로잡아보겠다고 필사적으로 애쓰는 사람들을 집요하게 방해하고 규탄하고 저주하는 사람들을 정부와 기업이 앞장서 사주하고 후원하는 나라. 정부에 항의하는 약자들의 단식 현장 눈앞에서 통닭과 피자를 시켜 먹는 파렴치한들이 기승을 부리던 나라. 흙수저, 은수저, 금수저란 말로 넘을 수 없는 태생적 한계를 확인할 수밖에 없는 나라. 그런 악몽과도 같은 막장 현실이 지배하는 나라를 두고 사람들은 체념과 조롱을 섞어 '헬조선'이라 자칭했으니 실로 절묘하다고 하지 않을 수 없다.

그런데 이런 총체적 국가 적폐의 마땅한 책임을 지고 이명박과 박근혜 두 대통령이 명백한 본인들의 죄로 인해 감옥에 가 있었음에도 불구하고, 죄 없는 사람을 정치적 보복의 희생양으로 삼지 말라고 우기는 세력이 여전히 국회를 장악하고 사회 곳곳에서 기득권을 놓지 않고 있던 곳, 그리고 지금도 여전히 그러한 곳이 한국이다. 그 두 전직 대통령은 지금은 벌써 사면되어 멀쩡히 사회로 귀환해 있으며, 그 두 전직 대통령 재임 시 나라의 주요 관직이나 공영 언론 수장을 맡아 추악한 불의와 불법을 자행한 거물급 인사들의 상당수를 다시 이 정부에서 금의환향하고 있으니 그저 놀랍기만 하다. 이러니 국가 전체에 해를 끼친 수준의 대형 범죄를 저지르고 나서 면죄부를 받고자 국회의원이나 대통령이 되려 하는 이들이 존재하는 것이 아니겠는가.

청산대상인 세력이 여전히 국회의 다수 의석을 차지한 채 개혁입법들의 처리를 방해하고, 보수언론은 적폐 청산의 피로감과 무리함을 역설하며 끈질기게 정부에 적대적인 태도로 일관하니, 적폐 청산이 제대로 진행될 리 만무하다. 당장 문재인 정부의 적폐 청산은 정권 초기의 열광적인 분위기에 비하면 시들해졌고 정체되어 갔다. 게다가 여러 객관적 지표 향상에도 불구하고 일자리 창출 미진과 논쟁을 야기하는 최저임금 인상 정책, 불안정한 주택 및 전월세 가격 등은 국민의 체감경기를 안 좋게 만들었으며, 경제위기론을 떠들어대는 여론의 호도까지 더해지니 정권의 지지율도 계속 하락하고 말았다. 그런 상황에서 정부 여당이 권력적폐 청산작업에 매진하기는 쉽지 않았음을 이해 못할 바는 아니다.

그렇지만 적폐 청산, 무엇보다도 권력적폐 청산은 포기될 수 없는 과제이며 이 시대의 사명이다(이것이 생활적폐 청산의 의미를 낮추어보거나 그것의 시급성을 부인한다는 의미는 아니다). 권력적폐 청산이 제때 제대로 되지 않으면 지난 시절의 부정의는 반드시 다시 부활할 것이며, 그때 우리는 헬조선에서 영영 헤어나올 수 없게 될 것이기 때문이다. "과거사를 가지고 한없이 정치보복을 가하는 정치적 행위는 온당하지 않다.", "표적 수사, 먼지떨이 수사로 더이상 비극을 초래하지 마라.", "문재인 정부가 하고 있는 적폐 청산 행위는 마녀사냥에 불과하다.", "나라를 위해 헌신한 사람들을 망신주지 말라.", "이번 정부들어 압수수색 건수가 20% 정도 늘었다는 이야기가 있다. 뭐든지 시스템을 바로 잡아 문제를 해결해야지, 이렇게 검찰을 동원해 무리하게 하다 보면 신적폐를 양산하게 된다.", "그럼 우리가 적폐란 말이냐?"라고 외치며 문재인 정권에 항거했던 이들은 결국 청산되지 않고 살아남아 다시 집권세력이 되기에 이르렀다.

적폐 청산과 관련한 이념과 과제, "용서가 필요한가 용기가 필요한가?"

불의한 과거가 청산되어야만 새로운 세계의 형성과 새로운 시작이 있을 수 있다. 적폐를 확실하게 청산하지 못한 나라에 어떤 미래가 기다리고 있을지는 지금의 우리나라를 직시하는 것만으로 충분할 것이다. 촛불정국을 통해 한 명의 대통령을 탄핵했고 두 명의 대통령을 나란히 감옥에 보냈지만, 제대로 함께 처벌받은 이들은 얼마 되지 않는다. 관련하여 아직 수사조차 제대로 안 되고 있는 경우가 더 많고 심지어는 처벌받은 이들도 대개 이른 형기를 마쳤거나 사면되었다. 분명히 적폐를 대표하는 자라든가, 최소한 공범이거나 부역자인 것이 만방에 알려진 자들임에도 현재 버젓이 국회와 정부 부처, 관공서, 법원의 주요 자리를 꿰차고 앉아 큰소리를 치며 군림한다. 이들을 징죄하지 않고 적폐의 발생 요인을 제거하지 않을 경우 차후 국면이 바뀌었을 때 그들이 어떤 행동을 취할 것인지는 예상하기 어려운 일이 아니었다. 나는 이미 지난 문재인 정권에서 적폐 청산과 검찰개혁을 등한시했을 때, 살아남은 이들이 지난 과거에 행했던 그대로 다시 그들다운 행동에 돌입할 것이라고, 그들이 권력을 탈환했을 때 그들은 그들의 반대자들, 아니 그들과 생각이나 신념이 다른 이들을 무참히 탄압할 것이라고 엄중 경고한 바 있다.

문제 있는 과거가 반성되지 않고 단지 반복될 뿐인 세계에서 산다는 것은 근본적으로 불행하다. 과거와 단절하려는 분투적 행위만이 새로운 시작을 가능하게 한다. 게다가 만약 피해자의 입장에서 보자면 과오를 해소하는 새로운 시작의 가능성을 가로막는 것은 정치적 악이기까지 하다. 그런데 '새로운 시작'을 위해 반드시 수반되어야 할 적폐 청산이 촛불혁명의 정신을 등에 업었다고 자부한 정권에서조차 지체되었던 까닭은 무엇일까? 그것은 크게 반대세력의 태도 문제, 정부 여당의 태도 문제, 국민의 태도 문제로 나누어 생각해 볼 수 있다.

먼저 반대세력이란 적폐 세력 당사자를 비롯한 보수 야당과 언론, 반개혁적 기득권 세력을 망라한다. 이들이 정부 여당의 개혁에 협조하지 않고 정부의 긍정적 업적마저도 한사코 인정하지 않으면서 일거수일투족을 무조건적으로 폄훼하고 비판하는 태도를 보이는 것은 매우 한심하지만 그 동기를 이해하는 것은 결코 어려운 일이 아니다. 그들이 당장 바라는 것은 적폐 청산의 속도를 늦추고 궁극적으로는 적폐 청산의 동력을 제거함으로써 자신들을 향한 징죄를 피해 다시금 힘을 회복하는 것이기 때문이다. 그들은 정권의 실정이나 지지율 폭락과 함께 국민이 적폐 청산에 무관심해지거나 심한 피로감을 느껴 결국에는 적폐 청산 작업이 중단되는 것을 오매불망 기대한다.

반대세력이 적폐 청산을 원치 않는 태도를 보이는 것은 그것이 그들 자신의 생존과 직결된 문제이기 때문에 자연스러운 일이기도 하다. 문제는 정부 여당과 일반 국민의 태도에도 적폐 청산을 가로막는 일정한 요인이 있었다는 것인데, 적폐 청산의 동력을 꺼뜨리지 않기 위해서는 그 점을 들여다볼 필요가 있다. 반대세력은 보통 각종 저항과 기만으로 적폐 청산에 정면으로 맞서거나 적폐 청산의 의의를 희석시키는 방식으로 적폐 청산을 무산시키려 하는데, 이들이 사용하는 대표적인 기만 방식이 적폐 청산의 과도함을 과장하는 방식으로 피로감을 유포시키거나 복수보다 용서를 통한 화해가 필요하다는 방식으로 용서를 남발하고 강제하는 것이다. 그리고 정부 여당과 일반 국민이 대부분 걸려든 덫이 바로 이 부분, '피로감과 용서'의 정서와 이념이었다.

물론 적폐 청산의 실행을 담당하는 세력의 태도와 결실이 나태하고 지지부진한 것도, 적폐 청산에 대한 관심과 지지가 꾸준하지 않고 곧잘 식어버리는 국민의 관행적 태도에도 적폐 청산의 지연과 좌초에 대한 책임이 있을 것이다. 그렇지만 반대세력이 가장 집중하는 측면이자 실제 효력을 거두는 측면은 전 사회적으로 적폐 청산에 대한 피로감과 거부감을 극대화하고 용서의 필요를 과잉 공급하는 것이다. 흥과 열기가 많고 특정 이슈에 대한 쏠림 현상이 강한 한국인들은 특정 시점에 집단적 에너지를 집중하는 것에 능하지만, 달아오른 뜨거운 열기가 빨리 식기로도 유명하다. 피로감 유포 전략은 국민의 적폐 청산에 대한 관심 분산이나 지지 약화를 조장하는 데 아주 효과적일 수밖에 없다. 게다가 당시 민주당 정부의 나태나 유약성은 화끈한 적폐 청산을 기대하던 국민에게 실망감을 안겨 결과적으로 피로감을 증대시켰다.

착하고 여린 심정을 가진 한국인들에게, (자신에게는 극히 너그러우면서) 유독 타인들에게 도덕의 잣대를 과하게 들이대는 한국인들에게 '용서'와 '관용'의 덕을 호소하는 것은 꽤 큰 영향력을 발휘한다. 지금까지 우리 역사에서 적폐 세력은 불리한 처지에서 대개 이 전략으로 자신의 생존을 도모했으며 실제 번번이 과거청산을 무산시켜왔다. 문제는 그것이 원래부터 착한 심성의 사람들에게나 덕이 되지 악하고 후안무치한 사람들에게는 아무런 지배력을 갖지 못한다는 점이다. 돌이켜보건대 적폐 세력은 자신들이 불리한 입장에 처했을 때만 용서와 관용의 덕을 열띠게 주창했지 자신들이 지배적 위치에 섰을 때 상대방에게 그 덕을 발휘한 전례는 없다. 현재 윤석열 정권하에서 자행되고 있는 각종 만행들 역시 그것을 입증한다.

한나 아렌트(Hannah Arendt)는 용서 행위를 옹호했다. 그녀는 인간이 운명을 수용하는 존재가 아니라 운명을 개척하는 존재로서 그 탁월한 위상을 갖기 때문에 용서 능력이 인간 조건의 필요한 차원이며 인간의 행위와 정치의 존재론적 근거라고 보았다. 그렇지만 아렌트는 정치 행위로서 과거청산이 과거지향적인 것이 아니라 미래지향적인 것임을 분명히 했고, 과거청산을 위한 중요 요소로 책임과 용서, 보복과 화해를 언급하였다. 아렌트에 따르면 역사적 과오에 대한 무반응은 우리 양심의 실종과 공동 세계의 상실을 의미한다. 그리고 과거청산은 특정 시점의 종료에서가 아니라 과정 속에서 의미를 갖는다. 용서 역시 최종 행위가 될 수 없으며 완성되었다고 여길 수 있는 순간이 존재하지 않는 하나의 과정일 뿐이다.

2차대전의 나치 측 일급 전범이었던 아이히만을 '악의 평범성'이라는 생소한 개념까지 떠올려가며 동정했던 아렌트였지만 그렇다고 그녀는 아이히만에 대한 용서를 선택하지는 않았다. 아렌트는 모든 범죄나 범인과 화해할 수 있거나 그렇게 해야 한다고 생각하지 않았으며, 어느 누구도 아이히만과 지구를 공유하기를 원하지 않는다는 점에서 그에 대해 내려진 교수형에 찬성하였다. 아렌트의 판단처럼 용서는 모든 것에 적용되는 무조건적이고 무제한적인 것이 될 수 없다. 용서는 극단적인 범죄나 의도적인 악에는 적용되지 않아야 한다. 용서는 분명히 죄와 복수라는 연쇄 과정을 중단시키고 화해와 공존이라는 미래 관계를 창출하는 결정적 기제로 작용하며 '새로운 시작'을 여는 덕이다. 그러나 타인들과 더불어 사는 실존적 인간의 조건인 다양성을 해치고 부정함으로써 정치 자체를 파괴하는 행위 앞에서라면 용서는 작동을 멈춰야 한다. 용서는 정치적 죄에 대한 처벌을 배제하는 것이 결코 아니다.

　우리에게는 용서할 것과 하지 말아야 할 것에 대한 판단이 필요하며, 용서에 앞서 용서할 수 없는 것들을 과감하게 징죄할 수 있는 '용기'가 더 필요하다. 정치적 악의 온존 속에서 화해와 평화의 대동사회는 결코 오지 않는다. 아렌트가 역설했듯이 화해는 상호 용서이다. 가해자와 피해자가 서로 용서할 때 화해가 이루어질 수 있고 그제서야 공동의 유대 속에서 세계가 정치적으로 재구성된다. 악어의 눈물로 용서를 구하는 적폐 세력이 정작 자신들은 누구도 용서할 생각과 태도를 갖추고 있지 않은데 옛 피해자들과 적폐 청산의 주체세력이 순진하게도 용서를 남발한다면 적폐에게 역전의 기회만을 선사할 뿐이다. 『논

어』나 『중용』에서도 결단력과 의지의 과감성을 의미하는 '용(勇)'이 '인
(仁)'과 함께 가장 중요한 덕의 하나로 내세워진다는 것은 의미심장하
다. 물론 눈앞의 이익에 취하여 당시 자유한국당과 야합해 개헌과 선
거제 개편 논의를 무산시켰으며, 윤석열의 검찰에게 역습을 당해 지리
멸렬했던 민주당의 행태 역시 적폐. 과오에 대해 과감히 속죄하고
내부의 폐단을 청산하며 정의로운 길로 신속히 전환할 줄 아는 것이
용기다. 적폐 청산의 속도를 늦추거나 강도를 약화시키는 선택들이 결
국 우리나라의 현실을 여기까지 끌고 왔다.

불의의 징죄와 정의로운 용기

한국에는 민주화 이후 소위 거대한 인물로서 사회적 어른의 씨가
말라가고 있다. 수많은 이들의 존경을 받던 김구, 여운형, 함석헌, 문
익환, 김수환, 백기완과 같은 이들이 오래전 떠나갔고, 김대중, 노무
현, 노회찬, 박원순 같은 정치인도 이제는 없다. 정치, 경제, 사회적
갈등의 골은 깊어지고 대립은 그칠 줄을 모른다. 심지어 대한민국은
아직도 냉전과 분단의 도식, 식민사대주의의 그늘에서 벗어날 줄을 모
르는 것만 같다. 각 분야에 뛰어난 학자, 식자들이 수없이 많음에도 불
구하고 혜안과 용기 있는 실천으로 문제상황의 최전선에 나서 대승적
인 기여를 하는 이들은 그리 많지 않은 현실이다. 있더라도 정치이념
에 따라 극단화 되어 각각의 진영에서 소승적으로 봉사하거나 자신의
입신양명을 위해 권력 카르텔을 추종하는 경우가 많은 국면이다. 정치
사회적 문제에 무관심한 채 복지부동하며 자본주의 생리만을 좇는 현

실주의적 인물, 생존추구형 지식인들을 우리는 더 많이 만나볼 수 있다. 게다가 진보진영에 속한 지식인의 상당수조차 민주당이 집권할 때면 적폐 청산은 복수니 그만두라고 말리고, 강한 개혁은 역풍을 불러온다는 등의 적절치 못한 훈수를 두기 일쑤며, 사회를 진영논리로 나누고 내로남불을 자행한다고 강하게 비판한다. 그리고 많은 온건한 지식인들, 보수적 전화를 한 지식인들은 자신들이 취한 스탠스를 정당화하기 위한 입론으로 정치 영역의 비진리성과 다원성을 적극 설파하면서 정의에 대한 탐색과 추구를 가로막는 듯한 모습을 보이기까지 한다.

이렇다 보니 한국의 현실은 적폐 청산과 혁명적 개혁이 늘 지체되고, 적폐 세력은 가치중립적 이름일 수도 있는 '보수'의 이름하에 똘똘 뭉쳐 우리 사회에서 여전히 제거되지 않고 기득권을 누리는 모양새다. 이런 상태를 고착화시키고 정치의 전선에서 옳음과 정의의 문제를 퇴색시켜 시민과 민중의 판단력을 흐리게 하는 데 지식인이 기여하고 있는 것이 문제다. 한국의 상당수 지식인들은 스스로 계급의식을 지우면서 성공한 자본주의 구성원이 되고자 하는 욕망에 지배받는다. 그리고 대학이나 기업, 정부나 정부 산하 연구기관 등 자신들이 속한 곳에서 잘리지 않고 생존하기 위한 굴종에 익숙해져 가고 있다. 심지어 학교에서는 학생 '소비자'의 눈치를 보며 스승의 지위와 품격을 포기하고, 시장에서 자신을 잘 팔리는 상품으로 판매코자 하는 데 혈안이 되어 있는 이들이 즐비하다. 유튜브의 시대는 이런 추세를 더욱 부추기고 있다. 한국의 지식인들은 불의에 맞서 자신을 내던지고 민초들의 편에서 실질 투쟁하지 않으며, 자신을 향한 압제에 반항하기를 포기한 것처럼 보인다. (실천적) 지식인이 사라진 시대, 지식인의 사명이 사라진 시대라는 자괴감이 팽배하고 있는 것은 어제오늘의 일이 아니다. 한국의 지식인들은 허무주의적 상대주의를 유포하는 주범일 뿐이다.

　그러나 오히려 지식인들은 우리의 역사적 전통을 되돌아보면서 오늘의 우리를 부끄러워하고 ─수오지심(羞惡之心)은 맹자(孟子)에 따르면 인간 고유의 필수적 도덕감정이다─ 정의의 결기를 찾아야 할 것이다. 지식인은 그저 책만 읽어가며 홀로 지적 열락에 도취하면 그만인 존재가 아니다. 사람들이 존경의 뜻을 담아 부르는 이름으로서의 '지식인'은 고매한 지식을 활용한 '사회적 행위자'임을 기억해야 한다. 지치주의(至治主義) 왕도정치(王道政治)의 꿈을 위해 역성혁명을 불사하고 개국하여 500년 국가를 유지한 조선 왕조의 존재와 그 국가 이념인 유교는 정치·사회철학적으로 중요한 의의를 던져준다. 유학의 종주(宗主)인 공자(孔子)와 맹자는 불의에 뜨겁게 저항한 대표적인 정의의 철학자였다. 특히 맹자는 부국강병 경쟁과 겸병전쟁, 지배층의 탐욕과 부패 속에서 도덕의 근간이 무너지고 백성들의 삶의 기반이 파괴되던 전국시대(戰國時代)를 살아가면서 애타게 정의를 갈망하며 인간본성과 정치제도의 심층을 통일적으로 성찰한 지식인이었다. 우리는 학정과 불의에 대항하는 맹자의 민본주의와 성인되기를 목표로 한 수양학에 평생을 바쳤던 선비들의 태도로부터 지식인과 시민의 무거운 도덕적·정치적 책무를 배울 필요가 있다.

　지나간 옛날의 조선 선비들은 비장한 바가 있었다. 그들이 추구한 도학(道學) 정치이념은 백성의 공공복리를 최대화하려는 위민(爲民)의 정치였으며, 공사(公私)론적 구도 위에서 오로지 봉공멸사(奉公滅私)만을 추구하는 소통과 공감 중심의 정치였다. 조선에서는 공공성에 대한 고민이 정치적으로나 학문적으로 치열했다. 조선의 문화 전통은 조정 대신만이 아니라 성균관이나 서원 유생들도 단호한 정치적 토론과 의사표현, 죽음을 각오한 결사 행동, 도성 결집 정치 농성 등을 당연한 지성의 권리로 여겼다. 조선은 왕의 권력도 두려워하지 않는 담대한 공공지식인들의 존재로 인해 사회의 정의감과 윤리성이 높은 수준에서 관리될 수 있었다. 그게 모두 근대 유럽보다 훨씬 이른 시기의 일이기에 놀라운 것이며, 서구 근대 계몽주의의 자산을 추종하는 현대 한국 지식인들의 낯짝을 부끄럽게 하는 우리 직계 전통의 자산인 것이다.

맹자는 정의의 원칙에 대한 확고부동함과 지식인의 일관된 용기가 무엇이어야 할지를 모범적으로 보여주었다. 가령 맹자는 제선왕(齊宣王)과의 대화에서 부덕하고 무도한 임금을 왕좌에서 내리고 처치하는 것은 신하의 군주에 대한 반역이나 시해에 해당하지 않고 악한 죄인을 주살한 정의로운 징죄였다는 입장을 분명히 했다.

> 제선왕이 물었다. "탕왕(湯王)이 걸왕(桀王)을 내쫓고 무왕(武王)이 주왕(紂王)을 정벌한, 그러한 일이 있습니까?" 맹자가 대답했다. "기록에 따르면 그러한 일이 있습니다." "신하가 자기 군주를 시해하는 것이 가능합니까?" "인(仁)을 해치는 것을 적(賊)이라 하고, 의(義)를 해치는 것을 잔(殘)이라 하며, 잔적(殘賊)한 사람을 그저 한 놈이라 하니, 그저 한 놈 주(紂)를 주살했다는 말은 들었어도 군주를 시해했다는 말은 듣지 못했습니다."[2]

---

2)   『孟子』, 「梁惠王 下」, "齊宣王問曰: '湯放桀, 武王伐紂, 有諸?' 孟子對曰: '於傳有之.' 曰: '臣弑其君, 可乎?' 曰: '賊仁者, 謂之賊, 賊義者, 謂之殘, 殘賊之人, 謂之一夫; 聞誅一夫紂矣, 未聞弑君也.'"

물론 타인의 악에 대한 징죄는 자격 있는 자만이 행할 수 있을 것이다. 지식인은 먼저 만인 앞에서 선각자로 평가받을 수 있는 수양인이자 도덕인이 되어야만 할 것이다. 맹자는 부동심(不動心)의 용기 중에서도 '가장 가치 있는 용기'를, 신체적 위협을 두려워하지 않거나 모욕을 참지 않는 용사의 용기나 비겁해 보여도 성패를 가름 짓는 승부처 앞에서 극도의 신중함을 택하는 용기보다도, "혹 자기 스스로 돌아보아 올바르지 않으면 비록 상대가 천한 사람이라 해도 그를 대하며 두려워할 줄 알고, 반대로 자기 스스로 돌아보아 올바르다면 비록 천만 명이 가로막고 있더라도 나의 길을 당당히 걸어가는 용기"로 꼽는 취지의 말을 남김으로써, 자기 내면의 정당함을 견지하는 성찰적 용기의 고귀함을 우리에게 알려준 바 있다.3) 정의와 용기, 정의로운 용기를 찬양하는 맹자의 말은 마치 오늘의 지식인들을 향한 일침이라고 해도 좋을 것이다.

> 인(仁)은 사람의 마음이고 의(義)는 사람의 길이다. 그 길을 버리고 따르지 않고, 그 마음을 놓치고 찾을 줄 모르니 슬프다! 사람들이 닭이나 개를 잃어버리면 찾을 줄 알되 마음을 놓치고는 찾을 줄 모른다. 학문의 길은 다른 것이 없으니, 그 놓쳐버린 마음을 구할 따름이다.4)

---

3) 『孟子』, 「公孫丑 上」, "曰: '不動心有道乎?' 曰: '有. 北宮黝之養勇也, 不膚撓, 不目逃. 思以一毫挫於人, 若撻之於市朝. 不受於褐寬博, 亦不受於萬乘之君. 視刺萬乘之君, 若刺褐夫, 無嚴諸侯. 惡聲至, 必反之.' 孟施舍之所養勇也, 曰: 視不勝猶勝也. 量敵而後進, 慮勝而後會, 是畏三軍者也. 舍豈能爲必勝哉, 能無懼而已矣. 孟施舍似曾子, 北宮黝似子夏. 夫二子之勇, 未知其孰賢, 然而孟施舍守約也. 昔者曾子謂子襄曰: 子好勇乎? 吾嘗聞大勇於夫子矣. 自反而不縮, 雖褐寬博, 吾不惴焉, 自反而縮, 雖千萬人, 吾往矣. 孟施舍之守氣, 又不如曾子之守約也."

4) 『孟子』, 「告子 上」, "仁, 人心也; 義, 人路也. 舍其路而弗由, 放其心而不知求, 哀哉! 人有雞犬放, 則知求之; 有放心而不知求. 學問之道無他, 求其放心而已矣."

2021년 2월 1일의 군부 쿠데타 이후로 미얀마는 현재까지 극심한 혼란과 민주주의의 위기에 봉착해 있다. 아웅 산 수 치가 수장인 집권 국민민주연맹(NLD)이 2020년 11월 총선에서 압승하고 그 여세를 몰아 군부가 사실상 국가의 실권을 장악하는 헌법 장치였던 개헌 저지 의석 25%를 군부가 임명한다는 조목의 개정을 강력히 요구하자, 이에 반발한 군부는 쿠데타를 일으켰다. 이후, 미얀마 시민들의 강력한 반발과 그에 대한 군부의 가혹한 탄압, 이에 더해 얽히고설킨 버마족과 소수민족 간의 투쟁 관계까지, 미얀마는 수많은 인명 피해와 민주주의의 파괴 속에서 기약 없는 나락에 빠져든 상태이다. UN은 현재까지 수천 명이 사망했으며, 체포된 사람은 2만 6천 명이 넘고, 약 260만 명 넘게 집을 잃은 것으로 추정하고 있다. 물론 그 누적 인원은 지금도 날마다 늘고 있다. 외형적으로 그런 극한 상황까지 이르지는 않았지만, 현재 한국의 상황은 한편으로는 동질적인 상황이라 판단할 수도 있다. 미얀마의 상황과 한국에서 지난 박근혜 대통령 시절의 말미, 그리고 문재인 대통령 시절의 말미와 이어진 윤석열 대통령의 등장 이후까지를 오버랩해 보면, 미얀마가 군부 쿠데타로 겪고 있는 일이 본질적으로 결코 남의 나라 일이 아니라는 사실을 확인하게 된다.

박근혜의 국정농단이 확인되자, 그간 긴 세월에 걸쳐 고생고생해 이룩한 한국의 민주주의 성과들이 일거에 무너지고 민주주의의 수준이 급격히 후퇴할 수 있음을 우리 국민은 절감했다. 이미 이병박 정권부터 잇달아 이어진 보수정권의 단기 통치하에서 정치의 퇴행을 직접 체험한 다수의 국민들은 분노를 참치 못하고 광장과 거리에 모여들어 촛불을 들었다. 그리고 박근혜를 퇴진시켜 적폐 청산과 대 정치개혁을 추진하고자 했다. 물론 결과는 박근혜 대통령의 퇴진과 촛불혁명 정신의 실현을 표방한 민주당 정부의 출범이었지만, 우리는 박근혜의 퇴진 직전 코너에 몰린 박근혜 정권의 완강한 저항과 심지어 군부를 동원한 친위 쿠데타의 시도 정황을 확인한 바 있다. 청와대를 압수수색하러 간 검찰을 경호실은 매섭게 저지했고, 청와대까지 몰려가려는 국민 사이에선 청와대에서 발포를 할 수 있다는 설도 유포되는 등 살얼음판을 걸어야 했던 것이 불과 몇 년 전이다. 여러 차례의 군부 쿠데타를 이미 경험한 한국 현대사에서 같은 사건이 또 한번 매우 가까운 시기에 반복될 수 있었던 것을 우리는 잊어선 안 될 것이다.

생각만 해도 소름끼쳤던 당시의 위기 상황은 한때의 지나간 징후나 여담으로만 남지 않았다. 적폐 청산과 대개혁을 표방한 문재인 대통령의 행정부와 180석 민주당의 의회(그들은 지방정부와 의회, 교육감 자리도 모조리 장악한 위치에 있었다)는 적폐 청산과 개혁의 실적을 제대로 내지 못한 채 무기력하게 표류하였고, 박근혜와 이명박 전 대통령이 감옥에 갔을 뿐, 그들 일당의 죄가 제대로 처벌되지 못하고 지체되던 사이, 박근혜와 이명박을 수장 삼아 대한민국 사회를 암흑에 빠뜨린 세력은 고스란히 제1야당의 위상을 유지한 채 사사건건 국정을 방해하면서 권토중래를 도모하였다. 검찰, 사법부, 언론, 자본 적폐는 청산되기는커녕 민주주의의 진전을 가로막으며 역전의 발판을 마련하였다. 당시 많은 지식인들이 적폐 세력보다 민주당과 진보시민을 맹공하였고, 개혁의 동력은 상실된 상태에서 이번에는 군이 아닌 검찰이 수구 야당 국민의힘을 중심으로 한 반민주세력과 손을 잡고 쿠데타에 성공했다. 과거의 이명박에 이어 또 한 명의 참주라고 해도 좋을 윤석열 검찰총장이 대통령이 되면서 급기야 나라는 거꾸로 가고 분열된 나라는 깊은 상처만을 끌어안았다. 지금 한국의 민주주의를 고민하는 많은 이들은 심히 지쳐 있다. 민생을 외면하고 긍정적 방향으로 기껏 쌓아 올린 치적들을 일거에 무너뜨리는 퇴행적인 국가를 탄생시킨 덕분에 민중은 각자도생의 늪에 빠져 허우적거리고 있다.

지식인의 일: 인격의 구원과 정치의 재구성

모두가 알다시피 우리 한민족의 최고(最古) 건국이념은 '홍익인간(弘益人間)'이다. 널리 사람 사는 세상을 이롭게 하고, 인간 내면의 초월성을 깨우쳐 사람들이 문명적 존재로 어울려 살아가게 하려는 것을 목적으로 국가를 세웠다는 것이 소위 고조선의 '홍익인간 재세이화(在世理化)'라는 건국이념이다. 홍익인간의 정치이념은 나의 이익과 남의 이익을 나누어 보지 않고 하나의 공공적인 것으로 본다. 서로 돕고 조화로이 공존하는 가운데 서로 깨우쳐 '사람이 사람답게 될 수 있도록 돕는' 공존공영의 지향이 자고로 한국 정치사상의 기초를 이뤄왔다. 고구려의 건국이념인 '이도여치(以道與治)'[5]나 신라의 건국이념인 '광명이세(光明理世)'[6]도 고조선의 건국이념을 계승한 것이고, 철저히 중의와 공론에 입각하는 제가평의(諸加評議), 군공회의(郡公會議), 화백회의(和白會議)[7]와 같은 고대의 정치제도에서부터 두레, 품앗이, 동제, 계

---

[5] 고조선 시대로부터 전해오는 정치적 이념으로 알려져 있으며, 도(道)로써 백성을 더불어 다스림을 정치의 요체로 삼는 것이다. 강권이나 폭력이 아니라 하늘의 섭리를 따르는 덕치로써 정치하고자 하는 신념이 담겨 있다.

[6] 밝은 이치로 세상을 다스린다는 정치이념.

[7] 제가평의는 부여, 군공회의는 고구려, 화백회의는 신라의 정치제도다.

등의 상부상조하는 미풍양속의 전통에 이르기까지, 한국의 전통 정치 사상과 사회 윤리는 인간을 중심에 두고 최대한 평등한 관계에서 공동 체 구성원들의 화합과 단결을 통해 폭넓게 번영과 발전을 꾀하는 것이 었다.[8]

홍익인간의 건국이상을 시원으로 하는 한국 고유의 정치사상은 인 간과 공공성을 최중심에 두는 것으로서, 유교의 인본주의 및 민본주 의, 덕치주의의 정치이념과 일맥상통하며, 조선이라는 유교 이념국가 에 이르기까지 유교 사상의 체계 속에 융합되어 발전해 왔다. 그리고 그런 전통은 여러 국난에 맞서 기의(起義)를 아끼지 않은 의병과 항일 독립투사들의 존재, 대한민국의 건국과 민주화를 위해 활약한 운동가 와 지식인 집단의 존재를 있게 한 힘이 되었다. 한국 사회의 고유한 삶 의 문법과 발전 동학을 이해할 수 있는 독자적 이론을 세우고자 노력하 고 있는 학자 장은주 역시 과거 유교적 지식인들이 사회의 불의를 바로 잡고 정의를 실현하는 데 참여하는 것을 가장 중요한 정체성으로 여겼 다는 사실을 주목하면서, '재야인사'나 '우국지사'의 이름으로 존중받 던 현대의 지식인이 그런 전통을 이어나갔고 권력에 저항하며 민주주 의를 진전시켜온 한국의 시민들이야말로 유교적 군자의 민주적 후예요 현대의 군자라고 평가하기를 주저하지 않는다.[9]

심지어 홍익인간의 건국이상, 정치이념은 단순히 '널리 인간을 이 롭게 한다'는 공익적 목표에 한정되지 않는다는 사실을 우리는 주목할 필요가 있다. 실제로 '홍익인간'이란 문구를 기록한 『삼국유사』는 고려

---

8) 안효성, 「한국정치사상에서 people의 대응 개념과 그 의미, 그리고 포퓰리즘」, 윤비 외, 『더 많은 민주주의를 향하여』, 시공사, 2021, 100-101쪽 참고.

9) 장은주, 『공정의 배신』, 피어나, 2021, 119-120쪽 참고.

때의 문헌으로, 당시의 '인간'은 오늘날의 '휴먼(human)'에 대응하는 단어로 쓰이지 않았을뿐더러, '홍'과 '익'도 '널리'라는 부사와 '이롭게 하다[利]'란 동사로만 풀이할 경우 '널리 인간을 이롭게 한다'는 구호는 오래도록 고귀한 의미로 전승되어 남겨지기에는 그 뜻이 극히 단조롭다는 사실을 떠올리는 이들은 극히 드물다. 먼저 한자 '인간'이 영어 '휴먼'의 뜻으로 쓰인 것은 근대 서양을 번역해야 했던 일본의 조합어 선택 이후이며, 지금도 현대 중국어에서 '인간'은 '사회공동체/인간무리(community)'의 뜻으로 쓰이고 있다는 것을 알아야 한다.10) 고려시대의 어법에서는 '인'만으로 곧 '사람'을 뜻하며, '인간'은 '사람의 무리', '사람-사이'를 지칭했다고 보는 것이 더 정확할 것이다. 게다가 사람들이 여럿이 모여 함께 할 때는 그 수가 많고 적고 간에 각기 따로 있을 때보다 유리하기에 그리하는 것이다. 즉 '널리 사람들을 이롭게 하겠다'는 목표는 작은 동아리조차도 당연히 세우는 것으로서 그리 대단하거나 신성할 것이 없다는 것이다. 그렇다면 우리의 역사에 특별히 기록되고 고귀하게 받들어지는 고조선의 '홍익인간', 정확히는 환웅의 '홍익인간'은 무언가 그 이상의 각별한 것이 틀림없지 않겠는가 하는 의심을 가져볼 필요가 있을 것이다.

실제로 철학자 한자경은 웅녀가 동굴 속 기도를 통해 인간으로 변하고 다시 환웅과 결혼해 단군을 낳는 단군신화의 구조를 인간의 내재 초월에 관한 철학적 이야기로 해석하면서, '홍익인간'을 그에 관한 이념을 담은 개념으로 간주한다.11) 또한 천재적 사유를 남긴 철학자 윤

---

10) 물론 일본의 영향으로 우리처럼 중국에서도 지금은 '인간'을 '휴먼'의 뜻으로 사용하기도 한다.

11) 한자경, 『한국철학의 맥』, 이화여자대학교출판부, 2008, 15-34쪽 참고.

노빈 역시 홍익인간을 니체의 '초인/위버맨쉬(bermensch)' 개념과 연결시키면서, 그로부터 인간의 내적 영성을 깨우쳐 발현하는 실존적 능동성이란 의미를 끌어낸다.[12] '홍'이 '크다'란 뜻이 있고, '익'이 돕다'란 뜻이 있기 때문에, '홍익'은 우리에게 통상적으로 가르쳐지는 '널리 이롭게 하다'가 아니라 '크게 유익하게 하다', '크게 돕다', '확장하다', '크고 풍부하게 하다'란 의미로 읽혀야 초월적인 신성한 이야기 단군신화에서의 '홍익인간'이란 건국이념의 가치가 더 잘 드러날 수 있을 것이다. 윤노빈이 지칭하는 '홍익인간'도 사람이 사람'답게' '되도록' '돕는(만드는)' 것이고, 사람들[人間: 사람 사이]을 크게 돕는 (해방과 통일의) 행위다. 윤노빈의 신생철학에서 제시되는 홍익인간으로서의 초인, 또는 인간을 홍익함은, 탈존적 자기완성, 인간 내면의 신성 실현 내지는 영성 발현으로서의 초극 행위와 그러한 경지를 이룬 자를 뜻한다.[13] 단군신화에 담겨졌고 우리의 역사에 면면히 이어져 내려온 '홍익인간'은 인격의 구원과 이상적 성취에 관한 이념으로 이해할 수 있다. 그리고 '홍익인간'이야말로 인간성을 말살하는 혼돈과 탈진실의 시대를 살고 있는 우리에게 필요한 사회적 가치요, 혼미함과 무력함에 빠져 제 역할을 못하고 있는 한국의 지식인들이 다시 새겨 추구해 마땅할 사명적 가치일 것이다!

그럼 '홍익'해야 할 '인간'은 어떤 존재인가? 인간을 어떤 존재로 볼 것인가 혹은 인간의 고유성을 무엇이라 할 것인가에 대해서는 여러 접근과 해명이 가능할 것이지만, 지식인의 갈 길을 찾는 나침반에 대

---

12) 윤노빈, 『신생철학』, 학민사, 2003, 299-331쪽 참고.

13) 안효성, 「윤노빈의 신생철학과 아렌트의 정치철학 비교 시론」, 『현대유럽철학연구』 제70집, 2023, 42쪽 각주 19 참고.

해 논하는 우리의 논의 맥락에서는 '정치적인 것(the political)'에 주목할 필요가 있다. 인간은 공자의 말대로 금수의 무리 속이 아닌 사람들 사이에서 자신을 실현하는 존재다. 한나 아렌트는 사물이나 동식물과 같은 타 존재자의 존재 방식과 구별되는 인간의 존재 방식, 곧 실존(existence)의 가장 중요한 측면을 '정치행위(action)'로 보았고, 사람들은 행위를 통해 행위와 의미의 관계망인 '세계(world)'를 만들어 나간다고 하였다. 또한 그런 점에서 인간을 향해서도 '주체(subject)'보다는 '행위자(agent)'라 지칭하기를 즐겼다.

아렌트는 정치를 복수의 타인들과 더불어 사는 인간만의 공존 양식이며 인간성을 실현하는 특별한 방식이라고 간주했다. 아렌트에 따르면 인간의 고유한 소통 행위, 정치가 펼쳐지는 공적 영역을 통해, 인간의 다양성과 차이가 드러나고, 공동의 생활을 유지하는 방법이 찾아진다. 그리고 언어를 통한 의사소통과 토론 및 심의, 합의와 공동 행위가 펼쳐지는 것이 정치다. 만일 토론과 설득 행위가 부재하고, 야만강제력이나 명령이 지배한다면 그것은 비정치적이다. 정치행위는 근본적으로 소통하고 협력하는 능력이다. 지배를 정치로 여기는 것은 적어도 아렌트가 보기에는 —본래적으로는 자유롭고 평등한 개인들로서의 모든 행위자들이 더불어 함께 참여하는 것인— 정치에 대한 오해이며 인간 존엄성에 대한 모독이다. "정치적 인간의 자유는 타인의 현존과 평등성에 결정적으로 의존한다는 것을 염두에 두는 것이 중요하다."[14] 인간은 정치행위를 통해 비로소 자연의 필연성을 넘어서 자유롭게 된다. 또한 정치는 특별한 장소가 아니라 바로 우리의 기초적 일상의 공

---

14) 한나 아렌트, 제롬 콘 편집, 김선욱 역, 『정치의 약속』, 푸른숲, 2007, 212쪽.

적 공간에서부터 펼쳐지며, 특별한 전문인들이 아닌 모든 인간이 수행하는 것이다.

이런 점에서 보건대, 현재 우리 사회는 인간에 대한 존중, 서로에 대한 존중과 포용, 공감과 소통 그리고 연대, 정치의 가치에 대한 존중이 사라져 가는 것이 가장 큰 문제다. 아렌트가 정치의 본질이 다원성과 자유라곤 했지만, 우리 사회에서 만연하는 다원성과 자유는 제멋대로 하고 타인의 입장, 다른 가치를 인정하려 하지 않는 불통과 독단의 다원성과 자유라는 것이 문제다. 그런 가운데 오직 힘만이 관철되고 법도 공정/공평하지 않은 모습을 보이면서, 차별의 층차 확대재생산, 진영화에 갇힌 혐오와 대립의 확산, 각자도생의 무한경쟁, 정적 제거 혈안의 정치, 자본과 권력을 이용한 특정 소수에 의한 공적 재화의 탈취, 인간의 사물화와 극단적 이기주의의 팽배, 불의에 대한 무관심과 굴복, 정치의 야만화가 극에 달하고 있다. 그리고 소위 지식인 역시 이러한 흐름 속에 녹아들며 그저 직업으로서의 지식인으로 전락해가고 있으니, 사회가 개선되고 인격이 구원될 길이 요원해질 수밖에 없는 것이다.

아렌트는 공공의 문제에 대한 무관심과 개인주의에 입각한 무한경쟁 등이 팽배한 '비정치화 사회'가 결국 전체주의를 낳기에 이르렀다고 지적한 바 있다. 아렌트의 통찰에 따르면, 정치의 폐지 상태는 곧 '인간의 조건' 파괴이며, 그것은 결국 인간성의 말살로 이어지기 마련이다. 그리고 정치의 무력화나 폐지는 전체주의만이 범하는 것이 아니다. 다양한 방법과 상태 속에서 우리는 아렌트적 의미의 정치 무력화를 경험할 수 있으며, 이미 현재 우리 삶의 경제 사회적 조건이 그러한 길로 우리를 몰아넣고 있다. 특정한 힘을 가진 세력이나 정해진 악인들만이 그런 짓을 자행하는 것도 아니다. 평범한 사람들이 그들의 활동이나 비활동이 낳을 결과에 대한 비판적 사고 없이 명령에 복종하거나 다수 의견에 따르려 하는 경향에서 비롯되는, '악의 평범성(banality of evil)', '진부한 악'이 만연한 탓이기도 하다. 윤노빈의 경우 인간의 생존적 삶을 방해하고 인간을 분단과 분할의 질곡에 빠뜨리는 존재를 '악마'라고 호칭한다. 윤노빈이 볼 때 자고로 인간을 억압하고 속박하여 고통에 밀어 넣는 것은 자연이 아니라 인간이다. 윤노빈에 따르면 인간을 구속한 인간의 이름이 악마에 다름 아니다. 인간으로부터 자유를 빼앗아 간 자, 모든 것을 쪼개버리고 싶어 하며 쪼갬으로써 제 배를 채우는 존재는 다름 아닌 '사람', 사람의 탈을 쓴 악마다. 인화가 깨진 '틈'에서, 협동이 붕괴된 틈에서 악마는 태어나고 자라난다.

따라서 인간과 정치에 대한 존중이 없는 사회에서 인간과 정치에 대한 존중이 있는 사회로 바꿔낼 필요가 절실하다. 인간에 대한 존중은 인간 각자의 스스로 깨어남에서부터 시작할 수밖에 없다. 그리고 그것을 가능하게 하는 가장 중요한 한 가지 방법이 정치다. 다수의 사람을 시혜자로 하는 밖으로부터의 정치는 그것을 해낼 수 없다. 고작해야 극히 제한적인 도움이 될 뿐이다. 아렌트가 통찰을 제공했듯이 인간은 누구나가 정치행위자며, 노동(labor)과 작업(work)을 넘어 행위(action)를 수행함으로 인해 비로소 '시작하는 힘'의 주인이 되어 자유로워지고 인간성을 실현할 수 있다. 그런 점에서 현재처럼 평소에는 극소수만이 정치와 행정을 주관하는 대의제 정치와 관료제 국가에서는 상당수의 사람은 정치 수행을 만끽할 수가 없는 것이다. 아렌트가 직접민주제만을 참된 민주정치로 인정한 것도 그 때문이며, 나 역시 평의회 정치로의 정치 재구성을 지지하는 소신을 갖게 된 것이 그러한 이유에서다. 어떤 방법이 되었든 사람들을 정치행위자로 각성시키고 그게 가능한 사회적 구조를 만들어내는 것, 궁극적으로는 사람이 자기 안의 영성을 깨워내 인간성(인간의 참됨)을 실현[초극]할 수 있게 하는 것이 오늘날의 '홍익인간'이 되어야 할 것이다.

그러려면 무엇보다도 장은주가 말하는 민본적, 민주적 우환의식을 내면화하고 사회적 불의에 맞짱 뜨기를 두려워 않는 지식인, '유교적 군자의 민주적 후예'의 귀환이 필요하다. 지금과 같은 불의의 시대일수록 우리에게는 권력과 폭력을 두려워하지 않는 담대함을 가진 참된 지식인이 필요하다. 인(仁)과 용(勇)으로 무장한 지식인이 기의하여 나서 줄 때 사회는 방향을 바꿀 수 있다. 진리를 찾는 존재요 공적 자산인 지식인의 사명은 자신의 입신양명이 아니라 '인격의 구원과 정치의 재구성'15)이 되어야 할 것이다. 지식인의 할 일은 정의로운 용기를 갖는 것이며, 궁극적으로 홍익인간이다! 사회적, 정치적 존재인 인간에게 있어 '정의'가 없이는 '행복'이란 있을 수 없다. 고한다! 집 나간 지식인들이여 돌아오라!

---

15) '인격의 구원'은 타락한 인격의 구원만을 의미하지 않는다. 적극적으로는 우리가 지향해야 할 인간의 이념형을 실현하기 위한 근본적 발판의 마련을 의미한다. '정치의 재구성'도 구조적 재구성만을 의미하지 않는다. 인간이 하늘임을 깨우치게 한 최제우의 '인즉천(人卽天)'처럼, 모든 현존하는 인간이 생활세계적 정치의 주체임과 정치행위를 통해 비로소 인간성이 실현되고 그 탁월함을 뽐낼 수 있다는 사실을 모두가 알고 행하게 한다는 의미를 포함한다.

참고문헌

『孟子』

한나 아렌트, 『정치의 약속』, 김선욱 옮김(2007), 푸른숲.

안효성(2021), 「한국정치사상에서 people의 대응 개념과 그 의미, 그리고 포퓰리즘」, 윤비 외, 『더 많은 민주주의를 향하여』, 시공사.

_____(2023), 「윤노빈의 신생철학과 아렌트의 정치철학 비교 시론」, 『현대유럽철학연구』, 제70집, 한국하이데거학회.

윤노빈(2003), 『신생철학』, 학민사.

장은주(2021), 『공정의 배신』, 피어나.

한자경(2008), 『한국철학의 맥』, 이화여자대학교출판문화원.

05

학회를 통해 본
공공성과 학문성의 결합 가능성:
한국 사회와철학연구회를
중심으로

5.
학회를 통해 본 공공성과 학문성의 결합 가능성

한국 사회와철학연구회를 중심으로

나종석

들어가는 말

이 글의 목적은 한국 '사회와철학연구회'(이하 사철연)를 중심으로 학회가 공공성과 학문성의 결합의 장의 역할을 어떤 방식으로 해왔는지를 비판적으로 성찰하는 것이다. 이 글은 학회를 학문성과 공공성의 결합의 지평 혹은 공간이라는 의미에서 일종의 학문적 공공 영역이라는 점을 전제로 한다.[1] 이런 전제에서 출발하여 사철연의 사례를 통해 1990년대 이후 한국의 학문적 공공 영역의 활성화와 다양화의 경향을 분석하고, 그에 대해 비판적으로 성찰해보고자 한다.

사철연은 1990년대 이후 소연방의 해체와 더불어 진보 이념으로서의 마르크스–레닌주의의 실패가 현실적으로 확인된 이후 마르크스주의의 위기를 극복하려는 시도에서 하버마스 연구자들이 주축이 되어

---

[1]   공공성, 공공 영역 그리고 공론장 등의 개념에 대한 정의는 본문에서 설명한다.

형성된 학회다. 사철연은 한편으로 근대성과 합리성에 대한 급진적 해체를 시도하는 포스트 모던적 담론에 대해서 비판적인 거리를 유지하고자 했다. 뿐만 아니라 사철연은 '정통' 마르크스-레닌주의의 이론을 재구성[2]하려는 움직임에 대해서도 비판적 태도를 유지했다. 이 학회는 소통적 합리성, 민주주의 그리고 시민적 공론장 등을 중심적 어휘로 제시하면서 근대의 여러 병리적 현상들에 대한 비판과 함께 계몽주의의 근대적 기획의 해방적 잠재력을 옹호하는 시도를 했다. 사철연의 활동이 지니는 의미에 대한 비판적 접근은 여러 가지 점에서 중요하다. 우선 이 작업은 1990년대 이후 한국 (사회)철학의 다양한 흐름들을 전체적으로 조망하는 데에서 필수적이다. 둘째로 이 작업은 8, 90년대 이후 한국 사상사를 총체적으로 파악하는 데에도 토대 구실을 할 것이다. 80년대 이후 지금에 이르는 한국 현대 사상의 흐름을 종합적으로 전망한 연구 결과는 거의 없다. 윤건차의 저서 『현대 한국의 사상흐름 - 지식인과 그 사상 1980-90년대』는 그 예외이다. 한국 현대사상의 흐름에 대한 종합적인 전망을 제시하는 데 성공한 그의 저서가 갖고 있는 탁월성에도 불구하고, 그것은 철학, 정치학, 사회학과 같은 각각의 분야별로 문제를 세밀하게 검토하지 못했다는 한계를 안고 있다. 윤건차 역시 이 점을 아쉬워 한다.[3] 따라서 이 글은 한국 현대의 (사

---

2) 하버마스의 이론 역시 일종의 재구성된 마르크스주의라 할 수 있다. 따라서 용어의 혼동을 피하기 위해 이 글에서 마르크스주의의 재구성이라는 용어는 좀 더 제한적인 의미로 사용된다. 즉 스탈린주의를 비판하면서 마르크스-레닌주의를 복원하는 것을 중요한 이론적 과제로 설정한 사람들의 노력을 지칭하는 용어로 사용된다. 한국에서 이런 지적 작업을 수행한 대표적인 학자는 알튀세르의 구조주의적 마르크스주의를 수용하여 마르크스주의의 위기를 극복하려고 시도한 윤소영이다. 90년대 초 한국 사회에서 마르크스주의를 둘러싸고 진행된 세 가지 중요한 흐름에 대해서는 윤건차 지음, 장화경 옮김, 『현대 한국의 사상흐름 - 지식인과 그 사상 1980-90년대』, 당대, 2000(尹健次, 『現代韓國の思想 : 一九八○-一九九○年代』, 東京: 岩波書店, 2000), 98쪽 이하 참조.

3) 윤건차, 위의 책, 2000, 16쪽 참조.

회)철학의 역사뿐 아니라 한국 지성사의 종합적이고 체계적인 연구의 틈을 메우려는 의도 역시 갖고 있다.

글의 문제의식을 좀 더 구체화하기 위해 우선 사철연의 역사를 학회의 학술 활동과 더불어 그 학회에서 활동한 중요 인원의 학문적 성향 등을 중심으로 살펴본다(2장). 아울러 사철연과 유사한 성격의 학회들, 특히 한국철학사상연구회(이하 한철연)와의 관계 그리고 이들 학회의 차이성이 무엇인지를 살펴볼 것이다(3장). 이를 토대로 해서 사철연이 한국의 정신사 및 한국철학계에서 차지하는 위상과 의미 그리고 앞으로 해결해야 할 과제들이 무엇인지에 대해 검토해 볼 것이다(4장).

사철연의 주요 활동과 학회의 주요 구성원의 학문적 경향

사철연은 1993년 3월 27일 한국철학회 산하 독립 분과학회로 창립되었다. 한국 현대 철학이 시대적 배경과의 연관 속에서 형성되고 변화되어 왔다는 점을 감안하면 한국 현대 철학의 흐름들을 정확하게 이해하고 평가하는 작업에서 빼놓을 수 없는 것이 당대 현실과 철학의 관계이다.

사철연이 창설되는 시대적 배경을 간단하게 살펴보면 다음과 같다. 1990년대 초는 세계사적 전환기였다. 이때 냉전의 와해가 현실 공산주의 운동의 실패로 귀결되어 자본주의에 대한 대안으로 여겨졌던 사회주의에 대한 심각한 회의가 발생했다. 한국 사회에서 자생적으로 마르크스-레닌주의 및 주체사상에 입각하여 한국 사회의 근본적 변혁을 추동하려는 움직임이 대규모로 일어났던 시기는 80년대 중반이었다. 그러나 이 시기는 역설적이게도 소련과 동유럽의 체제 변동이 가시적으로 드러나는 시기였다. 이런 역설적 상황으로 현실 공산주의의 몰락이 우리나라의 진보적 운동세력과 이론가들에게 준 충격은 다른 나라에서의 그것에 비해 더 강력했다. 따라서 한국의 진보 진영에서도 마르크스주의를 어떻게 정리해야 할 것인가를 둘러싼 논쟁이 진행되었고 그 와중에서 다양한 형식으로 마르크스주의는 분화되어 갔다. 이에 따라 80년대까지 마르크스주의에 대한 우회적 접근 방식으로 수용된 비판사회이론도 다시 주목을 받을 수 있는 조건이 형성되었다.

둘째로 90년대부터 한국 사회에서는 노동자·농민의 기층 민중운동과 거리를 취하는 독자적인 시민운동이 새로운 세력으로 등장했는데, 이런 상황과 맞물려 시민사회이론이 새로운 관심으로 등장했다. 도식적이긴 하나 한국 현대 사상사의 흐름을 70년대는 민족주의가 정립되는 시기로, 80년대는 민족과 연결된 민중 개념이 성립한 시기 그리고 90년대는 시민이 주체로 등장하는 시민의 시대로 특징지을 수 있을 것이다.[4] 새로운 시민운동의 등장은 하버마스의 이론에 대한 현실 적합성에 대한 논의에 활력을 부여했다. 기층 민중운동을 강조하거나 노동계급에 혁명적 역사주체의 지위를 부여한 과거 마르크스주의의 시각과 다르게 시민사회의 해방적 잠재력을 긍정적으로 평가하는 하버마스적인 접근법이 설득력을 얻을 수 있다고 여겨졌기 때문이다.

한국 사회의 진보진영에서 중간층의 진보성을 긍정적으로 평가하게 된 계기는 87년 6월 항쟁이다. 6월 항쟁에서 보여준 중간층의 민주주의에 대한 열정으로 인해 중간층의 상대적 진보성을 긍정하는 입장

---

4) 윤건차 지음, 박진우 옮김, 『교착된 사상의 현대사』, 창비, 2009(尹健次, 『思想体験の交錯 : 日本·韓国·在日1945年以後』, 東京: 岩波書店, 2008), 456쪽 참조.

이 보다 많은 사람들의 관심을 끌게 되었다.[5] 김석수에 따르면 하버마스 이론을 한국 현실에 직접 적용하는 것을 비판적으로 보는 사람들은 마르크스주의적 이론을 고수하려고 했는 데 반해, 하버마스주의자들은 1990년대의 시대적 변화를 강조하였다. 이들은 민중의 시대가 지나고 시민의 시대가 도래 했다는 인식에 입각하여 마르크스주의적 시각으로는 더 이상 한국 현실을 적절하게 분석하고 한국 사회의 모순들을 해결하는 대안을 제시하는 데에는 충분하지 않다고 판단하면서 하버마스 이론의 한국현실 적합성을 강조하였다.[6]

마지막으로 진보 진영의 일각에서도 전투적인 노동운동을 폐기하고 타협주의적인 노동운동에 대한 필요성이 제기된 상황도 하버마스 이론이 한국 사회에 수용되는 데 유리한 지형을 제공했다. 혁명적 방식으로 세계를 변혁하는 것이 불가능 내지 바람직하지 않은 것으로 판명 난 이상 진보적 이념을 포기하지 않으려는 사람들에게 대안으로 제시될 수 있는 것 중의 하나가 바로 하버마스적인 비판사회이론이었다. 따라서 하버마스적인 비판사회이론에 호의적 태도를 공유한 일군의 사회철학자들이 마르크스-레닌주의에 대해 비판적이면서도 현실의 개혁 가능성을 냉소적·회의적으로 바라보는 태도를 지양할 수 있는 새로운 학문적 공간을 창출하려는 것은 자연스러운 것이었다.

1993년에 출범한 사철연의 초대 회장은 차인석, 부회장은 이삼열이었다. 학회지가 공식 출판되는 2001년 이전에 사철연의 학술활동은 학술 심포지엄, 월례 학술발표회, 집단 연구독해 등으로 구성되어 진

---

5) 윤건차, 앞의 책, 2000, 72쪽.

6) 김석수, 『한국현대 실천철학 - 박종홍부터 아우토노미즘까지』, 돌베개, 2008, 263쪽 참조.

행되었다. 2001년 4월 사철연 학회지인『사회와 철학』제1호가 출판되기 이전까지 창립 기념 심포지엄을 포함하여 약 60회 정도의 학술발표회를 가졌다. 60회 이상의 학술발표회 등에서 다루어지는 상당수는 하버마스 관련 주제이다. 93년부터 2001년 4월까지의 사철연의 활동에서 주목할 만한 것은 하버마스 및 아펠(K.-O. Apel)의 한국 방문을 계기로 이루어진 이 두 철학자들에 대한 학술대회 및 연구독해 모임 활동이다. 주지하듯이 하버마스와 아펠은 프랑크푸르트학파의 제2세대를 대표하는 거장이다.[7] 예를 들어 사철연은 1996년 3월 16일에서 17일까지 이틀 동안『하버마스 심포지엄』(장소: 숭실대 사회봉사관)을 개최한다.

1998년에 사철연은 아펠의 한국 방문을 계기로 당시 한국 사회윤리학회(현재 한국윤리학회)와 공동으로 '카알-오토 아펠 콜로키움' 및 3차에 걸친 연구독회를 조직해 운영했다. 연구 독해를 본격적으로 진행하기 위한 준비로 권용혁이 「카알-오토 아펠의 의사소통이론 - 그의 담화윤리학을 중심으로」를 그리고 박해용이 「선험화용론의 기본적 구상」을 통해 심포지엄을 개최했다. 그리고 3회에 걸쳐 카알-오토 아펠 연구 독회를 했다. 이 연구 독해의 결과물은 홍윤기가 편집하여 한 권의 책(『철학의 변혁을 향하여 - 아펠철학의 쟁점』, 철학과현실사, 1998)으로 출판되었다. 이 책은 아펠 철학에 대한 한국 최초의 종합적인 연구 성과라고 할 수 있다. 하버마스 및 아펠에 대한 관심 이외에도 사철연은 자유주의와 공동체주의의 논쟁에 관련한다. 1997년 9월 20

---

7) 하버마스에 비해 아펠이 한국 사회에 거의 알려져 있지 않고 연구되지 않는 것은 안타까운 일이다. 이와 더불어 하버마스와 쌍벽을 이루는 독일의 현대 사회학자인 N. 루만(Luhmann)에 대한 소개와 연구가 거의 전무한 상황도 매우 흥미롭다. 이로부터 우리 사회의 학문적 편식과 쏠림 현상이 대단히 크다는 사실을 알 수 있다.

일 사철연은 이화여대 인문관에서 "자유주의-공동체주의 논쟁과 현대 민주주의"라는 대 주제를 내걸고 이와 관련된 여러 쟁점들을 다룬다.

2001년 이전의 사철연 활동에서 빼놓을 수 없는 부분이 사철연이 보여준 한국 사회철학의 전망에 대한 관심이다. 사철연 회원들은 한국 사회의 현실이 좀 더 진보개혁적인 방향으로 변해야 한다는 생각을 느슨하게나마 공유하고 있었기에 그들은 하버마스 및 아펠 등의 독일 사회철학의 수입에만 안주하지 않았다. 그들은 한국적 상황에 적합한 사회철학의 발전에 관심을 갖고 있었다. 그 지적 고민은 1997년 7월 22일 "한국 사회철학의 현황과 전망"이라는 주제로 진행된 학술대회로 구체화된다. 이날 차인석, 김창호, 김재현, 설헌형, 박영도, 한승완 등 여러 사람들이 한국 사회철학의 어제와 오늘 그리고 미래의 전망을 두고 열띤 토론을 벌였다. 사철연 회원뿐 아니라 김재현, 김창호, 설헌영 등 한철연 회원들도 함께했다는 점이 눈에 띈다. 2001년 이전에만 해도 사철연, 한국윤리학회 그리고 한철연 등 정체성이 유사한 학회들 사이의 상호 협력이 존재했음을 알 수 있다. 이런 상호 협력은 시간이 지날수록 없어지고 서로 독자적으로 움직이는 경향이 강해진다. 그리하여 2001년 이후 사철연, 한철연 그리고 한국윤리학회가 공동으로 작업을 한 경우가 없다.

사철연은 2001년 4월에 드디어 학회지 제1호를 출판한다. 하버마스나, 아펠, 자유주의와 공동체주의 등에 대한 학술대회를 통해 꾸준하게 학문적 역량을 축적해오던 사철연은 이제 공식적으로 제 목소리를 내기 시작했다. 특히 제1호에서 8호까지의 학회지에는 사철연 구성원들이 한국 사회와 연관된 여러 쟁점들에 대한 나름대로의 제 목소리가 담겨져 있다. 따라서 창간사에서 박종대 당시 사철연 회장은 "보편성을 띠면서도 '주체성 있는' 사회철학적 작업"을 활성화하는 데 학회지가 기여할 것이라는 희망을 표했다.[8] 제1호에서 제8호까지 사철연은 비교적 학회의 정체성을 살리는 기획물을 구성했다. 1호에서 8호까지 다루었던 기획 주제들은 다음과 같았다. "세계화와 자아정체성"(제1호), "한국 사회와 모더니티"(제2호), "철학과 합리성"(제3호), "진보와 보수"(제4호), "동아시아 사상과 민주주의"(제5호), "한국 사회와 다원주의"(제6호), "과학기술 시대의 철학"(제7호), 그리고 "민주주의와 철학"(제8호)이 바로 기획특집 주제들이었다. 이 주제들만 보아도 사철연이 21세기의 인류와 한국 사회가 안고 있는 핵심적 쟁점들에 대한 학문적 결과물을 사회와 소통하려는 문제의식을 실행에 옮기고 있었음이 드러난다.

그러나 제9호부터는 기획 특집도 사라지고 비매품이 되었다. 전체적으로 보아 사회·정치철학적 주제들을 다루는 글들이 실렸지만 이들 사이에 어떤 통일성도 찾기 힘들게 되었다. 물론 이런 문제점을 인식하고 이를 극복하고자 16호(2008년 10월)에는 오랜만에 특집 주제("철학의 눈으로 본 오늘의 문화")와 자유 주제 논문으로 나누어 학회지의 성격을 살리고자 했다. 뒤에서 다시 보겠지만 기획 특집을 통해 사회의 여러 문제들을 토론·비판하여 이를 사회와 소통함으로써 우리 사회의 발전에 기여해보고자 하는 학회의 정체성이 흐릿해지는 것은 학회지가 학진의 등재지가 되어 제도권으로 편입되는 과정과 깊게 연결되어 있다.

---

8) 박종대, 「창간사」, 사회와철학연구회 편, 『사회와 철학』 1, 이학사, 2001, 6쪽.

지금까지 사철연은 16-1호 '촛불집회' 관련 특집을 포함하여 총 18 권(1~17호)을 발간했다. 학회지에 3편 이상의 글을 게재한 사람의 명단은 가나다순으로 다음과 같다.

발표자 이름	논문 게재 수
권용혁	10
김석수	11
김선욱	8
김원식	9
김준수	3
나종석	7
문성훈	4
박구용	6
박해용	3
선우현	12
장은주	3
한승완	5
홍윤기	9

위 도표에서 보듯이 권용혁, 김석수, 김선욱, 김원식, 나종석, 박구용, 선우현, 한승완 그리고 홍윤기 등이 학회지에 활발하게 글을 발표했다. 여기서 이들의 각각의 논문들을 검토할 수는 없다. 이들의 논문들을 보면 그 특성을 대략 다음과 같이 정리할 수 있다. 권용혁, 김석수, 한승완 그리고 홍윤기의 논문들에서 주종을 이루는 것은 서양철학자들의 이론을 단순히 소개하는 것이 아니라 아펠, 하버마스 그리고 칸트 등의 특정 철학자들의 통찰들을 바탕으로 인류 사회 및 한국 사회

가 안고 있는 문제들을 비판적으로 검토하는 글들이다. 이들이 아직은 자신들만의 특색 있는 철학을 선보이는 데 성공했다고 평가할 수는 없겠지만, 서구 이론과 한국적 현실을 창조적으로 매개하여 한국적 상황에 뿌리내릴 수 있는 사회철학을 모색하는 그들의 지적인 작업의 성공 여부에 따라 미래의 한국 사회철학의 지형은 크게 달라질 것이다.

김원식과 선우현의 글도 비록 하버마스의 이론에 치우친 바가 없지 않지만 마찬가지로 학문의 이식성을 넘어서려고 애쓴다. 김원식과 선우현의 글 중에서 황장엽의 입장을 소개하거나 옹호하는 태도를 취하는 것도 특이하다. 또 하나 추가하자면 김원식의 경우 하버마스의 틀을 넘어 최근으로 올수록 아도르노 및 호르크하이머에서부터 호네트에 이르는 프랑크푸르트학파의 역사를 총체적으로 조망하면서 이런 작업이 한국 사회 현실을 성찰하고 진단하는 시도에 대해 어떤 의미가 있는지를 모색한다. 이는 문성훈을 매개로 한 호네트의 영향이라고 볼 수 있다. 문성훈의 글은 김준수 및 나종석의 글과 함께 사철연에서 비주류적인 철학적 경향을 나타내고 있다. 문성훈은 호네트의 입장을 이어받고 있다. 호네트는 비판이론의 전통을 이어받으면서도 포스트모더니즘의 이론에서 핵심적 역할을 하는 이질적인 것 및 개인적 특수성과 관련될 수 있는 윤리적 주장을 포용하여 권리 및 정의의 원칙에 기울어져 있는 보편주의적 하버마스의 비판이론의 문제점을 극복하려고 애쓰는 프랑크푸르트학파 3세대의 대표적 학자이다. 그런데 주지하듯이 호네트의 인정이론의 기본 틀은 헤겔의 정치철학에서 빌려온 것이다. 따라서 김준수의 예나 시기의 헤겔 인정이론에 대한 연구들과 나종석의 헤겔 정치철학에 대한 연구들은 호네트의 인정이론과 함께 하버마스주의가 주도적 담론인 사철연의 사고의 흐름을 다양화하고 있다.

사철연 학회지에 등장하는 사철연의 학문적 흐름의 지형도에서 빼놓을 수 없는 사람은 김선욱과 이유선이다. 김선욱은 사철연에서 한나 아렌트의 연구를 그리고 이유선은 리차드 로티의 입장을 대변하고 있다. 아렌트의 이론은 하버마스의 의사소통 이성, 공론장 및 시민사회 이론의 형성에도 그리고 찰스 테일러의 이론 형성에도 커다란 영향을 행사한 인물이다.9) 아렌트와 하버마스의 친화성을 염두에 두면 김선욱이 큰 어려움 없이 사철연에서 활동할 수 있는 조건이 마련된 셈이다. 그러나 이유선의 경우는 좀 독특하다. 주지하듯이 로티는 하버마스가 대변하는 보편주의적 도덕이론이나 의사소통적 합리성 이론에 대해 비판적이고 오히려 하버마스가 이론적으로 극복하고자 하는 푸코 및 데리다의 탈근대적 사유방식에 호의적이기 때문이다.10)

이제 사철연에 상대적으로 꾸준하게 관련해서 활동하고 있는 주요 인물들의 활동과 학문적 배경에 대해 살펴보기로 하자. 회원들 중에서 현재까지 학회에서 활발하게 활동하는 대표적인 인물들로는 권용혁, 김석수, 김선욱, 김원식, 김준수, 나종석, 문성훈, 박구용, 선우현, 이유선, 윤형식, 장은주, 한승완, 홍윤기 등이 있다. 초창기에는 한철연 회원들 일부도 같이 활동하기도 했다. 예를 들어 최종욱, 김창호 등이 대표적이다. 특히 김창호가 사철연 활동에 많은 관심을 갖고 참여했으

9)   악셀 호네트 지음, 문성훈 외 옮김, 『정의의 타자 – 실천철학논문집』, 나남, 2009(Axel Honneth, *Das Andere der Gerechtigkeit: Aufsätze zur praktischen Philosophie*, Frankfurt am Main: Suhrkamp, 2000), 69쪽 이하 참조.

10)   리차드 로티 지음, 임옥희 옮김, 『미국 만들기 – 20세기 미국에서의 좌파 사상』, 동문선, 2003(Richard Rorty, *Achieving our country: leftist thought in twentieth- century America*, Cambridge, Mass.: Harvard University Press, 1998), 116쪽.

나 정치권으로 진출하면서 활동을 멈출 수밖에 없었다.[11] 약간 학번이 밑이지만 선우현과 장은주도 한철연과 사철연에서 동시에 활동하고 있다. 선우현은 2000년 이후에는 사철연에 주로 관계하고 있다. 그리고 한철연에서 활동하는 김재현도 사철연에서 발표를 하는 등 사철연에 개방적이었다. 장춘익도 학회의 구성에 관련을 하고 하버마스 사상을 한국에 비판적으로 적용하는 사업을 주동적으로 이끈 인물 중 하나였으나 학회 활동에는 큰 관심을 보이지는 않았다. 지금은 사철연에 거의 참석하지 않으나 초창기에 사철연에서 활동한 또 하나의 중요한 인물로는 윤평중이 있다. 그의 사상적 경향은 푸코적인 포스트구조주의와 하버마스의 비판사회이론의 종합을 꾀하는 것이다.[12] 그는 초대 총무인 이한구의 뒤를 이어 학회의 총무로 일했으며 그 후로도 운영위원으로 활동했다.

학회가 출범하는 과정부터 현재까지 활동하고 있는 구성원은 권용혁이다. 홍윤기는 1995년에 독일 베를린 자유 대학에서 박사학위를 취득한 후 사철연과 관계 맺기 시작했다. 사철연에서 적극 활동하는 여러 회원들 사이에 몇 가지 중요한 공통성이 있다. 독일유학파라는 것, 프랑크푸르트학파 중에서 하버마스의 비판사회이론에 많은 관심을 갖고 있다는 점 그리고 포스트모던적인 현대성 및 이성 비판에 대해 비판적이라는 것 등이 바로 그것이다. 보다 구체적으로 살펴보면 권용혁, 김준수, 나종석, 문성훈, 박구용, 장은주, 윤형식, 한승완 등은 독일에서 박사학위를 받았다. 김석수, 김원식 그리고 선우현은 국내에서 학

---

11) 이 사실은 현 사철연 회장인 권용혁 선생의 설명에 기초한 것이다. 메일을 통한 학회사의 궁금한 사항에 대해 상세하게 설명해준 권용혁 선생에게 깊은 감사를 드린다.

12) 윤평중, 『푸코와 하버마스를 넘어서 - 합리성과 사회비판(개정증보판)』, 교보문고, 2008.

위를 받았다. 김석수는 칸트에 대한 논문으로 김원식과 선우현은 하버마스에 관한 논문으로 학위를 받았다. 김선욱은 미국에서 학위를 받았으나 주제는 한나 아렌트와 하버마스에 관한 것이었다. 김석수와 김선욱은 독일 유학파는 아니지만 하버마스와 밀접한 관련을 갖고 있는 철학자와 주제를 다루는 논문으로 박사학위를 받았다. 주지하듯이 칸트의 실천철학은 현대 20세기 후반의 정치철학의 큰 흐름을 형성한 존 롤즈와 하버마스의 사상의 원천이라는 점을 상기한다면, 김석수가 사철연의 다른 회원들과 친화성을 지닌 학문적 경향을 갖고 있음을 쉽게 알 수 있다.

사철연과 한철연의 관계

사철연이 출범하던 당시 사철연과 정체성이 유사한 학술단체가 없었던 것은 아니다. 예를 들어 한철연이 존재했다. 그런데 왜 독자적인 학회의 구성이 요구되었던 것일까? 한철연과 독자적인 연구조직으로 사철연이 형성된 데에는 한철연과 사철연의 인적 구성의 차이도 한몫을 했다. 이는 한철연 구성원들이 주로 국내에서 연구한 사람들인 데 반해 사철연 구성원들이 독일에서 공부를 한 유학파라는 인적 구성의 차이에서 어느 정도 예상할 수 있다. 국내에서 활동한 학자들은 독일에서 유학하던 학자들에 비해 당시의 현실 문제를 해결하기 위한 노력을 가까이서 체험하고 때로는 함께 연대할 수 있다는 장점을 지니고 있었다. 따라서 80년대 한국에서 사회철학을 전공하던 사람들은 외국에서 공부하던 사람들에 비해 당대가 요구하는 민족 및 민중 문제에 실천적으로 대응하려는 보다 강한 모습을 보였다. 한철연의 많은 사회철학자들이 마르크스주의의 눈으로 현실을 보고 현실을 변화시키는 운동에 동참했던 것은 이를 잘 보여준다. 물론 당시의 사회철학자들의 관심이 마르크스주의에만 몰두해있었던 것은 아니다. 80년대 한국 사회 변혁의 양대 담론의 하나였던 주체사상에 대해서도 관심을 갖고 검토했다. 예를 들어 김재기는 주체사상과 관련된 논쟁을 1980년대 사회 변혁 운동의 발전과 연결시켜 바라보아야만 한다고 주장한다.[13]

인적 구성의 차이보다도 그 당시 한철연의 학술활동의 방향에 대한 회의적 시각이 사철연이라는 독자적인 학문 조직이 출현하게 된 보다 결정적인 이유일 것이다. 한철연은 1989년 3월 25일에 당시 서울대의 사회철학연구실과 헤겔학회의 소장파 학자들이 주축이 되어 공식 출범하게 된다.[14] 한철연은 그 당시 한국철학계의 유일하고도 가장 커다란 진보적 사회철학자들의 모임이었다. 창립 당시인 1989년은 세계사적인 격동의 시기로 구소련과 동유럽 현실 공산주의 국가가 붕괴되는 시점이었다. 그럼에도 한철연은 진보적 사상의 핵심을 마르크스-레닌주의에서 구하는 입장을 공식 천명했다. 즉 한철연은 창립 선언문에서 "과학적 세계관을 확립하고 이를 확산·심화시킴으로써 한국 사회발전에 이바지할 것"[15]이라고 말했다. 과학적 세계관이라 함은 마르크스-레닌주의이다. 철학 학술운동 단체로서 한철연은 소비에트 연방

---

13) 김재기, 「1980년대의 사회 변혁 운동과 주체사상」, 『철학연구』 24, 1988, 125쪽 이하 참조. 물론 김재기는 주체사상의 문제점, 즉 비합리적인 측면들을 도외시하지는 않는다. 김재기, 위의 글, 1988, 126쪽 참조.

14) 당시 헤겔학회의 사회철학분과는 진보적인 젊은 철학 연구자들로 구성되었다. 필자 역시 사회철학분과의 초대 분과장으로 활동하면서 한철연의 창립에 기여한 바가 없지 않았음을 알리고 싶다.

15) 박영균, 「철학 없는 시대 또는 시대 없는 철학」, 『진보철학 20년 – 한국철학사상연구회를 말한다』, 한철연 창립 20주년 기념 2009년 봄 제36회 정기 학술발표회 발표문, 68쪽에서 재인용.

의 붕괴라는 세계사적 변혁의 소용돌이 속에서도 마르크스주의를 진보적 철학의 주춧돌로 생각했다. 공산주의 및 그것의 이데올로기인 마르크스-레닌주의가 베를린 장벽의 붕괴와 소비에트 연방의 해체로 인해 몰락을 한 1990년대 초반에도 한철연은 여전히 마르크스-레닌주의의 재구성과 그 현실적합성에 강한 애착을 보여주는 학문 활동을 펼쳤다.

마르크스의 위기 속에서 여전히 마르크스주의를 포기하지 않으려는 한철연이 90년대 초중반에 일정한 한계에 부딪치는 것은 불가피한 일이었을지도 모른다. 냉전 종식 이후 변화된 상황에 적합하게 마르크스주의를 혁명적 이론으로 재구성하려는 시도는 우리 사회만의 현상이 아니었다. 물론 서구에서 마르크스주의의 위기에 대한 반응은 이미 냉전 시기에 등장했다. 알튀세르의 구조주의적 마르크스주의나 프랑크푸르트학파의 비판이론 등이 그 대표적 예이다. 올해 창립 20주년 창립기념 학술발표회에서 발표된 이정은의 연구는 한철연이 하버마스의 비판이론에 큰 매력을 느끼지 못했음을 보여준다. 20년 동안 한철연의 학회지인 『시대와 철학』에 발표된 글을 분석한 결과 하버마스 르네상스의 움직임에 비해 그리 많지 않음이 드러났다. 하버마스 관련 글보다는 포스트모더니즘 글이 두 배 이상인 것으로 분석되었다.[16] 뒤에서 살펴보는 것과 같이 이런 현상은 하버마스 이론의 개혁주의적(개량주의적) 성향에 대한 거부감의 표현이 아닌가 한다. 따라서 한철연은 마르크스주의의 위기를 극복하는 대안을 모색하면서 하버마스적인 마르크스주의의 재구성에는 큰 관심을 보여주지 않았다. 이렇게 하버마스

---

16) 이정은, 「사회 변혁을 위한 논의들 - 〈시대와 철학〉의 서양철학을 중심으로」, 『진보철학 20년 - 한국철학사상연구회를 말한다』, 한철연 창립 20주년 기념 2009년 봄 제36회 정기 학술발표회 발표문, 38쪽 참조. 이 선생은 한철연의 학회지를 비롯하여 한철연과 연관된 자료를 구입하는 데 필자에게 많은 도움을 주었다.

적인 비판사회이론을 괄호 치고 나서 새로운 변혁 이론의 가능성을 모색하는 작업은 대단히 어렵고 고통스러운 길이었다.

진보 이론의 위기를 극복하려는 한철연의 노력을 담고 있는 1992년의 책『현대 사회와 마르크스주의 철학』에는 다음과 같은 답답한 심정이 잘 나타나 있다. "오늘날 우리는 사상적 '위기의 시대'에 살고 있음을 부정할 수 없다. 사상의 위기란 본질적으로 '진보적 사상'의 위기이며, 미래에 대한 전망의 위기, 전망의 부재를 의미한다."[17] 위기의 상황에서 위기 극복의 대안을 찾아나서는 험난한 방황의 길이 언제 끝날지 모르는 상황은 한철연의 활동에서 그대로 나타난다. 1996년 가을에 한철연은『시대와 철학』을 발행하지 못하는 사태에 직면한다. 한철연의 방향 모색이 일정한 한계에 도달했다는 것을 보다 더 잘 웅변해주는 것도 없다. 위기 극복의 방향이 암중모색의 단계를 벗어나지 못한 상황과 더불어 한철연은 회원들의 경제적 어려움을 극복하기 위한 방편으로 1994년부터 논술사업에 적극 뛰어 들어 학술활동이 위축되어간다.[18]

한철연과는 달리 사철연의 중요 구성원들은 동유럽 중심의 마르크스주의에 대한 논의에 이미 비판적 시각을 갖고 있었고 서유럽에서 논의되어온 좌파의 담론들이 한국 현실을 이해하는 데 더 의미 있다는 생각을 어느 정도 공유하고 있었다고 한다. 따라서 국내에서 진보적 정치활동의 주된 이념적 토대이었던 마르크스-레닌주의의 틀에 대한 비판적 독해 및 새로운 사조에 대한 개방적 논의를 가능하게 할 새로운

---

17) 한국철학사상연구회 엮음, 『현대 사회와 마르크스주의』, 동녘, 1992, 3쪽.

18) 박영균, 앞의 글, 2009, 71쪽 이하 참조.

학문 공간이 요청된다는 공감대가 사철연의 창립으로 구체화되었던 것이다. 이 결과 1970년대와 80년대를 통해 프티 부르주아적인 사유방식으로 폄하되고 비판되었던 프랑크푸르트학파의 비판사회이론은 다시 한국철학계에서 시민권을 획득하게 되었다. 김재현이 지적하듯이 한국에서의 마르크스주의의 수용사의 특이성은 서구에서는 정통 마르크스-레닌주의에 대한 반성의 과정에서 비판사회이론이 등장했던 것과는 달리 비판이론을 수용한 후에 마르크스-레닌주의가 강력한 변혁이론으로 수용되었다는 데 있다.[19] 마르크스-레닌주의의 교조성에 대한 인식이 널리 공유되어 있었던 서구에서 이를 극복하려는 움직임이 있었던 것과는 달리 현실 사회주의의 모순이 폭발 직전인 80년대에 마르크스-레닌주의를 변혁이론의 지도적 원리로 수용한 역설적 상황이 한국에서 일어났던 것이다.[20] 이런 지성사의 문맥에서 보면 정통 마르크스-레닌주의에 공감했던 많은 사회철학자들이 90년대 이후 마르크스주의의 새로운 활로를 모색하면서 하버마스 사상에 쉽게 동화될 수 없었을 것이다.[21]

1990년에서 1996년까지의 한철연의 특집물의 제목을 보면 한철연이 새로운 형태의 마르크스주의를 모색하는 작업에서 하버마스나 비판이론에 큰 매력을 느끼지 못했음이 잘 드러난다. 제1호 특집에서 제13호의 특집 제목은 다음과 같다. "한국현실과 철학운동의 과제"(제1호), "사회주의권 변혁의 철학적 문제들"(제2호), "전환기의 역사유물론"(제

---

19) 김재현, 『한국 사회철학의 수용과 전개』, 동녘, 2002, 172쪽 참조.
20) 윤건차, 앞의 책, 2000, 88쪽 참조.
21) 김동춘은 1980년대 한국 사회에 정통 마르크스-레닌주의 열병을 초래한 가장 중요한 요인으로 분단냉전체제 및 자유주의의 빈곤을 들고 있다. 김동춘, 『한국 사회과학의 새로운 모색』, 창작과비평사, 1997, 289쪽 이하 참조.

3호), "중국 전통철학과 사회주의"(제4호), "생태학적 위기와 철학"(제5호), "변증법의 올바른 이해"(제6호), "전통의 위기, 유학의 모색"(제7호), "마르크스의 눈으로 현실을 볼 수 있는가?"(제8호), "북한의 철학"(제9호), "근대 공간에서의 한국철학-구국과 계몽의 이중주"(제10호), "기술과 인간"(제11호), "역사의 진보, 진보의 철학"(제12호), "변혁시대의 지성"(제13호)이 특집의 제목들이다. 이처럼 마르크스주의의 문제나 한국 사회의 바람직한 변혁의 방향에 대한 문제의식에서의 차이점이 사철연의 독자적인 출현에 중요한 이유가 된다.

소련의 몰락으로 인한 변화 등으로 마르크스-레닌주의와는 다른 여러 진보적 사상의 흐름에 대한 수용과 적용이 모색될 필요가 있었다고 보아야 한다. 사실 사회주의권이 붕괴된 후 한국의 진보 진영과 진보 이론가들은 커다란 충격을 받고 흔들리기 시작했다. 물론 이는 우리 사회에만 국한된 것은 아니었다. 에릭 홉스봄이 주장하듯이 현실 사회주의권의 붕괴는 "세계사의 한 시대가 끝났고 새로운 시대가 시작되었다"[22]는 것을 보여주는 사건으로 소련을 자본주의에 대한 대안으로 생각했던 세계의 수많은 진보적 인물들에게는 재앙과도 같은 것이었다. 1980년대에 '민중적 민족문학론'의 주창자이자 한국 사회의 대표적인 마르크스주의자이었던 김명인은 현존 사회주의의 붕괴라는 역사적 경험이 그에게 준 충격을 자신의 삶을 붕괴시킨 "존재의 질병"으로 표현했다.[23]

---

22) 에릭 홉스봄 지음, 이용우 옮김, 『극단의 시대: 20세기 역사 - 상』, 까치, 2007(Eric Hobsbawm, *Age of extremes: the short twentieth century, 1914-1991*, New York: Viking Penguin, 1994), 19쪽.

23) 김명인, 『환멸의 문학, 배반의 민주주의』, 후마니타스, 2006, 344쪽.

앞에서 언급했듯이 한국에서 80년대를 지냈던 젊은 사회철학자들은 하버마스를 넘어 마르크스-레닌주의로 갔기에 90년대 현실 사회주의권의 몰락으로 인해 사상의 위기를 극복하는 과정에서 80년대가 깔아놓은 관성 혹은 경로 의존성을 피하기 어려웠다. 그런데 80년대 하버마스에 대한 부정적인 평가는 1990년대의 하버마스에 대한 평가와는 아주 상반된다. 많은 한국의 사회철학자들은 한국 현실과 동떨어져 있다고 평가된 하버마스의 비판이론에서 한국적 상황에 적용 가능한 이론으로 자리 매김되고 있기 때문이다. 마르크스주의가 쇠퇴하고 하버마스가 새로운 조명을 받게 된 이유 중의 하나는 한국 사회의 변화이다. 특히 1987년 이후 점차로 민주주의가 발전되어 가는 과정에서 한국 실천철학의 담론은 계급중심의 변혁이론과 거리를 두기 시작했다. 많은 사람들이 탈계급적 민주주의 담론에 관심을 갖게 된 것도 이 시기이다. 경제정의의 실현을 우선 목표로 내걸고 1989년 11월 탄생한 경제정의실천연합(경실련)은 90년 시민운동의 시대를 알리는 출발이었다.[24] 경실련이 명실상부하게 한국 시민운동의 효시로 평가되는 이유는 그 이전에 비정부비영리단체인 시민단체의 역사가 전무해서가 아니다. 경실련이 처음으로 87년 민주항쟁의 승리의 결과 쟁취된 열린 합법공간을 적극 활용할 것을 제일 먼저 선언하고 출발했기 때문이다.[25] 경실련에 이어 1993년에는 '환경운동연합'(2000년 1월에 환경연합으로 개칭)과 현재 최대 시민단체인 '참여민주사회와 인권을 위한 시민연대'(1999년 2월에 참여연대로 개칭)가 1994년 9월에 출범했다.

---

24) 경실련 이전에 한국에 시민단체가 없지는 않았다. 기독교 청년단체인 YMCA, YWCA 등과 함께 흥사단이 있었다. 윤건차, 앞의 책, 2000, 138쪽 참조.

25) 백낙청, 『어디가 중도며 어째서 변혁인가』, 창비, 2009, 18쪽 참조.

그 의미에 대한 평가가 다양하지만 90년대에 사회운동의 중심이 민중운동에서 시민운동으로 옮겨가면서 시민사회를 둘러싼 논의가 확산된다. 이 과정에서 가장 많은 관심의 대상으로 부상한 이론이 바로 그람시와 하버마스의 시민사회이론이다.

1990년대에 민중운동이 시민운동에 주도권을 내어주고 진보 진영이 진보의 방향설정을 두고 혼미를 거듭하고 있을 때 한철연을 중심으로 한 한국 사회철학계도 크게 지적 방황을 하고 있었다. 이런 상황에서 권용혁, 윤평중, 장춘익, 홍윤기, 황태연 등 독일에서 유학을 마치고 귀국한 학자들은 하버마스 이론을 통해 진보 지식인들의 이론적 공백을 매울 수 있을 것이라고 생각했다. 한국에서 다시 하버마스에 대한 학문적 관심이 증폭되던 시기에 공교롭게도 하버마스가 1996년 한국에 방문하게 된다. 이로 인해 하버마스는 대중적 관심을 갖게 되었을 뿐만 아니라 그의 이론에 대한 소개가 광범위하게 이루어진다.

하버마스 사상 및 사철연이 90년대 이후 한국 지식인 사회에서 두각을 나타낸 또 다른 분야는 포스트모더니즘26) 논쟁과 관련해서다. 1980년대 하버마스와 포스트 모던적 사유 사이의 갈등이 90년대에 한국 지식인 사회는 물론이고 한국 사회철학계에서도 거세게 일어났다. 90년대 초 한국 사회에서의 후기 구조주의적 혹은 포스트 모던적 담론에 호의적인 움직임은 현실 사회주의 붕괴와 더불어 계몽주의 및 합리

---

26) 포스트모더니즘(postmodernism)이란 용어는 대단히 모호하다. 이 용어는 포스트모던(postmodern) 혹은 포스트모더니티(postmodernity)와 포스트구조주의(poststructuralism) 등의 용어와 함께 자주 등장한다. 이들 용어에 대해서는 다음 글을 참조할 것. 테리 이글턴 지음, 김준환 옮김, 『포스트모더니즘의 환상』, 실천문학사, 2000(Terry Eagleton, *The Illusions of postmodernism*, Cambridge, Mass.: Blackwell Publishers, 1997), 11쪽; 볼프강 벨쉬 지음, 박민수 옮김, 『우리의 포스트 모던적 모던 1』, 책세상, 2001(Wolfgang Welsch, *Unsere postmoderne Moderne*, Berlin: Akademie Verlag, 1993), 34쪽 그리고 112쪽 이하 참조.

주의에 기초한 진보의 이념에 대한 회의가 확산되는 분위기와 결합되어 있었다. 서구 근대의 이성 중심주의는 사실상 진보라기보다는 다양성을 억압하는 '폭력'에 다름 아니라는 포스트모더니즘의 근대성 비판은 당시 여러 지식인들에게 전통적 진보이론에 대한 대항이론으로 이해되었다. 철학계에서 포스트모더니즘을 주도한 인물은 이정우, 강영안, 이진우 등이었다.[27] 이진우는 "서양 이성의 죽음"을 선포하면서 다음과 같이 말한다. "서양 합리주의가 도구적 이성과 계산적 사유만을 절대화하는 비합리주의로 전도되고 또 민주주의가 상대적 다원주의로 변질되는 과정, 즉 계몽의 변증법은 서양 이성의 죽음을 초래한 것이다."[28] 그러나 권용혁은 이성에 대한 전면적인 비판은 불가능하다고 주장한다. 왜냐하면 "이성을 총체적으로 비판한다는 것은 그 비판을 가능하게 하는 전제로서의 이성비판의 준거점을 잃어버림으로써 스스로 수행적 모순에 빠지는 위험을 감수해야" 하기 때문이다.[29] 서구적 이성에 대한 비판을 수행하는 포스트 모던적 사유의 흐름에 대항하여 권용혁, 장춘익, 홍윤기를 비롯한 하버마스를 수용하는 사회철학자들은 한국 사회의 문제는 이성의 과잉이 문제가 아니라 이성의 부족에 기인하는 바가 더 크다고 주장했다.

예를 들어 권용혁이 하버마스의 이론이 한국적 상황에서 중요한 의미를 갖고 있다고 보는 이유는 한국 사회와 서구사회가 동일해서가 아니다. 그 역시 한국의 역사적 경험이 서구의 그것과 사뭇 다르다는 점을 긍정한다. 따라서 그는 하버마스의 이론을 한국에 직수입해서 그

---

27) 윤건차, 앞의 책, 2000, 160쪽.
28) 이진우, 『이성은 죽었는가 – 포스트모더니즘의 철학』, 문예출판사, 1998, 12쪽.
29) 권용혁, 『철학과 현실 – 실천철학 II』, 울산대학교출판부, 2004, 49쪽.

틀을 갖고 한국 사회를 분석하는 시도에 대해서도 비판적이다. 그는 하버마스의 비판이론의 적용 가능성을 탐구하기 위해 우리나라의 근현대의 역사적 전개 과정에 대한 정확한 인식을 강조한다. 그는 한국의 근대화가 "식민지 종속국형 근대화의 길"을 걸어왔다는 점에서 서구와 다르다고 본다.[30] 한국에서 근대화의 경로의 상이성으로 인해 공론장의 활성화의 전제 조건인 국가와 시민사회의 분리가 불완전하게 진행되었다는 것이다. 달리 말하자면 한국 사회가 처한 문제는 "국가의 과잉 발전에 따른 시민사회의 미발전"이다.[31] 이런 독특한 한국의 역사적 맥락을 고려한다면 우리 사회에서 하버마스의 이론은 다르게 적용되어야 한다. 즉 "우리에게는 체계와 생활세계의 이분법을 전제하고 생활세계를 방어하는 형태의 구도가 아니라 오히려 강력한 체계가 생산 유포하는 이데올로기의 영향력으로부터 벗어난 영역을 활성화하는 일이 우선적으로 다루어져야 할 것으로 보인다"는 것이 권용혁의 결론이다.[32] 장은주도 "하버마스의 시민사회 모델이, 우리 사회의 시민사회운동의 활성화와 연관지어서라도, 현 단계 비판이론의 실천적-정치적 차원을 적절하게 포착하기 위한 훌륭한 실마리를 제공해 준다"[33]고 강조한다.

사철연, 한철연은 90년대 이후 한국 철학의 흐름을 실천 지향적으로 변화시키는 데 공동의 노력을 경주했다. 이들이 한때는 서로 협력하면서 한국 사회의 바람직한 변화를 위해 철학자들이 해야 할 일이

---

30) 권용혁, 「사회철학과 현실」, 『철학』 49, 1996, 358쪽.
31) 권용혁, 위의 글, 1996, 359쪽.
32) 권용혁, 위의 글, 1996, 367쪽.
33) 장은주, 『생존에서 존엄으로 – 비판이론의 민주주의이론적 전개와 우리 현실』, 나남, 2007, 211쪽.

무엇인가를 고민했다. 그러나 이들 상호 협력 활동은 지속되지 못했다. 정체성이 서로 유사한 한철연과 사철연은 서로 독립된 활동을 하면서도 원활한 공동연구 및 공동 활동을 가능하게 할 협력의 공간을 마련해야 하는 과제를 안고 있다.

사철연의 성과와 문제점

사철연의 성과

사철연이 한국 현대 지성사에 기여한 긍정적인 측면으로는 대략 다음 세 가지를 들 수 있다. 첫째, 사철연은 한철연 및 한국윤리학회와 더불어 한국 철학계의 지형을 다원화하고 학문 연구의 다양성을 확보하는 데 크게 기여했다. 80년대에 마르크스주의가 본격적으로 한국 사회철학의 주된 흐름으로 정착되기 전에 한국 철학계의 보수적인 상황은 널리 알려져 있다. '한국철학회'의 학회지인 『철학』에 1955년 창간호부터 1981년까지 마르크스주의 관련 글이 한 편도 실리지 않았다.[34] 황경식도 지적하듯이 1970년대의 한국 철학계는 말할 것도 없고 윤리학계에 국한해서 보더라도 우리 사회가 당면하고 있는 문제들에 대한 심도 깊은 고민은 존재하지 않았다. 1970년대 후반에 이르기까지 한국 윤리학계는 주로 "메타 윤리학 내지 순수이론 규범적 연구에 몰두하고 있었던 까닭에 현실의 규범적 갈증을 해소하는 일과는 상당한 거리가 있었다."[35]

---

34) 백종현, 『독일철학과 20세기 한국의 철학』, 철학과현실사, 2000, 175쪽.

35) 황경식, 「서양 윤리학의 수용과 그 영향」, 이화여자대학교 한국문화연구원 편, 『철학연구 50년』, 혜안, 2003, 512쪽

한국의 철학계가 한국 사회를 보다 이성적으로 변혁 내지 개혁하는 실천적인 움직임에 동참하기보다는 순수 이론적인 문제에만 관심을 기울이고 있었던 것은 무책임한 일이었다. 고문이나 학원사찰을 포함하여 사상 및 양심의 자유나 언론·출판·집회·결사의 자유와 같은 초보적인 자유민주주의의 기본 권리조차도 철저하게 유린당했던 유신독재와 전두환 군사독재 시절에 현실에 대하여 이의를 제기하는 철학자들이 거의 전무했다는 사실은 많은 젊은 철학도들에게 커다란 자괴감과 부끄러움을 안겨주었다. 이런 상황에 대한 반성은 사회철학에 대한 관심의 증대로 나타났다. 백종현이 지적하듯이 개발독재 시절 한국의 국가 구성의 원리인 자유민주주의가 질식하고 있을 때 "기독교계나 문학계에서는 끈질긴 이론적 실천적 저항을 보였으나, 사회 체제에 대한 이론적 문제라면 마땅히 먼저 들고일어났어야 할 철학계는 침묵"하고 있었을 뿐만 아니라 심지어 "당시의 보수 반동적 주류에 합세"했다.36) 이런 철학계의 체제 순응성으로 인해 1980년대에서 현재에 이르기까지도 한국 철학계는 한국 사회의 변혁과 연관된 여러 논쟁들을 주도하지 못했다. 오히려 '창비'가 대변하고 있듯이 70년대 이후 한국 사회의 여러 문제점들을 실천적인 활동의 맥락 속에서 학문적으로 논의하는 노력을 주도적으로 제기한 학문 집단은 철학계에서가 아니라 주로 사회과학이나 문학 방면의 연구자들이었다.37)

한국 철학계의 사회적 책임 의식의 부재를 극복하려는 철학자들의 노력은 꾸준하게 있었고 이런 노력은 한철연을 통해 처음으로 집단적

---

36) 백종현, 「서양철학수용에 따른 전통철학의 대응 및 전개」, 『철학사상』 8, 서울대학교 철학사상연구소, 1998, 129쪽.
37) 김재현, 앞의 책, 2002, 169쪽 참조.

인 양상을 띠고 나타났다. 한국 사회의 공식적인 지배적 이데올로기인 반공 이념의 틀을 넘어서 그에 대항하여 마르크스주의에 대한 연구를 수행한 것은 지배적 담론의 틀을 넘어서 비판적 담론을 활성화하는 데 중요한 역할을 담당했다고 평가받을 만하다. 변화된 상황에서 한철연이 정체성의 위기를 경험하던 시기에 등장한 사철연이나 한국윤리학회도 역시 현실 문제에 대해 침묵으로 일관하는 태도를 넘어서 진보적인 목소리를 지속적으로 낼 수 있는 지적 공간의 역할을 수행했다. 한국 사회철학자들의 노력은 실증적 자료로도 증명된다. 1960/70년대 20년 동안 한국 사회에서 마르크스 및 마르크스주의에 대한 논저가 34편에 그쳤으며 이 연구라 할지라도 모두 마르크스주의에 대한 비판 연구이었다.38) 그러던 것이 1980~95년 사이에 마르크스주의에 대한 연구가 336편으로 급증했다. 비판이론에 관한 연구도 마찬가지인데, 60/70년대에 20편에 지나지 않았던 논저가 1980~95년의 15년 기간에 109편이나 나왔다고 한다. 그래서 이런 현상을 백종현은 철학연구사의 흐름에서 보기 드문 "혁명적인" 현상이라고 말하고 있다.39)

학회의 활성화가 갖는 의미는 한국 철학계의 흐름을 다원화했다는 것에 그치지 않는다. 학회의 활성화는 한국에서의 시민사회가 활성화되고 있음을 보여주는 대표적 사례의 하나이다. 학회의 활성화는 공론장(공공성)의 활성화에 상응하는 현상이다. 공론장은 "의견들의 소통을 위한 네트워크"40)이고 학회들은 이 공론장을 채우는 구체화된 논의

---

38) 백종현, 앞의 글, 1998, 121쪽 이하 참조.

39) 백종현, 위의 글, 1998, 127쪽.

40) 위르겐 하버마스 저, 한상진·박영도 옮김, 『사실성과 타당성』, 나남, 2000(Jürgen Habermas, *Faktizität und Geltung: Beiträge zur Diskurstheorie des Rechts und des demokratischen Rechtsstaats*, Frankfurt am Main: 1998), 433쪽.

공간으로서 학문적 공공 영역들(publics; Öffentlichkeiten)이다. 따라서 사철연과 같은 학회가 지속적으로 학문적 담론의 토론의 장으로 존재하고 있다는 점은 한국 사회의 시민적 공론장의 형성 과정에서도 매우 중요하다.[41] 1980년대 이후 활성화된 출판문화와 더불어 90년대 이후 한국학계, 적어도 한국 철학계에서 보듯 무수히 많은 자율적인 학회들의 출현은 한국 사회가 급속한 자본주의적 근대화 및 민주주의의 성장으로 인해 시민사회가 활성화되고 있음을 보여준다. 역으로 이런 다양한 형태의 자율적인 공공 영역의 출현은 한국 사회의 민주주의 성장의 하나의 중요한 동력 내지 민주주의 성장에 유리한 토대라고도 독해될 수 있다. 하버마스가 주장하듯이 자율적 공공 영역들은 정당한 민주적 권력을 의사소통적 방식으로 창출하는 행위의 기초이다. 그리고 이들 자율적 공공 영역들의 활성화는 자유롭고 평등한 시민들이

---

41) 여기서 사용되는 공공 영역과 공론장 개념을 좀 더 상세하게 설명하면 다음과 같다. 공공 영역은 영어권에서는 하버마스의 'Öffentlichkeit'의 번역어인 public sphere의 뜻으로 사용되기도 한다. 이런 번역은 문제가 있다. 왜냐하면 'Öffentlichkeit'를 공공 영역, 즉 public sphere로 번역하면 하버마스가 사용하는 국가 내지 공권력의 의미로서의 '공공 영역'(die öffentliche Sphäre, Bereich)과 혼동될 염려가 있기 때문이다. 그러나 여기에서 공공 영역은 복수형으로 쓰일 수 있는 것으로 여러 사람들로 구성된 논의의 공간이라는 의미로 사용된다. 반면에 공론장(公論場)은 하버마스의 'Öffentlichkeit'에 상응하는 용어로 사적 영역에 속하지만 국가와 사적인 영역을 매개하는 공공 영역이라는 의미와 함께 여러 사적인 개인들이 여러 관심사들을 공개적으로 함께 논의하여 여론을 형성하는 장(마당)이라는 의미를 지니는 것으로 사용한다. 공론장의 번역어를 한승완에서 취했다. 주지하듯이 공론장을 일본에서는 '공공성(公共性)' 혹은 '공공권(公共圈)'으로 번역하기도 한다. 그러나 사이토 준이치는 공공권을 이 글에서 사용되는 공공 영역과 동일한 의미로 사용한다. 혹은 사이토 준이치는 공공권을 특정한 사람들 사이의 담론 공간으로, 공공 영역(공간)을 불특정 다수의 사람들에 의해서 형성된 담론 공간으로 정의한다. 그는 하버마스의 'Öffentlichkeit'을 공론장으로 번역하지 않고 '공공성(pubicnesse)'으로 번역한다. 위르겐 하버마스 지음, 한승완 옮김, 『공론장의 구조변동 - 부르주아 사회의 한 범주에 관한 연구』, 나남, 2001(Jürgen Habermas, Strukturwandel der Öffentlichkeit: Untersuchungen zu einer Kategorie der bürgerlichen Gesellschaft, Darmstadt: Luchterhand, 1981), 13쪽 이하 역주 참조. 사이토 준이치 지음, 윤대석·류수연·윤미란 옮김, 『민주적 공공성 - 하버마스와 아렌트를 넘어서』, 이음, 2009(齋藤純一, 『公共性』, 東京: 岩波書店, 2000), 19쪽 이하 참조. 이 글에서는 공론장과 공공성을 혼용한다.

"자발적 토대 위에서 이루어진 비국가적이고 비경제적인 결사"로 구성되는 시민사회의 활성화에 다름 아니다. 그래서 하버마스는 시민사회의 제도적 핵심을 구성하는 이들 결사들의 구체적 사례들로서 "교회, 문화단체, 학술협회, 독립적 여론매체, 스포츠 및 레저협회, 토론회, 시민광장, 시민운동, 직업연합, 정당, 노동조합, 대안기관 등"을 열거한다.42)

그런데 우리가 공론장 및 시민사회의 활성화에 관련해서 주목해야 하는 것은 시민들이 대화 및 토의를 통해서 의견을 교환하는 상호작용에서 차지하는 '이성'의 독자적 차원이다. 이성적 토의는 단순히 의견 교환에 그치거나 거래에서처럼 타협하거나 하는 행위로 환원되지 않는 특성이 있는데, 그것은 이성이 "비판 가능성과 근거 제시 가능성"과 떼려야 뗄 수 없이 결부되어 있기 때문이다.43) 의견의 자유로운 교환과 상호이해의 행위가 단순히 전략적 행위 모델로 환원될 수 없는 이유도 바로 여기에 있다. 하버마스가 강조하듯이 대화와 토론에 참여하는 사람들에게 중요한 것은 "원칙적으로 모든 당사자들이 자유롭고 평등한 사람으로서 오직 더 나은 논증이라는 강제"에 입각하여 논의를 진행할 것이라는 전제이다.44) 공론장에서 중요한 것이 보다 나은 논증 제시를 통한 상호이해의 추구이고 이를 통한 공통의 행동을 도모하는 사회적 공간의 창출이라면, 이 공간은 소위 화폐와 권력의 논리로 환원되

---

42) 위르겐 하버마스, 위의 책, 2001, 51쪽.

43) 위르겐 하버마스 지음, 장춘익 옮김, 『의사소통행위이론 1 - 행위합리성과 사회합리화』, 나남, 2006(Jürgen Habermas, *Theorie des kommunikativen Handelns*, Frankfurt am Main: Suhrkamp, 1981), 45쪽.

44) 위르겐 하버마스 지음, 이진우 옮김, 『담론윤리의 해명』, 문예출판사, 1997(Jürgen Habermas, *Erläuterungen zur Diskursethik*, Frankfurt am Main: Suhrkamp, 1991), 20쪽.

지 않는 것이 중요하다. 달리 말하자면 이 공론장이 경제논리나 권력 논리에 의해 식민지화되는 것을 방어하고 생활세계 속에 뿌리를 내리고 있는 의사소통적 이성의 힘을 활성화하는 것이 결정적이다.

그런데 의사소통적 이성의 힘을 발휘하는 작업은 자유롭게 토론하는 논의를 통해 문제 해결이 가능하다는 논의 당사자들 사이의 규범적 기대를 전제한다. 그렇다면 자신들에게 중요하다고 생각되는 관심사들을 아무런 강제나 두려움 없이 공개적으로 논의할 수 있는 제반 조건들이 형성되어야 한다. 자유로운 토론의 자유는 다양한 결사들에 기초한 공공 영역의 활성화 없이는 공허한 주장에 지나지 않는다. 그런데 공공 영역의 하나가 바로 학문적 논의의 공간이다. 이 논의 공간은 그 어떤 논의 공간보다 더 철저하게 비판적 토론의 중요성을 견지해야 한다. 철학적 사유가 본래 비판적 사유를 그 본령의 하나로 삼고 있듯이 기존의 통념에 대한 비판적 성찰의 용기는 학문적 논의 공간의 생명줄이다. 그런데 당연한 말이지만 이 생명줄은 보다 더 나은 논증을 추구하는 토의 공간의 확보 없이는 대단히 연약해진다. 다른 한편으로 철학적 학문의 논의 공간에서 이성의 자율성을 확보하는 노력이 없다면 일상 생활세계에서 의사소통적 합리성이 제대로 발휘되기가 어렵다. 따라서 철학적 진리 추구의 활동의 독자성의 확보가 없다면 공공성(공론장)의 활력은 기대하기 어렵다는 점에서, 그리고 다른 한편으로 공론장의 활성화가 없다면 비판적 탐구정신을 자양분으로 하는 학문 활동 역시 위축된다는 점에서 이 양자는 서로를 지탱해주는 상호관계에 있음이 드러난다.

둘째, 시민사회의 활성화 과정에서 발생한 시민운동의 이론적 정당성 부여과 관련한 기여 이외에도 하버마스의 이론은 포스트 모던적 사유 경향과의 대결을 통해서도 이성의 자율성을 고수했다는 점도 언급되어야 마땅하다. 이미 언급한 대로 하버마스의 공론장 및 시민사회 이론은 의사소통 합리성 개념을 전제로 한다. 의사소통 행위 이론은 인간 언어의 잠재적 해방성을 긍정한다. 따라서 사철연은 90년대 한국 사회에서 두 가지 흐름, 그러니까 한편으로는 현실 사회주의 몰락 이후에 거세게 몰아닥친 신자유주의적 세계화론에 대한 환호(신판 근대화론)에 대해서도 다른 한편으로는 서구 근대성에 대한 총체적 부정에 대해서도 비판적 거리를 취하는 입장을 보여주었다. 포스트모더니즘 논의는 서구 '근대'나 '근대성' 문제를 전면으로 제기함으로써 우리사회의 문제의식의 지평을 확장했음에는 틀림없다. 그러나 총체적인 이성 및 근대성 비판에 대항하여 사철연 회원들의 대부분은 서구 근대의 이중성을 포착하려고 노력하는 동시에 도구적 합리성으로 환원될 수 없는 좀 더 포괄적인 이성 개념을 옹호하고자 했다. 앞에서 언급했듯이 이 이성의 자율성을 옹호하는 작업은 학문적 공론 영역의 존립의 문제이다. 학문적 공론의 영역의 상대적 자율성은 이성의 자율성을 전제하지 않고서는 확보할 수 없기 때문이다. 이성의 자율성을 확보하지 않는다면 학문 세계의 진지한 토론과 논의의 의미가 해명될 수 없게 되는 것이다. 그렇게 되면 결국 학문 세계는 변화된 형태의 혹은 은밀한 방식으로 진행되는 권력 투쟁이나 이해관계 추구의 장에 지나지 않을 것이기 때문이다. 이처럼 사철연의 여러 회원들은 근대성 및 탈근대성의 논쟁에서 계몽주의와 근대성의 이중성 및 이성적 합리성의 포기 불가능성을 고수함으로써 이성주의적 학문 전통을 수립했다.

셋째, 사철연은 80년대의 급진적 정통 마르크스주의의 좌절의 공백을 대신하여 진보적 사회철학의 맥을 이어가는 역할을 했다. 하버마스의 이론은 마르크스-레닌주의가 갖고 있는 착취나 소외가 없는 인간해방 세상의 구현이라는 도덕적 호소력을 포기하지 않고서 새로운 형태의 진보적 기획을 모색하는 데 유용한 실마리를 제공했다. 하버마스의 시민사회 및 공론장 이론은 이론을 정치적 의지형성의 도구로 파악하는 마르크스-레닌주의의 한계를 넘어선다는 장점을 갖고 있다. 달리 말하자면 정치적 행위와 이론적 분석 사이의 연계를 공론장을 매개로 하여 접근한다는 점에서 이론적 활동의 자율성과 실천 지향적 행위를 결합하는 새로운 방식을 제공한다. 이처럼 사철연은 마르크스-레닌주의의 교조성과 결연하게 작별을 하면서도 자본주의 경제 체제가 초래할 모순들과 역설들을 극복하려는 성찰적 진보의 시도에 유용한 이론적 자원을 제공했다.

혁명이론으로서의 마르크스주의가 90년대에 영향력을 상실하게 된 이유 중의 하나는 경제결론과 계급 환원론(토대-상부구조론)의 틀에 포획되어 80년대 이후 한국 사회에서 출현하기 시작한 국가로부터 자립화되어 가는 시민사회의 현상을 적절하게 설명할 수 없었기 때문이다. 사회의 분화 속도가 빨라짐에 따라 계급 및 기층 민중을 기반으로 하여 국가 권력의 장악을 기본적 목적으로 삼은 80년대식의 변혁이론의 적실성이 의문시되었던 것이다. 한편으로는 마르크스-레닌주의와 주체사상이라는 80년대의 양대 변혁이론이 위기에 처하고, 다른 한편으로는 한국에서의 자본주의가 발전하는 것과 함께 제한적인 정치적 민주화의 진전은 우파의 좌파에 대한 대대적인 공세를 취하도록 고무했다. 이제 우파는 소련과 동유럽 공산주의의 붕괴를 자본주의와 자유민주주의의 궁극적 승리로 이해하였다. 따라서 한국에서는 중진 자본주의론, 세계화 이론 그리고 신자유주의적 시장 유토피아론이 우파의 중요한 담론의 지위를 차지했다.[45]

교조적 좌파의 위기와 우파의 공세라는 이중적 어려움 속에서도 하버마스주의적인 시민사회이론이 일정 정도 한국 사회에 영향력을 행사할 수 있었던 이유는 대략 두 가지이다. 첫째로 시민사회이론이 90년대의 변화된 상황에 적응도가 높은 이론적 자원을 갖고 있었기 때문이고, 둘째로 시민사회이론은 80년대의 민족담론과 계급담론이 보여주었던 이론적·실천적 한계를 부분적으로나마 극복할 수 있었기 때문이다. 이처럼 진보적 이론으로 수용된 마르크스주의의 급속한 퇴각의 상태에서 사철연은 한국 철학계에서 비판사회이론을 한국 상황에 창조적으로 적용하려는 모습을 보임으로써 진보적 이론의 위기 상황을 극복하는 데 일조했다.

사철연의 한계

지식의 이식성 및 식민성의 문제

지금까지 살펴본 것처럼 사철연은 한철연 및 한국윤리학회와 더불어 각자 한국 사회에서 사회철학 및 규범윤리학이 어떻게 사회에 개입해야 할 것인가에 대한 성찰을 통해 많은 학문적 기여를 해왔다. 그럼에도 사철연도 많은 한계를 보여준다. 이 한계는 사철연의 장점의 이

---

45) 김동춘, 『1997년 이후 한국사회의 성찰』, 길, 2007, 121쪽 참조.

면이라는 점에서 흥미롭다. 간단히 말하자면 사철연의 학문 논의 공간
역시 권력이 작동하는 장으로 특정한 형태의 배제와 주변화의 힘이 관
철되고 있다는 것이다.

사철연의 구성원들은 한국 사회를 분석하고 한국 사회의 문제점들
을 극복하는 대안을 제시하는 과정에서 하버마스의 이론에 상당 부분
기대고 있는데, 이는 역설적으로 한국 사회가 안고 있는 중요한 문제
들을 배제하거나 부차적인 것으로 만드는 경향을 보여준다. 예를 들어
하버마스(및 호네트)의 이론을 토대로 한국 상황에 어울리는 진보 정
치의 새로운 패러다임을 제공하려는 뛰어난 업적을 선보인 장은주도
민족주의의 위험성을 반복적으로 강조하면서 한국 사회의 특수성과 그
역사적 맥락에 대한 감수성을 보여주지 못한다.46) 이는 다음과 같은
그의 주장에서도 잘 들어난다. "남한 진보세력의 참된 정치적 토대는
우리 근현대사에서 단지 남한의 현대에만 성공적으로 실현된 자본주의
적 근대성의 역설들과 병리들이다."47) 이 주장은 분단 문제 그리고 한
국의 근현대사에서 식민지 지배의 경험과 결부된 민족주의 문제의 특
수성에 대한 인식이 들어설 자리가 없다. 여기서 자세히 다룰 수 없지
만 한국에서 실현된 자본주의적 병리들이 과연 분단과 무관한 것인지
하는 의문은 제쳐두고라도 진보 정치의 참다운 토대를 "남한의 현대에
만 성공적으로 실현된 자본주의의 근대성의 역설들과 병리들"로 설정
한 후에 어떻게 분단과 통일의 문제를 해명할 수 있을지 궁금하다.48)

---

46) 장은주, 앞의 책, 2007, 제9장 참조.

47) 장은주, 위의 책, 2007, 18쪽 주 1. 불필요한 오해를 피하기 위해 한국 사회와 연관된 여러
주제들에 대해 장은주가 내세우는 입장에 많은 부분 공감한다는 점이 추가되어야 할 것이
다. 더구나 그는 이제까지 하버마스(및 호네트)의 이론을 토대로 한국 사회를 비판적으로
성찰하는 작업을 그 어느 하버마스 연구자들보다도 더 체계적으로 수행했다고 본다.

그런데 "존엄한 시민들의 공화국"을 진보 정치의 핵심으로 주장하는 장은주는 남한 민주주의 공화국의 주체인 시민과 민족이 어떤 연관성 속에서 사유되어야 하는지의 물음을 미해결의 것으로 남겨 놓고 있다. 그의 이론에는 한반도적 시각이 전혀 없다고 한다면 과장일 것이지만 적어도 주변화되어 있다. 이를 하버마스 이론의 효과라고 볼 수 있을 것이다. 하여간 장은주의 입장은 현재 한국 진보 진영의 주목할 만한 하나의 경향이다.[49] 장은주의 진보 정치의 지향성과는 정반대의 정치적 지향을 추구하는 안병직도 남한의 자본주의 발전을 출발점으로 삼고 있다는 사실은 무척 흥미롭다. 남한에서 성공적으로 실현된 자본주의가 수많은 병리적 현상을 초래하는 장본인으로 장은주에 의해 비판되지만, 동일한 대상이 아주 달리 이해된다. 남한이 통일을 하지 않고서도 "민주적인 자주 독립 국가를 건설하는 역사적인 전망을 갖게 되어 민족모순분단모순은 점차로 부차적인 것이 되고 있다"[50]고 하는 안병직의 주장에 남한의 자본주의의 성공사는 정당성의 토대 구실을 제공한다. 장은주와 안병직은 남한사회의 사회적 양극화 문제나 민주주의의 문제에 대해 서로 상이한 관점을 내놓고 있지만 한반도의 시각을 결여하고 있다는 공통점을 보여준다.

하버마스의 이론을 비롯하여 호네트 헤겔의 이론을 한국적 상황에

---

48) 그런데 하버마스는 96년 한국 방문시에 한반도에서 민주화운동을 추진하는 진보 세력이 민족 통일을 지향하는 주체임을 긍정적으로 평가했다. 이에 대해서는 위르겐 하버마스, 한상진 편, 『하버마스 한국방문 7강의 – 현대성의 새로운 지평』, 나남, 1996, 177쪽 이하 참조. 그러나 이 입장은 민족주의에 대한 일관된 자신의 비판과 어느 정도 상충하는 바가 있다.

49) 김동춘에 의하면 "시민과 민족 혹은 시민의식과 민족주의는 무관한 것으로 받아들여지는 경향"이 존재한다. 시민운동과 민족운동의 분열과 대립이 이런 경향과 결부되어 있다는 것이 그의 주장이다. 김동춘, 앞의 책, 2007, 503쪽 이하 참조.

50) 윤건차, 앞의 책, 2000, 49쪽.

주체적으로 응용하려는 시도가 여러 차원에서 진행되고 있고 그 성과들이 작지 않다는 점은 인정해야 할 것이지만, 사철연의 구성원들도 역시 서구 학문의 이식성과 지식의 식민성을 완전히 극복했다고 볼 수는 없다. 이는 한국적 상황의 역사적 특수성 및 그와 연관된 여러 체험들을 성찰하면서 극복될 수 있으리라고 본다. 이를 위해서는 철학이 역사학과 사회학의 성과들로부터 더 많이 배워야 할 것이다. 사철연이 표방했듯이 학제적 연구를 실질화해서 인접학문과의 소통의 노력을 명실상부하게 진행시켜 나가야 할 터이다.

하버마스 이론의 강한 영향력은 사철연의 내부 논의 공간을 일정한 방식으로 틀 지우는 데에서도 감지된다. 하버마스적 담론의 헤게모니 관철로 인해 보이지 않는 논의 구조의 장벽이 존재한다는 것이다. 달리 말하자면 하버마스적인 비판사회이론에 경도된 분위기로 인해 토의되는 주제들이 한정되어 있다. 이는 다른 주제들을 배제하거나 주변적인 것으로 만들어 이들의 활성화를 방해한다. 이것은 학문적 공론 영역인 사철연에서 학문적 권력관계가 관철되고 있는 현상으로 독해될 수 있을 것이다. 공론 영역은 이론적으로는 모든 사람들에게 열려 있는 개방적 영역으로 간주된다. 그러나 누구나 접근할 수 있는 공간으로 간주되는 공론장 역시 현실적으로는 권력관계로부터 결코 자유롭지 못하다. 사이토 준이치는 공공성(publicness)이 갖고 있는 배제의 종류를 형식적(formal) 배제와 비형식적(informal) 배제로 나눈다. 전자의 예로 근대 시민사회에서 정치적 공공성에 참여할 자격을 '교양과 재산'을 가진 남성에 한정했던 것이 있다. 후자, 즉 비공식적 배제는 '담론자원'(discursive resources)이라는 눈에 보이지 않는 자원이 공공

성에의 접근을 대단히 비대칭적으로 만드는 현상을 말한다.[51]

사철연에서 발견되는 배제는 비공식적 배제 현상이다. 담론자원은 공공 영역에의 접근을 가능하게 하는 중요한 요인이다. 공적 영역은 소통의 장이고 소통은 당연히 언어라는 매체를 통해 이루어진다. 그런데 어떤 특정한 공공 영역에서 대부분의 참여자들이 바람직한 것으로 공유하고 있는 이론이 있다면, 이 이론에 익숙하고 숙달된 사람들은 그 영역에서 헤게모니를 장악한다. 그래서 어떤 어휘를 잘 구사하는 것은 유리한 담론자원을 갖고 있는 사람이고 그렇지 않은 사람들은 담론자원이 빈약해서 그 논의 공간에서 주변부로 몰리게 된다. 또 담론자원은 공공 영역에서 주제를 선택하는 능력과도 관련되어 있다.[52] 사철연에서 특정한 주제가 큰 주목을 받지 못하는 것도 담론자원이 지니는 주제 선택 능력과 결합되어 있다. 예를 들어 민족주의 문제나 인권의 보편성 주장에 대한 반대 논의 등은 말할 것도 없고 사철연의 학회지에는 포스트모던적인 사유 방식이나 생태계 문제와 연관된 글이 큰 비중을 차지하고 있지 못한데, 이는 하버마스적인 담론자원으로 인해 생긴 배제의 효과로 이해될 수 있다.

담론자원의 작용으로 인한 배제 효과는 사철연 내부의 문제에 국한되어 있지 않다. 이는 사철연이 다른 유사학회와 보다 밀접한 소통을 하는 데 방해가 된다. 필자가 보건데 롤즈나 영미권의 담론에서 자주 쓰이는 어휘를 갖고 사철연에서 글을 발표한다면 그는 하버마스가 옹호하는 동일한 내용을 주장함에도 분명 소통에서 많은 문제점을 느

---

51) 사이토 준이치, 앞의 책, 2009, 31쪽 이하.

52) 사이토 준이치, 위의 책, 2009, 34쪽.

끼게 될 것이다. 따라서 한철연이나 한국윤리학회의 구성원들이 사철연에 참여할 매력을 느끼지 못하는 것도 담론자원의 측면에서 헤게모니를 장악하고 있는 하버마스적 어휘의 배제의 결과로 해석될 수 있다.[53]

학회의 제도화와 학문적 자유의 위축 문제

사철연이 안고 있는 또 다른 문제점은 학회의 점진적인 제도화 경향이다. 이 문제는 사철연만의 문제가 아니지만, 실천적 지향성을 목적으로 하는 학회의 취지에 볼 때 이 경향은 우려스러운 일이다. 사철연의 공식 학회지인 『사회와 철학』은 제9호(2005년 4월)부터 특집호를 포기하고 비매품이 되었다. 이는 학회지가 '학진'(한국연구재단)의 등재지가 되기 위해서 취한 고육지책이다. 더구나 학회지는 학문적 논의 공간으로서의 의미가 점점 희미해지고 평가기구화로 변질되어 가고 있다. 제도화가 가져온 부정적 결과를 살펴보는 이유는 제도화 자체를 거부하자는 데 있지 않다. 제도에의 편입이 끼친 부정적 영향이 무엇인가를 살펴보고 이를 극복할 대안을 모색하자는 것이 취지이다. 학회지가 등재지가 됨에 따라 학회지는 또 다른 학문정치의 장으로 되어버리는 경향이 있다. 물론 교수의 임용 과정의 공정성과 객관성에 대한 신뢰 수준이 여전히 형편없는 상황이지만, 등재 및 등재 후보지에 논문을 많이 게재하지 못한 학자가 대학교의 임용이나 재임용 과정에

---

53) 하버마스가 우리의 일상적 의사소통 속에 내재된 폭력의 문제를 모르고 있지는 않다. 위르겐 하버마스 지음, 장은주·하주영 옮김, 『분열된 서구』, 나남, 2009(Jürgen Habermas, *Der gespaltene Westen*, Frankfurt am Main: Suhrkamp, 2004), 35쪽 참조. 그러나 공론장을 합의를 지향하는 토의 공간으로 바라보는 하버마스의 입장이 차이를 억압하는 기능을 하고 있다는 비판도 설득력이 있다. 사이토 준이치, 앞의 책, 2009, 56쪽 참조.

서 불이익을 받는 경우가 존재하기에 학회지가 상당히 강한 학문 권력의 역할을 수행하고 있다는 지적은 허언이 아닌 것이다. 사철연뿐만 아니라 학회지는 "연구자들의 연구 능력에 관한 가장 중요한, 아마도 최고의 평가기구의 역할"을 하고 있다. 학회지가 평가기구로 변화되어 가면서 그것이 "한국 사회에서 권위와 권력을 행사하는 실질적인 기구"로 되었다는 평가가 나오고 있다.54)

학회가 점진적으로 제도권에 흡수되는 부분과 연관해서 더욱더 염려스러운 일은 글쓰기 방식의 획일성과 연관된 문제들이다. 학회가 제도화되는 경향과 더불어 글쓰기 방식에서의 획일성이 더욱더 구조적으로 양산되어 다양한 학문 활동의 양식을 억압하고 있다. 에세이식, 구술식, 자기역사 쓰기식, 대화편, 경구 및 잠언식의 글쓰기 등 글을 쓰는 양식은 너무나 다양하다. 이 양식 중 어느 것이 정상이고 다른 어느 것이 비정상이라는 식의 판단은 어리석다. 경구식의 글이나 대화식의 글이 현재 통용되고 있는 획일적인 글쓰기보다 연구의 질을 담보하지 못하는 것일까? 그렇지 않다. 그것은 글을 쓰는 이의 역량에 달린 문제이다. 그러나 단언하건데 대화식의 글이나 경구식의 글이 학술지에 실릴 가능성은 전무하다.

다양한 글쓰기 방식을 억압하는 것은 글의 형식에 관련된 문제에 그치지 않는다. 글쓰기 방식의 획일성과 더불어 사유의 단선화 및 획일화가 초래될 가능성이 높다. 우리들의 상상력은 소진되고 따라서 사유의 발칙함과 발랄함, 즉 창조성과 역동성이 발현될 가능성이 없어진다. 이것이 보다 더 중요한 문제이다. 학회지에서 별도로 다양한 글쓰

---

54) 남경희, 「서구철학의 수용과 한국철학의 정체성」, 『동아연구』 41, 서강대학교 동아연구소, 2001, 12쪽 이하.

기의 공간을 할당하는 것도 생각해봄직한 하나의 방편이겠지만, 그렇다고 할 때 이 학술지는 등재지 지위를 유지하기 어려울 것이다. 학회지의 제도화 및 학술 논문 평가의 획일성의 증가는 인문학의 발전에 저해요인임이 분명하다. 인문정신의 소실이 논의되고 있는 상황에서 학문을 하는 사람들 역시 철저하게 제도의 틀 내에서 움직이고 있고 그 틀을 변화하려는 노력이 크지 않다는 것은 문제다. 더구나 획일화된 글로 사회와 소통할 수 없음은 당연하다. 학회지의 등재지 조건을 유지하기 위해 이미 비매품으로 전환한 상태에서 글을 쓰는 방식도 대중의 감성과 거리가 멀다면 사회와의 소통은 이는 포기한 것이나 다름없다. 대중과 호흡하고 학문의 공공성을 생각하는 학회라면 이런 문제를 돌파하려는 다양한 시도를 모색해야 함이 마땅하다 할 것이다.

등재지에 실린 논문의 횟수가 교수임용 및 승진에 결정적인 역할을 하는 현재의 상황은 관료적 국가권력에 학문 세계가 어떤 방식으로 포획되고 있는가를 보여주는 단적인 현상이다. 현재 대학들이 경쟁력 강화라는 미명하에 계량화된 평가시스템을 앞다투어 도입하면서 학문의 대량생산을 부추기고 있다. 특정한 방식으로 획일화된 글쓰기를 양산하도록 강요하는 제도적 압력에 대해 사철연은 물론이고 대부분의 인문학자들은 이렇다 할 대응을 보이고 있지 못한 실정이다. 많은 인문학자들은 반품(返品)이 되지 않을 정도의 규격화된 상품을 대량 생산하는 공장의 노동자와 마찬가지로 글을 양산하는 기능인의 지위로 전락한 채 제도의 규정력(폭력)에 대해 순응하는 모습을 보인다. 순응적 정신에 의해서 생산·유통되는 인문학적 지식은 단지 연구자 개인들의 업적 관리나 대학 경쟁력 강화라는 명분을 정당화 하는 데 수단이 되는 정량적 수치의 일부라는 점에서만 그 의미를 부여받고 있는 실정이다. 타인을 딱딱한 돌로 만들어 버리는 메두사의 눈처럼 인문학자들의 비판 및 저항 정신을 봉쇄하여 이들을 순응적 지식인으로 길들이는 힘에 편입되고 있는 학회지 및 학회의 활동을 어떻게 극복할 것인가는 심각한 문제이다. 학회가 제도화되어 한국연구재단의 하부구조로 편입되는 과정은 대학 및 학문 세계와 국가의 분리라는 시민사회 및 공론장 활성화의 존립 자체를 위협하는 것이기 때문이다. 권력과 화폐의 논리 속에 포위되어 있는 학문 세계를 보호하기 위해서는 학문 세계의 고유성 확보도 중요하지만 그것을 유리하게 할 제반 조건들의 확보도 중요하다. 앞에서도 언급했듯이 학문성과 공공성은 상호공속한다. 행정 권력 및 시장의 지나친 영향을 차단할 공공성의 확보가 중요한 이유이다.

나가는 말

사철연을 둘러싼 한국 현대 사회철학의 흐름에 대한 연구는 출발점에 있다. 그럼에도 90년대 이후 한국에서 하버마스적인 비판사회이론의 수용에서 중요한 역할을 담당했던 사철연의 활동을 분석하는 작업은 여러 점에서 중요하다. 앞으로 극복해야 할 여러 문제를 안고 있지만 모던과 포스트모던의 긴장과 대결의 와중에서, 그리고 현실사회주의의 붕괴 이후 형성된 진보이론의 위기가 심화되어 가던 시기에 사철연은 식민지 시기부터 지속적으로 우리 현대사에 영향력을 발휘해 온 마르크스주의 전통의 사회비판의 맥을 이어 받았다. 이 학회는 진보담론이 위기에 처한 상황에서 독일 프랑크푸르트학파, 특히 비판사회이론 2세대의 대표인 하버마스의 사상으로부터 많은 통찰력을 얻어 한국에서의 진보적 실천의 가능성을 모색했다.

사철연 회원들이 여전히 젊고 그들의 사상이 아직 완성된 형태를 보이고 있지 않은 상황이기에 사철연의 활동은 앞으로도 지속될 것이다. 한국 사회철학의 미래는 이들이 어떤 방식으로 자신의 고민을 학문적으로 형상화하고 이를 얼마나 창조적으로 사회와 소통할 수 있는가에 달려있다. 마찬가지로 하버마스의 비판이론이 한국의 미래에 어떻게 뿌리를 내리고 우리의 사유를 얼마나 풍요롭게 할지는 섣부르게 단정할 수 없다. 그러나 곡절 많은 수용의 역사를 갖고 있는 하버마스적 비판사회이론은 신사회운동의 해방적 잠재력에 대한 긍정적 평가, 진보적 실천에서 공론장 및 시민사회의의 활성화가 갖고 있는 중요성 등을 보다 분명하게 이해하는 데 크게 기여했다는 점에서 그 이론과 그 이론을 한국적 상황에 창조적으로 접목하고자 한 사철연의 모색은 한국 현대 사상의 흐름에 지울 수 없는 자리를 점하고 있다.

사철연의 구성원들은 하버마스의 사상을 단순히 수입하는 데 그치지 않고, 그의 이론적 패러다임을 통해서 한국 사회가 당면한 여러 모순과 문제점을 극복하려는 대안을 제시하려고 했다는 점에서도 응당 그 존재의의를 인정받아야 할 것이다. 하버마스적 비판사회이론의 극적인 귀환을 가능하게 한 배경을 서술하는 작업과 더불어 이를 둘러싼 논쟁을 살펴보는 것은 한국 현대 사상사의 총체적 이해를 위해서도 그리고 변화된 상황에서 사회와 철학의 소통을 수행 작업에도 시사하는 바가 있을 것이다. 그러나 동양과 서양의 만남이 더욱더 심화되어 가는 상황에서 살고 있는 우리에게 서구의 이론을 우리의 실정에 맞게 창조적으로 재구성하는 과제는 여전히 미완으로 남아 있다. 사철연이 이런 과제를 해결하여 세계적 보편성을 획득할 수 있는 '한국발' 사회 철학의 든든한 버팀목이 되어 주기를 희망한다.[55]

---

55) 이 글은 원래 연세대학교 국학연구원이 발행하는 《동방학지》(제149집, 2010)에 실린 것이다.

참고문헌

권용혁(1996), 「사회철학과 현실」, 『철학』, 49, 한국철학회.

_____(2004), 『철학과 현실: 실천철학 II』, 울산대학교출판부.

김동춘(1997), 『한국 사회과학의 새로운 모색』, 창작과비평사.

_____(2007), 『1997년 이후 한국사회의 성찰』, 길.

김명인(2006), 『환멸의 문학, 배반의 민주주의』, 후마니타스.

김석수(2008), 『한국현대 실천철학 - 박종홍부터 아우토노미즘까지』, 돌베개.

김재기(1988), 「1980년대의 사회 변혁 운동과 주체사상」, 『철학연구』, 24, 대한철학회.

김재현(2022), 『한국 사회철학의 수용과 전개』, 동녘.

남경희(2021), 「서구철학의 수용과 한국철학의 정체성」, 『동아연구』 41, 서강대학교 동아연구소.

리차드 로티, 『미국 만들기: 20세기 미국에서의 좌파 사상』, 임옥희 옮김(2003), 동문선.

박영균(2009), 「철학 없는 시대 또는 시대 없는 철학」, 『진보철학 20년 - 한국철학사상연구회를 말한다』, 한철연 창립 20주년 기념 2009년 봄 제36회 정기 학술발표회 발표문.

박종대, 「창간사」, 사회와 철학연구회 편(2001), 『세계화와 자아 정체성(사회와 철학 1)』, 이학사.

백낙청(2009), 『어디가 중도며 어째서 변혁인가』, 창비.

백종현(1998), 「서양철학수용에 따른 전통철학의 대응 및 전개」, 『철학사상』 8, 서울대학교 철학사상연구소.

_____(2000), 『독일철학과 20세기 한국의 철학』, 철학과현실사.

볼프강 벨쉬, 『우리의 포스트 모던적 모던 1』, 박민수 옮김(2001), 책세상.

사이토 준이치, 『민주적 공공성: 하버마스와 아렌트를 넘어서』, 윤대석, 류수연, 윤미란 옮김(2009), 이음.

악셀 호네트, 『정의의 타자: 실천 철학 논문집』, 문성훈 외 옮김(2009), 나남출판.

에릭 홉스봄,『극단의 시대: 20세기 역사 상』, 이용우 옮김(2007), 까치.

위르겐 하버마스,『공론장의 구조변동: 부르주아 사회의 한 범주에 관한 연구』, 한 승완 옮김(2004), 나남출판.

_____,『담론윤리의 해명』, 이진우 옮김(1997), 문예출판사.

_____,『분열된 서구』, 장은주, 하주영 옮김(2009), 나남출판.

_____,『사실성과 타당성』, 박영도, 한상진 옮김(2007), 나남출판.

_____,『의사소통행위이론 1: 행위합리성과 사회합리화』, 장춘익 옮김 (2016), 나남출판.

_____,『현대성의 새로운 지평: 하버마스 한국방문 7강의』, 한상진 편 (1996), 나남출판.

윤건차,『교착된 사상의 현대사』, 김응교 외 옮김(2009), 창비.

_____,『현대 한국의 사상흐름: 지식인과 그 사상 1980-90년대』, 장화경 옮김 (2000), 당대.

윤평중(2008),『푸코와 하버마스를 넘어서: 합리성과 사회비판』, 개정증보판, 교보 문고.

이정은(2009),「사회 변혁을 위한 논의들: <시대와 철학>의 서양철학을 중심으로」, 『진보철학 20년: 한국철학사상연구회를 말한다』, 한철연 창립 20주년 기념 2009년 봄 제36회 정기 학술발표회 발표문.

이진우(1998),『이성은 죽었는가: 포스트모더니즘의 철학』, 문예출판사.

황경식,「서양 윤리학의 수용과 그 영향」, 이화여자대학교 한국문화연구원 편 (2003),『철학 연구 50년』, 혜안.

장은주(2007),『생존에서 존엄으로: 비판이론의 민주주의이론적 전개와 우리 현실』, 나남출판.

테리 이글턴,『포스트모더니즘의 환상』, 김준환 옮김(2000), 실천문학사.

한국철학사상연구회 편(1992),『현대 사회와 마르크스주의』, 동녘.

06

카를 만하임의 지식인론:
한국적 현실 및
지식인 실태와 관련하여

6.

카를 만하임의 지식인론(論)

한국적 현실 및 지식인 실태와 관련하여

선우현

왜 지금 만하임인가

1) 최근 들어 한국 사회는, 오랜 기간에 걸쳐 이루어진 민주화 운동의 성과들이 적잖게 흔들리는 조짐을 도처에서 보여주고 있다. 민주주의 원칙이 훼손·침해되는 사태는 말할 것도 없고, 민주주의의 근본 토대가 급격히 허물어질 수 있는 '예견적(豫見的) 징후'들도 심심찮게 목도된다. 이 중 특히 최근 들어 염려의 시선으로 바라보게 되는 대표적인 '민주주의의 퇴행적 실태'는 단연 '진영 논리의 전일적 확산 및 지배' 현상이다.

사실 정상적인 민주 사회라면, 공적인 사안 등을 놓고 그것의 규범적·윤리적 정당성 여부를 판별해야 될 경우, 그것은 시민들 간의 자유롭고 개방적인 민주적 논의를 거쳐 상호 동의 및 합의에 이르는 일련의 '절차적 담론 과정'을 통해 최종적으로 결정된다. 사정이 이런 만큼, 민주 사회에서 전제되어야 할 것 중 하나는, 구성원들의 비판적 통찰력과 소통 능력 및 소통에의 참여 의지, 나아가 이것들을 내재화하여 언제든지 활용할 수 있는 '민주적 시민 의식 및 덕성'이다. 하지만 최근의 한국 사회를 총체적으로 장악해 버린 진영 논리는 이러한 합리성과 비판성을 내장한 민주 시민의 '자기 성찰적 의식'과 '자기 비판적 덕목'들을 일거에 무화시키면서, '적과 동지'라는 이분법적 대립적 사고 틀에 갇히게 만들고 있다. 그로 인해 시민 구성원들은 자신이 지지하는 특정 정치 세력이나 이념 집단의 입장을 '무반성적·무비판적으로' 추종하고 옹호하는 맹목적인 '자발적 복종'의 행태를 드러내고 있다. 이는 주체적인 사유 능력이 사라짐으로써 현실을 제대로 인식하지 못한 채, 권력 집단에 조종되어 놀아나는 비주체적인 노예적 삶[1]을 살아가는 '비(非)시민적 구성원'의 확산으로 이어진다.

사정이 이런 만큼, 반민주적 또는 민주주의 퇴행적 사태를 야기하는 주된 요인으로서 '진영 논리가 등장하게 된 원인과 배경, 발생 메커니즘'에 관한 보다 면밀한 비판적 논구는 필수적이다. 다만, 여기서는 진영 논리를 유포시킴으로써 사적 기득권을 강화하려는 권력 집단의 정치 공학적 기획 시도를 배후에서 주도한 주된 '조력자'로서 '적지 않은' 지식인들의 행태에 주안점을 두고 비판적 논의를 전개하고자 한다.

이와 관련해, 권력 집단의 '완장 맨'으로서의 지식인들은, 거짓의 '대안적(代案的) 사실'을 마치 '진짜 현실'인 양 오인하는 '탈(脫)진실

---

[1] 진영논리가 전(全)사회적인 규범적 판단의 척도로 기능하는 상황에서 개별 구성원들의 처지란, '규범적 정당성이 결여된 지배 권력에 전적으로 예속된, 그런 한에서 자율성과 자유를 상실한 노예적 삶'을 살아가고 있음에 다름 아니다. 그처럼 자신이 소속된 진영의 행태를 무조건적으로 지지한다는 것은, 진영논리의 구현체인 특정 지배 권력에 의해 일방적으로 지배·조종되어 그것에 '자발적으로 복종'하고 있음을 의미하는 것이기 때문이다.

(Post-truth)'[2] 전술이나 '정치의 팬덤화(fandomization of politics)' 기법,[3] 나아가 '가짜 뉴스'의 지속적인 생산과 공급을 통한 '적대적 매체효과(hostile media effect)'[4]의 기술 등을 구사하여, 진영 논리를 확대·심화하는 데 주도적인 역할을 수행했다. 이때 진영논리는 대외적으로는 '반민주 세력의 척결' 또는 '사회 개혁'이라는 그럴듯한 '캐치프레이즈'를 전면에 내걸지만, 실제로는 권력 집단의 지배권을 한층 더 공고화하기 위해 '경쟁적 대립 진영'을 적대화하고 악의 집단으로 몰아가는 '증오의 논리'로 그 민낯을 드러내 보인다. 게다가 이러한 논리는 정치적 무대에 국한되지 않고, 일상적 삶의 세계에까지 침투해 들어와 개인들 간에 이념적 입장이나 경제적 이해관계가 상이할 시, 서로 간에 상대방을 배제 및 혐오의 대상으로 간주해 공격해 버리는 사회적 갈등 및 분열의 기제로 구동하기에 이르고 있다.

문제는, 사태가 이 지경에 이르렀음에도, 의도하든 아니든 권력 집단의 하수인으로서 전락한 지식인들은 정치적 여야나 이념의 진보와 보수를 떠나, 진영 논리를 심화하는 데 앞장서거나 강력히 옹호하고 있는 '중'이라는 현실이다. 가령 한때나마 진보의 아이콘으로 간주되었던, 자칭 '어용 지식인'으로 행세하하고 있는 정치인 출신 작가 유시민은 2019년 소위 '조국 사태'와 관련해 진영 논리에 대해 "진영 논리가

---

2) '탈진실'의 문제 상황이 대단히 치명적인 이유는 "단지 진실이 위협받고 있기 때문이 아니라 탈진실이 정치적 우위를 공고히 하려는 메커니즘으로 활용되고 있기 때문이다." 매킨타이어, L.(2019), 6쪽.

3) '정치의 팬덤화'나 '팬덤 정치'가 내장한 반(反)민주주의적 위험성과 문제점들에 대해서는 강양구 외(2020), 113-161쪽 참조.

4) '적대적 매체효과'란 '언론의 보도가 객관적·중립적 내용임에도 불구하고, 자신의 입장을 옹호·지지하지 않고 있다고 판단될 경우, 이를 편향되었다고 인식하고 적대적으로 대응하는 것'을 말한다. 이는 '특정 개인들이 가짜 뉴스에 지속적으로 노출되는 경우에 보이는 경향'이다.

왜 나빠요?"[5]라는 반문과 함께 진영 논리에 빠지는 것이 전혀 문제될 것 없다는, '궤변적' 옹호 논변을 강하게 개진했다.

한데 진영 논리를 공고히 구축하는 데에는 소위 '진보임'을 명함에 새긴 지식인들의 역할만 '있었던' 아울러 '있는 중'인 것은 아니다. 보수 진영에 속한 지식인들의 역할 또한 만만치 않았으며, 이 또한 '현재 진행 중'이다. 가령 최근 이슈화된 '홍범도 장군 흉상' 철거와 관련해, 이를 실무적으로 총괄한 ─박근혜 정권의 국정 역사 교과서 집필자이기도 했던─ 군사사학자 나종남은 '뉴라이트'의 이념적 논리에 의거해 '소련 공산당 가입 이력'을 철거의 주요 근거로 제시하는 데 주도적으로 관여함으로써,[6] 보수 집권 세력이 내건 진영 논리의 충실한 대변자로서 그 소임을 수행하고 있다. 왜냐하면 그러한 논거의 제시를 통해, 백번 양보해서 본인은 설령 그런 의도가 아니었다고 해도, 이념적 대항 세력을 시대착오적인 '빨갱이 논법'[7]에 따라 악마화 및 증오화의 대상으로 몰아가고 있기 때문이다.

이렇듯 진영 논리는 한국 사회에서, 현(現) 보수 집권 세력과 정권을 넘겨준 전(前) 촛불 정권을 비롯한 지배 세력들 간의 '통치 권력'의 쟁탈을 위한 주요한 정치 공학적 기제로 기능하고 있다. 이 상황 속에서 진영 논리의 확대 재생산을 통해 한국 사회를 '내편이냐, 네 편이냐'라는 선택지를 강요하고, 그에 따라 '동지 아니면 모두 적'으로 간주해 배제해 버리는 극단적인 대결의 장(場)으로 만드는 데 주도적으로 관여한 주체들이, 진보 보수를 망라한 소위 '열혈(?) 지식인'들이었다. 사적

---

5)　《JTBC 뉴스룸》(2019년 10월 1일자).

6)　《경향신문》(2023년 9월 5일자).

7)　이에 관한 실천철학적 논의로는 선우현(2015), 95-112쪽 참조.

인 이해관계에서 비롯된 것인지 혹은 권력 추구적 욕망 등에 따른 것인지 알 수는 없으나, 그들의 행태는 진영 논리의 전일적 확산과 지배로 결과했다. 그리고 이는 마침내 '동지 대 적 사이의 전쟁'이나 다름없는 이념적·사상적 아수라장으로 귀착되었다.

2) 이미 들여다 본 것처럼, 한국 사회 전체가 진영 논리의 수렁에 빠져 이념적·정치적·사회적 아수라장이 되어 버린 작금의 사태와 관련해, 이 땅의 지식인들의 몫과 책임이 결코 작지 않다는 점을 확인해 보았다.

무엇보다 지식인의 기본적 책무가 통치 권력의 부당한 사용과 남용에 관한 비판과 저항에 있다고 할 때,[8] 한국 사회의 지식인들은 이러한 역할을 온전히 수행하지 못했다. 아니 그러기는커녕 진영 논리에 기대어 기득권을 강화하려는 지배 세력의 정치 공학적 권력 사용 기도를 측면에서 주도하거나 옹호하는 역할을 기꺼이 수행했다.[9] 아울러 권력 집단들에 의해 진영논리가 전 사회적으로 확산되어 나가는 사태에서 벗어나거나 미연에 방지할 방안을 모색하기보다, 오히려 그것의 전일적 지배가 고착화되는 데 일조했다는 점에서도 우리 사회의 지식인들은 참으로 부끄럽기 그지없다고 할 것이다. 이러한 대상에는 진영 논리의 확산에 적극 가담한 지식인뿐 아니라, 권력 집단 또는 시민 대중 권력의 눈치를 보며 기회주의적 행태를 일삼은 지식인도 포함된다.

---

[8] 가령 지식인의 근본 역할을 '모든 권력에 대항하는 것'으로 규정하는 논변으로는 사르트르, J. P.(2018), 95쪽 참조.

[9] 이 점과 관련하여, 프랑스의 대표적인 '현실 참여적인 좌파 지식인' 중 한 사람인 부르디외 (P. Bourdieu)는 일찍이 지식인들이 '지배 집단'의 이익을 대변하는 전문가 집단으로 전락해 버린 사태에 대해 신랄한 비판을 가한 바 있다. 선우현(2020), 6-7쪽.

이러한 사실은 지식인의 역할에 관한 사회적 기대가 매우 높은 데 비해, 이에 부응하지 못한 채 권력의 하수인 내지 조력자로 전락한 지식인의 모습에 일반 시민들의 실망과 분노가 대단히 크다는 점을 말해준다.

이에 따라 우리는 현재의 한국적 상황과 관련해, '과연 한국의 지식인 계층은 이 같은 혼란스러운 민주주의 퇴행적 사태를 주동적으로 극복해 낼 주체로서의 자격과 역량을 지니고 있는가?'라는 다분히 냉소적인 물음을 제기해 볼 수 있다. 더욱이 이러한 난국을 초래하는 데 적지 않은 지식인들이 깊이 연루되어 있다는 사실을 고려할 때, '과연 시민 일반의 믿음과 기대치를 저버린 지식인 계층에게 그러한 사태를 벗어날 방안을 강구할 과제를 다시금 맡길 수 있는가?'라는, 의구심이 담긴 회의적인 물음을 또한 표출해 볼 수 있다.

한데 이 지점에서, 작금의 '한국적 현실'과 유사하게, 진영들 간의 이념적·정치 경제적 대립 및 충돌이 극한에 이를 만큼 혼란스러웠던 1차 대전 직후의 '독일적 현실'에서, 그러한 카오스적 혼란상의 극복책을 마련 제시할 '주동적 주체'로서 지식인 집단을 내세운 만하임을 만나게 된다. 그렇다면 과연 만하임이 개진한 '지식인론(論)'은 어떠한 구체적인 논지와 핵심 메시지를 담고 있으며, 오늘의 한국적 현실에 위치한 '지식인들의 행태'와 관련해 어떠한 유의미한 내용과 시사점, 실천철학적 교훈을 제공해 줄 수 있을지 지금부터 살펴보기로 하자.

1920년대 후반 바이마르 공화국 시기의 독일적 현실: 이데올로기적 카오스 상태

익히 알려진 것처럼, 헝가리 출신의 만하임은 1930년 독일 프랑크 푸르트대학교의 사회학과 교수로 취임하지만 1933년 나치 정권의 등 장과 함께 독일에서 추방되어 영국으로 망명할 수밖에 없는 처지였다. 한데 만하임은 실상 그 이전에도 망명의 경험을 갖고 있었다. 곧 1919 년 7월초 '헝가리 소비에트 공화국'이 붕괴되자 부다페스트 대학에서 철학을 강의하는 등 소비에트 정권에 참여했던 탓에 백색테러를 피해 망명하지 않을 수 없었던 것이다. 하여 비록 공산당에 가입하지는 않 았지만, 만하임은 그 이전에 학문적 탐구 활동을 수행했던 독일로 다 시금 돌아갔던 것이다.

이후 독일에서의 본격적인 학문적 경력을 쌓아가던 시기에, 만하 임은 '의도적으로' 대외적인 정치적 활동을 삼간 채, 전적으로 학문적 연구 활동에만 전념하는 모습을 보여줬다. 여기에는 자신의 조국 헝가 리에서 겪었던 소비에트 공화국 시절의 고통스럽던 개인적 경험이 결 정적으로 작용했을 것으로 짐작된다. 그런 만큼 만하임의 학문적 논구 작업 역시 구체적인 현실을 '직접' 거론하여 다루기보다는, '일정 정도' 현실과 거리를 둔 채 좀 더 순수 학술적인 차원에서 이론적 탐구에 주 력하고 있었다. 실제로 1920년대 독일에서의 만하임은 일반 대중이 감 히 접하기 어려운, 전문적인 학술적 논문의 작성과 저술의 집필에만 열중하고 있었다. 이를 입증해 보여주는 실례로, 당시 만하임이 발표 한 학술 논문 가운데 일반 대중을 주 독자층으로 삼아 작성한 것은 스 위스의 『신슈바이처 평론(Neues Schweizer Rundschau)』에 게재한

「독일 사회학의 문제점에 관하여」라는 논문 단 한 편뿐이었다.[10] 그 정도로 만하임은 연구실 '내'에만 칩거한 채 오로지 지적 탐구 및 저술 활동에만 매달렸을 뿐, 모국 헝가리를 비롯해 독일과 유럽적 현실에 대해서는 의도적으로 상당한 거리를 두고 있었다. 하지만 거리를 두었다는 것이 '현실 참여적 활동'을 자제했다는 것이지, '현실에 대한 비판적 인식 및 고찰'을 중단했다는 것은 아님에 특히 '유념'할 필요가 있다.

그렇게 만하임은 당시 독일을 위시한 유럽 대륙의 중요한 정치적·사회적 정세나 이슈들에 주목하면서, 학술적 차원에서 이를 체계적으로 이론화해 나가고 있었다. 그 도정에서, 사상사에서 가장 중요한 주목할 만한 저서의 하나로 평가받는 『이데올로기와 유토피아(Ideologie und Utopie)』를 출간하기 이른다. 한데 이 책의 출판 연도인 1929년을 전후한 독일은 저 유명한 '바이마르 공화국' 시절이었다. 그러나 나치 정권이 출범하기 전까지 지속되었던 바이마르 공화국 시기의 독일적 현실은 현 한국 사회의 실상과 대단히 흡사한, 이념적으로 '혼돈' 그 자체의 상황이었다.

우선, 1920년대의 독일사회는 1차 세계대전 패전의 상흔이 사회 곳곳에 치명적인 후유증을 낳으며 강력하게 잔존해 있었으며 그에 따른 전(全) 국가적·국민적 고통과 아픔, 사회적 혼란과 무질서는 거의 극에 달할 지경이었다. 전후 극단적인 인플레이션의 만연과 고공을 가르는 높은 실업률은 만성적인 경제적 위기 상황을 계속해서 야기했으며, 이는 다시금 대다수 독일인들의 심리적·정신적 불안과 절망, 미래에 대한 좌절감을 심어줬다. 그 결과 이러한 심리적 공황 상태는 국가

---

10) 코우저, 루이스 A.(2010), 564쪽.

나 정부, 사회 일반 혹은 특정 계층 및 집단을 향한 무한 분노와 불만의 양상으로 번졌으며 급기야 물리적 폭력을 수반한 무차별적 린치와 테러의 양상으로 불거져 나왔다.

산산이 파편화된 절대 다수의 개인 및 집단은 전적으로 사적·집단적 이익만을 쫓는 데 급급했으며, 상충하는 이해관계를 지닌 집단과 진영들 사이에는 끊임없는 갈등과 대립, 폭력적 다툼이 일상의 '루틴'으로 자리 잡기에 이르렀다. 특히 그 와중에 극우 혹은 극좌에 속한 일군의 급진 과격 세력들에 의해 자행된 무차별적 폭력적 행태는 이데올로기적·사상적 갈등과 대결 구도를 한층 더 극한적 투쟁 상태로 내몰았다. 코우저(L. Coser)는 당시의 이 같은 독일적 현실을 다음과 같이 기술하고 있다.

"당시 독일에는 적대 계층들이 이데올로기적으로 대립하는 진영을 구축하고서는 끊임없이 충돌하고 있었다. (…) 국가 관료제, 사법부, 군부 등 카이저 체제의 유산은 여전히 과거의 권위주의적 기준을 유지하고 있었고, 공화국에 의해 해방된 새로운 힘을 억누르고 있었다. 인플레이션과 실업의 위기에 시달렸고, 좌우 양극단의 과격파의 끊임없는 도전에 시달렸던 바이마르 공화국은 결코 안정적 상태에 이르지 못했다."[11]

이처럼 만하임이 열정적으로 학술적 탐구에 열중하던 시기의 독일 사회는 한시도 안정적일 틈 없이 총체적인 불안정과 무질서, 폭력적 투쟁과 다툼이 요동치는 그야말로 '이념적 카오스적 상황'이자 '이데올로기적 무정부 상태'로 치닫고 있다. 그에 따라 개인이든 집단이든 가

---

11) 코우저, 루이스 A.(2010), 562-563쪽.

릴 것 없이, 자신(들)의 생각과 주장만이 옳다는 입장을 강력히 내세우고 있었다. 당연히 상대방의 견해는 아예 들어볼 생각조차 없이 거부해 버렸다. 이성적 대화와 소통, 합리적 토론은 사라져 버린 채, 적 아니면 동지라는 극단적인 이분법적 선택지만이 주어졌다. 그에 따라 자신들의 이념이나 정치적 소신과 다른 집단이나 진영, 계급(층) 들 간에 이데올로기적 대립 전선이 강고하게 구축되어 서로 간에 격렬한 충돌과 투쟁이 빚어지고 있었다. 요컨대 당시의 독일적 현실은 이데올로기적 아수라장에 다름없었다.

현실에의 직접적 참여는 극도로 자제하고 있었지만, 그럼에도 당시의 독일적 사회 현실에 대해 예리한 눈길을 보내고 있던 만하임은, 그것을 자신의 주된 사회학적·철학적 탐구 주제로 설정하여 본격적인 비판적 논구 작업을 진행하였다. 이때 만하임의 주된 관심 및 탐구의 의도는 그러한 이념적 이데올로기적 혼란 상태를 수습하고 넘어설 실천 방안의 강구, 특히 그러한 과업을 떠맡아 수행한 주동적 실천 주체를 규정 제시하는 데에 그 포커스가 맞춰져 있었다. 그리고 그러한 논구 작업의 가시적인 성과로서, 새로운 '지식인관(觀)'과 그에 입각한 '지식인론(論)'을 수립하기에 이르렀다. 특히 지식인에 관한 새로운 만하임의 시각은 그의 학문적 스승이자 사회학자 겸 철학자인 막스 베버(M. Weber)의 동생인 알프레트 베버(A. Weber)가 처음 제시한 것을 차용하여[12] 비판적으로 재구성한 것이었다. 이는 흔히 '사회적으로 자유

---

12) 만하임은 '자유로이 부동하는 지식인 집단'의 개념을 알프레트 베버로부터 차용했다고 여러 차례 밝히고 있다. 가령 *Ideologie und Utopie* 이외에도 *Essays on the Sociology of Culture* 에서도 이러한 언급(106쪽)이 발견된다. 그러나 로더(C. Loader)에 의하면, 만하임의 *Ideologie und Utopie*가 출간되기 이전에 작성된 베버의 그 어떤 출간 및 미출간 저술 어디에서도 이 개념은 발견되지 않는다. 이 점은 강수택(2004), 59쪽 각주8) 참조.

롭게 부동하는 지식인 집단(die sozial freischwebende Intelligenz)'13)의 개념으로 알려져 있다.

만하임의 새로운 지식인: 계급적 특수성 및 제약성에서 자유로이 부동(浮動)하는 지식인

1) 이미 살펴본 바와 같이, 수습 불가한 극심한 이데올로기적 혼란 상을 보여주던 1920년대 독일 사회는, 각자 특수한 입장과 전략적 이해관계, 강고한 이념 노선을 견지하고 있던 탓에, 이질적인 다양한 집단이나 세력, 계급(층)들 간에 민주적 소통이나 합의를 이루어낼 사회적 여건은 거의 조성되지 못하고 있었다. 이런 상황에서 만하임은 그같은 난맥상을 타파하고 대결과 투쟁 대신 합리적 논쟁과 합의가 이루어지는, 보다 민주적인 사회를 구상·기획했다. 그리고 이는 '인텔리겐차(intelligentsia)', 즉 '지식인 집단'을 통해 구현 가능하다고 보았다.14) 공적 사안이나 주요 이슈를 놓고 다양한 입장들이 난무하며 끝없는 충돌이 이어지는 상황 속에서도, 최소한 지식인 집단은 사사로운 '주관적' 이해관계를 뛰어 넘어, '보편적' 관점에서 사태의 실체를 온전히 파악해 개진할 수 있는 '이론적 실천'의 주동적 주체라고 판단했던 것이다.15)

---

13) 만하임, K.(2012), 337쪽.

14) 이 점을 김종길은 다음과 같이 해명하고 있다. "그에 의하면 오직 '자유 부동하는 인텔리겐차'만이 이와 같은 이데올로기적 사고의 한계를 뛰어넘을 수 있고, 이해관계를 달리하는 집단들이 각축을 벌이는 현실의 사회과정에 일정한 거리를 유지할 수 있으며, 때로는 이에 비판적으로 응전할 수 있다. 만하임의 종국적 관심은 이처럼 이데올로기 뒤에 감춰진 참된 지식을 인식할 수 있는 가능성, 나아가 이를 위한 인텔리겐차의 역할을 탐색하고 발굴하는 것이었다", 김종길(2013), 323쪽.

물론 만하임은 지식인 계층 역시 다양한 사회적 신분과 지위, 계급 출신으로 구성되어 있으며 그러한 환경적·사회 구조적 차이들로 인해, 단일한 가치관 및 세계관을 지닌 동질적 계층이나 집단을 형성하기 어렵다고 보았다. 그런 만큼 지식인 계층 역시 첨예한 이해관계가 맞부딪히는 특정 현안을 놓고 개별 지식인들 간에 단일한 통일된 인식과 판단을 내리는 것 역시 쉽지 않다고 보고 있었다.

이 점은 만하임 사회이론의 최고 성과의 하나로 평가받는 '지식 사회학'16)에 관한 입론으로부터 제시된 '지식의 존재 제약성 (Seinsverbundenheit des Wissens)' 테제를 통해서도 확인해 볼 수 있다.17) 지식의 존재 제약성이란, 지식을 배태시킨 토대인 현실 사회의 역사적·구조적·존재적 요인들이 지식을 비롯한 다양한 이념과 사상의 기원과 발생뿐 아니라, 그 내용과 형식까지도 침윤해 들어와 주조하고 틀 지어 규정해 주고 있다는 사실을 가리킨다. 이를 만하임의 진술을 통해 직접 들어보면 다음과 같다.

"구체적인 지식의 내용을 발생하게 하는 데 결정적 역할을 하는 존재 요인이란 결코 단순히 말단적 의미만을 지녔거나 혹은 '단순한 발생론적 의의'만을 지닌 것은 아니고 오히려 그것은 내용이나 형식 또는 내용적 의미나 표현 방식까지 관여함은 물론 우리가 인식상의 시각 구조라고 할 수 있는 그 모든 것, 즉 총체적인 경험 능력과 관찰 작용을 발휘할 수 있는

---

15) 이는 당시 독일적 현실에서 벌어지는 갈등 및 충돌 사태를 벗어나게 할 모종의 '중재자'의 역할을 부여했다고 볼 수 있다. 여기서 중재자는 단순히 갈등 및 충돌의 봉합자가 아니라, "특정 이익 집단에 속하지 않고 자유로운 사고를 위해 계급성을 지니지 않은 사람을 뜻한다", 이성재(2012), 59쪽.

16) 이에 대한 보다 심도 깊은 논의는 Mannheim, K.(1952), 117-165쪽 참조.

17) 이 점은 만하임, K.(2012), 529-549쪽 참조.

역량이나 적극적인 개입 정도까지도 결정적 영향을 입히는 것이다."[18]

그러므로 이러한 만하임의 지식 사회학적 논변에 따르면, 그 어떤 사상이나 관념, 이념도 그것의 주창자가 사회 내에서 차지하는 계급이나 집단, 진영 등에 따라 그것의 근본적인 세계관과 지향점이 궁극적으로 구축되지 않을 수 없다. 동시에 상황이 이렇다면 사회를 구성하는 다양한 계급이나 계층에 속한 개별 성원들은 그 누구도 이러한 존재 구속성에서 벗어나는 것이 사실상 불가능하다. 그에 따라 이해관계가 첨예하게 얽혀 있는 중차대한 사안을 앞에 놓고 상이한 시각을 드러내며 맞서 있는 계급(층) 등에 있어서, 각각의 진영들이 내건 이념이나 슬로건은 한층 더 상이할 수밖에 없으며, 이는 불가피하게 극렬한 충돌과 투쟁으로 이어짐으로써 결국 이념적 무정부 상태로 귀착될 수밖에 없다. "동일한 대상을 보는 사람들이라도 상이한 사회적 위치에 뿌리를 둔 다른 시각으로 바라보게 되면 서로 다른 인지적 결론과 가치판단에 도달하기 마련"[19]이기 때문이다.

그렇다면 지식인 계층 혹은 집단은 어떠한가? 만하임의 제약성 테제를 끝까지 밀고 간다면 지식인도 자신이 속한 계급이나 집단의 특수한 이해관계를 대변할 수밖에 없다. 하지만 만하임에 의하면, 지식인은 자신이 속한 특정한 계급(층)과도 '객관적 거리두기'를 실행할 수 있다. 즉 '계급(층) 초월적인' 혹은 '계급(층) 중립적인' 존재로 스스로를 자리매김할 수 있는 자기 비판적 역량과 자아 성찰 능력을 견지하고 있다. 이 점을 코우저는 다음과 같이 밝히고 있다.

---

18) 만하임, K.(2012), 530쪽.
19) 코우저, 루이스 A.(2010), 527쪽.

"만하임의 주장에 따르면, 지식인은 자신의 본래 뿌리를 비교적 쉽게 단절할 수 있으며, 게다가 서로 간에 끊임없이 대화하며 상호 비판을 통해 애초에 가졌던 편견의 잔재를 벗어버릴 수 있다. 이런 이유 때문에 지식인은 세속적인 일에 관여해서 속된 발자취를 남기는 대신, 이를 넘어서서 위엄 있는 공평무사의 경지에 다다를 수 있다."[20]

이렇듯 자신이 소속되어 있는 집단이나 계급과도 거리두기를 하거나 단절할 수 있으며, 계급의식에서 비교적 자유로우며, 상호 간에 토론과 논쟁을 통해 상호 비판할 수 있는 역량 등은 오랜 기간 '특화된 교육'과 '전문가적 훈련' 등을 체계적으로 아울러 지속적으로 받아온 점에서 비롯된다. 만하임은 이 점에 대해 비교적 상세한 설명을 개진한다.

"즉 역사적 내지 사회적 공간 내에서의 상황 변동은 비록 동일 계급에 속하는 집단이라 하더라도 어떤 경우에는 유리한 결과를, 또 다른 경우에는 불리한 결과를 초래하는 까닭에 계급을 기준으로 하여 동질적 결정성을 상정한다는 것은 있을 수 없는 일이다. 그런데 이렇듯 계급적 입장에서는 도저히 어떤 통일적 기준을 찾아보기 힘들 정도의 구조적 다기화 현상이 빚어지고 있지만 이와는 달리 여러 지식인 집단 사이에는 사회학적 의미에서의 통일적 연대가 이루어져 있으니, 그것은 아주 새로운 방법으로 그들 모두를 결합시키는 교양이라는 것이다. 교양을 바탕으로 한 공동의 정신적 유산에 참여함으로써 그들 모두가 더욱더 출생 당시의 신분적 차이나 직업적 내지는 재산상의 차이를 배제하는 경향을 띰으로써 바로 이와 같은 교육적 효과를 바탕으로 한 개개의 성원 사이의 유대가 다져지기도 하는 것이다."[21]

---

20) 코우저, 루이스 A.(2010), 532쪽.

이렇듯 지식인 집단은 전문화된 '교육'과 트레이닝 등을 통해 전문가적 식견과 역량을 갖추고 있을 뿐 아니라, 그 과정을 통해 '탈주관적인' 전문성과 '계급 초월성'을 자연스레 체득해 왔다. 해서, 자신이 속한 계급(층)의 이념이나 정치적 신념을 무차별적으로 수용하는 태도에서 벗어나, 오히려 그것들을 대상화하여 비판적으로 바라볼 수 있다. 곧 '계층(급) 특수적인' 인식을 넘어 보다 계급 초월적인 지평에서 객관화된 해석과 판단, 비판을 가할 수 있다. 그러므로 개인적·집단적 이해관계를 근본적 토대로 삼은 다양한 이념과 이데올로기가 난무하고 충돌하는 사태 속에서도, 그 같은 계급(층)적 이해관계나 이념에서 자유로운 지식인 집단은 진리성과 규범적 정당성을 함유한 '보편타당한' 사상과 입장을 온전히 간취할 수 있다는 것이 만하임의 확신이었다.[22]

2) 만하임은 이처럼 현실의 역사적 혹은 사회 구조적 제약 조건으로 인해 '계급 특수적' 관점에 함몰되어 지극히 '단편적·부분적 인식'에 머물 수밖에 없는 상황 속에서도, '계급 초월적인' 시각을 견지할 수 있는 주체를 오랫동안 탐색, 논구해 왔다. 그리고 그로부터 마침내 계급 특수적 이념과 이해관계에 얽매이지 않고 자유로이 사유하는 가운데 '총체적·보편적 인식'을 다다를 수 있는 자율적 주동적 주체를 찾아냈다, 그것은 다름 아닌 '상대적으로 자유롭게 부동하는 지식인 집단'이었다.

---

21) 만하임, K.(2012), 338-339쪽.

22) 만하임에 의하면, 교육받지 않은 경험자의 지혜는 자신의 생활 상황에 직접 연관된 일에 국한되며, 타인에 대한 이해도 그 자신과 타인의 생활 환경에서 공유되는 부분에 한에서 이루어진다. 반면 교육받은 지식인은 자신의 관점을 넘어 변화하는 상황의 관점을 취할 수 있기에 역동성에 더욱 민감할 수 있다. 강수택(2004), 60쪽.

"이와 같이 항상 실험적인 입장에서 사회적 민감성을 스스로 키울 뿐만 아니라 동태성과 전체성을 주안점으로 삼는 태도를 확보하는 것은 중간 층에 위치한 계급이 아니라 비교적 계급성도 희박하고 또 사회적 공간 내에서 별로 확고한 계층 구조를 형성하지도 않은 층이 담당해야만 한 다. (…) 이와 관련된 역사적 고찰을 통해도 우리는 이에 대한 좀 더 분명 한 통찰을 마련할 수가 있다. 결국 이렇듯 자기의 위치를 일률적으로 확정하지 않는 비교적 계급성이 희박한 계층은 (…) 사회적으로 자유 부 동적인 지식인 집단이라 하겠다."[23]

애초 만하임은 모든 지식이나 사상은 사유자의 존재 조건에 의해 제약되기 때문에 사회의 진정한 발전적 혁신에 기여하는 '보편적 진리 (지식)'을 인식하지 못하며, 기껏 해서 계급 특수적인 부분적 지식만을 파악할 수 있다고 강력히 주창했다. 하지만 이 대목에서 유념할 점이 한 가지 있다. 곧 만하임의 이러한 주장이, '지식(사상)의 존재 구속성 실태'를 규명하는 데에 '전적으로' 그의 이론적 탐구 작업의 '목표'가 설 정된 것인 양 받아들여져서는 안 된다는 점이다. 이미 살펴본 것처럼, 그의 사회 이론적 탐구 기획은 1920년대 독일 사회의 '이데올로기적 무정부 상태'를 극복해 낼 '실천 방안'의 제시와 그것의 구현을 위한 '실천 주체'를 발굴해 내는 데로 향해져 있었다.

만하임에 의하면, 본래 '이데올로기적 카오스 상태'는 사회 구성원 각각이 자신이 속한 계급이나 집단의 이익과 이념에만 사로잡힌 나머 지, '사회 전체'의 진정한 발전과 변혁을 위한 '종합적 진리'를 온전히 인식할 수 없는 탓에 빚어진 사단이었다. 그런 만큼, 그러한 구속적 조

---

23) 만하임, K.(2012), 337쪽.

건과 환경 속에서도, 계급 특수적 지식의 제약성을 뛰어 넘어, 계급 초월적인 '보편적·총체적 진리(지식)'을 인식하는 과업이야말로, 이념적·사상적 충돌 및 혼란 상태에서 벗어날 유일한 해결책이라고 보았다.

한데 지식인 계층을 제외한 여타 집단이나 계급은 자신들의 '특수한 이해관계'에 기초한 이념 및 진리체계가 보편적 이익을 대변한 것이라고 잘못 확신하거나 오인(誤認)함으로써 자신들의 입장과 주장을 '총체적 진리'인 양 강력히 내세웠다.

하지만 '비(非)지식인 계층'은 자신의 일상적 삶과 직접적으로 관련된 사안에 대해서만 관심을 기울이며 자신의 이해관계의 틀 내에서 그것의 실체를 파악하고자 하는 까닭에, 다분히 주관적이며 단편적인 인식에 머물고 만다. 그에 반해 지식인 집단은 계급 특수적인 '부분 지식'을 뛰어 넘어, '보편적·총체적 지식'을 통찰할 수 있는 '전문적 식견'과 '전문가적 역량'을 갖추고 있다. 그에 따라 총체적 지식을 인식하고 간취하는 방법으로 제시한 '역동적 종합(dynamische Synthese)' 혹은 '종합 관찰(Zusammenschau)'24)을 실행할 수 있는 유일한 '수행자(Trger)'25)로 만하임은 지식인을 꼽고 있다.

그런데 그 같은 역동적 종합의 방법은 이제껏 생성된 수많은 부분적 지식들을 그 역사적·사회적 존재 조건들과 연관시킨 후 가장 포괄적인 입장에 상응하는 지식, 요컨대 수많은 부분적인 지식을 전체적으로 종합할 수 있는 지식에 이르는 방법이다. 이를 만하임을 통해 직접 들어보면 다음과 같다.

---

24) Mannheim, K.(1969), 132쪽; 강수택(2004), 60쪽 참조.
25) Mannheim, K.(1969), 134쪽.

"특히 모든 것이 생성 도상에 있는 그와 같은 영역에서는 오로지 활력적이며 수시로 새로운 노력이 경주되어야 하는 종합만이 합당한 의미를 지닐 수 있을 것이고(In einem Gebiet, in dem alles im Werden begriffen ist, kann auch adäquate Synthese nur eine dynamishe, nur eine von Zeit zu Zeit neu vorznehmende sein), 나아가서는 그와 같은 종합이야말로 우리가 지금까지 다뤄온 모든 문제의 요충을 해결하는 데도 도움이 될 것이다. 즉 그것은 시간의 세계 속에서 우리가 도달할 수 있는 전체에 대한 가장 포괄적인 시각을 제공하는 일이 될 것이다. 이러한 종합이란 언제나 전체적인 연관성 속에서만 이루어지는데, 왜냐하면 어떠한 종합의 경우라도 반드시 그 시대를 움직이는 힘이나 그에 대한 나앙한 선해를 통괄해야만 또 다른 종합화의 기틀을 마련할 수 있기 때문이다. 그러므로 어떤 절대적 종합을 향한 유토피아적 결실이 맺어지는 방향으로 일정한 진보가 이루어지려면 무엇보다도 이 종합 자체가 항상 폭넓은 사고의 기초를 바탕으로 전체를 관망하도록 노력해야만 하고 또한 역사적으로 선행했던 모든 관말 내용은 반드시 그 뒤를 잇는 전체적인 관망 내용 속에 함께 내포되어 있어야만 하는 것이다."[26]

여기서 드러나듯이, 만하임은 진영들 간의 끝없는 이념적 대결과 충돌로 극단적 무질서와 혼돈의 수렁에서 벗어날 '탈출구'를 제시하고 있다. 다름 아닌, 모든 이념과 사상, 정치적 신념들을 검토 대상으로 삼아, '혼신의 노력을 쏟아 부은 역동적(활력적) 종합'을 통해 그것들로부터 계급적 특수성과 무관하게 누구나 수긍하고 동의할 '보편타당한 관점 및 입장'을 도출·제공하는 방안이다.

그와 함께 만하임은 그러한 방안을 실행에 옮겨 현실에 구현할 책

---

26) 만하임, K.(2012), 331-332쪽.

무와 역할을, 계급(층)의 구속성과 제약성, 당파성에서 벗어나 자유롭게 사유하고 인식하는 지식인 계층에게 부여코자 한다. 이미 살펴본 것처럼, 그의 지식인관(觀)에 따르면 부동하는 지식인 집단은 '모든' 계급들의 다양한 시각과 견해, 주장을 비판적으로 종합화하여 보편타당한 관점 및 입장을 제시하는 역할을 능히 수행할 수 있다. 오직 지식인 집단만이 진영이나 계급, 집단의 특수한 내적 논리에 지배받지 않고 그러한 과업과 역할을 수행할 '거의 유일한' 존재, 한 마디로 존재 구속성(제약성)에서 다른 계급(층) 구성원들에 비해, '거의 유일하게' 자유로운 주동적 주체들이기 때문이다.[27]

이상에서 드러난 것처럼, 만하임의 지식인론에서 핵심 키워드인 '상대적으로 자유롭게 부동하는 지식인 계층'은, 무엇보다 첨예하게 맞서 있는 대립적 이념 및 이데올로기들 사이에서, '이성적 종합화'의 과정을 거쳐 보편타당하며 공명정대한 이념과 관점이 어떤 것인지를 제대로 규명·제시하는 과제를 수행하는 주동적 실천 주체이며, 또한 주체이어야'만' 한다. 그런 만큼, '부동하는 지식인'은 현실에서 쉽게 목도할 수 있는 지식인상(像)이라기보다는, '당위론적' 차원에서 모든 지식인이 롤 모델로 삼아 마땅히 추구해야만 하는 지식인의 '이상적 유형'이라고 할 수 있다.

---

27) 이러한 지식인론에 따르면, 지식인은 자신이 속한 계급(층)의 이해관계를 일방적으로 대변하는 자세에서 탈피하여, 자신이 소속된 계급(층)의 한계에 대해서도 '객관화'하여 신랄하게 '비판'하는 존재이다. 그런 만큼 적대적인 계급이나 진영의 견해나 입장도 그것이 보편타당하다고 판단될 경우, 충분히 수용할 수 있는 합리적이며 개방적인 주체다. 사정이 이러하므로, '계급적 당파성'을 일방적으로 최우선시하는 '마르크스(주의) 지식인론'과는 확연히 차별화된다.

잠정 평가

만하임은 자신의 조국 헝가리에서 학술적 탐구 작업을 시작한 이래, 독일의 바이마르 공화국 시기를 거쳐 영국에서의 망명 생활을 보내고 타계하기 까지, 지식인의 역할과 기능, 사회적 소임에 관한 입론에서 '외관상으로는' 적지 않은 내용적 차이점과 변화를 보여주었다. 이와 관련해 가령 헤른(J. Hereen)은 학문적 삶의 후반부에 이를수록 지식인의 역할 수행에 관한 만하임의 태도는 점점 더 '비관적인 시각'으로 바뀌었다고 분석한다.[28]

그러나 지식인의 특성과 행태에 관한 이론적 분석에서 드러나는 일정 정도의 논의상의 상이함과 시각의 변화에도 불구하고,[29] '큰 줄기'에서 만하임은 일관된 지식인관을 견지하였다. 즉 특정 계급(층)의 이익이 아닌, 전(全) 계급(층)을 아우르는 보편적 관점에서 '사회 전체의 공동 이익을 대변하는 실천적 이론가'로서의 지식인상, 아울러 그 같은 '사회적' 역할 및 책무를 수행하는 실천적 주체로서의 지식인관을 여전히 고수하고 있었다. 이 점에 대해 코우저는 다음과 같이 언급하고 있다.

> "이제 만하임이 요청하고 희망했던 정책가와 교육자라는 새로운 엘리트의 존재는 확실히 이름은 달랐지만 실은 비슷한 지적 수호자였다. 이제 구체적인 과제는 달라져 있었지만 지식인의 사회적 기능, 즉 전체 이익의 대변자라는 기능은 여전히 동일하게 남아 있었다."[30]

---

28) 이 점은 강수택(2004), 57-58쪽 참조. 아울러 만하임의 '본인'의 비관적 시각 및 견해에 대해서는 만하임, K.(2016), 92-123쪽; Mannheim, K.(1940), 81-106쪽 참조.

29) 실제로 만하임은 1930년대 이후 사회적 현실의 급격한 변화, 특히 지식인 계층의 핵심적인 형성적 요인이 교육의 위기 상황에 따른 자유 부동하는 지식인 계층의 역할이나 기능 또한 쇠퇴할 가능성이 높아가는 사태를 우려스럽게 평가하고 있었다. 이에 관해서는 Mannheim, K.(1992), 166-170쪽 참조.

말할 것도 없이 지식인의 사회적 기능과 책무에 관한 만하임의 논지는 『이데올로기와 유토피아』에서 중점적으로 다루어진 '상대적으로 자유롭게 부동하는 지식인' 개념을 통해 가장 극명하게 표출되었다. 이 지점에서 특히 주목할 점은 만하임은 '사회 계급(층)적 제약'에서 ─ 다른 계급(층) 구성원들과 비교하여 ─ 상대적으로 자유로운 존재인 지식인 집단에게 이념적 혼란을 수습할 시대적 책무를 맡기고자 했다는 사실이다.[31] 적어도 지식인은 계급적 이해관계가 맞물린 첨예한 이데올로기적 충돌 사태의 진상(眞相)을 계급 초월적인 관점에서 간파하고 그 극복책을 강구할 수 있는 존재라는 이유에서였다.

그런데 바로 이 대목과 관련해, 만하임의 지식인론은 1920년대 바이마르 공화국 체제하의 이념적 카오스 상태와 흡사하게, 진영논리가 전(全) 사회 영역에 걸쳐 독점적 '지배 기제'로 구동하여 끊임없는 대립과 충돌이 빚어지고 있는 현 한국적 혼란 상황에 대해, 유의미한 메시지와 내용, 적지 않은 시사점을 제공해 줄 수 있을 것으로 기대된다. 특히 한국 사회에 실재(實在)하는 소위 진보 진영이나 보수 세력은, '사회 혁신을 추구하는 진정한 진보'나 '제대로 된 합리적 보수'와는 멀어도 한참 먼, 오직 지배 권력의 장악에만 혈안이 된 한갓 권력 추구 집단이자 진영으로 존립할 뿐이라는 점에서, 진영 논리에서 벗어나 자유롭게 부동하는 지식인 집단은 우리 사회에서도 절실히 요구된다. 왜냐하면, '어느 진영이 보다 더 강력한 지배 권력과 여론 형성적 힘, 동원

---

30)　코우저, 루이스 A.(2010), 565-566쪽.

31)　만하임은 '상대적 개념'으로서 자유 부동한 존재라는 것이지, '계급 관련성(class liaisons)'으로부터 '전적으로(entirely)' 자유로운 집단을 뜻하는 것은 결코 아니라고 해명하고 있다. Mannheim, K.(1992), 105-106쪽; 강수택(2004), 61쪽.

할 수 있는 막강한 팬덤을 확보하고 있는가?'에 따라 특정 진영의 이해관계가 마치 정당하고 보편적인 것인 양 관철되는 사태를 타파하기 위해서는, '진정한 보편적 이해관계'를 제시할 필요성이 그 어느 때보다 절박한 시점이기 때문이다. 이는 지식인 집단만이 가능하며, 그런 한에서 현 한국적 현실에서 한국의 지식인들이 추구해야 할 적어도 '잠정적인' 지식인의 유형은 '자유로이 부동하는 지식인'이라 할 수 있다.

　이러한 자유 부동하는 지식인으로서 한국 사회의 지식인들 역시, 첨예하게 맞서 대립 충돌하고 있는 이념 및 입장들 사이에서 '역동적·이성적 종합화'를 통해 전(全) 사회적 차원에서 보편타당하고 공명정대한 이념과 입장을 제대로 규명·개진하는 과제를 최우선적으로 실행해야만 할 것이다. 이는 보다 구체적으로, 진영 논리가 내장한 정치 공학적 지배 기제로서의 본질, 무엇보다 특수적 이익을 보편적인 것처럼 인식하게 만드는 '오인의 메커니즘'의 실체를 폭로하는 데 전력을 기울여야만' 할 것이다. 그럴 경우에라야 거의 맹목적으로 특정 '권력 추구 진영'을 일방적으로 지지·옹호하는 ―보수 진영 혹은 진보 집단에 소속된― 일반 시민들의 의식 구조에 자리한 '왜곡되고 호도된 정치적 신념'이나 '거짓의 대안적 믿음' 등으로부터 벗어날 수 있는 탈출구가 비로소 마련될 수 있을 것이다. 아울러 당연하게도 이러한 역할은 진영 논리적 구속성에서 ―상대적으로― 가장 자유로운, 동시에 이러한 과업에 특화된 전문가적 식견과 통찰력을 갖춘 지식인 집단이 실천적 수행 주체의 '최적임자'가 될 수밖에 없을 것이다.[32]

---

32)　이 글은 『청주교대 논문집』 60집(2024)에 수록된 논문을 부분적으로 수정·보완한 것이다.

참고문헌

강수택(2004), 『다시 지식인을 묻는다』, 삼인.

강양구 외(2020), 『한번도 경험해보지 못한 나라』, 천년의 상상.

강준만(2022), 『퇴마정치』, 인물과 사상사.

김종길(2013), 「사회학적 지식연구의 이론적 계보와 전망」, 『사회사상과 문화』, 28,
동양사회사상학회.

김호기(2002), 『말, 권력, 지식인』, 아르케.

노암 촘스키, 『지식인의 책무』, 강주헌 옮김(2005), 황소걸음.

루이스 A. 코우저, 『사회사상사』, 신용하 옮김(2010), 시그마프레스.

리 매킨타이어, 『포스트 트루스: 가짜 뉴스와 탈진실의 시대』, 김재경 옮김(2019),
두리반.

선우현(2015), 「반공주의와 그 적들」, 사회와 철학 연구회 편, 『다시 민주주의다』,
씨아이알.

_____(2020), 『도덕판단의 보편적 잣대는 존재하는가』, 울력.

_____(2020), 「진영논리와 소위 '진보적 지식인'의 자세와 역할」, 『하계 심포지엄
자료집』, 사회와 철학연구회.

_____(2022), 「사회변혁과 비판적 지식인의 리더십」, 『사회와 철학』, 44집, 사회와
철학연구회.

송호근(1984), 『칼 만하임의 지식사회학 연구』, 홍성사.

스티븐 레비츠키, 대니얼 지블랫, 『어떻게 민주주의는 무너지는가』, 박세연 옮김
(2018), 어크로스.

이광주(1994), 『지식인과 권력』, 문학과지성사.

이성재(2012), 『지식인』, 책세상.

장 폴 사르트르, 『지식인을 위한 변명』, 박정태 옮김(2018), 중심.

장 프랑수아 리오타르, 『지식인의 종언』, 이현복 편역(1993), 문예출판사.

전태국(1994), 『지식사회학』, 사회문화연구소.

카를 만하임, 『세대 문제』, 이남석 옮김(2020), 책세상.

_____, 『이데올로기와 유토피아』, 임석진 옮김, 송호근 해제(2012), 김영사.

_____, 『재건시대의 인간과 사회』, 정환용 옮김(2016), 전남대출판부.

토니 주트, 『지식인의 책임』, 김상우 옮김(2012), 오월의 봄.

Johnson, P.(2007), *Intellectuals: From Marx and Tolstoy to Sartre and Chomsky*, Harper Perennial.

Mannheim, K.(1940), *Man and Society in an Age of Reconstruction*, Harcourt, Brace and Company.

_____(1952), *Essays on the Sociology of Knowledge*, Pantianos Classics.

_____(1969), *Ideologie und Utopie*, Verlag G. Schulte-Bulmke.

_____(1992), *Essays on the Sociology of Culture*, RKP.

Remmling, G. W.(1975), *The Sociology of Karl Mannheim*, RKP.

《경향신문》(2023년 9월 5일자).

《JTBC 뉴스룸》(2019년 10월 1일자).

07

유기적 지식인의
현대적 의미

7.
유기적 지식인의 현대적 의미

윤은주

어떻게 해야 할 것인가

아리스토텔레스의 『정치학』에 따르면, 본성적으로 자유로운 인간의 공적 역할은 언어를 도구적으로 사용하여 판결과 관직이라는 공적 업무를 담당하는 것이다.[1] 이러한 공적 행위를 하는 사람을 시민, 혹은 정치적 인간이라 한다.[2] 이들은 육체노동이 아닌 자유로운 언어 활동을 통해 자신의 정치성을 드러낸다. 한나 아렌트의 정치 담론은 여기서 시작된다. 정치는 인간 삶의 본성인 자유를 실현하며, 이를 통해 서로의 있음을 인식하는 존재론적 조건에서 정치적 인간으로서의 정치

---

[1] "단적인 시민은 판결과 관직에 참여한다는 것 이외의 다른 어떤 것에 의해서 정의되지 않는다." 아리스토텔레스(2017), 『정치학』, 김재홍 옮김, 길, 178쪽.

[2] "폴리스는 자연적으로 존재하는 것들에 속하여, 인간은 본성적으로 폴리스를 형성하며 살아가기에 적합한 동물(*politikon zōon*)이라는 것이다. 운 때문이 아니라 본성 때문에 폴리스 없이 사는 사람은 좀 모자라는 사람이거나 인간 이상의 사람이다." 아리스토텔레스(2017), 『정치학』, 33~34쪽.

적 행위를 현실화한다. 따라서 정치는 자유의 실현이다.

아렌트는 고대 그리스의 민주적 폴리스를 정치 공동체의 모델로 삼는다. 사적 영역의 안정성이 보장된 폴리스의 시민은 자유롭게 공적 활동에 참여할 수 있다. 이로부터 아렌트는 자유롭다는 것과 폴리스에서 산다는 것이 어떤 의미에서 동일하고 어떤 의미에서는 다르다고 말한다. 폴리스의 시민을 노예나 다른 공동체 구성원과 구별하는 기준이 자유이기에 동일하지만, 폴리스에서 살기 위해서는 자유로워야 하므로 다르기도 하다.3) 폴리스의 구성원이라고 해서, 혹은 폴리스에 거주한다고 해서 무조건 정치적 인간이나 시민으로 대우하지 않는다.

고대 그리스 정치 공동체의 행위 주체는 폴리스의 구성원 전체를 포함하지 않는다. 정치적 행위 주체는 본성적으로 자유로우며, 생존 걱정을 하지 않는 경제적 안정, 가족 관계나 사회적 지위 등 제한된 조건을 가진 소수 남성 시민으로 한정한다. 시민은 자신뿐만 아니라 누구를 위해서도 일하지 않으며, 노동으로부터 자유로워 생존의 위협을 느끼지 않을 뿐만 아니라 사적 이익에 집착하지 않는, 그래서 공적 활동을 하는 데 어려움이 없는 사람이다. 판결과 관직을 담당하는 시민의 정치적 능력은 정책 입안이나 실행 이전에, 공적 문제에 대해 자유롭게 생각하고 자기 의견을 제시하는 의사소통 행위로 나타난다. 언어 활동을 기반으로 하는 의사소통 행위는 아렌트가 『인간의 조건』에서 구분한 노동, 작업, 행위라는 인간의 활동(vita activa) 가운데 공적 행위, 즉 정치적 행위를 가리킨다. 정치적 행위 주체로서의 시민은 생각하고 판단하며 표현하는 의사소통 능력을 갖춰야 한다.

---

3) 한나 아렌트(2007), 『정치의 약속』, 김선욱 옮김, 푸른숲, 158쪽 참조.

고대 그리스와 달리 현대 사회는 소수에게 한정적이었던 시민이 되기 위한 정치적 권리를 다수의 사람에게 확장한다. 모두가 공적 영역에서 정치적 행위 주체로 참여할 기회, 다시 말해 관심 있는 문제에 관해 공론장에서 자기 의견을 말할 자유를 갖는다. 하지만 이들이 정치적 행위 주체의 역할을 하기 위해서는 인간의 조건, 즉 정신적 능력과 타당한 판단 능력, 그리고 언어 능력이 요구된다. 또한 경제적으로 안정적이어서 공적 영역에서 사적 이익을 추구하지 않아야 하며, 어느 한쪽에 치우쳐 편협하게 선택하지 않도록 불편부당한 입장에서 다른 사람의 의견을 들을 수 있어야 한다. 모두가 정치적 인간인 시민이라고 하지만, 모두가 이 요구 조건을 충족할 수 있을까? 여기서 아렌트의 정치 담론은 한계에 부딪힌다. 교육받을 기회의 확장으로 사유 능력이나 언어 능력은 어느 정도 충족할 수 있다하더라도, 경제적 안정과 사적 이익의 욕구로부터 자유로울 수 없기 때문이다. 현대 사회의 시민은 자기 자신을 위해 혹은 다른 사람을 위해 끊임없이 노동한다. 노동하지 않으면 살아남을 수 없다. 공적 영역의 주된 관심은 모두가 멈추지 않고 노동과 작업을 할 수 있는가에 있다. 그래서 노동과 작업은 더 이상 사적 영역에 머물지 않는다. 정치적 행위의 우선은 경제적 안정이다. 경제적 불안정은 공론장에서의 말할 기회를 가로막고 공적 활동 참여를 주저하게 만든다.

현대 사회의 정치적 행위 주체인 시민이 가지는 최선의 목표는 개인으로 살아남는 것이며, 사적 부의 축적을 통해 행복에 도달하는 것이다. 하지만 경제적 불안정으로 인한 생존 위협이 시민을 불안하게 만든다. 여기에 대기업의 정보 매체 독점이나 국가 기구의 정보 검열

등이 불편부당한 사유와 판단 능력을 약화시킨다. 경제적 및 사회적 여건들로 인하여 다수에게 열린 공적 영역의 참여 기회는 오히려 정치적 무관심을 불러일으키거나 정치적으로 배제된 소외 집단을 만든다. 정치적 영역에의 참여 조건은 이전보다 훨씬 까다로워졌고 선택받은 사람들만이 그 기회의 수혜를 누리게 된다. 누구나 정치에 참여할 수 있지만, 아무나 정치에 참여할 수 없다. 이 딜레마에서 정치적 행위 주체로서 인간은 어떻게 해야 할 것인지를 고민해야 한다. 그러나 이 고민은 자기 자신이 누구인지에 관한 올바른 인식이 전제되어야 가능한 물음이다.

정치적 행위 주체로서 어떻게 해야 할 것인가에 대한 답을 스스로 생각하는 것에서만 얻을 수는 없다. 개인적 이익을 취하기보다 공공성을 전제로 해야 하는지, 다양한 이익들이 복잡하게 얽힌 사회 그물망에서 무엇을 우선순위에 두어야 하는지, 다른 사람과의 소통과 연대를 가능하게 하는 방법은 무엇인지 제대로 알기는 어렵다. 어려움을 해결하기 위해서는 다른 사람과의 협력을 통해 조건을 충족하여 정치적 능력을 향상하는 것이 필요하다. 그래서 행위 주체의 정치성을 강화하기 위한 정치 교육을 진행하여 사람들의 공적 참여를 유도하는 역할을 담당하는 교육자 집단이 요청된다. 과연 누가 교육자 집단이 될 것인가? 많은 교육자 집단이 학문적 전문성과 계급 권력을 앞세워 자신들이 다른 사람들과는 다른 특별한 집단이라는 권위를 앞세운다. 하지만 이들은 특별히 선택된 독립적 집단이 아니다. 그들은 자기 집단의 이익만이 아니라 공동체의 이익을 함께 추구해야 한다는 점에서 모든 사람이 소통하고 연대하는 가운데 정치 교육을 진행해야 한다. 따라서 정치

교육을 담당하는 지식인 집단의 요청이야말로 모두가 정치에 참여할 수 있게 하는 우선 요소가 될 것이다.

정치적 행위 주체의 계급성과 지식인의 요청

정치 담론에서 정치적 외연의 확장은 선택된 소수 직업 정치인이 아닌 다수의 일반인을 정치적 인간으로 규정하고, 그들이 정치적 능력을 발휘할 수 있는 조건을 마련하는 데 주목한다. 정치적 조건의 핵심은 사적 안정을 통한 공적 영역에의 참여에 있으며, 정치적 권리 인정을 위해 자유와 평등 개념을 요청한다. 정치의 필요조건은 이성적 존재로서 사유하고 언어를 구사하는 능력을 갖추는 것이지만, 공적 영역에서 불편부당하게 진행될 수 있도록 사적 이익을 배제해야 한다.

아리스토텔레스는 본성적으로 자유로운가에 따라 인간을 시민과 노예로 구분한다.

> 인간이기는 하지만 자연적으로 그 자신이 아니라 다른 사람에게 속하는 바로 그 사람이 자연적으로 노예이다. 또 인간임에도 불구하고, 소유물이라고 하면 그는 다른 사람에게 속하는 것이고, 그 소유물은 활동을 위한 도구이며 분리된 것이다.[4]

노예를 소유하고 있으며 자신뿐만 아니라 누구를 위해서도 노동하지 않는 사람이 시민이자 정치적 인간이며, 이들만이 공적 영역에서 공적 행위로서의 정치를 담당한다. 아렌트는 자유를 실현한다는 의미

---

4) 아리스토텔레스(2017), 『정치학』, 42쪽.

에서 이러한 규정을 받아들인다. 그리고 정치적 인간이 활동할 무대로서의 세계, 즉 삶의 필연성인 생존으로부터 해방되고 정치적으로 조직된 세계를 제시한다.

해방은 분명히 자유를 선행한다. 자유롭기 위해서 인간은 삶의 필연성으로부터 스스로 해방했어야만 한다. 하지만 자유의 상태는 해방의 행위에 자동으로 따라 나오지 않는다. 단지 해방에 덧붙여서, 자유는 같은 상태에 있었던 다른 사람들의 조직이 있어야 하며, 그래서 그들과 만날 수 있는 공동의 공적 영역이 필요하다.[5]

인간은 노동하는 존재이지만, 생각하고 토론하는 행위를 통해 정치적 자유를 추구하는 존재이다. 노동하지 않으면 생존할 수 없고, 작업하지 않으면 자신의 지속성을 마련할 수 없듯이, 인간은 행위를 통해 정치적 삶의 무대를 마련하지 못하면 정치적 자유를 확보할 수 없다.[6] 자유의 조건을 충족한다고 해서 모두가 정치에 참여할 수 있는 것은 아니다. 고대 폴리스에서 시민이 된다는 것은 성별뿐만 아니라 경제적 및 혈연적 조건도 충족해야 한다. 민주적 폴리스가 이상적 정치 모델이기는 하지만 그대로 현재에 적용하기는 쉽지 않다. 공적 영역에 경제적인 문제가 중심이 되는 사회화가 문제이기도 하지만,[7] 당

5)   Hannah Arendt(1969), *Between Past and Future: Eight Exercises in Political Thought*, New York: Penguin Books, p.148.

6)   김석수(2006), "칸트와 아렌트, 그리고 포스트모더니즘", 『포스트모던 칸트』, 한국칸트학회 엮음, 문학과 지성사, 332쪽 참조.

7)   아렌트는 생존과 연관된 사적 영역의 경제적 활동을 공적 영역의 정치 활동과 구분하고, 공적 영역으로 진입하기 위해서는 사적 안정화가 필요하다는 정치 담론을 제시한다. 고대 그리스의 폴리스가 이상적 모델이 된 것은 이에 적합한 양상을 보이기 때문이다. 하지만 현대 사회는 노동하지 않고는 살 수 없는 사회이며, 빈곤은 생존뿐만 아니라 공동체의 존립

시와 달리 누구나 정치에 참여할 수 있음이 법적으로 보장되고 있다는 것도 문제일 수 있다.

정치적 행위를 담당하는 사람은 경제적 안정을 기반으로 정치적 권리인 시민권을 가진 선택된 계급이다. 더구나 부를 소유하고 있어도 시민권이 없다면 정치에 참여할 수 없다. 근대 이후 정치 사회의 변화는 모든 사람에게 시민권을 부여하여 자유민이 되도록 하였다. 하지만 시민권이 있다고 해서 정치적 행위를 할 수 있는 것은 아니었다. 경제적 부의 소유 여부에 따라 참여의 기회가 달랐다. 즉 정치적 참여 기회는 모두에게 주어지지만 소수만이 누릴 수 있는 특별한 것이다.

정치권력은 정치적 권리가 아니라 경제적 부에서 나온다. 공적 영역에서 언어를 수단으로 행하는 의사소통이 정치적 권리가 아니라 경제적으로 축적된 사적 재산의 양에 따라 정치적 권리를 행사할 수 있는가가 보장된다. 정치권력은 부에 의해 강화된다. 이제 정치는 자유의 실현이 아니라 부의 축적의 다른 이름이며, 정치와 경제의 결합은 계급 정치를 강화하는 수단이 된다. 그리고 계급 정치의 중심에는 경제적 불평등을 수반한 정치적 불평등이 자리한다. 그래서 경제적 해방은 정치적 해방을 의미한다.

정치적 해방을 목적으로 하는 프롤레타리아트 혁명에 관한 마르크스주의적 논의는, 그들의 상황이 자연적이거나 선천적인 것이 아니라 급격한 산업혁명을 통해 만들어진 특수한 계급적 상황이기 때문에, 정당성을 갖는다.[8] 피지배 계급인 프롤레타리아트는 자신들이 처한 상

조차 뒤흔드는 심각한 문제가 되었다. 정치는 정치 그 자체가 아니라 정치경제학으로 전환되었다. 경제적 문제가 국가 정책의 1순위가 되어 버린 지금의 상황을 아렌트는 사회적인 것의 등장으로 공적 활동으로서의 정치가 그 의미를 잃어버렸다고 판단한다. 이에 아렌트는 정치 회복의 필요성을 이야기하는 것이다.

황을 인식하고 그것에서 벗어나려는 순간, 지배 계급인 부르주아와 적대적 관계에 놓이게 된다. 가난과 빈곤이라는 경제적 문제가 정치적 영역으로 옮겨와 지배 계급과 피지배 계급 간의 정치권력에 관한 갈등과 투쟁 문제로 전환된다. 프롤레타리아트 계급의 목적의식은 빈부격차에 따른 부의 불평등 관계를 해소하여 생존의 절박함에서 벗어나는 경제적 해방에만 머물지 않는다. 프롤레타리아트 혹은 피지배 계급 간의 연대를 통한 대항 헤게모니의 토대를 공고히 함으로써 경제적 해방은 정치적 해방으로 이어진다.

대항 헤게모니를 구축하여 경제적 해방으로부터 정치적 해방으로 전환되어야 할 시점에서 필요한 것은 피지배 계급을 구성하는 다양한 집단 간의 소통과 연대이다. 하지만 그것이 적절하게 이루어지지 않는 심각한 상황에 처해 있다. 다양한 집단의 정치적 목적 의식을 통합시키는 기제로서 경제적 불평등은 중요한 역할을 한다. 그러나 절대적 빈곤 상태에서 어느 정도 벗어나 있는 지금, 생존의 절박함보다는 집단의 이익을 우선시하는 경향이 퍼지고 있다. 피지배 계급을 구성하는 집단들의 성격이나 의도하는 바는 다양하다. 정치적 목적 의식의 다양성으로부터 정치적 지형도가 복잡하게 그려지기에, 같은 정치적 상황일지라도 각자의 이익을 우선하는 방향으로 행동하여 집단 간 충돌이 빈번하게 발생한다. 정치적 불평등을 해소하고 정치적 자유를 획득하여 정치적 권리를 정당하게 수행하기 위해 피지배 집단 간의 소통과

---

8) "프롤레타리아트는 들이닥친 산업 운동에 의해서 비로소 독일에서 생성하기 시작하고 있다. 왜냐하면 자연발생적으로 성립한 빈민이 아니라 인위적으로 생산된 빈민이, 사회의 중압에 기계적으로 짓눌린 인간 대중이 아니라 사회의 급격한 해체로부터, 특히 중간 신분의 해체로부터 출현한 인간 대중이 프롤레타리아트를 형성하기 때문이다." 칼 맑스(1999), "헤겔 법철학의 비판을 위하여", 『칼 맑스 프리드리히 엥겔스 저작선집』 1권, 김세균 감수, 박종철출판사, 14쪽.

연대가 요청됨에도, 헤게모니 장악이라는 정치 투쟁 앞에서 집단들은 수직적으로 배열되고 계급적 대립 구도는 첨예해진다. 대립 속에서 정치적 행위 주체는 힘을 잃은 채 부유하고 소통의 부재는 연대의 균열을 재촉한다.

소통의 부재와 연대의 균열은 정치적 행위 주체로서 피지배 계급의 해방을 지연시킨다. 이러한 문제를 해결하는 데 필요한 것은 자기 집단의 토대 강화와 대항 헤게모니 창출을 위한 연대의 기반을 마련하는 것이다. 이것은 피지배 계급의 정치적 행위 주체가 정치적 인간으로서 자기 역할에 충실해진다면 가능할 것이다. 「헤겔 법철학의 비판을 위하여」에서 마르크스가 밝혔듯, 해방의 머리는 철학이며 심장은 프롤레타리아트이다. 철학과 프롤레타리아트의 변증법적 지양만이 정치적 행위의 가능성을 담보할 것이다.[9] 그러나 피지배 계급은 실천적 무기인 물질적 힘을 가지고 있으나 자신들이 처한 상황을 인식하고 그에 적절한 방법을 찾을 이론적 무기인 정치의식은 빈약하다. 이들을 투쟁의 위치에 올려놓기 위해서는 정치 교육을 통한 강력한 정치 세력화가 필요하다. 집단 안팎에서 지배 계급에 대항하는 힘을 키우도록 노력해야 한다. 소통의 부재를 안타까워하고 연대의 분열을 두려워하는 것에서 벗어날 힘을 길러야 한다. 이것이 가능해질 때, 자유의 실현으로서 정치가 가능해질 것이다.

피지배 계급의 정치 역량을 강화하는 것은 이론적 무기인 정치적

---

[9] "철학이 프롤레타리아트 속에서 그 물질적 무기를 발견하듯이, 프롤레타리아트는 철학 속에서 자신의 정신적 무기를 발견한다. 그리고 사상의 번개가 이 소박한 인민적 지반 속으로 깊숙이 내리꽂히자마자 독일인들의 인간으로의 해방은 성취될 것이다… 독일인의 해방은 인간의 해방이다. 이 해방의 머리는 철학이요, 그 심장은 프롤레타리아트이다. 프롤레타리아트의 지양 없이 철학은 자기를 실현할 수 없으며, 철학의 실현 없이 프롤레타리아트는 자신을 지양할 수 없다." 칼 맑스(1999), "헤겔 법철학의 비판을 위하여", 15쪽.

자각 의식을 일깨우는 것에서 시작해야 하는데, 이론적으로 무장한 외부 지식인 집단에 교육을 위임하는 것이 수월하다. 하지만 전반적인 교육의 틀을 세우는 데 일반적인 정치 이론이 적합할지 모르나 집단의 다양성을 반영한 개별적 지도는 쉽지 않을 것이다. 따라서 소속 집단의 목적을 명확히 이해하고 정치적 행위를 통해 집단의 이익을 쟁취할 수 있는 사람, 집단 구성원과의 자유로운 소통을 통해 서로를 이해하고 단합할 수 있는 사람, 같은 목적을 위해 정치적 행위를 할 때 합리적이고 정당하게 집단적 연대를 이끌 수 있는 사람이 필요하다.

피지배 계급이 요청하는 지식인은 고전적 지식인론이기는 하지만 그람시가 『옥중수고』에서 이야기하는 유기적 지식인에서 그 모습을 찾을 수 있다. 정치 교육을 통해 양성한 유기적 지식인이 지도적으로 나서서 정치 역량을 강화하고 연대를 통한 역사적 블록을 구축하여 지배 계급에 대항할 힘을 길러야 한다는 그람시의 정치 담론은, 미약한 정치의식으로 힘을 발휘하지 못하는 정치적 행위 주체들을 자각시켜 실천적 무기에 이론적 무기를 더함으로써 자유의 실현으로서의 올바른 정치를 실행할 수 있는 토대를 마련해 줄 것이다.

안토니오 그람시의 유기적 지식인론

그람시의 정치 담론은 당시 이탈리아가 처한 정치적 상황에 관한 관심에서 출발한다. 1921년 결성된 이탈리아 공산당이 총선에서 실패하면서, 정당 권력을 굳건히 하기 위해서는 대중적 기반 구축이 필요함을 느끼게 된다. 그람시는 이탈리아 공산당 활동에 참여하면서 정당은 노동 대중과 분리되어서는 안 되며, 위에서부터가 아니라 아래에서 시작되는 대중 활동을 통해 새로운 사회로 이행되어야 하며, 이를 위해서는 대중 주도의 혁명 정당이 필요하다는 것을 강조한다.

대중의 정당 참여는 함께 활동하기를 바라는 인간의 본성에서 근거를 찾을 수 있다. 인간은 혼자서는 살 수 없으며, 혼자서는 원하는 바를 얻기 어려워 무리 짓기를 원한다. 집단이든 계급이든 인간은 속해 있어야만 한다. 그람시는 이러한 인간의 속성을 "집합적 인간(collective man)"으로 규정한다. 대중이 힘을 발휘하기 위해서는 혼자보다는 여럿이 낫고, 특히 대중 정당 활동을 통해 원하는 바를 얻는 것이 효과적임을 안다. 따라서 모든 사람은 집단에 소속되어 활동하고, 집합적 인간들의 연합은 일종의 권력 집단인 대중 정당이 된다. 그람시는 혁명 세력을 키워내는 데 정당의 기능을 집중시킨다. 대중의 정치의식을 강화시키는 역할을 하는 정치적 지식인, 지도자, 그리고 활동을 조직하는 사람을 만드는 것이다. 정당의 기능은 대중을 지도적이고 조직적인, 교육적이며 지적인 지식인으로 만드는 것이며,[10] 대중과 정당을 연결하는 매개적 요소로서 유기적 지식인이 이를 가능하게 만든다.

혼란한 정치 상황은 기존의 지식인 집단이 역할을 제대로 하지 못한 결과라는, 이탈리아 지식인 집단의 허약성을 평가하는 데서 출발한 그람시의 지식인론은 두 가지 전제를 제시한다. 하나는 자본주의적 생산과정, 시민사회, 그리고 국가 기구에서 이루어지는 육체노동과 정신노동의 분업 폐지이며, 다른 하나는, 지식과 권력의 관계로, 권력의 성격은 지배 계급이 거의 독점한다는 사실과 사회주의로 이행할 때 국민

---

10) Antonio Gramsci(1971), *Selections from the Prison Notebook*, ed. Q. Horae & G.N. Smith, London: Lawrence and Wishart, 24~25 참조.(이하 *SPN*으로 표기)

과 지식의 관계가 근본적으로 바뀌어야 한다는 필요성이다. 이를 바탕으로 그람시는 육체노동과 정신노동에 따른 지식인 구분 방식에서 방법론적 오류를 발견하고 새로운 기준을 논의하고자 한다.

> 그람시에게 있어 지식인을 구별하는 기준의 문제는, 지적 활동이 사회적 관계의 일반적인 복합성 내에 존재하는 총체적인 사회적 관계 속에서가 아니라, 지적인 활동의 본질적인 본성에서 찾으려는 시도인 듯하다. 사실 노동자 혹은 피지배 계급은 손이나 도구를 사용하는 것에 의해 특수하게 특징지어지는 것이 아니라, 특수한 조건과 특수한 사회관계 속에서 이러한 노동을 수행하는 것에 의해 특징지어진다.[11]

노동의 도구로 육체를 사용하느냐 정신을 사용하느냐에 따라 노동의 종류를 구분하고, 그에 따라 정신노동을 하는 사람들만이 지식인이라고 규정할 수는 없다. 노동하는 인간의 활동에 생각하는 활동이 배제될 수 없기 때문이다. 그람시는 생각하는 능력 자체를 인간이 가진 가장 초보적인 지적 활동이라 여긴다. 누구나 생각한다. 따라서 모든 사람은 지식인 집단이며, 비지식인 집단은 없다. 하지만 "모든 사람은 지식인이지만, 모든 사람이 사회에서 지식인의 기능을 하는 것은 아니다."[12]라고 말한 것처럼, 지식인의 개념과 기능은 다르다. 지적 직업 노동이 아니더라도 생각과 삶을 분리할 수 없으며, 생각함을 배제한 인간 활동은 없다. 하지만 생각만 한다고 해서 지식인이 되는 것은 아니며 역할과 기능에 따라 지식인과 비지식인을 구분해야 한다.

---

11) *SPN* 8.
12) *SPN* 9.

그람시는 지식인 범주가 전문적인 독립된 계급이기보다 소속 집단의 이익을 대변하는 지식인 집단이어야 한다고 본다. 지식인 집단의 정체성은 소속 집단의 성격, 당면 과제, 정치적 목적 등에 따라 유연하게 정해진다. 주어진 과제에 충실하게 제 역할을 하는 경우 지식인 집단이라 할 것이다. 하지만 일부 지식인 집단은 그 과정에서 정치권력과 연계하면서, 자신의 존재 기반을 망각한 채 스스로를 특별하게 선택된 계급이길 원한다. 또한 이들은 유사한 이익 집단에 흡수되거나 자기 집단을 해체함으로써 소속 집단에 대한 책임을 회피한다. 그람시는 지식인으로서 제 역할을 충실히 담당하느냐에 따라 지식인 집단을 전통적 지식인(the traditional intellectuals)과 유기적 지식인(the organic intellectuals)으로 구분한다.

역사적으로 전통적 지식인은 고대 사회의 노예 제도와 연관되며, 로마 제국의 사회 구조에서 그리스적 또는 동방적 기원을 갖는 자유민의 지위와도 연관된다. 예를 들어 카이사르는 지식인 집단을 양성하고, 그들을 하나의 계급적 범주로 정착시켰다. 이러한 범주는 가톨릭 성직자로 계승되며 이탈리아 지식인 역사에 자취를 남기게 된다. 특히 그람시가 활동했던 당시의 이탈리아는 가톨릭과 정치계의 전통적 지식인에 의해 분열되어 있었다. 그람시는 전통적 지식인 집단을 비판하고 사회 변혁 세력으로서의 새로운 지식인을 제시함으로써, 새로운 이탈리아의 역사를 쓰고자 하였다.

전통적 지식인은 우리가 일반적으로 지식인이라 칭하는 계급 집단으로 직업상 정신 활동에 참여하는 집단으로 사회 체제의 끊임없는 존속을 위해 존재한다.13) 사회의 주도적 지배 의식을 선도적으로 이끌어 자신의 위치를 공고히 하며 그로부터 사회 체제를 유지한다. 자신들이 사회에서 계급적으로 독자적 위치를 차지한다는 생각에 지적 활동에 대한 자부심이 강하다. 하지만 이것은 잘못이다. 그들의 의식은 사회 체제를 위해 존재하는 것일 뿐, 사회 체제가 무너지게 되면 다른 체제로 자신들의 의식을 전이시키면서 목숨을 부지한다. 결국 사회 체제에 기생하는 보수적 지식인일 뿐이다. 전통적 지식인은 사회 체제의 계급적 위치를 유지하는 데 이용될 뿐, 체제 변혁 또는 억압받는 민중의 의식을 위한 역할을 담당하지 못한다. 따라서 전통적 지식인 집단과 달리 현실에 대한 올바른 인식과 변혁의 역할을 담당할 새로운 지식인 집단이 필요하다.

새로운 지식인 집단으로 요청된 유기적 지식인은 직업이 이들을 규정하는 것이 아니라 계급의 성격을 반영하며, 직업적 열망이 아닌 계급의 이상이나 열망을 지도하는 기능에 의해 지식인으로 규정된다.[14] 따라서 이들은 정치가 또는 성직자 집단에서만 기능하는 것이 아니라 시민사회와 국가 또는 엔지니어, 경영자 등과 같은 생산 기구에서도 기능한다. 유기적 지식인은 이미 존재하던 전통적 지식인 속으로 침투하고 이들을 흡수한다. 전통적 지식인은 이들의 사회적 출신이나 연계 형태로 지식인의 특정 소유물인 언어와 지적 유산을 공유하는 사회 기반에 흡수되면서 유기적 지식인과 병합한다. 사회 과정과 분리

---

13) "문필가나 과학자들은 '전통적'이며 직업적인 지식인 집단이다. 사회계층에서 그들의 위치는 일정한 중간 계급적 성격을 지니지만 근본적으로는 그들 역시 과거와 현재의 계급 관계로부터 파생되며, 다양한 역사적 계급 구성에 속한다는 사실을 은폐하고 있다." *SPN* 3.

14) "특수한 기본적 사회 계급의 두뇌이자, 조직자이다. 이러한 유기적 지식인은 그들의 계급적 특성을 나타내 주는 일정한 직업에 의해 구별되는 것이 아니라, 그들이 유기적으로 귀속되는 계급의 이상이나 열망을 지도하는 기능에 의해 구별된다." *SPN* 3.

된 집단이라 생각한 전통적 지식인은 결국 유기적 지식인에 의해 사회 과정에 흡수된다.

그람시는 기존의 부르주아 지식인을 전통적 지식인으로 규정하고 프롤레타리아트의 의식을 대변할 새로운 유형의 지식인 창출에 관심을 둔다. 새로운 지식인의 존재 양식은,

> 건설자, 조직가, 영원한 설득자로서 실제 생활에 적극적으로 참여하는 데 있다. 이제 사람들은 노동으로서의 기술로부터 과학으로서의 기술로 나아가며, 역사에 대한 인간주의적 개념으로 나아가는데, 바로 이 개념 은 '특수화'되어 남아있지 않으며 '지도적'으로 된다.[15]

피지배 계급이 새로운 문화와 권력 체계를 만들려는 요구에 부응하려면 새로운 형태의 지식인을 창출해야 한다. 그리고 이들에게는 사회 집단의 구성원을 설득하기 위한 두 가지 의무가 부과된다. 하나는 자기 집단에 적절한 통일성 있는 세계 개념을 창출하는 것이며, 다른 하나는 구성원들이 이러한 세계 개념을 공유하도록 지도 혹은 강제하는 것이다. 유기적 지식인은 그가 속한 집단의 구성원들이 공유하는 상식 개념을 비판적으로 검토하고 사회 집단의 행동 혹은 가치의 기준이 될 수 있는 일관성 있는 세계 개념을 창출하는 임무를 수행한다. 한 사회 집단이 역사적으로 성공적인 집단이 되기 위해서는 그 집단이 비판적으로 발전시킨 세계 개념이 집단 구성원 다수가 지니는 상식과 조화를 이루어야 하며, 이 통합 과정의 의무가 지식인에게 부과된다.

---

15) *SPN* 10.

모든 사람은 자신의 직업적 활동 이외의 부분에서 어떤 형태로든 정신적 활동을 하는 지식인이다. 이들은 혼자서는 아무것도 할 수 없는 나약한 존재이지만 함께 힘을 합쳤을 때는 상황이 달라진다. 마키아벨리의 말을 빌리자면, 대중은 하나의 개별자로서는 나약하고 소심하지만, 집단을 이루어 공동 행위를 하면 대담해진다. 하지만 자신의 이익에 해가 되거나 그에 따른 처벌이 닥치면 서로 불신하게 되어 결국 군주의 명령을 따르는 불안한 존재이다.16) 대중은 자신을 조직하지 않으면 자신을 구별 짓지도, 독립성을 갖지도 못한다. 나아가 조직은 조직가나 지식인 없이 형성될 수 없다. 다시 말해 이론과 실천의 이론적 측면, 즉 개념적이고 철학적 사고로 단련된 전문적인 집단의 존재로 구체화하는 이론적 측면 없이는 조직이 만들어질 수 없다.17) 이처럼 대중의 사회적 의식이 불안정하기에, 정치적 영역에 참여하기 위해서는 선별된 과정을 거칠 수밖에 없으며, 이성적 활동을 중시하고 전문성을 확보해야 한다는 것 때문에 엘리트주의의 비판에서 벗어나기 어렵다.

모든 사회 집단은 자신과 함께 집단적 동질성을 부여하고 정치, 경제, 사회 영역에서 자기의식을 각성시키는 하나 혹은 둘 이상의 지식인 집단을 창출한다. 이렇게 창출된 지식인 집단은 자신이 속한 집단의 이익을 대표한다. 특히 지배 계급의 전통적 지식인 집단에 대항할 수 있는 지식인 집단의 창출은 피지배 계급에게 중요한 문제이다. 지배계급에 저항하기 위해서 피지배 계급은 비판적 자기의식을 가져야 한

---

16) 마키아벨리(2003), 『로마사 논고』, 강정인·안선재 옮김, 한길사, 245쪽.
17) *SPN* 334.

다. 이를 위해 대중은 지식인 집단이 되어야 한다. 그래서 역사적·정치적으로 엘리트 지식을 창출할 능력이 없는 대중을 조직하고 지도하기 위해서는 유기적 지식인 집단이 필요하다.

그람시는 유기적 지식인 집단을 대중의 정치 교육을 담당하는 특정 정당으로 파악한다. 노동자 계급의 전위대인 공산당이 노동자들을 혁명 대열로 이끄는 지도적 역할을 맡는다는 레닌의 이론과는 달리, 그람시는 정치 교육을 통해 집단의 정치적 및 지적 토대와 긴밀히 관계를 맺는 혁명적 전위성을 띤 교육된 엘리트 집단을 양성하는 것에 주목한다. 집단에 속한 구성원이라면 누구나 지식인이 될 수 있다. 전문성이나 직업적인 특성과 상관없이 자기 집단을 이끌 수 있는 유기적 지식인으로의 성장은, 일반 대중을 높은 수준으로 고양함과 동시에 탈월한 인물들과 비중 있는 집단을 배출하여 전문적 지식인 계층에까지 자신들의 영향력을 확대할[18] 수 있게 만들 것이다.

정치 교육을 통한 능동적인 행위 주체로의 전환

근대 자본주의 사회에서 지배-피지배 계급은 생산수단 및 생산물의 소유로 구분되었다. 자본의 유무가 계급 관계를 명확히 했으며, 경제적 불평등이라는 공동의 정치 목적은 계급 연대를 가능하게 하였다. 그람시의 정치 담론은 자본주의라는 강력한 이데올로기에 직면하여 계급의 문제를 해결하고 피지배 계급의 연대를 이끄는 이론적 무기 역할

---

18) 부시-글룩스만(1984), "헤게모니와 동의: 정치전략", 『그람시와 혁명전략』, 최우길 옮김, 녹두, 142쪽.

을 담당하였다. 그러나 지금은 그때처럼 계급의 성격을 분명하게 규정 짓기 어렵다. 계급은 공통적으로 투쟁하는 집합체이며, 그런 집합체일 수밖에 없다는 점에서 정치적 개념이다.[19] 집합의 분열은 계급의 힘을 약화시키며, 정치적 활동을 위해서는 지속해서 소통하고 연대하지 않으면 안 된다. 그러나 계급이 소멸된 것이 아니라 가리키는 바가 불분명해지면서 계급의 성격이 모호해졌다. 이것은 한편으로 집단의 정체성을 강화한다는 점에서 긍정적이지만, 다른 한편 집합체로서의 연대 가능성이 불확실해지면서 집단의 불안을 증폭시킨다는 점에서 부정적인 영향을 미친다. 특히 경제적 차원에서 계급 개념을 살펴보면, 육체노동과 정신노동의 경계가 무너지면서 집단 간 결합력이 약화되거나 분열되어 충돌과 갈등을 불러일으킨다는 점에서는 치명적인 사건이라 하겠다. 여기에 성적, 인종적, 문화적 영역에 이르는 다양한 정치적 목적을 가진 집단이 등장하면서, 피지배 계급의 지형도도 복잡하게 뒤얽혔다. 자기 집단의 이익을 얻기 위한 활동에 집중하면서 서로 대립하고 분열함으로써 집단은 개인주의적 이데올로기를 표방한다. 코로나 19와 같은 감염병이나 이상 기후에 의한 자연재해 등 우리가 시급하게 해결해야 할 어려운 문제들은 지속 가능한 미래를 위한 전 지구적 연대 투쟁을 요청하고 있다. 계급이나 당파를 떠나 힘을 모아 해결하려고 해도 어려운 정치적 상황에서, 서로 소통하고 연대하기를 요청하는 것은 쉬운 일이 아니다.

집단 간의 소통과 연대는 공론장에서 나타나는 정치적 행위다. 이를 위해서는 공유할 수 있고 함께 성취하고자 하는 정치 목적이 있어야

---

19) 안토니오 네그리·마이클 하트(2008), 『다중』, 조정환 외 옮김, 세종서적, 140쪽.

한다. 그리고 정치 목적을 달성하기 위해 사람들은 능동적인 행위 주체가 되어야 한다. 능동적인 행위 주체는 현실에 대한 불편부당한 분석과 비판, 그리고 공공의 목적을 산출하도록 노력해야 한다. 이를 위해 안으로는 집단 내부의 상황을 정확히 분석하고 적절한 정치적 태도를 마련할 수 있는 정치 교육이 이루어져야 하며, 밖으로는 공적 목적을 성취하기 위한 연대 가능성을 모색할 수 있는 공론장이 만들어져야 한다. 정치를 교육하고 공론장을 유지하는 일은 유기적 지식인의 몫이다. 유기적 지식인은 정치적 행위 주체로서, 계급투쟁을 통한 인간 해방이라는 정치 목적을 달성하기 위해, 지배 계급에 맞서 대항 헤게모니를 구축하려는 피지배 계급의 정치적 열망에 부응해야 한다. 그람시는 유기적 지식인 집단의 현대적 양태를 정당에서 찾았다. 하지만 그의 시대에도 그러했듯이, 현재에도 정당은 대중의 지지를 얻고자 하면서도 그들의 힘을 조직하고 지도하는 데 별로 관심을 두지 않는다. 결국 대중 스스로 조직하고 지도하며 정치적 주체성을 발휘해야만 할 때이다.

자기 이익에 따라 이리저리 흔들리는 나약한 존재인 대중은 자기 것을 지키는 것에만 관심이 있고, 폭력과 강제에 쉽게 자신을 내어주며, 함께 이야기하고 동의하는 데 주저한다. 익명성과 다수성을 앞세운 나약한 대중, 취해야 할 정치 목적 없이 부유하는 집단, 그들이 대중이다. 하지만 대중의 허약성을 지적했던 마키아벨리의 시대로부터 사회는 변화했고 대중 또한 변하고 있다. 신분제의 변화로 모두에게 자유가 주어졌고, 대중 교육의 확장으로 지배 계급의 전유물이었던 언어 활동이 모두에게 허용되었다. 군주에게 집중되었던 권력은 모두의 권력이 되었으며, 공적 활동에의 자유로운 참여가 보장되었다. 그리고 대중의 관심사는 자기 집단에서 사회 전반으로 확대되었다. 자기 이익만이 아니라 전 지구적 이익까지 생각한다. 이것은 모든 사람이 생각하고 표현하며 활동하는 능동적 행위 주체로 변화하고 있음을 의미한다. 대중이 아닌 유기적 지식인화, 다시 말해 다중의 출현이다.[20] 다중 이론은 노동자 대중의 자발성과 주체성을 강조하는 이탈리아 자율주의 운동에서 시작되었지만 급격한 사회 변화와 과학기술의 발전으로 다중의 활동 영역과 정치적 관심사는 무한 확장한다.

우선 다중은 생산 영역뿐만 아니라 사회를 구성하는 다양한 영역에 퍼져 있다. "다중은 공장과 공단을 중심으로 분포되어 있던 대중을 자신의 일부로 편입시키면서 가정, 학교, 쇼핑센터, 사무실, 병원, 도로, 거리, 공원, 농촌 등 사회의 모든 지역에서 발생하는 새로운 주체성으로 나타났다."[21] 영역이 다양한 만큼 성취하고자 하는 목적도 다양하다. 노동자 계급이 경제적 문제에 주목했다면, 이들은 먹거리, 사회복지, 성 문화 등 다양한 문제에 주목한다. 문제 해결을 통해 일상적 삶의 만족감이나 행복을 성취하고자 한다. 다중은 어느 한 계급이나 직업에 머물지 않고 필요에 따라 옮겨 다니는 유목민이다. 다중의 유목성은 목적 없이 부유하는 것이 아니라 일상적 문제에서 제기되는 전 지구적 연대 투쟁을 위한 자유로운 이동에서 드러난다. 이들의 이동은 계급을 넘어서고, 사회를 넘어서며, 국가를 넘어서 전 지구 위에 펼쳐진다.

---

20) 이 글의 주제는 유기적 지식인과 연관된 정치적 행위 문제를 다루고 있기에 다중 이론에 대한 설명은 상세하게 하지 않으며, 다양한 이론들 가운데 필요한 것들만 선별적으로 취하고자 한다.

21) 조정환(2003), "민중, 시민 그리고 다중- 탈근대적 주체성의 계보", 『시민과 세계』, 참여연대 참여사회연구소, 337쪽

둘째, 다중은 "서로 다른 특이한 관심사, 생활양식, 지향성 등을 갖고 있다. 그러나 이들은 서로가 사회적 수준에서 서로 연결되어 있고 언어로 '공통적인 것'의 생산에 참여하는 생산자들, 즉 호모 로쿠엔스(homo loquens)이다. 이들은 언어를 사용하여 지식을 창조하고 지성을 공유하며 관계를 조절한다."22) 다중의 무기는 언어다. 다중은 물질적 힘을 과시하기보다 비물질적 힘, 즉 이야기하고 공감하는 정치적 행위에 집중한다. 다중은 공론장에 참여하여 이야기하고, 의견을 모으고 합리적인 대안을 만들어 간다. 다중의 목적은 문제에 대한 이해다. 이해23)는 언어 활동을 통해, 의견을 나누고 문제를 해결하는 힘을 기르는 기반이 된다. 이해는 합의에 이르지 않아도 된다. 이해는 분명한 결과를 산출하는 구체적인 과정이 아니라 끊임없는 변화와 변종 속에서, 우리 자신이 현실과 관계를 맺고 화해하도록 만드는 끝없는 활동24)이기 때문이다.

셋째, 다중의 투쟁 방식은 폭력적 혹은 집단적/계급적이기보다 비폭력적 혹은 개인적으로 진행된다. "현대의 다중은 하나의 계급이 아니다. 현대의 다중은 자신의 계급의식을 구축할 수 없으며, 계급투쟁에서 자본에만 관심을 쏟지도 않는다. 그리고 바로 이런 식의 다중으로서 실존하기 때문에, 다중은 '국가—형태의 위기' 자체에 대해 말하는

---

22) 조정환(2005), 『제국기계비판』, 갈무리, 214쪽.

23) "이해는 터무니없는 것을 거부하거나, 선례로부터 전례가 없는 것을 도출한다거나, 혹은 현실의 영향과 경험의 충격을 더이상 느끼지 못하는 유비와 일반성으로 현상을 설명하는 것이 아니다. 그것은 오히려 우리 세기가 우리에게 지워진 짐을 의식적으로 조사하고 경험하는 것, 간단히 말해서 미리 생각해두지 않은 것, 즉 그것이 무엇이든지 간에 현실에 조심스레 부딪치고 저항하는 것이다." Hannah Arendt(1950), *The Origins of Totalitarianism*, HBJ Book, viii~ix.

24) 한나 아렌트(2007), 『정치의 약속』, 307~308쪽 참조.

'우리, 민중'과는 구별된다"[25]는 빠올로 비르노의 의견이 뒷받침하고 있듯이, 관심 있는 사안이 있을 때마다 자신의 의견이나 주장을 표출하기 위해 익명의 다수가 집단적 행동을 벌이고, 일이 어느 정도 해결되었다고 판단될 때 다시 일상으로 돌아가는 다중의 방식은 이전과는 다른 양상을 보여준다. 공적 문제의 관심에 따라 이합집산이 이루어진다는 점에서 지속적인 결속력을 기대할 수 없거나 권력 쟁취가 아닌 문화적 차원의 저항 정도로 축소되는 경향이 있다. 하지만 모두가 참여할 수 있는 일상적 시민운동으로 전환된다는 점에서 긍정적이다.

능동적인 행위 주체로서 다중은 정치적으로 무관심한 대중을 공론장으로 끌어들이고, 경제적 편향성에서 벗어나 다양한 사회 및 정치 문제에 불편부당하게 접근한다. 이들의 무기는 비물질적이고 비폭력적인 언어이며, 서로의 의견을 나누는 담론 방식을 취한다. 여기에 과학기술의 발전은 공론장을 사이버 공간으로 확대한다.[26] 소셜 네트워크를 통한 다중의 활동은 초국가적 성향을 띠며, 전 지구적 문제로 자신들의 관심사를 확장한다. 유기적 지식인은 집단의 이익에만 머물지 않으며, 다중은 자신의 관심에만 머물지 않는다. 유기적 지식인이든 다중이든 우리 모두는 소통과 연대를 통해 지식인으로서 자기 역할을 충실히 하는 일상적이고 능동적인 행위 주체가 되어야 한다.

---

25) 빠올로 비르노(2004), 『다중』, 김상운 옮김, 갈무리, 25쪽.
26) 과학기술의 발전을 통한 디지털 시대가 열린 것은 공론장의 무한 확장을 가져왔다. 디지털 공간이 가진 시공간적 무제약성과 익명성은 의사소통의 자유를 강화하는 데 큰 도움이 되었다. 하지만 그에 따른 부수적 문제 또한 심각하다. 과학기술의 발전이 자유로운 의사소통을 제약하는 족쇄로 작용할 수 있다는 점을 간과할 수 없다. 이에 관한 논의는 졸고 「상상력과 이해로 소통하기」(『철학탐구』 74집)를 참고하기 바란다.

무엇을 해야 할 것인가

　금융 자본을 주축으로 한 신자유주의 이데올로기는 열심히 노력하면 좋은 결과를 얻을 것이라는 낙관론과 자유 경쟁에서의 낙오는 개인적 무능함의 결과라는 비관론을 동시에 내놓는다. 살아남기 위해서는 스스로 자기 관리를 철저히 해야 한다고 부추긴다. 이것은 노동자 계급만이 아니라 모두가 직면하고 있는 정치적 인간의 비정치화라는 위기 상황이다. 여기서 벗어나기 위해서는 정치 교육을 담당하는 유기적 지식인부터 능동적으로 정치적 행위를 담당하는 현재의 다중에 이르기까지, 모든 사람에게 지배 계급의 정치권력에 맞서는 대항 헤게모니를 창출하고 잠재된 정치적 의식을 일깨우기 위해 소통하고 연대해야 한다.

　서로 소통하기 위해서는 집단이나 개인이 서로 다르다는 점을 인정하는 관용에서 출발해야 한다. 웬디 브라운은 "오늘날 관용은 차이를 그저 묵인하면서 이를 향한 적대 행위를 줄이고, 모든 차이를 절대적으로 동등하게 존중하는 동시에, 기존의 지배와 우월성을 안전하게 보존하는 시도"[27]에 머물고 있다고 비판한다. 차이에 관한 문제가 지닌 정치성을 은폐하거나 축소하여 개인적 문제로 바꿈으로써 차이를 공적 영역에서 배제하는 데 교묘하게 관용을 도구적으로 사용한다는 것이다. 그럼에도 우리는 관용의 자세를 가져야 한다. 정치적 배제나 정치적 권리의 박탈을 정당화하려는 시도는 지배 계급과 피지배 계급 간의 충돌뿐만 아니라 피지배 계급 내에서도 빈번하게 일어나고 있다. 문화, 성, 인종, 환경 등 다양한 문제들이 서로 얽히면서 소통하고 연대하기보다는 집단 이익을 우선시하기 때문이다.

---

27) 웬디 브라운(2013), 『관용』, 이승철 옮김, 갈무리, 8쪽.

소통과 연대의 요구에 제대로 부응하기 위해 우리는 무엇을 해야 하는가? 그람시가 유기적 지식인의 역할을 강조하였던 것은 부유하는 대중의 정치적 힘을 강화하기 위해서였다. 1930년대 이탈리아 파시즘은 대중의 지지를 통해 권력을 장악했음에도 정치적 도구로서의 대중의 힘을 무시했다. 파시즘은 권력 강화를 위해 대중 권력의 순수성을 비틀어 전체주의적 독재의 무기로 사용하였다. 파시즘은 도시와 농촌에 광범위하게 퍼져 있던 소부르주아지의 기대와 희망을 부풀리면서 지배 계급의 헤게모니와 군사력 및 정치적 억압을 강화하였다. 그러한 파시즘의 통치에 저항하여 피지배 계급의 대항 헤게모니를 창출하여 사회 변혁을 일으키고자 했던 그람시의 바람이 반영된 것이 유기적 지식인이다. 그리고 집단 구성원과 집단 간의 소통과 연대를 위한 지도자이자 교육자의 역할을 담당하는 유기적 지식인의 역할은 시대 변화에 따라 다중에게 인계되어, 능동적인 행위 주체로서 해야 할 몫을 이어받았다.

정당, 시민단체, NGO 등 사적 권력 기관에 의한 정치적 활동이 확대되는 시점에서 다중의 역할이 기대된다. 다만 시대를 이끄는 지도자의 역할을 자부했던 전통적 지식인이 정치권력과 손을 잡으면서 시대의 요구와 단절되었던 것처럼, 정당이 직업 정당의 틀에 갇히거나 시민단체가 특정 사안에 집착하여 다양성을 포용할 능력을 잃는 경우들이 비일비재하다는 것이다. 물론 개별 집단의 정체성과 집단 이익을 무시해서는 안 된다. 서로를 인정하면서 자기 정체성을 잃지 않는, 불편부당한 입장에서 활동하려는 노력을 기울여야 한다. 지속적인 정치 교육을 통해 유기적 지식인이자 다중인 우리는 다른 사람의 목소리에 귀

기울이며 의견을 나눌 수 있는 공론장에 능동적으로 참여함으로써 소통하고 연대할 수 있는 폭넓은 정치를 실현할 수 있을 것이라 기대한다.

참고문헌

김석수(2006), 「칸트와 아렌트: 칸트와 아렌트, 그리고 포스트모더니즘」, 『포스트모던 칸트』, 한국칸트학회 엮음, 문학과지성사.

니콜로 마키아벨리, 『로마사 논고』, 강정인, 안선재 옮김(2003), 한길사.

부시 – 글룩스만, "헤게모니와 동의: 정치전략", 『그람시와 혁명전략』, 앤 S.사쑨 편, 최우길 옮김(1984), 녹두.

빠울로 비르노, 『다중』, 김상운 옮김(2004), 갈무리.

아리스토텔레스, 『정치학』, 김재홍 옮김(2017), 길.

안토니오 네그리, 마이클 하트, 『다중』, 조정환 외 옮김(2008), 세종서적.

웬디 브라운, 『관용』, 이승철 옮김(2013), 갈무리.

윤은주(1998), 「현대의 군주」, 『사색』, 14집, 숭실대학교 철학과.

_____(2024), 「상상력과 이해로 소통하기」, 『철학탐구』, 74집, 중앙대학교 중앙철학연구소.

조정환(2003), 「민중, 시민 그리고 다중: 탈근대적 주체성의 계보」, 『시민과 세계』, 제4호, 참여연대 참여사회연구소, pp. 328~346.

_____(2005), 『제국기계비판』, 갈무리.

칼 맑스, 「헤겔 법철학 비판을 위하여」, 『칼 맑스 프리드리히 엥겔스 저작선집』 1권, 김세균 감수(1999), 박종철출판사.

한나 아렌트, 『정치의 약속』, 김선욱 옮김(2007), 한길사.

Antonio Gramsci(1971), *Selections from the Prison Notebook*, ed. Q. Horae & G. N. Smith, London: Lawrence and Wishart.

Hannah Arendt(1950), *The Origins of Totalitarianism*, HBJ Book, viii~ix.

_____(1969), *Between Past and Future: Eight Excercises in Political Thought*, New York: Penguin Books.

08

지성적 양심과 사유의 도덕: 아도르노의 지식인론

8.

지성적 양심과 사유의 도덕

아도르노의 지식인론

이하준

서론

　지식인(Intellektuelle)의 시대가 있었다. 백과전서파와 교육받은 시민계급이 등장했던 근대적 계몽지식인의 시대가 그랬다. 한국 현대사에서도 지식인의 시대가 있었다. 군부독재 시대에 지식인의 사회적 기능과 역할에 대한 지식인 집단의 자기의식과 지식인에 대한 시민의 역할 기대는 일치했다. 그러나 1980년대 후반 이후 미국이나 유럽에서는 이미 지식인의 비판적 기능과 역할이 상실되면서 지식인의 사회적 역할을 재평가하는 논의가 본격화되었다. 장-프랑수아 리오타르(Jean-François Lyotard), 미셸 푸코(Michel Foucault), 러셀 저코비(Russell Jacoby), 레지스 데브레(Regis Debray), 지그문트 바우만(Zygmunt Bauman), 피에르 노라(Pierre Nora) 등이 이 논의에 직간접으로 참여한 인물들이다.[1] 지식인 죽음 담론과 신지식인론을 포함하여 지식인상의 변화에 대한 국내 담론은 1990년대 초부터 제기되었으며 2000년대 초반까지 이어졌다. 이 시기에는 80년대식 민주 대 반민주 도식이 사라진 이후 더 이상 저항적 지식인이 존재하지 않는다는 평가가 주를 이뤘다. 그 이후 사회 변화에 조응해 지식인의 새로운 사회적 역할에 대한 논의가 이루어지면서 지식인상의 분화 양상이 나타났다. 2000년대 초반 이후의 지식인 담론은 주로 사회과학자 중심으로 이루어졌으며 서구의 지식인 죽음 테제의 수용과 미세한 변용이 특징적이다. 철학 분야에서 지식인 담론은 주로 서양철학의 수용 태도와 같은 학술적 차원, 권력에 관여했던 철학자들에 대한 논의, 경제가치 창출지향적 신지식인론 비판, 지식인의 죽음 테제 비판 등으로 구분된다. 국내 철학계의 지식인 논의는 사회과학계와 달리 매우 드물게 이루어졌으며, 권력비판과 사회비판을 지식인의 본질과 과제로 보고 근대적 지식인론의 연장선에서 그 논의가 전개되었다.[2]

아도르노에게 지식인 문제는 실존적이자 역사적인 주제이다. 아도르노는 유대계 독일 지식인으로, 다음에는 유대계 독일 망명 지식인으로, 다시 전후 독일 철학계의 주류 학파를 이끄는 지식인으로, 나치즘 이후의 나치 잔재 그리고 그것을 극복하는 과정들을 경험하면서 지식인의 문제를 고민했고 그 자신 '공적 지식인(öffentliche Intellektuelle)'

---

1)   P. U. Hohendahl, "The Scholar, the Intellectual, and the Essay: Weber, Lu, Adorno, Postwar Germany", The German Quarterly 70. 31 (Sommer), 1997, 217 참조; 장 프랑수아 리오타르, 『지식인의 종언』, 이현복 역, 문예출판사, 1993.

2)   윤평준과 선우현 등이 대표적인 인물이다. 윤평중, 『극단의 시대에 중심잡기: 지식인과 실천』, 생각의 나무, 2008; 「지식과 권력: 현대한국지식인론」, 『철학과 현실』, 73호, 2007; 선우현, 「사회변혁과 비판적 지식인의 리더십」, 『사회와 철학』, 44권, 2022, 94 이하 참조; 강수택, 『다시 지식을 묻다』, 삼인, 2001; 남재일, 「지식인의 죽음, 그 욕망의 수사학」, 『문학과사회』, 20권 2호, 2007, 116 이하 참조; 정수복, 「지식인 상의 변화와 '문화적 문법'의 변화를 위한 시민운동」, 『현상과 인식』, 2012 가을, 162 참조.

으로 활동했다.[3] 그러나 여타의 많은 철학적 논제처럼 아도르노는 지식인론에 대한 독립된 글을 쓰거나 체계적인 사유를 보여주지 않는다. 따라서 아도르노의 지식인론의 전체상을 그리기 위해서는 한 줄 한 줄 해당 문장을 찾아내는 기계적인 문헌 수작업 그리고 개별 문장들의 위상적 구조화에 의한 비체계성의 체계화 작업이 필요하다. 아도르노 머릿속에 내재하는 명료한 지식인론을 정합적인 논리구조로 얼마만큼 재현해 낼 수 있는가가 이 글의 성공 열쇠이다. 동시에 이 열쇠는 지성적 양심과 사유의 도덕이 아도르노 지식인론의 핵심 요소라는 것을 밝혀 줄 것이다.

이를 위해 논자는 먼저 지식인에 대한 대중과 권력의 인식을 아도르노가 어떻게 평가하는지 검토할 것이다. 그 다음 지식 장(場)에서 정형화된 지식인의 내적 속성과 행위를 분석하면서 아도르노의 언급들을 지성, 지성적 양심, 지성적 양심의 발현 방식을 주요 범주로 삼아 구조화할 것이다. 이 과정에서 아도르노가 당대 누구보다도 분명한 목표의식을 가진 '투쟁하는 비판적 지식인'이었음을 드러내 보일 것이다. 끝으로 아도르노가 지식인의 사유-행위의 준칙으로 제시한 사유의 도덕논의를 확장·보완하면서 그것에 기초해 한국 지식인의 현재를 비판적으로 검토할 것이다.

---

3) S. Müller-Doohm/K. Neumann-Braun, "Demokratie und moralische Führerschaft. Die Funktion praktischer Kritik für den Prozess partizipativer Demokratie", in: Kurt Imhoff et al.(Hrsg.): Demokratie in der Mediengesellschaft, Wiesbaden: Verlag für Sozialwissenschaften, 2006, 100 이하 참조.

지식인에 대한 권력과 대중의 인식

'누가 지식인이며 무엇을 해야 하는가'라는 논제를 전개하기 위해 아도르노는 먼저 권력과 대중의 지식인 인식을 검토한다. 그는 먼저 나치즘과 전후의 극우주의 경험을 토대로 권력의 지식인 인식에 대한 논의를 전개한다. 아도르노는 나치 체제에서 지식인은 협력과 포섭의 대상이기 이전에 불신과 증오의 대상이라고 강조한다. 아도르노는 직접적인 방식으로 반유대주의를 전개하기 어려울 때 지식인을 새로운 증오의 대상으로 삼는 것 그리고 극우주의가 증오와 불신의 대상을 '좌파 지식인'으로 낙인찍는 권력의 폭력을 지켜봤다. 그들에게 지식인은 비생산적 잉여 존재 혹은 사회적응을 위한 재교육 대상으로 간주된 것이다. 권력의 시각에서 지식인은 "노동 분업에로 스스로를 끼워 넣지 않는 자, 자기 직업에 걸맞는 특정한 위치에 묶여 있지 않는 자, 그것으로 인해 특정한 사고에 매이지 않고 자신의 정신적 자유를 지키는 자"[4]이기 때문이다. 따라서 지식인은 사회 규범과 질서를 거부하는 위험인물이거나 관리와 탄압의 대상자일 뿐이다. 권력의 이러한 지식인 인식은 나치즘에서뿐만 아니라 독재국가를 포함하여 권력의 정당성이 빈곤한 권력집단 어디에서나 나타나는 현상이다. 이 문맥에서 아도르노가 권력이 테크노크라트(technocrat)를 어떻게 활용했는지에 대한 직접적인 논의를 배제한 것은 생존을 위한 망명 경험이 영향을 미쳤을 것이다.

권력의 지식인 인식만큼이나 중요한 것이 대중의 지식인 인식 문제이다. 아도르노에 따르면 대중의 지식인 인식은 한마디로 '부정적'이

---

4)   Adorno, *Aspekte des neuen Rechtsradikalismus*, Frankfurt a. M. 2019, 23.

다. 지식인에 대한 대중의 부정적 인식은 실용주의적 문화가 세를 얻으면서 대두된 지식인의 사회적 유용성에 대한 대중 일반의 의구심에 기초한다. 그에 따르면 대중은 기존의 지식인들을 과학적 조사기법에 토대를 둔 사회연구자들에 비해 시대적으로 뒤떨어진 존재이자 사회적 유용성이 낮은 자로 평가한다. 또한 대중은 기존 지식인들에게 학습된 지식이 직업 기회를 얻는 데 별다른 도움이 되지 않으며 직무 수행시 방해가 된다고 인식한다. 아도르노 눈에 비친 대중은 근대적 의미의 보편적 지식인이나 사회 변화와 개혁에 앞장서는 양심적 사회운동가로서의 지식인이 아니라 문제해결형 실용 전문가를 원한다. 아도르노는 대중의 지식인 폄하, 연구기술자와 지식인의 차이에 대한 인식 결여, 문제해결형 실용 전문가에 대한 요구가 지식인에게서 지식인의 본질을 제거하는 것이라고 비판한다.5) 지식인에 대한 환상도 더 이상 갖지 않으며 지식인의 역할 필요성도 인정하지 않는 대중과 동일한 인식을 가지고 있는 푸코6)와 달리, 아도르노는 대중의 지식인 인식에 문제를 제기하며 비판했다. 그 이유는 자명하다. 푸코와 달리 아도르노는 유대계 지식인으로서 나치즘의 역사적 고통을 몸과 글로 기록한 인물이다. 나치가 패망한 이후에도 나치의 득세를 가능하게 했던 전체주의 문화의 잔존을 눈으로 확인하면서 아우슈비츠의 지속 테제를 제시하고 아우슈비츠의 재발 방지를 위해 사회 전체의 변화와 그것을 위한 이론적 실천과 교육 개혁을 주장했던 그가 볼 때 기능적 전문가를 기대

5) Adorno, *Gesammelte Schriften Bd. 8. Soziologische Schrifren I*, hrsg. von R. Tiedemann, Frankfurt a. M. 1998, 571. (이하 아도르노 전집은 GS로 표기)

6) M. Foucault, "Intellectuals and Power", in: *Language, Counter-Memory, Practice*. edited by D.F. Bouchard, New York: Corell University Press, 1977, 207 참조.

하는 대중의 시각은 시대가 필요로 하는 지식인상에 대한 몰이해의 산물로 비쳤던 것이다.

지식인의 존재양상과 존재론적 특성

권력과 대중의 지식인 인식을 비판한 아도르노는 지식인의 존재양상과 존재론적 특성도 고찰의 대상으로 삼는다. 아도르노의 일차적 관심은 현대 지식인과 과거 지식인의 존재 양상의 차이이다. 그는 현대 지식인이 과거의 지식인에 비해 상대적으로 고립되었다고 보며 그 직접적 원인을 지식인의 사회적 유용성 저하, 학문의 제도화, 학술노동의 직업화, 그리고 각 학문영역의 전문화와 세분화에서 찾는다. 아도르노는 존재 양상의 변화와 관계없이 유효한 지식인의 존재론적 특성을 분석한다. 그에 따르면 지식인은 주방에서 요리를 하는 사람들처럼 가능한 한 익숙한 방식에 따라 사물을 다루려는 특성이 있다. 지식인은 새로운 관점과 이론을 생산해 내야 한다는 압박감에 시달리며 익숙한 방법론을 동원하고 예상 가능한 분석과 대안을 제시하는 수준에서 문제에 접근하려는 유혹에 노출되어 있다는 것이다. 여기에서 아도르노가 말하고자 하는 바는 지식인 스스로 손쉬운 작업에 대한 유혹에 빠지기 쉬운 존재론적 특성을 자각하고 애초에 자신이 "부과한 정신적 요구"[7]를 위배하지 말아야 한다는 것이다. 지식인의 존재론적 특성에 대한 아도르노의 논의에서 흥미로운 점은 그가 전통적 의미의 지식인론에서 찾아보기 힘든 지식인의 특권적(Privilegierte) 존재성을 강조

---

7)   GS4, 30.

한다는 점이다. 그는 지식인의 특권을 인간, 사회, 세계에 대한 인식과 사유 능력 및 지식 생산적 활동에서 찾는다.[8] 그러나 지식인의 특권적 존재성은 제한적으로 발현된다. 대부분의 지식인은 세계와 사회의 논리로부터 자유롭고 독립적인 사유를 전개하는 데 근본적인 한계가 있다고 믿으며 자신들을 특권을 가진 존재로 믿지 않는다. 특권과 특권의 발현에 대한 아도르노와 지식인의 인식 편차는 분명하다. 아도르노가 지식인의 능력과 특권적 존재성을 강조하는 것은 지식인의 사회적 역할의 중요성을 강조하기 위한 예비적 언급이라고 볼 수 있다.

지식인이라는 존재에서 기인하는 지식인의 존재론적 특성과 관련해 아도르노가 눈여겨보는 것이 자기혐오이다. 지식인 집단과 다른 집단을 구분하는 자기혐오는 엄밀한 의미에서 지식인에 의한 지식인 혐오를 말한다. 이것은 순수성의 이념으로 다른 지식인을 폄하하고 단죄하는 현상으로 나타난다. 아도르노에 따르면 지식인의 자기혐오는 자신의 도덕적 우월성을 확인하고 강화하려는 좋은 내적 목적에서가 아니라 끊임없이 자신의 탁월성을 드러내고 자신의 이론적, 실천적 입장을 주장해야 하는 지식인들 사이의 경쟁 관계의 항상성이 그 원인이다. 지기혐오는 순수주의, 도덕주의적 입장을 더 강조하는 주변부 지식인 그룹에서 강하게 나타난다. 아도르노는 그 이유를 존재론적 우위를 승인받고 싶은 욕구, 피해망상, 숨겨진 권력욕, 허위와 허영, 숨겨진 이해타산적 행태, 근거 없는 의심으로 가득 찬 지적 태도에서 찾는다.[9] 논자가 볼 때 지식인의 자기혐오에 대한 아도르노의 분석은 설득력이

---

8) GS4, 27 참조.

9) GS4, 246 참조.

있지만, 주변부 지식인의 기준이 무엇인지 제시하지 않는다는 점 그리고 순수주의가 주변부 지식인이 연구 지속력의 심리적 자원이 될 수 있고 관성화된 제도권 지식인의 자극제가 될 수 있다는 점을 간과한다는 문제가 있다.

아도르도는 지식인이라면 경험하게 되는 또 다른 부정적 측면들을 지식인의 존재론적 특성으로 포착한다. 자기모순적 행위에 대한 지식인의 완고한 정당화 시도가 그 예이다. 지식인은 자신이 비판하고 원칙으로 삼았던 것을 스스로 부정할 때 책임감을 주장하며 자기합리화를 고수한다. 글쓰기를 자신의 생계수단으로 인정한 후 자신이 쓰레기로 취급한 글과 다를 바 없는 글쓰기를 하면서 지옥 속으로 들어가는지 모르고 돈벌이에 열광하는 지식인들이 넘쳐난다.[10] '지옥 속으로'는 순수 이익 추구형 글쓰기가 교환원리 메커니즘에 빠져나올 수 없는 것을 뜻한다. 지식인이 갖는 또 다른 부정적인 존재론적 특성은 이중적 의미의 허영심이다. 아도르노는 특정 사안을 심도 있게 파고들어 현상 이면의 구조와 현상의 구성 배경 등을 철저하게 검토하지 못하는 지식인들의 인식 태도를 허영심이란 개념으로 표현했다. 아도르노는 현상들의 오류를 감지해 내지 못하면서도 대중과 자신을 분리해 우월적 존재감을 즐기는 태도도 지식인 고유의 허영심으로 간주한다. 논자가 볼 때 아도르노가 간파하지 못한 것은 지식인의 허영심의 부정적인 내적 동인이다. 지식인의 허영심은 현상 이면의 본질을 제대로 파악하지 못하는 지적 무력감을 포장하기 위한 자기방어에서 기인한다. 문제와 대안을 명료하게 제시하지 못할 때 지식인의 허영심은 전문용어와 외국

---

10) GS4, 31.

어를 남발하거나 과장된 제스처를 사용하는 형태로 나타난다. 이러한 방식을 통해 지식인은 자신의 지적 무력감을 가리면서 동시에 대중에 대한 지적 우월감을 재확인한다.

지성과 지성의 활동으로서 사유와 정신이 처한 현재적 상황

지식인의 존재론적 특성을 논의했다면 지식인의 활동을 가능하게 하는 지성과 지성의 본질 그리고 지성활동의 원칙과 방향 등에 대해 언급하지 않을 수 없다. 아도르노는 이 문제를 검토하기에 앞서 계몽 의 진행 과정에서 발생한 사유와 정신의 현주소를 암울하게 진단한다. 『계몽의 변증법』 개정판 서문에서 그는 "사유는 학문적이고 일상적인 개념어의 긍정적 사용뿐만 아니라 저항적 개념어의 긍정적 사용 또한 박탈당한 상태이며 지배적인 사고방식에 부합하지 않는 표현은 더 이 상 허용"되지 않는다고 지적한다.[11] 사유는 자발적으로 자기검열을 수 행하는 무기력과 체념의 상태에 빠져 있다는 것이다. 사유와 정신의 상태에 대한 그의 암울한 진단은 여기에서 끝나지 않는다. 아도르노는 "사유를 배격하는 물신주의(Fetischismus)"[12]의 사회적 확산이 정신 을 소비 목적의 문화상품 재료로 인식하게 만든다고 본다. 정신을 잠 재적 문화상품의 자원으로 간주함으로써 정신이 물화된다는 것이다. 사유와 정신을 물화하고 상품화하는 주요 행위자는 속성지식인, 대중 지식인, 출판상업주의, 다양한 심리산업, 시청률 지상주의에 빠진 미

---

11) GS3, 12.
12) GS3, 282.

디어 종사자, 가짜 뉴스 생산이 주요 비즈니스 전략인 유튜버나 블로거 등이라 할 수 있다. 이들에 의해 사유와 정신의 자원들이 개별적이고 조직적인 차원에서 상품의 형식으로 시장 메커니즘에 복속되고 경쟁 논리에 편입된다.

이도르노는 사회적 억압체제 아래에서 사유의 자기검열을 수행하는 지성과 물화된 지성이 처한 현주소를 검토하면서 당대의 학문과 인간의 정신을 지배하는 사고방식을 비판한다. 그가 '지배적인 사고방식'이라고 칭하는 것은 훗날 포퍼와 논쟁을 벌이면서 지적했던 실용주의와 결합된 실증주의적 사유방식이다. 아도르노의 계몽과 과학주의 비판은 이성 비판의 관점에서 보면 도구적 이성 비판이라고 볼 수 있으나 학문론과 방법론적 측면에서 보면 실증주의 비판이다. 아도르노는 과학이나 사회과학뿐만 아니라 현대적 삶을 지배하는 지성을 실증적 지성으로 간주하며 그것에 비판적 사유를 대립시킨다. 실증적 지성은 개별적 차원이든 사회적 차원이든 수단-목적 관계, 의미와 가치, 정당성과 목적성에 대한 질문을 던지지 않는다. 수단과 방법의 효율성과 최대효용원칙을 추구할 뿐이다. 이러한 실증적 지성은 자신을 스스로 도구화하는 것이며 그런 의미에서 도구적-실증적 지성이라 지칭해야 한다. 도구적-실증적 지성은 사회에 대한 '인식' 없이 단순히 사회적 사실과 경험 데이터를 숭배하며 사실의 이면을 간과한 채 사회 "적응을 위한 도구"[13]를 자처한다. 이보다 심각한 것은 실증적 지성을 사회 운용에 적용하려는 학문적 시도이다. 그 대표적인 것이 콩트에서 비롯된 실증주의 사회학이다. 실증주의 사회학은 사회지도의 이념에 기초해

---

13) GS3, 254.

출발함으로써 지배의 사회학으로 변질된다. 아도르노 시각에서 보았을 때 도구적-실증적 지성의 극단적 사례가 나치즘이다. 그는 나치주의자를 도구적-실증적 지성의 완전한 사용자라는 의미에서 '가장 계몽된 자들'로 간주한다. 나치즘은 도구적-실증적 지성을 활용한 공포의 미메시스 조작 체제이다. 공포의 미메시스는 나치즘의 폭력과 잔인성을 비판하는 정신을 마비시키고 공포에 사로잡힌 저항의 에너지를 더욱 더 위축시킨다. 또한 나치에 의해 실행되는 도구적-실증적 지성은 유대인 재산 몰수와 같은 폭력적 소유를 기획하는 방식으로 '잔인함의 과학'을 수행한다. 아도르노의 시각에서 지성적 양심은 도덕과 정의를 묻지 않은 도구적, 기능적 지성이 최고로 발전된 자의 행적을 추적하고 그들의 지배 논리를 발생학적으로 규명해야 한다. 그렇다면 도구적, 기능적 지성과 대립되는 지성의 본질과 지성적 양심의 내용은 무엇인가?

지성의 본질과 지성적 양심

나치즘과 나치즘 이후 모두 아도르노에게 지식인의 본질과 과제에 대한 문제는 사유의 중심 주제 중 하나였다. 그는 지성(Intelligenz)의 본질에 대해 다시 묻고 "지성적 양심(das intellektuelle Gewissen)"[14]과 그것의 올바른 발현 방식과 실천을 주제화한다. 아도르노에게 지성은 단순히 결합과 분리를 수행하는 기능이 아니라 차이를 구분하는 능력이다. 그에 따르면 지성의 일반적 기능과 달리 지성의 본질적 속성

---

14) GS4, 31.

은 사유 대상의 질적 계기를 파악하는 데 있다. 대상을 양화하려는 모든 시도, 양화하려는 그 대상의 이면의 질적 계기를 찾아내려는 것이 지성 활동의 중요하고 핵심적인 목표 중의 하나이다.15) 지성은 또한 판단하는 능력이다. 판단 능력으로서 지성은 본능적 충동으로부터 영향받지 않는 상태를 전제한다. 이것을 전제로 지성은 눈앞에 전개되는 상황과 사태를 파악하고 판단한다. 그런데 아도르노에게 판단은 중립적인 지성활동이 아니다. 판단은 주체를 망각하거나 외부로부터의 조정이나 압력에 굴복하지 않는다는 의미에서 그 자체로 저항적이다. 판단, 판단행위 자체에 저항의 계기성이 내재한다고 할 때 저항이란 판단 주체가 개인적인 편견과 선입견 및 성격 성향 그리고 세계의 모순과 부정의를 간파하지 못하게 제약하는 다양한 장치로부터 독립적으로 판단 활동을 수행한다는 의미이다.

판단 능력으로서 지성을 소유한 자인 지식인은 판단을 멈추지 않는 자이다. 지식인은 단순한 경험주의자나 실증주의자들과 같은 '사실' 수집가가 아니며, '예'와 '아니요'의 양자택일적 문제로 모든 것을 환원시키는 "행정적 사유(Verwaltungsdenken)"16)의 주인도 아니다. 지식인은 옳고 그름의 문제를 따지는 규범적 존재판단의 수행자이며 그런 한에서 저항하는 자이다. 인식-판단하는 지성의 활동이 곧 사유이다. 사유, 비판적 사유, 변증법적 사유를 동의어로 사용하는 아도르노에게 사유는 그 자체 속성상 저항적이며 부정적이다. 아도르노가 '저항적', '부정적'이란 술어를 지성 개념의 맥락에서 사용할 때는 불멸의 진리성

---

15) GS6, 53 참조.
16) GS6, 42.

을 전제하는 사유에 대한 저항, 반지성주의를 부추기는 기술적 이성에 대한 저항, 모든 것을 동일시하는 개념의 폭력성과 사유 자체가 갖는 강압적 성격에 대한 자기인식과 그것에 대한 비판적 태도도 포함된다.

그렇다면 위와 같은 지성적 사유 활동의 수행자인 지식인의 머리를 지배하는 정신적 속성은 과연 무엇인가? 아도르노는 지식인 유형론보다 지식인의 정신을 이루는 정신적 내용이 무엇인지를 파악하고 규정하는 것이 중요하다고 지적한다. 그에게 지식인 사유의 정신적 내용을 구성하는 원리이자 토대가 다름 아닌 지성적 양심이다. 지성적 양심은 "이성을 통해 자신의 관심사를 추구할 수 있는 자립적 존재로서 사회와 대립"17)하며 "사회의 목적들과 직접 동화되지 않는"18) 다른 가능성에 대한 의식을 추구한다. 이러한 지성적 양심이 없다면 지식인의 자기반성과 성찰, 더 나은 사회를 위한 비판, 다른 가능성을 위한 사유로서의 현실비판이 가능하지 않다고 본 것이다. 이런 의미에서 지성적 양심은 지식인의 "도덕적 초자아이면서 사회적인 것"19)이다. 그렇다면 도덕적 범주이면서 사회적 범주인 지성적 양심은 어떻게 형성되는가? 아도르노는 지식인 스스로 올바른 사회의 가능성과 시민적 삶의 현재성을 적극적으로 물을 때 지성적 양심이 형성되고 작동하는 것으로 본다. 사회정의에 대한 해방적 관심 없이 그리고 지배적이고 부당한 문화에 대한 거부와 저항심 없이 도덕적 초자아가 발달한 지식인은 바른 생활 사나이 증후군 보유자 이상이 아니다. 지성적 양심은 개체적, 심리적 개념이 아니라 본질적으로 사회적 범주에 귀속된 개념인 것이다.

---

17) GS6, 218.
18) GS6, 259.
19) GS4, 31.

지성적 양심이 가장 주목해야 하는 실천적, 해방적 관심은 고통의 문제일 수밖에 없다 왜 고통의 문제인가? 그 이유는 자명하다. 지성적 양심은 "자유를 지키고, 넓히고, 확산시키는 것"[20]에서 진정한 휴머니즘의 가능성을 믿고 실천하고자 시도한다. 지성적 양심은 강단학문 차원에서 순수이론을 개발하는 것으로도 정통 맑스주의의 방식으로도 발현되지 않는다. 아도르노는 그만의 방식으로 지성적 양심의 적절한 자기표현을 논한다.

지성적 양심은 어떻게 표현되어야 하는가?

프로파간다도 입장철학적 비판도 아닌 내재적 비판

아도르노는 지성적 양심이 대상과 사태에 대해 내재적 비판의 방법론을 통해 접근해야 한다고 본다. 아도르노가 볼 때 나치 시대나 나치를 가능하게 한 문화가 청산되지 않은 전후 독일 사회의 공적 영역에서 내재적 비판은 찾아볼 수 없었다. 이러한 지적 상황에서 아도르노가 주목한 것은 프로파간다이다. 프로파간다는 권력의 기술이 임의의 목적을 위해 작동하는 병적이고 조직적인 활동으로 여기에는 지성적 양심이 작동하지 않는다. 아도르노는 프로파간다를 대중의 분노를 자양분으로 삼는 철저하게 계산된 대중 기만 기술로 파악한다. 그것은 지도자를 추종하는 거짓 공동체 구성을 위해 신도 같은 무리를 모으는 수단이며 입에 발린 미사여구로 가득 차 있다. 아도르노에 따르면 프로파간다는 현실을 지옥으로 규정하며 이와 동시에 현실을 지옥으로

---

20) GS3, 10.

만드는 상상의 증인을 제시함으로써 대중의 분노를 폭발시키는 효과적인 "대중심리학적 기술(massenpsychologische Technik)"[21]이다. 이 점에서 프로파간다는 사회비판으로서의 인식도 아니고 적대적 사회, 불의한 사회에 대한 진정한 의미의 저항도 아니다. 프로파간다는 휴머니티를 지향하는 인간의 적일 뿐이며 사유와 판단을 마비시키는 사회적 악이다. 아도르노에게 나치즘은 프로파간다를 완벽하게 사용하는 체제였다.[22]

군중을 대상으로 권력의 기술이 작동하는 프로파간다와 달리 일반적 담론상황에서나 소위 학술의 장(場)에서 흔히 볼 수 있는 것이 입장철학적 사유(Standpunktdenken)이다. 입장철학은 아도르노가 자신이 말하는 내재적 비판 개념의 대립 개념으로 제시한 것이다. 입장철학은 자신의 이론적 틀과 관점, 방법론 내에서 대상 일반에 대한 형식적 비판에 머무는 비판을 가리킨다. 아도르노는 '나의 규범에 비춰 평가한다', '독일인으로서 나는…', '기독교인으로서'와 같은 표현에 보이는 '~로서 나는'이 입장철학적 사유를 나타낸다고 본다.[23] 이러한 입장철학적 사유에서는 자기 자신의 입장과 다른 대상이나 이론에 대한 비판을 가할 때 인위적인 축소나 과장, 왜곡의 방식이 동원된다. 그렇기 때문에 입장철학적 사유는 엄밀한 의미에서 비판이 아니다.

그렇다면 입장철학적 비판이 아닌 진정한 비판으로서 내재적 비판

---

21) Adorno, *Aspekte des neuen Rechtsradikalismus*, Frankfurt a. M. 2019, 41.

22) 아도르노는 정신분석학 개념들을 동원해 나치가 반유대주의의 조직화에 어떻게 활용되는지 논증하였다. 극우주의의 시각들에서는 구체적 프로파간다의 기술과 살라미 소시지 방법, 관공서 사칭 방법 등 기만기술의 사례들을 구체적으로 제시하고 있다. Adorno, *Aspekte des neuen Rechtsradikalismus*, Frankfurt a. M. 2019, 42 이하 참조; GS3, 192 이하 참조.

23) 아도르노, 『변증법 입문』, 홍승용 역, 세창, 2015, 322.

은 어떠한 비판을 말하는 것인가? 아도르노는 내재적 비판(immanente Kritik)은 형식 비판이나 형식논리적 비판이 아니라 내용적 비판이라고 강조한다.

> 내재적 비판은 결코 그저 순수 논리적인 비판이기만 한 것이 아니라 언제나 또한 내용적인 비판이며 개념과 사태가 상호 직면하는 것이다.[24]

형식 비판은 외재적 비판이지 내용적 비판이 아니다. 형식논리적 비판은 내용 없는 형식에 대한 분석에 그치기 때문에 '사태'를 논의의 본격적인 대상으로 삼지 못한다. 주의해야 하는 점은 아도르노가 형식 비판 자체를 부정하는 것은 아니라는 점이다. 내재적 비판의 방법론은 개념과 사태의 상호 직면이다. 사실과 대상─개념, 개념─사실과 대상 사이의 내면적 관계를 내용적 측면에서 비판적으로 검토해야 한다는 것이다. 내재적 비판은 "개념을 그 대상과 대질시키고 그리고 역으로 대상들을 그 개념에 대질"[25]시키는 방법에 의해 수행되는 비판이다. 아도르노는 "예술작품을 예술작품으로 만드는 형식"[26]을 내재적 비판의 한 모델로 제시한다. 형식이 소재─재료─색채─구도─기술 간의 관계를 구성하는 것이라는 점에서 형식개념을 배제할 수 없다. 중요한 것은 그가 문제 삼는 것이 내용 없는 형식 비판이라는 사실이다. 단지 논리적 형식에만 매여 있는 형식 비판은 개념과 개념이 포착하려는 대상 및 사태의 내적 관계 구성을 간과하게 된다는 것이 아도르노가 내재

---

24) GS8, 304.
25) 아도르노, 『부정변증법 강의』, 이순예 역, 세창, 2012, 58.
26) GS7, 216.

적 비판을 강조하는 이유이다.

내재적 비판이 무엇인지에 대한 아도르노의 생각은 예술작품의 사회적 내재성(Immanenz der Gesellschaft im Werk) 논의에서 분명하게 드러난다. 그에게 예술은 "사회적 사태의 암호"[27]이며 사회 현실에 대한 하나의 태도이자 인식이다. 아도르노는 인식으로서 예술의 사회 비판은 정치예술에서 흔히 볼 수 있는 "명시적인 입장표명"이 아니라 예술의 "내재적 움직임(immanente Bewegung)[28]"에 따라야 하는 것으로, 직접적인 정치술어나 투쟁의 언어를 넘어서야 한다. 예술의 내재적 움직임을 따른다는 것은 사회적 "모순들을 명료하게 (고유한 자신의 예술문법을 통해) 형상화"[29]한다는 것을 의미한다. 사회의 모순과 불의는 형식과 내용의 매개를 통해 형상화된다. 아도르노에게 예술은 사회의 안티테제로서 고통의 표현을 자신의 과제로 삼는 것이다. 이 과제에 대한 실천적 수행은 홀츠의 빈민문학, 브레히트의 실천주의 문학, 사르트르의 참여문학, 1920~1930년대의 전기 아이슬러의 〈노동자의 노래〉들과 당파주의 예술과 같은 직접적 방식이 아니라 현실과 "실천적 거리를 두면서 사회적 실천의 도식"[30]을 간접적으로 제시할 때 비로소 가능하다. 이와 같이 아도르노는 예술의 사회적 내재성을 구현에 대한 논의를 통해 내재적 비판이 무엇인가를 보여주고 있다. 이제 내재적 비판을 수행하는 지성적 양심의 실천은 구체적으로 어떻게 나타나야 하는지에 대한 물음을 던져봐야 한다.

---

27) GS10.1, 706.

28) GS7, 336.

29) GS7, 345.

30) GS7, 339; 이종하, 「예술과 사회의 매개문제」, 『철학·사상·문화』, 12집, 2017, 95 이하 참조.

행동주의적 실천이 아닌 이론적 실천

지식인의 비판은 형식 비판이 아니라 내재적 비판이 되어야 한다는 아도르노에게 실천은 행동주의적 과격성으로 나타날 수 없다. 지식인의 실천은 "억압적이고 맹목적이며 폭력적인" 실천과 실천에 대한 강요에 저항하면서 "자신의 사유와 사유의 결과에서 무엇이 나오는지 지켜보는 것"이다. 이러한 지적 "태도(Verhalten)"[31]가 실천이다. 지식인의 실천은 저항적 태도와 해방적 관심을 가지고 당면 문제를 이론적 차원에서 규명하는 것이다. 아도르노도 대중이 사회운동의 이론적 근거와 현장지도형 지식인을 요구한다는 것을 인식했다. 대중과 사회개혁을 요구하던 학생들은 "사유가 마치 직접적인 실천"이 되어야 된다고 생각했으며 "권력에 화살을 쏘는 말만이 아니라 조심스럽게 만지고 실험하고 오류 가능성을 검토하며 움직여 나아가는 말"[32]의 향연을 비난했다. 아도르노는 이론만 고집하는 것으로 인물로 오인되었지만 1968년 4월 22일, 세 여성의 수업 방해 사건, 1969년 6월 12일 한스 임호프와 아르노 비트만의 수업 방해 사건을 경험해야 했다. 그러나 아도르노는 학생들과의 분쟁 한참 이전인 1954년에 대학의 민주적 개혁을 요구했으며 학생운동이 발발한 이후에는 운동에 지지를 보냈다. 단지 "세계와 사물화에 저항하는 학생들"[33]의 저항이 지성화되어야 하며 폭력적 의사 표현이 아니라 지성적 비판을 수행해야 한다고 본 것이다. 아도르노의 이론은 현실과 대결하는 비판적 이론, 실천을 위한 이론이다.

---

31) Adorno, *Probleme der Moralphilosophie*, Frankfurt a. M. 2001, 261.

32) GS3, 282.

33) 아도르노, 『사회학 강의』, 문병호 역, 세창, 2014, 169.

이론의 대상은 선이 아니라 악이다. 이론은 그때그때 규정된 형식 안에서 삶의 재생산을 이미 전제한다. 이론의 요소는 자유이다.[34]

아도르노는 불의와 폭력을 부정하고 그것에 대항하는 사유 그리고 권력에 굴복하지 않는 사유에서만 현실과 대결하는 비판적이고 실천적인 이론이 구성될 수 있다는 점을 강조함으로써 이론의 실천성을 강조한다. "사유는 행동이고 이론은 실천의 형태"[35]인 것이다. 실천 개념을 실천하는 이론으로서의 실천이라고 새롭게 재정의한 것인데, 그렇다면 실천가로서 아도르노가 갖는 제1목표는 무엇인가? 실천하는 이론가로서 아도르노의 목표와 방향은 하나로 귀결된다. 진정한 인간상태가 아닌 새로운 야만상태인 나치즘의 발생 원인에 대한 다각적인 이론적 분석을 수행하는 것 그리고 "아우슈비츠가 되풀이되지 않고 그와 유사한 일이 발생하지 않도록 사유하고 행위"[36]하는 길을 찾는 것이다. 아도르노는 이것보다 중요한 이론적 탐구는 없다고 확신했다. 아도르노가 이론적 실천을 본격적으로 수행한 첫 작품이 『계몽의 변증법』이다. 아도르노는 나치즘 극복을 위한 이론적 실천의 일환으로 정신분석학적 방법을 실천적 방법론으로 활용했다. 그는 또한 실증−경험연구의 한계를 비판해왔던 입장을 바꾸어 버클리 대학의 공공여론 연구팀의 경험연구와 자신의 변증법적 사회이론을 결합시킨 방법론적 도전을 실천했다. 편견연구총서로 기획된 1950년 협동연구 작업인 『권위주의적 인격』은 나치즘이 왜 그토록 쉽게 독일사회에 확산되었는가 하

---

34) GS3, 247.
35) GS10.2 761.
36) GS6, 358.

는 문제만이 아니라 망명지 미국에서도 작동하는 유대인에 대한 편견과 반유대주의 심리를 분석한 이론실천적 작업이다. 이 저작에서 아도르노는 권위주의적 사회와 권위주의적 인성 형성 사이의 관계, 권위주의적 인성의 일반적 성향, 체제 순응성, 나치즘 동의 수준 사이의 내적 관계를 성공적으로 분석해 보여주었다.[37]

전후 시대에 아도르노는 수많은 방송 연설과 저널 인터뷰 그리고 저작 활동을 했는데, 이를 통해 아도르노가 의식적으로 공적 영역에 영향을 미치고자 했던 것을 확인할 수 있다. 1951년 출간한『미니마 모랄리아』는 전후 독일인이 가장 많이 읽은 철학책으로, 이 책에서 아도르노는 의도적으로 사랑, 부부, 가족, 여성해방, 동물 기르기, 자본주의적 삶의 문제성과 같은 생활밀착형 주제들을 선택해 대중에게 다가갔다. 그는 과장, 압축, 역설, 냉소, 패러디의 수사학을 동원하고 논쟁적으로 문제를 제기함으로써 사태를 읽게 만드는 자극자이자 주체에로의 전환을 견인하는 촉진자의 역할을 수행했고, 이것이 또한 아도르노 본인이 실천한 이론을 수반한 공적인 실천지식인의 역할이기도 했다. 1959년의 글 〈과거청산이란 무엇인가?〉 역시 아우슈비츠의 재발을 방지하고 민주주의 있는 민주국가를 만들기 위해 투쟁하는 실천가로서의 아도르노의 모습을 보여준다. 이 글로 인해 아도르노는 전후 독일의 정치사회적 아젠다인 과거극복(Verganenheitsbewältigung) 문제를 처음으로 제기한 철학자이자 사회학자로 각인되었다. 〈독일대학의 민주화에 대하여〉, 〈탈야만을 위한 교육〉, 〈성숙을 위한 교육〉 등과 교육 관련 저작과 관련 방송활동은 그의 교육적 실천이 과거극복을 위한

---

37) Adorno, *Studien zum autoritären Charakter*, Frankfurt a. M. 1973.

이론적 실천의 차원만이 아니라 구체적 행위가 수반된 적극적 실천임을 말해준다. 보나커나 알브레히트가 이해하듯이 아도르노는 전후의 새로운 지성적 지평 위에서 독일 공화국의 설립을 주도하는 중심인물 중 한 사람이었고, 그것을 위해 공적 영역에서 논쟁적인 개입을 지속했던 인물이기도 했다.[38] 공적이고 이론적인 개입의 목표는 성숙한 시민들의 공동체로서의 새로운 독일 사회였다. 결국 아도르노에게 지성적 차원의 공화국 건립 이념 제공, 독일 공화국의 진정한 민주주의 실현, 과거극복, 아우슈비츠의 재발 방지, 탈야만화 극복 교육, 원시적 증오가 아닌 화해, 이 모든 것은 별개의 문제가 아닌 하나의 문제였던 것이다.

그러나 아도르노가 행동주의적 실천 개념의 대항 개념으로 이론적 실천을 강조한다고 해서 이론이 실천에 본질적으로 앞선다고 주장하거나 이론적 실천제일주의를 주장하는 것은 아니라는 사실에 주목해야 한다. 그는 이론과 실천의 관계를 수렴적 관계가 아니라 긴장 관계로 보았다. 실천이 사유를 배제하면 그 실천은 시위의 조직만을 우선하게 되며, 이론은 자체적으로는 품을 수 없는 자발성의 계기를 획득할 때 비로소 실천으로 나아갈 수 있다. 그러나 아도르노는 사유를 배제하는 실천의 문제성만 지적한 것이 아니다. 그는 또한 이론으로 설명될 수 없는 계기들이 있고 이론의 범위에도 한계 설정이 필요하다는 점을 분

---

38) GS20.1, 332 이하 참조 Th. Bonacker, "Theodor W. Adorno - Die Zukunft des Erinnems", in: C. Fröhlich/M. Kohlstruck (Hg.): *Engagierte Demokraten. Vergangenheitspolitik in kritischer Absicht*, Münster 1999; A. Cemens/G. C. Behrmann/M. Bock/F. Homann/F. H. Tenbruck, *Die intellektuelle Gründung der Bundesrepublik*, Frankfurt/New York, 1999; C. Albrecht, "Die Massenmedien und die Frankfurtrt Schule", in: *Die intellektuelle Gruendung der Bundesrepublik. Eine Wirkungsgeschichte der Frankfurter Schule*, Frankfurt a. M. 2000, 235 참조: N. Frei, *Vergangenheitspolitik. Die Anfänge der Bundesrepublik und der NS-Vergangenheit*, München 1996

명히 강조한다.[39] 실천에 대한 아도르노의 사유에서 주목해야 하는 것은 허위실천(Scheinpraxis)을 비판의 무대에 세운다는 점이다. 허위실천이란 "대상에 대해 무차별적으로 이루어지는 모든 자연지배적 실천"[40]을 뜻한다. 대상의 질적인 측면에 관심을 갖고 대상을 마주하는 자세, 아도르노 식으로 표현하면, 대상과의 진정한 커뮤니케이션을 시도하려는 비동일적 인식 태도를 보이지 않는 모든 행위는 넓은 의미에서 허위실천인 것이다. 허위실천이 아닌 참된 실천이 되기 위해서 아도르노가 강조하는 것이 바로 경험의 상실(Erfahrungsverlust)이다. 이론과 실천 문제에서 핵심적인 것은 경험을 회복시키는 것이다. 살아 있는 경험의 복권은 진정한 실천을 위해 필수적이다. 개념에 의해 규정된 대상과 개념에 의해 포착되지 않는 대상 사이를 구별하는 경험능력은 대상에 대한 전형화된 반응과 인식을 해체할 가능성 그리고 이와 더불어 대상에 대한 성찰적 계기를 제공하기 때문이다.[41] 또한 "경험이 차단되고 경험이 더 이상 존재하지 않는 곳에서 실천이 훼손된다. 그러한 이유로 실천을 열망하고, 왜곡하고, 극도로 과대평가"[42]하는 오류를 범하기 때문이다. 아도르노에게 살아 있는 경험은 대상적 경험이나 타자화된 경험이 아니라 대상 조응적이고 대상 화해적 경험, 즉 대상의 질적 내용과 성격을 경험하는 것이다. 아도르노는 경험만이 실천을 추동하는 내적 충동(Impulse)을 유발한다고, 곧 실천적 충동의 계기를 제공한다고 강조한다.[43] 실천으로의 이론의 성격을 밝히기 위

---

39) Adorno, *Probleme der Moralphilosophie*, Frankurt a. M. 2001, 16 이하.

40) GS10.2, 759.

41) Adorno, "Erziehung- wozu?", in: *Erziehung zur Mündigkeit. Vorträge und Gespraeche mit Hellmut Becker 1959-1969*, Gerd Kadelbach(Hg), Frankfurt a. M. 1970, 120 이하.

42) GS10.2, 760.

해 이론, 경험, 충동의 내적 관계에 주목한다는 점에서 아도르노의 지식 인론은 이론-실천 관계 논제의 새로운 시도라고 볼 수 있다.

그렇다면, 지식인은 무엇을 해야 하는가?

앞서 살펴본 것처럼 아도르노는 내재적 비판의 개념을 제시하고 실천 개념을 재정의함으로써 지성적 양심이 어떻게 발현되어야 하는지를 분명하게 천명했다. 비록 스케치 형태의 파편적인 서술에 그쳤지만, 아도르노는 지식인은 무엇을 해야 하고 어떤 문제와 대결해야 하는지에 대한 생각을 분명히 가지고 있었다. 논자는 아도르노가 단초적 개념으로만 제시한 '사유의 도덕(Moral des Denkens)' 개념을 지식인의 과제에 대해 그가 파편적으로만 남긴 언급을 체계화하는 방식으로 확장·보완할 것이다. 아도르노에게 "사유의 도덕은 완고하거나 단독적이지도 않고, 맹목적이거나 공허하지도 않으며, 원자적이거나 일관적이지 않게"[44] 사유하는 것이다. '완고하거나 맹목적이지 않아야 한다'는 사유의 도덕은 아도르노 자신이 지성의 본질로 간주한 지성의 자기비판적 성격의 다른 표현이라 볼 수 있다. '공허하지 말아야 한다'는 사유의 도덕은 '구체성의 사유'를 원리로 삼아야 한다는 주장이다. 추상적이고 경세가적 레토릭을 구사하는 지식인이 아니라 차가운 분석적

---

43) 아도르노에게 충동은 실천을 추동하는 내적 에너지이며 신체에서 촉발되는 신체적 충동이다. 그런데 신체적 충동은 정신적 태도로 전이되어 '정신 내적' 성격을 함유한다(GS6, 285). 이렇게 이해되는 충동은 실천 행위의 진정성과 엄밀성, 일관성의 내포를 드러낼 수 있다는 점에서 즉흥적이고 폭력으로 쉽게 변화될 수 있는 행동주의적 실천을 지양하는 개념이다. 문제는 충동 개념에 정신적인 요소를 새롭게 포함시킬 때 이론과의 경계가 명확하게 드러나지 않는다는 점이다.

44) GS4, 83.

지성으로 "직접적인 동기를 넘어서고 때로는 직접적인 동기에 숨겨져 있는 사회적인 모멘트들"[45]을 밝혀내는 태도를 사유의 원리로 삼아야 한다는 것이다. 구체성의 사유를 추구하는 지식인은 "진리 자체가 구체적 상황으로부터 나오는 것"[46]이며 진리 혹은 자기 자신이 구체적 상황과 분리될 수 없다는 것을 확신한다. 지식인은 따라서 초월적이고 절대적인 진리를 추구하는 이론적 태도를 경계한다. 구체성의 사유 도덕은 더 나아가 사회적 모순을 은폐하고 가상의 논리를 유포하는 이데올로기에 대한 비판을 자신의 과제로 삼는다.

아도르노는 사회 전체와 개별 영역에서 다양한 이데올로기의 존재를 언급하면서 '애매한 이데올로기'의 위험을 강조한다. 그것은 "심리적으로 더욱 깊은 곳에 위치하기 때문에 그 작용력에 있어 명백한 이데올로기를 압도"[47]하기 때문이다. 또한 지배 이데올로기의 문제는 "맹목적인 적응에 대한 저항, 합리적으로 선택된 목표들을 지향하는 자유, 속임과 관념으로서의 세계에 대한 혐오, 변화 가능성의 사유"[48]를 와해시킨다는 데 있다. 지식인은 "실제적 불행을 숨기는 이데올로기의 장막"[49]을 걷어내고 각종 이데올로기가 대중을 어떻게 기만하고 조종하며 무기력하게 만드는지 밝혀내야 한다. 또한 나치 시대나 독재 권력 체제하에서 발견되는 권력을 신격화하고 지도자와 추종자의 일치 이데올로기를 개발하는 지식인과 대결해야 한다.[50] 구체성의 사유에

---

45) 아도르노, 『사회학 이론 Ⅰ』, 문병호 역, 세창출판사, 2017, 239.
46) 아도르노, 『변증법 입문』, 홍승용 역, 세창, 2015, 69.
47) GS14, 234; Adorno, *Phikosophie und Soziologie*, Frankfurt a. M. 2011, 189, 330.
48) GS8, 368.
49) GS3, 16.
50) GS3, 293 참조.

대한 아도르노의 위와 같은 논변은 왜 이데올로기 비판이 사유의 도덕의 중핵이 되어야 하는지를 보여준다.

정신을 "물화에 대한 부정(Negation der Verdinglichung)"[51]이라고 규정하는 아도르노의 입장을 존중하면 물화 비판은 지식인에게 요구되어야 하는 사유의 도덕이다. 아도르노가 교환가치의 전일화를 자본주의 비판의 중핵으로 삼을 때, 교환가치의 전일화에는 정신의 물화, 탈예술화의 주범이 되는 예술의 물화, 차가운 경제원리로 인한 사랑하기의 위기 등이 포함되기 때문이다. 오늘날 한국 사회에서는 신자유주의의 논리가 생활세계에서 일상적으로 작동하며 천민자본주의적 삶의 질서가 지배한다. 이러한 상황에서 지식인은 자신뿐만 아니라 대중이 "물신성에 스스로 굴복"[52]하지 않도록 교환가치로 환원될 수 없는 활동들과 돈으로 살 수 없는 것들을 상기시키며 종교가 된 돈의 위력의 어두운 구석과 물신주의의 노예적 삶의 피곤함을 지적하고 물화와 대립되는 의미와 가치를 존중하는 사회문화적 환경을 구축하는 데 기여해야 할 것이다. 아도르노에 따르자면 바로 이러한 이론적 실천과 정책적 사유가 한국 지식인의 사유의 도덕이 되어야 한다.

대중과 지식인에서 발견되는 "지배적인 사유 습관"과 "이분법적 사유"[53]는 사유방식 및 경향성과 관련해 사유의 도덕 원리에서 고려되어야 하는 것들이다. 아도르노가 언급하는 폭력적 사유는 동일성 사유

---

51) GS3, 15.

52) GS8, 370. 부르디외는 지구화와 신자유주의 경제 이데올로기가 지배하기 이전 시대 프랑스 지식인의 특성으로 '금욕적 귀족주의'를 든다. 그러나 지식인의 사회경제적 지위가 약화되고 물질주의가 지배하는 한국 사회에서 지위 성취형 지식인은 경제자본과 문화자본의 비일치에 기인한 '비자발적, 반자발적 청빈과 금욕주의 생활자'라고 봐야 한다. 부르디외, 『구별짓기(하)』, 최종철 역, 새물결, 2005, 518 이하 참조,

53) 아도르노, 『변증법 입문』, 홍승용 역, 세창, 2015, 321.

에 내재된 강압적 성격을 갖는 것으로 규제적인 행정관리적 사유방식 및 그 사회의 지배적인 규범과 원리에 근거한 사고를 뜻한다. 이러한 폭력적 사유는 규범의 내면화와 자기검열에 종속되며 적응원리를 수용하게 만들어 기존 사회의 자기유지에 기여한다. 따라서 지배적인 사유를 재검토하지 않는 이상 사회를 인식하고 비판하는 자율적 주체가 될 수 없다. 이분법적 사유를 지식인의 사유 도덕에서 경계 대상으로 삼아야 하는 이유는 자명하다. 아도르노가 1958년 이 주장을 했을 때 당대 지식인들이 중요한 화두로 삼았던 것은 과거는 극복되었고 민주주의는 제도적으로 구축되었으나 생활양식으로서의 민주주의는 없다는 것 그리고 정치교육을 어떻게 내실 있게 할 것인가 하는 것이었다.

아도르노는 이 논의에 활발하게 참여했으며 당대 지식인 사회에서 하나의 가치를 숭배하며 진리 독점적 태도를 촉발하는 이분법적 사유가 난무하는 것을 목격했다. 이분법적 사유는 자기 확신, 순수성, 입장의 명료성이라는 것에 스스로 유혹되고 기만당하며, 배제와 공격의 논리를 생산한다. 그리고 이분법적 사유의 이러한 자기비판 없는 급진화는 내적 압박을 제어하지 못하게 된다. 이분법적 사유는 이론생산적인 토론과 논쟁의 기술이 아니라 독단과 도그마를 생산하는 공격과 파괴의 기술로 기능화한다. 논자가 볼 때 한국 지식인들에게 우선적인 사유의 도덕은 '흑백론'과 같은 시사용어로도 통용되는 이분법적 사유를 지양하는 것이어야 한다. 오늘날 한국은 정치과잉사회로 음모론을 생산함으로써 인위적으로 갈등과 대립을 유발해 이익을 얻으려는 주변부 지식인이나 정치기술자들이 많은 사회이다. 이러한 한국적 상황에서 정치사회적 담론에 개입하고자 하는 비정치화된 비판적 지식인들은 정파적 공격과 방어 논리로 사용되는 이분법적 사유를 파헤치고 공론장의 생산적 논의를 위한 긴장을 조성해야 한다.

마지막으로 지식인의 사유의 도덕에 추가해야 할 것이 반지성주의 비판이다. 아도르노는 반지성주의를 사유의 퇴행으로 간주했는데, 이때 반지성주의는 1950~1960년대에 독일사회에 나타난 사회문화현상으로서 점성술, 심령술, 신비주의, 산업화된 대중심리학 유행과 확산 같은 사회문화적 현상뿐만 아니라 기존 사회에 대한 순응우선주의적 사고 및 모호하고 기준 없는 타협과 같은 지적 태도 일반을 지칭한다. 사유의 태도의 관점에서 보았을 때 반지성주의는 아도르노가 사유의 한 유형으로 말하는 폭력적 사유를 본질로 한다. 반지성주의는 비판 의식을 빈곤하게 하고 사회문제를 사사화하며, 행운과 외부적 힘에 대한 믿음의 강화하고 맹목적 사회 순응과 원칙 없는 타협을 조장하며, 주체의 약화를 가져오고 다른 사회의 가능성에 대한 생각 자체를 차단한다. 반지성주의 비판이 지식의 사유의 도덕이 되어야 하는 이유이다. 아도르노 당대 독일의 반지성주의와 오늘날 한국의 반지성주의 문화에 본질적인 차이가 없는 한, 그리고 이성적인 사회, 집단지성적 숙의 사회의 가능성을 넓혀 가려면, 오늘날 한국의 지식인은 주술적 사유의 생산과 소비, 타협 속의 애매한 합의, 타협이라는 이름의 강요된 화해를 부추기는 반지성주의에 저항해야 한다.[54]

---

54) GS4, 273 이하 참조; GS8, 149 이하 참조; 이하준, 「아도르노: 점성술의 사회정치학」, 『현대유럽철학연구』, 55집, 2019, 96 이하 참조; 한상원, 「아도르노와 반지성주의에 관한 성찰 -민주주의와 지성의 상관성 물음-」, 『철학』, 제135집, 2018, 30 이하 참조.

나오면서

아도르노에게 지식인은 전문가나 기능적 지식인이 아니다. 그가 말하는 지식인은 저코비가 말하는 교양 있는 일반 대중에게 말을 거는 공공지식인도 아니며, 자신이 직접 비판한 것처럼 만하임이 생각하는 자유롭게 유동하는 보편적 지식인도 아니다. 또한 그람시가 제시했던 프롤레타리아트와 결합된 유기적 지식인이나 사르트르 식의 참여적 지식인도, 푸코 식의 새로운 임무를 부여받은 특수한 지식인도, 바우만의 해석자로서의 지식인도 아니다. 그에게 지식인은 한마디로 사회해방-인간 해방이라는 구제의 관점을 가지고 역사적이고 사회적 차원에서 작동하는 고통의 객관성을 밝히는 자이다. 그것이 아도르노에게 아우슈비츠를 가능하게 한 고통의 원역사를 이론적 차원에서 규명하며 동시에 아우슈비츠의 재발을 막는 실천으로서의 이론을 펼치는 것이었다. 아도르노의 이러한 작업은 지성적 양심을 가지고 자신이 강조한 사유의 도덕을 성실하고 책임감 있게 수행하는 것이기도 했다. 사유의 도덕에 따른 이러한 작업은 철저하게 내재적 비판을 수행하고 실천으로서의 이론 개념을 현실화하는 형태로 나타난다. 결국 아도르노에게 진정한 지식인은 자신의 사회적 역할을 자각하고 자기 자신을 비판하며 다양한 층위에서 사회비판과 권력비판을 수행자는 자이다.[55] 아우슈비츠와 그것의 극복이 지식인의 당면 과제라는 생각이 아도르노의 지식인 상을 결정했으며 그 자신은 그 지식인 상을 충실히 실천했다.

---

[55] 군부정권 시절만이 아니라 민주정부하에서 지식인의 정치참여율과 관료화 비율은 서구 사회와 비교하는 것이 무의미할 정도로 높다. 이러한 현상은 국내 지식인들이 학문 자체에 내재하는 기술화의 위험과 소셜 엔지니어링(social engineering)화의 위험인식의 빈곤 및 권력지향적 성향의 산물이다. 아도르노 식으로 말해 지식인은 "최후의 시민"이나 "시민의 최후의 적"(GS4, 28; GS8, 492)이 될 수 있는 자신의 역설적 위치를 의식하며 살아야 한다.

그렇다면 아도르노가 말하는 지성적 양심과 사유의 도덕 그리고 그가 보여준 공적 영역에서의 공개적이며 적극적인 이론적 실천은 한국 지식인에게 무엇을, 어떤 자기비판의 전거를 제공하는가? 우선 아도르노에 따르자면 다양한 이데올로기 비판이 지식인의 역할이어야 하지만, 국내 철학자들 중에 오히려 이데올로기 개발에 관여한 인물들이 있었다는 점을 지적하지 않을 수 없다. 또한 오늘날 많은 정치예비군 교수들이 당파적 지식인으로 아도르노가 경계한 이분법적 사유에 더해 음모론을 동원해 정파 논리를 생산하고 유포하는 데 앞장서고 있으며, 이것이 직업화된 상업주의 양상을 보여준다는 점도 지적해야 한다. 그러나 오늘날 한국의 지식인을 둘러싼 환경 그리고 지식인으로서 갖는 자기 자신에 대한 인식의 변화를 고려하면, 특수한 역사적 경험에 바탕을 둔 지성적 양심과 사유의 도덕 원리를 실천하라는 요청은 제한적 유효성과 실천력을 가질 수밖에 없다는 점 또한 안타깝지만 분명한 사실이다. 지식인 집단과 다른 직업군 사이의 기대소득의 불균형, 경제논리에 의해 지배되는 교육과 교육기관 운영, 끝없는 학문영역의 세분화와 전문화, 학과생존을 위한 활동에 우선적 관심을 가져야 하는 인문사회계의 현실, 지식인 집단 내 연구비 경쟁, 실용적 전문가에 대한 증가되는 대중적 요구 등이 지성적 양심이 아닌 '직업적 양심'을 쫓게 만든다. 철학 및 인문학들의 폐과 행렬에 따라 비판적 지식인의 잠재적 자원이 축소되고 학문후속세대의 절대수가 부족해지는 것, 직업화된 비정년 전임들과 비전임 교수들 비율의 영속화되는 것, 지식인 집단 내부의 문제해결에 개입하는 보직 권력자의 지성적 양심 빈곤, 등이 잠재적이고 현실적인 비판적 지식인의 형성 및 실천력을 약화시킨다. 실천으로서의 비판적 이론 생산을 요구하기 위해서는 한국 지식인의 활동장인 지식 장(場)의 환경, 지식 장과 다른 장의 관계, 지식 장과 사회의 관계가 제도, 구조, 문화적 차원에서 개선되어야 한다. 사회의 안티테제로서 비판적 지식인의 운명은 사회에 저항하고 더 나은 사회의 가능성을 탐구하는 이론실천적 작업을 하는 것에 있다. 그러한 자신의 운명을 자각하는 자가 지금과 같은 곤궁한 시대의 지식인이다. 한국 지식인의 상황과 현주소를 문제 삼고 대안을 제시해야 할 유일한 그룹도 자신들이라는 것이 한국 지식인의 운명이다. 아도르노의 표현을 빌리면 한국 사회에서 지식인은 지식인의 구제 가능성의 여부와 상관없이 이 문제에 직면해야 한다. 이것이 궁핍한 시대에 던져진 우리 시대 지식인의 사유의 도덕이다.[56)]

---

56) 이 글은 2024년 『사회와 철학』 47집에 발표된 논문임을 밝혀둔다.

참고문헌

강수택(2004), 『다시 지식인을 묻는다』, 삼인.

남재일(2007), 「지식인의 죽음, 그 욕망의 수사학」, 『문학과사회』, 20(2).

선우현(2022), 「사회변혁과 비판적 지식인의 리더십」, 『사회와 철학』, 44집, 사회와 철학연구회.

앨런 S. 케이헌, 『지식인과 자본주의』, 정명진 옮김(2010), 부글.

윤평중(2007), 「지식과 권력: 현대한국지식인론」, 『철학과 현실』, 73호, 철학문화연구소.

_____(2008), 『극단의 시대에 중심잡기: 지식인과 실천』, 생각의 나무.

이종하(2017), 「예술과 사회의 매개문제」, 『철학·사상·문화』, 12집, 동서사상연구소

이하준(2019), 「아도르노: 점성술의 사회정치학」, 『현대유럽철학연구』, 55집, 한국현대유럽철학회.

장 프랑수아 리오타르, 『지식인의 종언』, 이현복 편역(1993), 문예출판사.

정수복(2012), 「지식인 상의 변화와 '문화적 문법'의 변화를 위한 시민운동」, 『현상과 인식』, 36(3), 한국인문사회과학회.

테오도르 W. 아도르노, 『변증법 입문』, 홍승용 옮김(2015), 세창.

_____, 『부정변증법 강의』, 이순예 옮김(2012), 세창.

_____, 『사회학 강의』, 문병호 옮김(2014), 세창.

피에르 부르디외, 『구별짓기(하)』 최종철 옮김(2006), 새물결.

한상원(2018), 「아도르노와 반지성주의에 관한 성찰: 민주주의와 지성의 상관성 물음」, 『철학』, 제135집, 한국철학회.

Adorno, Th. W.(1970), "Erziehung-wozu?", in: *Erziehung zur Mündigkeit. Vorträge und Gespraeche mit Hellmut Becker 1959-1969*, Gerd Kadelbach(Hg), Frankfurt a.M.

_____(1973), *Studien zum autoritären Charakter*. Frankfurt a.M.

_____(1998a), *Gesammelte Schriften, Bd. 10.2, Kulturkritik und Gesellschaft I*, hrsg. von R. Tiedemann, Frankfurt a.M..

_____(1998b), *Gesammelte Schriften, Bd. 20.1, Vermischte Schriften I*, hrsg. von R. Tiedemann, Frankfurt a.M..

_____(1998c), *Gesammelte Schriften, Bd. 3. Dialektik der Aufklaerung*, hrsg. von R. Tiedemann, Frankfurt a.M..

_____(1998d), *Gesammelte Schriften, Bd. 4. Minima Moralia*, hrsg. von R. Tiedemann, Frankfurt a.M..

_____(1998e), *Gesammelte Schriften, Bd. 6. Negative Dialektik*, hrsg. von R. Tiedemann, Frankfurt a.M..

_____(1998f), *Gesammelte Schriften, Bd. 8. Soziologische Schriften I*, hrsg. von R. Tiedemann, Frankfurt a.M..

_____(1999), *Aspekte des neuen Rechtsradikalismus*, Frankfurt a.M..

_____(2001), *Probleme der Moralphilosophie*, Frankurt a.M..

_____(2011), *Phikosophie und Soziologie*, Frankfurt a.M..

Albrecht, C.(2000), "Die Massenmedien und die Frankfurtrt Schule", in: *Die intellektuelle Gruendung der Bundesrepublik. Eine Wirkungsgeschichte der Frankfurter Schule*, Frankfurt a. M..

Albrecht, C. et al.(1999), *Die intellektuelle Gründung der Bundesrepublik*, Frankfurt/ New York.

Foucault, M.(1977), "Intellectuals and Power", in: *Language, Counter-Memory, Practice.* edited by D.F. Bouchard, Corell University Press, New York.

Frei, N.(1996), Vergangenheitspolitik. *Die Anfänge der Bundesrepublik und der NS-Vergangenheit*, München.

Hohendahl, P. U.(1997), "The Scholar, the Intellectual, and the Essay: Weber, Lu, Adorno, Postwar Germany", *The German Quarterly*, 70. 31(Sommer).

Müller-Doohm, S./Neumann-Braun, K.(2006), "Demokratie und moralische Führerschaft. Die Funktion praktischer Kritik für den Prozess partizipativer Demokratie", in: *Demokratie in der Mediengesellschaft*, hrsg. Kurt Imhoff et al., Wiesbaden.

09

로티의 문예 문화와
교화적 지식인

9.
로티의 문예 문화와 교화적 지식인

이유선

지식인의 위상 변화

1980년대의 민주화 운동 과정에서 지식인들의 역할은 매우 중요하고 분명한 것으로 보였다. 군사 독재 정권에 항의하는 교수들의 성명서뿐 아니라 대학의 캠퍼스에 직접 손으로 써서 붙인 대학생들의 대자보도 사회적인 영향력이 있었다. 소위 지식인으로 불렸던 교수와 대학생들은 노동자와 농민 등과 연대하여 사회의 변혁을 주도하는 계층으로 인식되었다. 다양한 이념 논쟁이 벌어졌고, 다수의 교수들이 해직되기도 하고 시위를 주도했던 학생들이 목숨을 잃기도 했다. 지식인들은 미래 사회의 청사진을 제시하는 역할을 부여받은 듯했다.

2023년 현재 한국 사회에서 지식인의 위상과 역할은 어떻게 변했을까? 일단 지식인이라는 단어 자체를 잘 사용하지 않게 되었다. 지식인이라는 단어가 지칭하는 대상이 정확히 누구인지 애매한 시대가 되었다. 그저 대학생, 교수, 특정 분야의 전문가들이 있을 뿐 계층을 지시하는 단어로서 지식인은 사라진 듯하다.

이런 식으로 지식인이라는 단어의 위상이 변화하게 된 데에는 여러 가지 이유가 있겠으나, 두 가지 사회변화를 생각해 볼 수 있다. 첫째는 과학기술의 발전이다. 인터넷과 AI의 발달은 과거 지식인이 독점했던 정보와 지식에 대한 장벽을 무너뜨렸다. 누구나 정보에 접근할 수 있게 되었고, 통번역 프로그램의 발달로 인해 외국어의 장벽도 약화되었다. 챗GPT 등의 등장은 전문적인 분야의 글쓰기도 AI가 대체할 수 있는 가능성을 보여주었다. 과거와 같이 외국어를 익힌 소수의 지식인들이 일반인들은 접근할 수 없는 선진적인 문화권의 텍스트를 읽고 거기서 얻은 지식을 통해 일반대중을 계몽하는 식의 과정은 사라졌다. 사람들은 지식인에게 자신이 당면한 문제에 대한 해답을 요구하는 대신, 인터넷 검색을 하거나 AI에게 질문하게 되었다. 지식인이라는 단어의 의미가 한 포털 사이트의 지식 검색 페이지의 명칭이 되었다는 것은 단순히 농담만은 아니다.

두 번째 이유는 거대담론의 몰락이다. "역사의 발전에는 법칙이 있는가?", "올바른 실천을 위해서는 참된 진리에 기초해야 하는가?" 등과 같은 거대한 물음은 더 이상 유효하게 여겨지지 않는다. 지식인의 사회비판이 영향력을 가졌던 이유는 지식인이 알고 있는 세상에 대한 지식이 우리를 더 나은 미래로 나아가게 하는 길잡이의 역할을 할 것이라는 계몽적 이성에 대한 신념이 있었기 때문이다. 우리 사회를 병들게 하는 근원적인 악의 원천이 어디에 있는지를 파악해서 사회 전체를 바꾸는 실천을 할 수 있다면 좋겠지만, 세상의 문제는 하나의 원리로 설명하기에는 매우 복잡하고, 더욱이 그 원리에 대한 설명들이 다수가 존재할 경우 어떤 설명이 가장 올바른지를 판정할 선험적인 기준은 존재하지 않는다. 근본적인 원리, 역사의 법칙, 진보에 대한 신념 등등은 모두 저 바깥 어딘가에 영원불변의 진리가 존재할 것이라는 형이상학적 믿음이 없이는 성립하기 어렵다. 그 모든 것을 총체적으로 알고 있는 선지자적인 지식인이 존재한다면 마땅히 그 지식인의 말에 귀를 기울여야 하겠지만, 오늘날 그런 거대한 물음을 던지는 사람도 별로 없거니와 그런 지식인이 존재할 것이라고 생각하는 사람들도 찾기 힘들다.

신자유주의적 자본주의가 만든 경제적 양극화는 신흥 계급들을 출현시켰고, 세계 도처에서 벌어지고 있는 전쟁과 그로 인해 발생한 난민 문제는 많은 나라에서 극우 정치인들이 등장하는 토대가 되었다. 여러 나라에서 민주주의는 소수의 부자들과 결탁한 정치인들에 의해 위협받고 있다. 상황이 심각하지만 사회에서 '비판적 지식인'의 목소리를 듣고자 하는 경향은 감지되지 않는다. 과거 비판적 지식인의 자리에는 어떻게 하면 자본주의의 무한 경쟁에서 살아남아 생존할 수 있는지를 가르쳐주는 소위 신자유주의 '멘토'들이 들어섰다.

이런 상황에서 지식인을 자처하는 사람들이 할 수 있는 일은 무엇일까? 나의 지식이 세상을 바꾸는 진리임을 설득하여 사람들을 움직이게 하기는 힘들어 보인다. 그렇다고 해서 사회가 잘못되어 가고 있음을 알고 있으면서 침묵을 지키는 것도 올바른 태도는 아니다. 사회가 병들어 소멸하는 것을 막고 더 많은 사람들이 더 나은 삶을 살 수 있는 세상을 만들 수 있다는 희망을 버리는 것도 잘못이다. 로티는 오늘날의 새로운 문화적 환경에서 지식인이 취할 수 있는 한 가지 방향을 제시했다. 이 글에서는 변화된 시대에 적합한 새로운 지식인 개념으로서 그의 교화적 지식인, 혹은 자유주의 아이러니스트의 개념과 그 역할에 대해 간략히 언급해 보고자 한다.

플라톤주의와 비판적 지식인

우리 사회가 잘못된 길을 가고 있기 때문에 올바른 길을 아는 사람이 그 잘못된 길이 틀렸음을 지적하고, 올바른 방향을 제시해야 한다는 것이 '비판적 지식인'에게 주어진 사명이다. 이런 사명은 '진리를 토대로 한 올바른 실천'이라는 모토로 요약된다. 이런 아이디어의 기원은 다음과 같은 플라톤의 주장으로까지 거슬러 올라간다.

> 철학자(지혜를 사랑하는 이)들이 나라들에 있어서 군왕들로서 다스리거나, 아니면 현재 이른바 군왕 또는 '최고 권력자'들로 불리는 이들이 '진실로 그리고 충분히 철학을 하게(지혜를 사랑하게)' 되지 않는 한, 그리하여 이게, 즉 '정치 권력'과 철학(지혜에 대한 사랑)이 한데 합쳐지는 한편으로, 다양한 성향들이 지금처럼 그 둘 중의 어느 한쪽으로 따로따로 향해 가는 상태가 강제적으로나마 저지되지 않는 한, 여보게나 글라우콘, 나라들에 있어서 아니 내 생각으로는, 인류에게 있어서도 '나쁜 것들의 종식'은 없다네.[1]

여기서 철학자란 단지 의견(doxa)이 아닌 인식(episteme)에 도달하는 자를 뜻한다. 대상 혹은 사태에 대한 참된 지식, 즉 진리에 토대

---

[1]   플라톤, 『국가』, 박종현 역, 서광사, 2008, 365쪽

를 두고 사회에서 이루어지고 있는 '나쁜 것들'을 제거할 실천적 대안을 내놓을 수 있는 자가 철학자이다. 이런 논의는 '동굴의 비유'를 통해 대다수의 사람들은 단순히 그림자를 참되다고 잘못 믿고 있으며, 오로지 철학자만이 동굴 밖으로 나와 참된 지식을 알게 된다는 긴 이야기를 통해서 밑받침된다. 철학자의 이론은 하나의 의견이어서는 안 되며, 실재에 대한 참된 인식에 도달하는 과정을 보여주는 것이어야 한다. 이런 아이디어는 플라톤의 형이상학적 이원론을 전제하지 않으면 유지되기 힘들다. 세계는 본질과 현상으로 구분되며, 그에 따라 인식과 의견이 구별되고, 진리에 토대를 둔 참된 이론으로부터 올바른 실천이 도출된다는 생각들이 여기에 포함된다.

이런 플라톤식의 철학자 왕 사상은 20세기의 비판적 지식인의 개념에도 변형된 채로 전승되고 있는 것으로 보인다. 예컨대 자본주의의 근본적인 모순을 과학적이고 객관적인 방식으로 인식함으로써 올바른 실천으로 나아갈 수 있다고 본 마르크스적 아이디어 역시 플라톤과 같은 형이상학적 이원론의 믿음 위에 성립한다고 볼 수 있다.[2]

지식인의 존재를 실존적으로 분석한 바 있는 사르트르 역시 체계적 철학에 입각한 비판적 지식인에 대한 관점에서 벗어나지 못하고 있다. 사르트르는 지식인을 태생적으로 모순적인 존재로 간주하고 있다. 그에 의하면 지식인은 사기업이나 국가와 같은 지배자에 의존하는 특

---

[2] 마르크스의 물신주의 비판을 데리다를 원용하여 유령적 특성을 갖는다고 분석한 한상원은 "물신주의는 사물들이 자립적으로 교환된다는 의미에서는 환상적, 신화적 성격을, 그러나 우리에게 강제된 것이라는 점에서는 객관적인 성격을 갖는다"고 말하면서 물신주의가 만들어내는 사유형식을 '객관적인' 성격을 갖는 '사회적 자연법칙'이라고 규정한다(한상원, 「마르크스와 유령적 모더니티」, 『왜 지금 마르크스인가』, 사회와 철학 연구총서, 씨아이알, 2021, 273쪽). 이런 분석은 자본주의적 이데올로기로 간주되었던 물신주의적 사고 방식을 허위의식, 즉 기만하는 의식이 아니라 그것 자체가 객관적인 사유형식들이라고 규정하고 있다는 점에서, 마르크스주의적 개념에 대한 새로운 재서술이라는 점에서 흥미롭다.

수층으로서 그의 학문은 그런 한계로 인해 부르주아적이지만 그의 전문성은 보편적인 것이어서 늘 특수주의와 보편주의의 사이에 놓일 수밖에 없다.3) 지식인은 분열된 사회의 모순이 만들어 낸 역사적 산물로서 그 모순이 "지식인으로 하여금 보편적인 방법(역사적 방법, 구조에 대한 분석, 변증법)을 통해서 프롤레타리아의 역사적 특이성"4)을 다룰 수 있게 해 준다는 것이다. 사르트르는 지식인의 역할에 대해 다음과 같이 말한다.

> 이와 같이 변증법적 방법을 적용할 때, 보편적인 요구에 입각하여 특수한 것을 파악할 때, 보편적인 것을 보편화를 향한 특이성의 운동으로 환원할 때, 지식인, 다시 말해 자기를 구성하는 자기의 모순을 의식한 자는 비로소 프롤레타리아의 의식적 자각에 도움을 줄 수 있게 되는 것입니다.5)

사르트르에게 있어서 지식인이란 특수한 역사적 조건이 만들어낸 자기 자신의 특수성을 끊임없는 자기 비판을 통해 극복하고 프롤레타리아의 특수성이 역사속에서 보편화될 수 있도록 실천에 나서야 하는 자이다. 사르트르가 지식인을 서술하면서 계급, 이데올로기, 프롤레타리아, 혁명 등과 같은 마르크스주의의 용어를 사용하고 있는 점에 주목해 보자면, 그의 실존주의적 관점이 적어도 사회적 실천을 위한 비판적 지식인의 역할에 대해서만큼은 체계적 철학으로 회귀하고 있다고

3) 장 폴 사르트르, 『지식인을 위한 변명』, 박정태 역, 이학사, 2011, 46쪽 참조.
4) 같은 책, 90쪽.
5) 같은 곳.

간주할 수 있을 것이다. 지식인은 역사적 조건에 의해 내면화된 부르주아 이데올로기를 부정하고, 역사 법칙의 실현 과정에 참여하기 위해 프롤레타리아의 "역사적 목표로서의 보편화"를 보여주어야 한다. 그런 목표는 지식인의 고유 목표인 "지식의 보편성, 사유의 자유, 진리"를 통해서 인간의 미래를 볼 때 달성될 수 있다.6) 진리에 대한 보편적인 탐구를 통해서 지식인이 밝혀야 하는 것은 결국 노동 계급의 역사적 목표로서의 인간 해방이라고 할 수 있을 것이다.

사르트르가 '작가'와 이러한 '비판적 지식인'을 구별해서 서술함으로써 마르크스주의적인 '객관적인 보편' 개념에 대해 거리를 두고 애매한 결론으로 나아가긴 했지만,7) 객관적으로 존재하는 사회의 구조적 모순을 올바로 인식하고, 그것을 통해서 인간 해방이라는 역사적 목표를 위한 실천에 나서야 한다고 믿은 것은 분명해 보인다. 이런 식의 마르크스주의적인 아이디어는 해방된 인간이라는 원형적인 사고에서 벗어날 수 없다는 점에서 플라톤주의적인 본질주의적 사고의 변형으로 간주할 수 있다.

지식인이 사회적으로 어떤 역할을 할 수 있다는 생각은 그가 가진 전문성이 사회에 다양하게 존재하는 특수한 위치의 사람들이 가진 상충하는 이해를 극복하고, 모든 사람들을 위해서 무엇이 가장 좋은 대안인지 밝혀줄 참된 인식과 결부되어 있다는 믿음에 기초하고 있다. 비판적 지식인은 스스로 철학자 왕이 되어 참된 이론을 토대로 올바른 실천의 방법을 제시해야 한다. 그렇게 하기 위해서 지식인은 올바른

---

6)   같은 책, 95쪽.

7)   같은 책, 154쪽

실천을 위한 이론적 체계를 세워야 하며, 그 이론적 체계는 반드시 진리에 대한 참된 인식에 토대를 두어야 한다. 이런 사고 방식에는 '역사 법칙', '해방된 인간', '근본 모순,' '객관적 진리' 등과 같은 환상에 가까운 거대한 개념이 전제된다.

실천적 당위성을 주장하는 모든 규범적 이론이 메타서사에 의존하고 있다고 지적하는 리오타르의 경우, 오늘날 메타서사의 역할을 담당했던 형이상학이 쇠퇴하고 그에 의존했던 대학제도가 위기에 처하게 됨으로써 미래사회는 거대담론이 주도하는 사회가 되지는 않을 것이라고 주장한다. 그는 체계적인 이론보다는 다양한 이질적인 담론들이 공존하는, 말하자면 다양한 언어게임들이 공존하는 세계가 도래할 것으로 예측했다.[8] 그는 더 나아가서 포스트모던 시대의 모든 어구들을 통합할 수 있다고 자처하는 것은 참된 지식인이 아니라 오히려 자본이라고 공언한다. 자본은 컴퓨터화된 사회라는 새로운 조건 아래 어구들을 상품화하여 잉여가치를 산출하고자 하는 목적으로 다양한 어구들이 개념으로 환원되거나 입증될 수 있다는 사기행각을 벌인다는 것이다.[9]

자본에 봉사하는 오늘날의 대학이 '전문 지식인'과 '기술 지식인'을 재생산하는 가운데 지식 자체가 중상주의에 토대를 두고 특정 지식이 잘 팔리는 지를 묻고 있는 상황에서 자본이 공언하는 통합된 거대학문 체계의 허구성을 폭로하기 위해 필요한 것은 무엇일까? 리오타르는 그것이 예컨대 '인간이란 무엇인가?'라거나 '진리란 무엇인가?' 등과 같은 거대한 물음에 토대를 둔 비판철학의 법정이 아니라고 주장한

---

8)　장 프랑수아 리오타르, 『포스트모던의 조건』, 유정완·이삼출·민승기 옮김, 민음사, 1998. 34쪽.

9)　같은 책, 270쪽 참조.

다. 그는 새로운 것을 생산하는 포스트모던 과학에 필요한 것은 합의의 원칙이 아니라 '이견'이며[10] "각각의 이질성을 존중해 주면서 이질적 어구들간의 '이행'을 강조하는 것"이라고 말한다.[11]

리오타르는 모든 언어게임을 통합하는 언어게임은 없으며, 다양한 이질적인 언어게임들을 공존하게 하는 것이 오늘날 자본이 행하는 이론적 허구성에 맞대응할 유일한 방책이라고 보는 듯하다. 이런 관점은 기존의 이론적 관점들이 가진 난점을 극복하고 진정으로 올바른 실천으로 이끌 더욱 통합된 체계적 이론을 추구하는 플라톤주의적인 지식인들에게서 비판의 관점을 빼앗는 것으로 보인다. 사회가 잘못 되어가고 있다는 것을 총체적인 관점에서 비판할 수 있는 위치에 있는 지식인이 존재하지 않는다면 미래사회의 붕괴를 막을 수 있는 가능성도 사라진다고 해야 할까? 비판이라는 고유한 기능을 박탈당할 경우 지식인은 오로지 자본이 요구하는 잘 팔리는 상품의 생산자로서 전락하고 마는 것일까?

문예 문화와 교화적 지식인

로티는 인식론적 정당화에 토대를 둔 '체계적 철학'과 철학을 위시한 인간의 모든 지식의 역사를 재서술에 대한 재서술, 즉 명제의 명제에 대한 관계로 간주하는 '교화적 철학'을 구별한 바 있다. 반플라톤주의, 반표상주의, 반본질주의의 관점을 견지하는 로티는 지식의 문제를

---

10) 같은 책, 151쪽.
11) 같은 책, 270쪽.

표상주의자들이 생각하듯이 명제와 대상간의 인식론적 정당화의 문제로 보기보다는 명제를 통한 명제의 정당화의 문제로 생각한다.[12] 이것은 위에 언급한 리오타르의 "모든 언어게임을 통합하는 언어게임은 없으며, 다양한 이질적인 언어게임들을 공존하게 하는 것이 오늘날 자본이 행하는 이론적 허구성에 맞대응할 유일한 방책"이라는 주장과 일맥상통한다고 볼 수 있다. 체계적 철학에 기반을 둔 비판적 지식인은 무엇이 올바른 실천인지를 판가름하기 위해 유일하게 참인 하나의 언어게임을 찾으려 할 것이다. 그러나 지식의 문제를 명제와 명제와의 관계라는 측면에서 바라본다면 특정한 명제를 옹호하기 위해 다른 명제를 전면에 내세우는 무한퇴행을 종식시킬 필요를 느끼지 않을 것이다.

체계적 철학과 교화적 철학을 구분하는 로티의 입장은 진리와 지식에 대한 그의 득특한 반표상주의적인 관점이 전제되어 있는데, 예컨대 그는 진리의 문제를 '실재와의 접촉'으로 보기보다는 '우리가 믿기에 좋은 것'으로 간주한다. 진리에 대해 이렇게 폭넓은 관점을 취하게 되면 콰인이나 셀라스와 같은 분석철학자들도 일종의 프래그머티스트로 해석된다. 로티는 콰인이 필연적 진리를 단지 "아무도 그것에 관해 질문을 제기할 만한 대안적인 관점을 제기하지 않는 언명"에 불과하다고 보았으며, 셀라스는 오류불가능한 보고를 "당시에 생각을 보고한 사람의 말을 그대로 믿지 않는 행동을 예견하거나 통제할 좋은 방법을 아직 제시하지 못했다고 말하는 것"으로 설명하고 있다고 풀이한다.[13] 필연적 진리나 오류불가능한 지식과 같은 인식론적 어휘들이 플라톤이

---

12) Richard Rorty, *Philosophy and the Mirror of Nature*, Princeton University Press, 1979. p. 159

13) Ibid., p. 175.

말하는 인식과 관련된 것이라기보다는 현재의 맥락에서 우리가 믿기에 좋은 의견으로 이해될 수 있다는 것이다.

진리를 단지 '믿기에 좋은 것' 정도로 간주하는 로티의 입장은 제임스가 진리를 유용성으로 등치시켰을 때와 마찬가지로 상대주의라는 비난을 면할 수 없다. 리오타르가 언급했던 '모든 언어게임을 통합하는 하나의 언어게임'이 성립하려면 모든 언어게임의 공통 기반, 즉 언어게임 간의 공약가능성이 있어야 할 것이다. 그러나 로티는 듀이, 비트겐슈타인, 콰인, 셀라스, 데이빗슨 등의 철학자들이 공통적으로 반토대주의적이며 전체론적 노선을 취하고 있으며 바로 그런 이유로 체계적 철학자들로부터 상대주의라는 비난을 받고 있다고 언급하면서, 전체론적인 입장이 불가피한 것으로 받아들이고 있는 '해석학적 순환'을 긍정할 것을 주장한다. 그가 보기에 우리의 문화는 기초 위에 세워진 구조라기보다는 연속적인 대화로 이루어진 어떤 것이다. 우리는 낯선 사람과의 대화를 통해서 새로운 덕이나 새로운 서술을 얻게 된다. 우리가 새로운 지식을 얻는 과정은 참된 진리를 인식하는 '에피스테메'의 문제라기보다는 적절한 맥락에서 새로운 지혜를 획득하는 '프로네시스'의 문제라는 것이다.[14]

로티가 인식론에 토대를 둔 체계적 철학을 의심의 눈으로 보는 것은 공약적인 근거에 대한 회의와 관련이 있다. 로티는 토마스 쿤이 과학을 통상과학과 비통상과학 혹은 혁명적 과학으로 구분했던 것을 원용하여 철학적 담론 역시 통상적인 철학적 담론과 비통상적인 철학적 담론으로 나눌 수 있다고 보고 있다.[15] '에피스테메'가 지식을 명제와

---

14) Ibid., p. 319.

대상간의 관계를 전제하는 통상담론의 산물이라면 '프로네시스'는 지식을 명제에 대한 명제의 관계로 간주하는 비통상담론의 산물이다. 체계적 철학은 통상담론에서 성립된 것으로, 참된 지식, 혹은 '에피스테메'를 포기해서는 존립할 수 없다. 그런 지식에 입각한 문화를 '철학적 문화'라고 부른다면, 비통상담론의 다양성을 옹호하는 대안적 문화를 '문예 문화' 혹은 '시적인 문화'라고 부를 수 있다.16) 철학적 문화에서 철학자가 된다는 것은 모든 지식에 관련된 주장을 공약가능한 것으로 만들 수 있다는 것이다. 이런 관점은 그에 따르면 결국 인간은 본질을 알 수 있는 본질을 가지고 있다는 플라톤주의적이며 본질주의적인 인간에 대한 관념으로 귀착된다.

로티는 시적인 문화의 지식인이 가장 먼저 제거해야 할 인간관이 바로 이러한 고전적인 인간에 대한 관점이라고 주장하면서17) 그 모범적인 사례를 가다머의 해석학에서 찾고 있다. 로티에 따르면 가다머는 지식의 개념을 'Bildung'의 개념으로 대체함으로써 우리가 할 수 있는 가장 중요한 일이 진리의 발견이라기보다는 우리 자신에 대한 재서술이라는 사실을 보여주었다. 예컨대 그는 가다머가 말하는 영향사의식이라는 개념은 "저 바깥에 있는 세계 혹은 역사 속에서 일어나는 일에 대해서보다는 자연과 역사에서 우리가 우리 자신의 특정한 용도를 위해 이끌어낼 수 있는 것에 대해 관심을 갖는 태도를 설명하기 위한 것"18)이었다고 주장한다. 이를테면 사물이 이야기되는 방식이 진리를

---

15) Ibid., p. 320.
16) 리처드 로티, 『우연성, 아이러니, 연대』, 김동식·이유선 역, 사월의 책, 2020. 129쪽 참조.
17) Richard Rorty, *Philosophy and the Mirror of Nature*, Princeton University Press, 1979. p. 358.
18) Ibid., p. 359.

발견하는 것보다 더 중요하다는 것을 보여주었다는 것이다.[19] 체계적 철학에 대비되는 교화적 철학의 아이디어를 로티는 가다머의 Bildung을 교화(edification)로 번역함으로써 만들어냈다. 교화란 우리 자신의 문화를 이질적인 문화와 연관지으려는 해석학적 행위를 일컫는다. 로티는 교화적 담론은 통상적인 담론에 비해 비통상적인 것으로서 새로운 말, 학문, 목표를 생각하는 '시적인' 행위로 이루어질 수 있다고 언급한다.[20] 로티가 생각하는 교화적 철학자 혹은 지식인의 목표는 진리의 발견이 아니라 대화를 지속하는 데 있다. 체계적 철학자들이 논증을 통해 진리를 발견하고자 한다면, 교화적 철학자들은 풍자, 패러디, 금언을 이용하며, 통상적 담론의 산물인 체계적 철학에 대해 의도적으로 주변적이며 반동적인 태도를 취한다는 것이다. 교화적 철학자는 그런 의미에서 건설자이기보다는 파괴자의 역할을 맡는다.[21]

로티가 바람직하다고 믿는 '시적인 문화' 혹은 자유주의 사회는 비통상담론이 비통상적이라는 이유로 배척되지 않는 문화이다. 교화적 지식인이 진리를 토대로 건설하는 자가 아니라 의도적으로 주변적이며, 주류에 저항하고, 공약적인 기반을 파괴하는 자라면 그와 같은 지식인의 긍정성은 어디에서 찾을 수 있을까? 로티의 '문예 문화'라는 어휘는 헤럴드 블룸에게서 빌려온 것으로 보이는데, 블룸은 확실한 종교나 철학이 사라진 서구의 현대 사회를 '문예 문화'라고 불렀다.[22] 자신의 시대가 지나면 자신의 파괴행위가 무의미해 진다는 것을 알면서 비

---

19) Ibid., p. 359.

20) Ibid., p. 360.

21) Ibid., p. 369.

22) 리처드 로티, 『우연성, 아이러니, 연대』, 김동식·이유선 역, 사월의 책, 2020. 101쪽 각주 17 참조.

통상담론을 생산하는 문예 문화의 지식인은 태생적으로 아이러니를 안고 있다. 로티가 1979년에 저술한 『철학과 자연의 거울』에서 등장한 교화적 지식인이라는 개념은 1989년의 저서인 『우연성, 아이러니, 연대』에서는 아이러니스트라는 명칭으로 재등장한다. 아이러니트스의 작업은 비통상 담론의 생산이라는 점에서 교화적 지식인의 그것과 다르지 않다.

교화적 지식인의 비통상 담론의 생산이라는 과제는 아이러니스트에게서는 새로운 메타포의 창안이라는 좀 더 명확한 과제로 재서술된다. 이런 새로운 유형의 지식인의 특징은 두 가지 요점을 통해 서술해 볼 수 있다. 먼저 아이러니스트는 우연성을 긍정하는 자이다. 아이러니스트는 자아, 언어, 공동체의 우연성을 받아들인다. 위에서 언급한 '본질을 아는 것을 본질로 갖는 자'라는 인간관은 부정되며, 인간은 우연한 진화의 산물로 여겨지고, 참된 자아를 발견하는 것보다는 자아를 스스로 창조하는 것이 아이러니스트의 과제가 된다. 자아가 진화의 산물인 것과 마찬가지로 공동체도 역사적 우연들의 결과이다. 정의가 반드시 실현될 것이라거나 진실은 반드시 밝혀진다는 믿음은 단지 듣기에 좋은 근거없는 신념에 불과하다. 역사를 관통하는 법칙적 질서나 필연적 과정은 없다. 인식론적인 문제와 관련하여 특히 주목해야 할 것은 언어의 우연성이다. 로티는 언어를 진리를 표상하는 매개물이 아니라 세계에 대처하는 진화론적 도구로 간주한다. 언어가 세계의 진리를 표상하는 매개물이 아니라는 것을 로티는 다음과 같이 말하고 있다.

세계는 말하지 않는다. 오직 우리가 말할 뿐이다. 일단 우리가 어느 언어로 프로그램되고 나면 세계는 우리가 신념들을 갖도록 하는 원인일 수 있다. 하지만 우리가 말할 어떤 언어를 세계가 제안할 수는 없다. 오직 다른 인간들만이 그렇게 할 수 있다.[23]

여기서 언급된 '어느 언어로 프로그램되고 나면'이라는 대목은 위에서 살펴본 '통상 담론'에 관한 것으로 볼 수 있을 것이다. 통상 과학이 그렇듯이 특정 담론에 대한 탐구자들의 충성심이 공고하면 사람들은 혁명적 과학이 출현할 때까지 그 안에서 신념을 체계화한다. 새로운 과학이 출현하게 되는 것은 세계가 새로운 과학의 언어를 우리에게 던져주었기 때문에 가능한 것이 아니라 누군가가 새로운 언어를 만들어냈기 때문이다. 로티는 "새로운 어휘는 그것이 그 자체로 제공해 주는 특정한 서술들을 발전시키기 이전에는 상상도 할 수 없었던 어떤 일을 하기 위한 도구"[24]라고 말한다. 인간의 자아나 공동체가 그렇듯이 언어도 진화의 과정을 밟는다: "낡은 메타포들은 끊임없이 죽어가면서 문자적인 것(literalness)이 되어 새로운 메타포를 위한 발판과 화석의 역할을 한다."[25] 이런 관점에서 보면 은유적인 것과 문자적인 것은 그 의미나 해석과 관련해서 구별되지 않는다. 그것은 소리와 표식에 대한 낯익은 사용과 낯선 사용간의 구별에 해당한다.[26] 언어의 우연성을 긍정한다는 것은 언어가 진리를 표상하는 매개물이 아니라는 것을 인정한다는 것을 뜻한다. 교화적 지식인 혹은 아이러니스트의 일

---

23) 같은 책, 38쪽.
24) 같은 책, 51쪽.
25) 같은 책, 57쪽.
26) 같은 책, 60쪽.

차적인 과제는 언어가 표상하는 진리의 발견이 아니라 기존의 공고화된 담론에 저항하는 새로운 은유의 창안이 된다.

교화적 지식인 혹은 아이러니스트를 특징짓는 두 번째 요점은 그가 목표로 하는 새로운 은유의 창안이 품고 있는 두 가지 영역과 관련이 있다. 우선 사적인 영역에서 새로운 어휘를 만들어 내는 것은 스스로의 삶을 의미 있다고 인정하려는 노력, 즉 니체가 말하는 자율성을 획득하려는 노력과 연관된다. 아이러니스트가 새로운 어휘를 만들어 냄으로써 이루고자 하는 것은 자신의 삶을 온전히 자신의 것으로 만드는 것, 즉 자신의 자아를 자기 스스로 만들어내는 것이다. 아이러니스트는 자신의 삶을 한 편의 완성된 작품으로 만들어 줄 마지막 어휘27)를 찾는다. 자율적인 인간으로서 자신의 삶을 긍정하고자 한다면 아이러니스트는 당연히 그 마지막 어휘를 스스로 새롭게 만들어야 할 것이다. 그러나 그렇게 얻은 어휘일지라도 그것이 자신의 참된 자아나 세계의 본질 같은 것에 의해서 최종적으로 정당화될 수 없다는 것을 알기 때문에 그는 그 어휘에 대한 의심을 지속하지 않을 수 없다. 이러한 아이러니 때문에 그는 아이러니스트라고 불린다.

사적인 영역에서 이루어지는 아이러니스트의 마지막 어휘 찾기는 매우 다양한 방식으로 이루어진다고 볼 수 있다. 니체가 자율적인 인

---

27) '마지막 어휘'라는 단어는 사적인 완성을 꿈꾸는 아이러니스트를 특징짓는 핵심적인 단어이다. 로티는 다음과 같이 말한다. "모든 사람은 그들의 행위, 그들의 신념, 그들의 인생을 정당화하기 위해 채용하는 일련의 낱말들(words)을 갖고 있다. 그것들은 친구들에 대한 칭찬, 적들에 대한 욕설, 장기적인 프로젝트, 가장 심오한 자기의심, 그리고 가장 고결한 희망 등을 담는 낱말들이다. 그것들은 우리가 때로는 앞을 내다보면서 때로는 뒤를 돌아보면서 우리의 삶에 대한 이야기를 말하는 낱말들이다. 나는 그러한 낱말들을 '마지막 어휘(final vocabulary)'라고 부르겠다. 그것이 '마지막'이라는 것은, 만일에 그러한 낱말들의 값어치에 대해 의심이 주어진다면 그 낱말의 사용자는 의존할 수 있는 비순환적인 논변을 전혀 갖지 못한다는 뜻이다." 같은 책, 163쪽.

간의 모범을 시인에서 찾았듯이 가장 먼저 떠올릴 수 있는 새로운 은유의 창안은 시이다. 시를 쓴다는 것은 그 자체로 새로운 언어를 만들어내는 것이다. 그러나 오로지 시를 쓰는 방식으로만 자신만의 어휘를 창안해 낼 수 있다고 한다면 니체에게 주어졌던 엘리트주의라는 비난을 감수해야 할 것이다. 로티는 자아를 창조하는 방식이 반드시 글자 그대로 시를 쓰는 행위로만 이루어진다고 볼 필요는 없다고 생각하는 것으로 보인다. 그는 프로이트가 인간의 모델이라는 개념을 없애버림으로써, 자율성을 찾고자 하는 노력을 엘리트들만의 영역에서 끄집어내어 일반화했다고 평가한다. 프로이트는 "각각의 삶이란 제 나름의 메타포로 맵시를 뽐내려는 시도"[28]라고 보았다는 것이다. 프로이트식으로 보면 모든 사람의 마음은 이미 일종의 시짓기의 과정에 있는 것으로 볼 수 있으며, 자신이 살면서 만난 인물, 대상, 사건, 낱말들을 자신의 삶을 하나의 작품으로 만들기 위한 재료로 삼아 재서술하고 있다. 그래서 로티는 다른 사람들이 배우자와 아이들, 직장 동료, 장사 도구, 사업 계좌 등등을 가지고 행하는 바를 지식인들은 기호와 소리로 행할 뿐으로서 메타포를 창안하는 특수한 경우에 해당하는 것으로 간주한다.[29] 사적인 영역에서 지식인들은 다른 모든 사람들과 마찬가지로 자신만의 어휘를 찾아 새로운 은유의 창안에 도전한다. 철학, 문학, 예술, 과학 등 모든 이론적 예술적 작업은 기호와 소리로 행하는 그와 같은 은유의 창안에 해당한다.

　　문제는 교화적 지식인 혹은 아이러니스트의 사적인 완성을 위한

---

28)　같은 책, 95쪽.
29)　같은 책, 97쪽.

새로운 메타포의 창안이 공적인 문제와 관련될 때 복잡해진다. 아이러 니스트의 글쓰기는 기본적으로 사적인 완성을 위한 것이다. 그런데 어 떤 지식인이 공적인 문제를 해결하는 글쓰기를 자아창조의 수단으로 삼을 때 그의 글쓰기는 사적인 영역에만 머물 수는 없다. 비통상담론 이나 새로운 메타포는 기존의 체계를 떠나 새로운 관점에서 사태를 바 라보고자 제안하는 것이다. 아이러니의 반대는 상식이다. 따라서 아이 러니스트는 철저하게 관점주의를 택해야 하며, 보편주의는 부정된다. 보편성을 부정하면서 아이러니스트는 어떻게 자신의 주장이 공적인 목 표를 위해 봉사할 수 있다고 설득할 수 있는가? 아이러니스트는 체계 적 철학자나 형이상학자가 주장하는 의미에서 '진보적'이고 '역동적'인 자유주의자가 될 수는 없으며, 진리, 실재, 신, 역사법칙, 자연의 질서 등등과 같은 거대한 개념에 기반한 사회적 희망을 제시할 수도 없 다.[30]

그러나 아이러니스트가 이론가를 자처하는 한 그런 희망을 제시할 수 있다는 유혹에 빠지기 쉽다. 예컨대 니체, 데리다, 푸코와 같은 자 기창조적인 아이러니스트들이 추구하는 자율성은 사회제도 속에서 구 현될 수 없는 종류의 것임에도 그런 철학자들이 자신들의 사적인 이론 을 하나의 사회이론으로 체계화하려 할 때 그런 유혹에 넘어간다.[31] 로티는 그들의 이론이 공적인 문제와 관련될 때 "쓸모없거나 최악의 경우 위험스럽다"는 데 하버마스에 동의한다.[32] 그럼에도 로티는 그 들의 이론이 하버마스가 하고자 하듯이 공적인 이론으로서 무가치하다

---

30) 같은 책, 196쪽 참조.
31) 같은 책, 150쪽 참조.
32) 같은 책, 155쪽.

고 배척하는 것도 옳지 않다고 본다.

로티의 대안은 그들의 이론을 사적인 것으로 만드는 것이다.[33] 그렇게 될 경우 그들의 아이러니스트로서의 사적인 감각은 자유주의적인 희망과 조화될 가능성이 있다. '문예 문화'의 토양이라고 할 수 있는 자유주의 사회란 각자의 유한성을 다루는 사적인 방식을 다른 인간 존재들에 대해 갖는 의무감과 통합시키려는 시도를 포기한 사회를 뜻한다. 니체, 하이데거, 데리다 등은 자신들의 사적인 완성과 관련된 비통상 담론을 시대를 진단하거나 예견하는 이론으로 만들고자 하는 철학자적인 욕망을 버리지 못했기 때문에 온전한 자유주의자가 되기 힘들다. 로티는 아이러니스트 글쓰기의 모범적인 사례로 프루스트를 꼽고 있다. 그는 아이러니스트 이론가가 빠질 수 있는 권력에 대한 욕망에서 완전히 벗어났다고 평가된다. 그에 의하면 프루스트는 그가 만난 권위 있는 인물들을 우연적 상황의 산물로 봄으로써 그들을 유한한 존재로 만들었으며, "우연성을 인정함으로써 우연성을 정복했으며" 그래서 "우연성이 단순한 우연성 이상의 것일지도 모른다는 두려움"을 떨쳐 버릴 수 있었다.[34] 그러나 소설이 아닌 이론을 구성하려는 지식인에게 이와 같은 우연성을 있는 그대로 인정하는 일은 결코 쉬운 일이 아니다. 이론가들은 자신보다 더 위대한 어떤 인물, 실재, 신, 자연, 역사 등과 같은 큰 개념에 자신의 사적인 재서술을 연결짓고 체계화함으로써 자신이 재서술의 최종장을 끝맺고 싶어한다. 그렇게 하지 않을 경우 자신의 사회적 실천을 위한 공적인 글쓰기가 아무런 보편성도 필연

---

33) 같은 책, 151쪽.
34) 같은 책, 221쪽.

성도 갖지 못할 것에 대한 두려움을 감내하기 힘들기 때문이다.

그렇다면 다른 수단이 아닌 글쓰기를 통해 자신의 사적인 완성을 꾀하는 자유주의자는 어떤 태도를 취해야 하는 것일까? 자유주의자이면서 형이상학적인 이론가가 아닌 아이러니스트일 수 있는 것일까? 이물음에 대한 로티의 답은 다음과 같다.

> 자유주의 아이러니스트는 사적인 목적을 위한 재서술과 공적인 목적을 위한 재서술을 구분할 필요가 있다고 말함으로써 이 논점에 답한다. 나의 사적인 목적을 위해서, 나는 당신이나 다른 모든 이를 당신의 실제적 혹은 잠재적 고통에 대한 나의 태도와는 무관한 용어로 재서술할 수 있다. 나의 사적인 목적과, 그리고 나의 마지막 어휘 중에서 나의 공적인 행위와 무관한 부분은, 당신이 전혀 개의할 바가 아니다. 그러나 내가 자유주의자인 한, 나의 마지막 어휘 중에서 공적인 행위와 관련된 부분은, 나의 행위로 인해 다른 인간 존재들이 굴욕 받을 수도 있는 다양한 모든 방식들에 대해서 내가 알고 있을 것을 요구한다. 그러므로 자유주의 아이러니스트는 단지 자신의 계발만을 위해서가 아니라 다른 마지막 어휘를 사용하는 사람들의 실제적이며 잠재적인 굴욕을 이해하기 위해서, 상상력을 동원하여 다른 마지막 어휘를 가능한 한 많이 익힐 필요가 있다.[35]

아이러니스트의 글쓰기가 공적인 목적과 관련된 것인 한, 그의 글쓰기는 타자의 고통에 대한 감수성에 민감해야 한다. 자신의 글쓰기로 인해 발생할 수도 있는 누군가의 고통에 대해서도 충분히 고려해야 한

---

35) 같은 책, 198쪽.

다는 점에서 아이러니스트이자 자유주의자인 작가는 자기 자신만의 마지막 어휘에만 매몰되어서는 안 되는 공적인 의무를 갖는다. 그러나 여기서 주목하고 강조되어야 할 것은 그렇다고 해서 그의 글쓰기가 연대를 가능하게 할 이론적 토대로서의 '공통의 언어' 같은 것을 목표로 하지 않는다는 점이다. 로티의 자유주의 아이러니스트가 취하는 미묘한 입장을 이해하기 위해서는 다음의 두 문장 사이에 놓여 있는 일종의 아이러니를 이해할 필요가 있다.

> (가) 아이러니스트 이론가는 여전히 매우 큰 어떤 인물과의 밀접한 관계에서 나오는 권력을 원한다.[36]
> (나) 새로운 어휘는 그것이 그 자체로 제공해주는 특정한 서술들을 발전시키기 이전에는 상상도 할 수 없었던 어떤 일을 하기 위한 도구이다.[37]

(나)는 글쓰기가 가진 잠재력에 대한 로티의 평가이다. 사적인 영역에서 글쓰기는 자신의 삶을 완전히 새롭게 보이게 할 수 있는, 즉 자율성을 획득하기 위한 도구일 수 있다. 공적인 영역에서 글쓰기는 다른 사람들이 미처 생각하지 못한 타자의 고통에 주목하게 함으로써 세상을 바꿀 수 있는 개혁의 도구일 수 있다. 자신만의 새로운 어휘를 만들어 냄으로써 자신의 어휘가 세상을 바꿀 도구가 되기를 희망하는 아이러니스트 이론가들은 자신의 어휘가 공통의 언어가 됨으로써 그런 일을 할 수 있기를 바라는 사람일 것이다. 로티는 그런 이론가들은 세

---

36) 같은 책, 218쪽.

37) 같은 책, 51쪽.

상의 고통에 주목하는 데 만족하지 않고 권력을 추구하는 것이라고 간주한다. 물론 세상을 바꾸려면 연대가 필요하다. 그러나 그 연대는 아이러니스트 이론가의 새로운 어휘에 의해 설명됨으로써 공유된 힘이 아니라 "굴욕에 대한 공통된 감수성의 인식"[38] 이외의 다른 것이 아니다. 로티는 아이러니스드와 나머지 인류를 묶어주는 것은 공통의 언어가 아니라 단지 고통에 대한 감수성, 특히 인간에게만 발생하는 특별한 종류의 고통인 굴욕에 대한 감수성이라고 언급한다.[39] 로티가 아이러니스트 이론가의 마지막 어휘가 공통의 언어로서 권력을 갖게 되는 것을 경계하는 이유는 인류의 연대가 공통의 진리나 공통의 목표를 공유하는 문제라기보다는 모든 사람들이 각자 가지고 있는 마지막 어휘들이 동등하게 존중받을 수 있는 가능성의 문제라고 보기 때문이다. 새로운 어휘는 세상을 바꾸는 힘을 가질 수 있다. 그러나 그 이유는 그 어휘가 보편적인 어떤 것을 표상하고 있기 때문이 아니라 당대의 고통에 주목하게 하는 힘을 가지고 있기 때문이다. 말과 글을 통해 세상을 바꾸고자 하는 지식인의 목표가 자기 이론의 완성이 아니라 세상의 잔인성을 없애는 것이라면 (가)와 (나) 사이에 놓인 아이러니는 문제되지 않을 것이다.

교화적 지식인 혹은 자유주의 아이러니스트의 글쓰기는 자유주의가 옹호되어야 하는 이유에 대한 이론적 논증의 형태가 아니다. 그의 과제는 공동체와 개인의 "환상과 자신의 삶에서 중심으로 삼고 있는 사소한 것들의 다양한 유형을 인지하고 서술하는 우리의 재주를 늘리

---

38) 같은 책, 197쪽
39) 같은 책, 199쪽

는 일"40)이다. 요약하자면, 비통상담론의 생산, 혹은 새로운 메타포의 창안을 통해 마지막 어휘를 얻고자 하는 교화적 지식인 혹은 자유주의 아이러니스트는 자신의 이론이 기존의 이론을 능가한다는 평가를 받고 널리 회자됨으로써 얻게 될 일종의 권력에는 전혀 관심이 없는 인물이며, 그의 글쓰기가 공적인 문제와 관련되는 한, 세상에 존재하는 누군가의 고통에 주목하게 하거나 있을 수도 있는 굴욕의 문제에 대한 감수성을 높이는 결과를 가져왔다면 그것으로 소임을 다했다고 여기는 자이다.

교화적 지식인의 역할

이론가에게 보편성이나 객관성의 개념을 포기하라고 하는 것은 쉬운 일이 아니다. 더욱이 그의 이론이 진리와 무관하다는 것을 인정하게 만들기는 거의 불가능할 것이다. 그런 제안을 받는다면 그는 모욕을 당했다고 여길 것이다. 특히 '비판적 지식인'의 역할을 고집한다면 이론가는 자신의 이론이 사회에 존재하는 객관적인 비진리를 폭로하는 진리를 담고 있다는 신념을 포기하지 않을 것이다. 그러나 이론가들이 사회적인 고통을 제거한다는 것을 명목으로 내걸고 진리에 관한 논쟁을 벌일 경우 거기에 남는 것은 이론적 논쟁의 승자나 패자일 뿐, 고통의 문제는 뒷전으로 밀려날 것이다. 이론적 완성에 몰두하는 한 고통에 대한 대화는 최종적인 종결을 목표로 하게 된다. 그러나 지식인이 새로운 말과 글을 통해 고통에 대해 재서술할 때 바람직한 귀결은 대화의 종결이기보다는 대화의 지속이다. 새로운 말과 글이 또 다른 말과

---

40) 같은 책, 201쪽

글을 낳고 그렇게 해서 그 말과 글이 탄생하기 전에는 인지할 수도 없었던 고통들이 관심사가 됨으로써 그에 대한 대처방안을 모색하게 되는 상황으로 이어져야 할 것이다. 지식인은 자신의 이론을 통해 최종적으로 대화를 종결시킬 것을 목표로 할 것인지, 아니면 자신의 새로운 어휘를 통해 사람들로 하여금 다양한 형태의 굴욕에 대해 수복하게 하고 대화를 확산시킬 것인지 고민해야 한다.

데리다의 글쓰기는 이론가가 진리의 문제를 포기하기가 얼마나 어려운 일인지를 보여주는 하나의 사례이다. 데리다는 로고스 중심주의를 비판함으로써 인식론적으로 로티의 반표상주의와 가장 가깝다고 할 수 있는 작가이다. 로티는 데리다에 대해 "프루스트가 자신의 개인사에 대해 행한 일을 철학사에 대해 이루어내고 있다"[41]고 높이 평가한다. 그는 철학사의 인물들이 가진 모든 권위를 없애버림으로써 자율성을 획득했다는 것이다. 그러나 데리다조차도 "글쓰기는 말하기보다 우월하다"거나 "텍스트는 스스로를 해체한다" 등의 테제에 대해 논증을 시도하는 경우 그 자신의 프로젝트를 배반하게 된다고 로티는 비판한다. 그런 논증의 시도 때문에 그의 추종자들이 그가 철학적으로 어떤 새로운 것을 발견했으며, 새로운 독해 방법의 기초를 마련했다고 주장한다는 것이다.[42] 데리다의 글쓰기를 새로운 철학적 발견이나 방법론적 토대를 마련한 것으로 읽는다면 데리다가 대화를 종결시키고자 한 인물이 되어버리고 만다. 이런 귀결은 차연이나 해체등의 단어를 통해 데리다가 원했던 끊임없는 글쓰기의 연속과는 정 반대의 방향이라고

---

41) 같은 책, 285쪽.

42) Richard Rorty, 'Deconstruction and circumvention,' *Essays on Heidegger and Others*, Cambridge University Press, 1991. p.93

할 것이다.

또 다른 예로서, 로티의 사상을 토대로 디지털 세계의 새로운 민주주의적 대안을 제시하고자 한 아즈마 히로키의 경우도 철학적 종결의 유혹을 피하지 못한 것으로 보인다. 히로키는 오늘날 숙의 민주주의나 대의 민주주의가 제대로 작동하지 않는다고 보고 그에 대한 대안으로 루소의 일반의지의 디지털 사회 버전인 일반의지 2.0을 제시하고 있다. 일반의지 2.0이란 루소가 말했던 일반의지가 정보사회의 거대한 데이터베이스에 존재하며, 그것을 계산해 낼 수학자만 있으면 별도의 정치적 행위는 필요 없다는 과감한 주장을 담고 있다. 히로키가 로티를 끌어오는 이유는 네트워크에서 이루어지고 있는 수많은 "'사적인' 재잘거림을 집적해서 숙의의 장으로 피드백함으로써 '공적'인 숙의의 폐쇄성을 무너뜨릴 수 있지 않을까"[43]하는 아이디어에서 연유한다. 히로키는 로티가 이성보다 감성을 연대의 토대로 삼은 것에 주목하며, 로티가 말하는 '리버럴'이 "자유란 추상적인 이념이 아니라 오히려 동물로서의 인간이 서로 측은해하고 감정을 이입하는 구체적인 상태를 의미하는" 말이었다고 해석한다.[44] 로티가 말하는 고통의 문제를 신체적인 고통이나 동물성과 연관시킨 히로키의 해석은 로티의 주장에 대한 분명한 오해를 포함하고 있으나, 더 중요한 문제는 그가 로티의 공사구분에 대한 문제와 리버럴에 대한 정의를 토대로 민주주의 이론을 완성시키고자 하는 목표를 가지고 있다는 점이다. 히로키는 "인간과 동물, 논리와 수리, 이성과 감정, 헤겔과 구글 ─ 이들 사이의 다양

---

43) 아즈마 히로키, 『일반의지 2.0』, 안천 역, 현실문화, 2011, 219쪽
44) 같은 책, 221쪽.

한 대립을 '아이러니'로 병존시켜 접합한 곳"에서 민주주의 2.0의 모습이 드러난다고 언급하며, 자신의 민주주의 2.0 리버럴 아이러니즘의 전자 강화판이라고 주장한다.[45] 그러나 이런 결론은 사적인 재잘거림이라는 다양한 비통상담론들을 데이터베이스를 수학적으로 분석한 일반의지 2.0이라는 공통의 어휘로 환원시킬 수 있다는 점에서 로티의 '리버럴'과는 거리가 있다. 더욱이 이런 아이디어는 플라톤의 철학자를 수학자로 대치했을 뿐 고전적인 지식인 상에서 나아가지 못한 것으로 보인다. 히로키의 민주주의 2.0은 그가 숙의절차를 필요없다고 주장하고 있는 데서 알 수 있듯이 모든 대화를 중단시킬 위험이 있다.

사회적 고통이 만연할 때, 민주주의를 열망하는 어떤 지식인은 민주주의를 올바로 작동시킬 원리를 찾아내고 그것에 토대를 둔 실천을 모색할 수 있다. 그는 현실의 모순을 더 강하게 느낄수록 자신의 이론을 더 완성시키려고 애쓸 것이다. 그는 자신의 테제를 논증함으로써 자신이 올바른 길을 제시하고 있다고 믿을 것이다. 그러나 문제는 그의 논증이 얼마나 성공적인가, 그의 이론이 얼마나 체계화되었는가 하는 것이 아니다. 그것은 그의 사적인 완성과 관련된 문제들이다. 공적인 영역에서 그의 글쓰기가 갖는 효능은 많은 사람들이 미처 알지 못했던 다양한 고통들에 주목하게 했는가 하는 점이다. 어떤 이론이 사회적 고통을 감소시키는 일을 해냈다면 그것은 그의 이론이 일종의 문화정치에서 승리함으로써 얻게 되는 우연적인 효과일 것이다. 하나의 올바른 이론은 존재하지 않는다. 그런 효과를 얻기 위해서는 더 많은 비통상담론이 필요할 것이다.

---

45) 같은 책, 224쪽.

전통적인 의미의 비판적 지식인의 이론은 담론을 종결시킬 것을 목표로 하기 때문에 다양한 담론을 공통의 어휘로 수렴시키고 문화정치에서 승리한 대가로 권력을 얻고자 한다. '지식인'이라는 어휘가 더 이상 회자되지 않는 오늘날 그와 같은 총체적 지식인의 역할에 대한 요구는 찾기 힘들며, 필요해 보이지도 않는다. 필요한 것은 탁월한 이론을 통한 담론의 통일이 아니라, 공통의 어휘에 가려져 드러나지 않는 사회적 고통, 굴욕, 잔인성을 폭로할 새로운 메타포, 비통상담론들이다.

교화적 지식인은 이론의 완성을 목표로 하기보다는 참신한 은유를 발명해 냄으로써 독자의 자아중심적인 성향을 깨뜨릴 수 있기를 바란다. 교화적 지식인이 목표로 해야 하는 것은 논증이나 이론의 완성이 아니라 자신의 마지막 어휘가 누군가의 고통을 가리고 있는 것은 아닌지 우려하면서 최대한 많은 타자의 마지막 어휘들을 학습하고, 아직 등장하지 않은 어휘를 만들어내는 것이다. 이론적 승리를 통해 권력을 획득하기보다 말과 글을 통해 세상의 고통에 대한 감수성을 확장시키는 것이 교화적 지식인이 원하는 일이다.

시대의 변화에도 불구하고 우리 학계에서는 여전히 우리 사회의 문제를 이론적으로 천착하고 더 나은 사회를 만들기 위한 이론적 대안을 모색하는 학자들이 존재한다.[46] 로티의 교화적 지식인의 개념을

---

46) 한국사회의 민주주의에 대한 이론적 대안을 모색하는 여러 시도들이 있지만, 대표적인 사례로서 나종석의 저서들을 꼽아볼 수 있다. 그는 『대동민주유학과 21세기 실학』(도서출판 b, 2017), 『대동민주주의와 21세기 유가적 비판이론의 모색』(예문서원, 2023), 『유교와 한국 근대성』(예문서원, 2024) 등의 저서를 출판했다. 헤겔전공자로서 나종석은 유학을 공부하여 '대동민주주의'라는 자신의 이론을 체계화하는 작업을 하고 있다. 대동사상에 대한 현대적 재서술이라고 할 수 있는 그의 글쓰기는 민주주의에 대한 일종의 새로운 은유를 창안하고 있다고 평가할만 하다. 특히 그가 이런 연구의 과정에서 "상호이해 지향의 합리적인 소통 능력보다도 더욱더 중요한 것은 사람의 마음을 내적으로 수긍하게 하는 감화의 힘"(나종석, 2017, 10쪽)이라고 말하면서 유교의 인(仁) 개념에 천착하고 있다는 점이 주목할 만 다. 이것은 로티가 말하는 교화적 지식인의 태도와 크게 다르지 않다. 책마다 천 페이지가

수긍할 경우 이들의 이론적 작업이 갖는 공적인 의미를 어떻게 평가할 것인가하는 물음이 따라나온다. 우선 그들의 이론적 작업은 자기 완성을 향한 사적인 의미가 있다는 것은 의심의 여지가 없다. 그들은 지식인으로서 말과 글로 자기 자신을 완성시키고자 한다. 그들의 글쓰기에 공적인 의미가 부여되려면 그들의 말과 글에 의해서 새롭게 깨닫게 된 우리 사회의 고통의 문제에 사람들이 주목하게 됨으로써 고통과 잔인성의 문제를 감소시킬 방안들이 제시되어야 할 것이다. 그러나 그것은 그 이론의 완성도나 그들의 이론이 얼마나 진리를 담고 있는가 하는 것과는 직접적인 연관이 없다. 그들의 새로운 어휘에 우연히 사람들이 관심을 갖게 될 때 그런 일들이 이루어질 것이다. 그리고 그와 같은 이론들이 하나로 통합되기보다는 더 많이 창안될 때 우리는 또 새로운 고통과 잔인성의 문제를 깨닫게 될 것이다. 지식인들의 제시하는 이론들을 새로운 비통상담론으로 간주하는 한, 그런 모든 시도들은 문예 문화의 교화적 지식인의 작업으로 볼 수 있을 것이다. 로티는 "우리가 자유를 돌보면, 진리는 스스로를 돌본다"[47]고 말한다. 세상의 고통을 없애기 위해서 일차적으로 필요한 것은 완벽한 이론의 완성이 아니라 어떤 이론이든 자유롭게 제시할 수 있는 사회적 자유의 확보이다. 그리고 다양하고 새로운 은유는 그와 같은 사회적 자유의 확보에 도움이 된다. 지식인들의 이론적 작업을 새로운 은유의 창안으로 간주한다면, 사적인 자기 완성을 위한 이론적 작업들이 문예 문화의 교화적 지식인의 작업과 상충된다고 볼 필요는 없을 것이다.

넘는 방대한 작업에서 그의 사적인 완성에 대한 열정을 인정하지 않을 수 없다.

47) Richard Rorty, *Take care of freedom and Truth will take care of itself*, ed. by Eduardo Mendieta, Stanford University Press, California, 2006.

참고문헌

나종석(2017), 『대동민주유학과 21세기 실학』, 도서출판 b.

_____(2023), 『대동민주주의와 21세기 유가적 비판이론의 모색』, 예문서원.

_____(2024), 『유교와 한국 근대성』, 예문서원.

리처드 로티, 『우연성, 아이러니, 연대』, 김동식, 이유선 옮김(2020), 사월의 책.

아즈마 히로키, 『일반의지 2.0』, 안천 옮김(2012), 현실문화.

장 폴 사르트르, 『지식인을 위한 변명』, 박정태 옮김(2011), 이학사.

장 프랑수아 리오타르, 『포스트모던의 조건』, 유정완, 이삼출, 민승기 옮김(1998), 민음사.

플라톤, 『국가』, 박종현 옮김(2008), 서광사.

한상원(2021), 「마르크스와 유령적 모더니티」, 사회와 철학 연구회 편, 『왜 지금 마르크스인가』, 씨아이알.

Richard Rorty(1979), *Philosophy and the Mirror of Nature*, Princeton University Press.

_____(1991), 'Deconstruction and circumvention,' *Essays on Heidegger and Others*, Cambridge University Press.

_____(2006), *Take care of freedom and Truth will take care of itself*, ed. by Eduardo Mendieta, Stanford University Press, California.

10

하버마스 저작에 나타난 '지식인상'의 변천사: 하버마스의 지식인론으로서 철학적-정치적 지식인상의 수렴적 의미

10.

하버마스 저작에 나타난 '지식인상'의 변천사

하버마스의 지식인론으로서 철학적-정치적 지식인상의 수렴적 의미

남성일

하버마스에게 있어 '지식인상'은 왜 문제인가?

오늘날 대한민국의 사회는 초고령화와 저출산으로 인해 극심한 인구 피라미드의 구조적 역전 현상이 벌어지고 있다. 서울과 경기도 초등학교 한 해 졸업생 수가 한 자리이거나 0명인 경우가 빈번히 발생하면서도 노인인구의 수는 점점 늘어가고 있는 형국이다.[1] 이러한 상황은 지방에는 더욱 심각하여 지방소멸이라는 단어가 등장할만큼 대한민국 인구구조는 급격한 변화에 직면하고 있다. 또한, 국제정치의 세계적 상황에서는 이러한 대한민국 소멸 상황과 함께 확대된 국지전 양상이 펼쳐지고 있다. 현재 세계는 러시아와 우크라이나 전쟁, 이스라엘의 가자지구 침공 등 2001년 미국에서 벌어졌던 '9·11 테러 사건'으로

---

1) 《연합뉴스》, "4년 뒤 서울 초등학교 6곳 중 1곳, 한 학년 40명도 안 된다", 서혜림 기자, 2024.02.15. https://www.yna.co.kr/view/AKR20240214114800530?section=search

시작된 국내 전쟁 상태인 테러리즘을 벗어나 국제 전쟁상태로 전화되어 세계전쟁이 끊임없이 벌어지고 있는 상황이다.[2] 이러한 상황은 또한, 세계 경제는 미·중 간의 반도체 전쟁으로 인한 자국 우선주의가 더욱 팽패해져 미국은 반도체법을 입안하여 법으로 통과시켰고 중국은 이에 저항하여 미국과의 외교적 단절과 독자적 기술개발의 조치를 취하고 있는 상황이다. 이러한 현 정치와 경제의 세계적 상황은 지구촌 세계의 암울한 전망을 보여주는 지구촌 위기 시대를 나타난다.

이러한 지구촌 위기의 시대에 비판적 성찰과 대안적 지식을 전달하는 공적 지식인의 부재현상은 더욱 가중된다. 이러한 현상의 원인은 화폐와 권력의 압력 아래 진행되는 현대화가 지구촌 위기를 더욱 가속화하고 있기 때문이다. 오늘날의 현대는 당대인들의 삶을 점점 불안하게 하여 이에 따르는 가치관의 혼란으로 삶의 의미와 가치를 상실케 하여 삶의 의지를 더욱 잃어가게 한다. 그러나 우리가 사는 이 삶의 공간은 항상 위기가 있지만, 위기 속에서 극복의 가능성을 발견하고자 하는 의지가 역사 속에서 함께 있어 왔다는 희망도 이제는 말할 수 없는 반복된 실패에 놓여 있다. 이러한 상황에서 현대를 살아가고 있는 사람들에게 지금 이 시대를 어떻게 규정할 것인지의 시대성이 무엇이며, 이러한 시대성 속에서 어떤 것을 중요하게 여겨야 할지, 위기의 원인과 이를 극복할 수 있는 통찰력 있는 대안에 대해 말하는 지식인은 더욱 절실하게 요청된다.

하버마스는 1973년 선진 유럽의 서구사회에서 나타나는 위기 유형 문제에 대해 체계적으로 답변한 『후기 자본주의 정당성 문제

---

2) 《아시아경제》 EU 외교 수장 "유럽, 우크라이나 넘어 전면전 대비해야", 조성필 기자, 2024.04.10., https://view.asiae.co.kr/article/2024041015500520697

(Legitimationsprobleme im Spätkapitalismus)』[3]를 출간한 바 있다. 그는 경제적 위기, 합리성 위기, 정당성 위기, 동기 위기로서 후기 자본주의 사회의 보편적 위기 경향을 유형별로 정의하고, 여기에서 현대사회의 위기로서 '체계'에 의한 '생활세계'의 억압을 대변하고 있는 정당성 위기를 핵심 위기 상황으로 진단하고 있다. 이러한 진단에 따라 하버마스는 정당성 위기의 극복방안으로 사회관계의 단절과 인간성 소외의 회복을 주창하는 1984년『의사소통행위이론 1, 2』를 통해 사회이론의 비판적 척도를 정식화 하였다.

이러한 하버마스의 지식인으로서의 면모는 자신의 공적 지식인으로서의 역할과 의미에 대한 사회적 책임의식에서 나온다. 지식인은 자기가 속한 사회를 벗어날 수 없는 한 명의 인간존재이다. 이러한 인간존재는 동물 중에 가장 고등동물로서 공동체의 구성원으로서 하나의 사회 속에 살며, 그 중에 가장 최상위 고등동물로서 인간은 사회 속에서 자기 정체성을 형성하며 자신의 실천 속에서 사회를 만들어 가는 인격적 존재이다. 따라서 인간존재가 행하는 사고는 그 시작에서 사회와 관련한 명제와 출발해야 하며 그 끝에서도 사회와 관련한 명제로 귀착될 수밖에 없다. 그렇기 때문에, 인간의 삶에 대해 탐구하는 인문학적 지식인은 인간적 삶과 사회적 삶의 관계와 그 경계를 항상 의문시해야 하며, 인간과 사회 각각의 궁극적 본질과 의미에 대해 영원한 탐구의 자세를 갖지 않을 수 없다.

이러한 관점에서 본 필자는 인간과 사회의 연관성 속에서 현대인의 삶을 성찰하는 사회철학자 하버마스가 지식인에 대한 바람직한 상

---

3)　하버마스(1983),『후기 자본주의 정당성 문제』, 임재진 옮김;
　　Habermas(1973), *Legitimationsprobleme im Spätkapitalismus*. Suhramp Verlag.

(像)을 제시하고 있다고 본다. 따라서 필자는 하버마스의 대표적 저작인『인식과 관심』, 『의사소통행위이론』, 『사실성과 타당성』, 『탈형이상학적 사고』에서 사회구조와 지식과의 관계, 지식과 공적 지식인의 관계에 대한 고찰을 통해 하버마스의 지식인상(知識人像)을 탐구해 볼 것이다. 이러한 탐구를 통해 필자는 종합적으로 하버마스 사상에서 나타나는 지식인상(像)에 대한 분석이 그의 정치저작선집 11권인『아, 유럽』에서 채택하고 있는 지식인 전형, 즉 아벤트로트, 로티, 데리다, 드워킨으로 총 집결되고 있으며, 이러한 '정치적-철학적 지식인' 전형모델이 하버마스가 현대의 정치체제의 지향점으로 내세우는 민주주의적 법치국가에서 그 사회적 토대인 공론장 구조의 고유한 기능 및 역할 가능성과 연관되어 있다는 점을 부각하고자 한다. 마지막으로 이러한 필자의 탐구를 통해 결론화된 하버마스의 철학적-정치적 지식인 전형모델은『인식과 관심』에서는 이데올로기성에 대한 이론적 성찰의 역할과 의미로서 지식인상, 『의사소통행위이론』에서는 맥락성에 대한 이론적 성찰의 역할과 의미로서 지식인상, 『사실성과 타당성』에서는 권력성에 대한 실천적 역할과 의미로서 지식인상, 『탈형이상학적 사고』에서는 규범성에 대한 실천적 역할과 의미로서 지식인상으로 설명될 수 있다고 주장한다.

『인식과 관심』에서의 지식인상

제2차 세계대전이 한창 진행되던 시점인 1944년에 프랑크푸르트 초기 비판이론가들인 아도르노와 호르크하이머는 『계몽의 변증법』을 내놓았다. 여기에서 그들은 경제적으로 풍요롭지만 서로를 공멸케 하는 현대사회를 야만으로 규정하며, 현대기획을 마련한 계몽주의의 진보사관과 철학을 철저히 비판한다. 이 비판은 데카르트에서 시작하여 칸트를 거쳐 헤겔까지 뉴튼의 자연과학적 진리모델을 학문의 진리로 간주한 계몽주의 철학이 중세의 종교사회로부터 탈마법화를 추구하여 과학을 등장시켰으나 새로운 주술적 마법에 걸려 헤어나오지 못한 상태에 있음을 철학적으로 고찰한 것이다. 이러한 철학적 고찰에서 비판의 대상이 되었던 실증주의(positivism)는 사실상 생시몽, 꽁트 등으로 대표되는 사회학의 시조로서 계몽주의 철학을 최초로 사회과학에 도입한 지식인들이다.[4] 이 지식인들이 마련한 실증주의 사회학은 계몽주의 철학이 계승하고 있는 자연과학적 진리모델을 사회과학에 도입하여 현대사회의 특징으로 나타나는 산업주의와 자본주의를 사실에 입각한 사회법칙으로 설명하며 현대 사회생활의 합리적 가능성을 논하지만, 이들이 가지고 있는 여러 다양한 구조적 모순에 대해서는 설명하지 못하였다.

이러한 현대의 철학적 기초를 마련한 계몽주의에 대해 철학적 비판을 가한 비판이론은 이들 다음 세대로서 하버마스가 2차 세계대전 이후 전 세계적으로 진행되고 있는 선진 산업사회가 안고 있는 후기 자본주의의 구조적 모순의 문제점을 비판적으로 지적함으로써 더욱 구체화되고 있다. 프랑크푸르트 학파 3세대로서 하버마스가 전 세계적으로 저항운동이 일어난 68세대의 학생운동에 대한 원인 진단과 대안에 대한 비판을 하는 지식인 관점에서 기존의 비판이론을 오늘날의 후기

---

4) 스튜어트 홀 외(2001), 『현대성과 현대문화』, 전효관·김수진·박병영 번역, 현실문화연구, 81~86쪽.

자본주의 사회에 적용하여 계승한 저작이 『인식과 관심』이라 할 수 있다.[5] 68 운동은 1945년 제2차 세계대전 이후의 시대 상황에서 제3세계 독립운동과 선진국의 베트남 전쟁 반대 시위에서부터 시작하여 68년도에 정점에 이른 전 세계적 학생운동이었다. 이러한 68 운동에 대해 하버마스는 아도르노와 호르크하이머가 20세기 초반에 일어났던 제1, 2차 세계대전에 대한 원인으로 주목했던 계몽주의 철학을, 제3세계 변화와 베트남 전쟁 등의 원인으로 계몽주의 철학의 분화로 나타난 실증주의 철학에 주목하여 현대과학의 실증주의 학문적 경향에 대해 사회과학의 비판적이고 해방적인 과학적 성격을 부각한다.

가다머와 포퍼의 실증주의 철학에 관련한 학문적 토론으로 시작한 논쟁에 가다머의 후발 주자로 하버마스가 개입하면서 현대 학문의 실증주의적 경향에 대해 전면적으로 비판되었다. 실증주의의 학문적 논쟁 사건이 저술 배경이 되었던 『인식과 관심』에 보여지는 하버마스의 지식인상은 마르크스 지식관에 대한 하버마스 비판에서 비롯된다.

> "생산이 인식의 발생과 기능을 설명할 수 있는 유일한 영역을 설정하는 한, 인간에 관한 과학 역시 동적인 지식의 범주 아래에 나타난다. 자연 과정의 처리를 가능하게 해주는 지식은 사회적 주체의 자기의식이라는 단계에서 사회적 삶의 과정에 관한 조정을 가능하게 하는 지식으로 넘어 간다. 산출과 습득의 과정인 노동의 차원에서 반성 지식은 생산 지식으로 전환한다."[6]

---

5)   남성일(2019), 「하버마스의 민주주의적 법치국가론에서 절차적 정당성 개념 연구-하버마스 법철학에서 '절차주의적 전회'를 중심으로」, 동국대학교, 10~18쪽.

6)   하버마스(1982), 『인식과 관심』, 강영계 번역, 고려원, 55쪽; Habermas(1968), *Erkenntnis und Interesse*, Suhrkamp, p. 65.

이러한 하버마스의 『인식과 관심』에서 나타난 지식인상은 마르크스의 지식관에 대한 비판에서 비롯된다. 즉, 하버마스는 마르크스가 전제하는 지식 개념은 자본주의 사회에서 노동이 자본에 의해 잉여가치가 수탈되는 모순적 상황을 자연과학의 지식 모델을 통해 설명한다고 비판한다. 마르크스가 자본론에서 논증하는 등가법칙이라는 자본주의 사회법칙의 적용은 계급대립의 분배관계에서 이미 생산수단을 소유한 자본가에 의해 불균형의 결과로 나타난다. 이때 자본주의 등가법칙은 하버마스가 볼 때, 현대 물리학의 성립자로 알려져 있는 뉴튼의 자연과학의 지식 모델을 인간에 관한 학문인 인간과학에 범주적 구분 없이 무차별적으로 적용한 결과라고 할 수 있다. 따라서 마르크스로 대변되는 자본주의 사회에 대한 비판의 사회이론은 한 사회를 노동과 생산과정의 차원에서의 사회에 대한 비판으로 적절히 성립될 수 있지만, 그러한 사회이론이 내재적으로 전제할 수밖에 없는 과학의 이데올로기적 토대 대한 비판에서는 충분치 못하다는 설명이다.

> "인간에 관한 학문은 자신이 기억하는 형성 과정에 스스로 연관된 것을 안다. 인식하는 의식은 스스로 이데올로기 비판적으로 자기 자신에게 대립하지 않으면 안 된다. 마치 자연 과학이 방법적인 형식에서 기술적으로 사용할 수 있는 지식을 단순히 확장시키는 것과 마찬가지로 ─ 이 지식은 도구적 행위의 선험적 영역에 내에서 이미 선학문적으로 축적되어 있는데 ─ 인간에 관한 학문은 방법적인 형식에서 반성 지식을 확장한다."[7]

---

7) 하버마스(1982), 『인식과 관심』, 강영계 옮김, 고려원, 70쪽.

여기서 보여지는 하버마스의 학문분류를 통한 지식 개념은 인간에 관한 학문은 반성적 지식을 산출한다는 점이다. 즉, 자연과학의 방법적 형식이 기술적으로 사용할 수 있는 지식을 확장하는 데 비해 인간에 관한 학문은 반성적 지식을 확장한다. 이때 하버마스가 말하는 인간에 관한 학문은 비판이론이 추구하는 비판적 사회과학이며 하버마스는 이러한 비판적 사회과학이 인간 스스로가 이데올로기로부터 해방될 수 있는 가능성을 지닌 학문으로 분류화하고 있다. 이러한 분류화는 하버마스의 지식인상이 지식을 산출하는 학문에 대한 이론적 고찰에서 나타난다는 것을 알 수 있다.

이러한 이론적 고찰은 먼저, 기술적 관심에서 출발점을 가지는 경험적-분석적인 학문적 특징을 가지고 있는 자연과학을 구분한다. 이 자연과학의 이데올로기성은 인간의 욕망 중에서 자연을 지배하려는 관심에 있다. 이러한 자연 지배적 관심은 인간과 자연의 관계에서 단지 자연을 하나의 도구적이고 기능적 수단으로 바라보는 단편적인 해석을 낳는다. 다음으로, 해석적 관심에서 출발점을 가지는 역사적-해석적 학문적 특징을 가지고 있는 사회과학을 구분할 수 있다. 이 사회과학은 인간의 욕망 중에서 자유롭게 행위할 수 있는 욕망을 반영한다. 하지만, 이러한 자유 행위에 대한 관심은 인간과 역사의 관계에서 인간이 어떻게 실천해야 할지의 방향성을 알려주는 장점이 있는 반면에 인간 개인의 자율성과 해방성을 보장하지 못하는 단점이 존재하는 이데올로기성을 또한 가지고 있다. 마지막으로 하버마스가 이론적 고찰을 통해 마련한 학문의 분류화는 해방적 관심에서 출발점을 가지는 비판이론적인 학문적 특징을 가진 비판적 사회과학 혹은 철학이다. 이러한 비판적 사회과학 혹은 철학은 학문의 이데올로기성을 완전히 벗어나 인간이 자신이 속한 공동체의 지배체계에서 개인과 사회 모두 해방을 획득할 수 있는 지식을 산출한다.

따라서 하버마스의 『인식과 관심』에 나타난 지식인상은 지식을 산출하는 학문에 대해 이론적 성찰을 함으로써 지식의 한계를 비판하고 있는 지식인이다. 학문에서 산출된 모든 지식은 인간의 자기관심에서 표출되어 나오는 하나의 욕구이자 자기의식이다. 그렇기 때문에 지식 내부에 도사리고 있는 지식의 한계로서 그 지식의 이데올로기성을 우리는 재인식할 필요가 생긴다. 이에 따라 공적 지식인으로서 지식인의 역할과 의미는 일반시민과 공동체에게 오늘날 현대사회에서 유통되는 각종 지식에 대해 비판적 의식과 태도를 가질 수 있도록 지식 내부의 이데올로기적 구조와 그것이 결과하는 문제점을 알리는 데 있다.

『의사소통행위이론』에서의 지식인상

인간은 언어적 매체를 통해 자신의 의사를 전달할 수단을 가지면서 사회를 살아가는 데 있는 공동의 문제에 대해 그 해결방식을 의논하며 찾아 나간다. 인간의 삶이 사회적 삶과 본질적으로 연관되어 있다는 점에서 볼 때, 인간은 의사소통을 함으로써 사회를 살아갈 수 있는 것이다. 이때 독자적 인간 행동과 달리 인간의 삶에 있어 타인과 의사소통을 통해 서로의 뜻과 의도를 전달하는 행위가 어떠한 의미가 있는지는 근본적인 철학적 질문이다.

그렇다면, 이러한 질문과 동일한 접근을 하고 있는 하버마스에게서 의사소통 행위란 어떤 의미를 가질 수 있는가? 또한, 하버마스는 어떠한 개념틀(槪念-, konzeptionelle Rahmen/conceptual framework)에 의해 의사소통 행위를 사고하고 있고, 의사소통을 실천하는 목적은 무엇인가? 이에 대한 답변은 과학과 그 지식 구조의 실체인 '이성적 사고'에 대한 비판을 통해 접근할 수 있다. 하버마스는 『인식과 관심』에서 호르크하이머와 아도르노가 계몽주의 철학의 현대성(modernity)에 대한 비판적 성찰을 다시금 사회과학의 학문이론적 차원에서 자연과학의 '실증주의' 철학에 적용하여 현대과학에 대한 비판을 시도하였다. 이러한 현대과학의 철학적 기반으로서 실증주의 철학은 호르크하이머와 아도르노가 비판한 계몽주의 철학의 데카르트 이성 개념틀에 놓여진 오류로부터 출발한 학문과 여기에서 산출된 지식을 일반적인 사회구조에 잘못 적용한 사례라고 할 수 있다.

　이러한 인식에서 하버마스는 『인식과 관심』에서 학문이론적으로 자연과학을 자연에 대한 지배적 관심에서 나온 기술적 학문, 정신과학(인문학)은 역사에 대한 해석학적 관심에서 나온 실천적 학문, 그리고 마지막으로 비판적 사회과학인 비판이론은 지배체계의 억압에 대한 해방적 관심에서 나온 해방적 학문이라고 정식화하였다.[8] 이러한 『인식과 관심』에서의 정식화는 『의사소통행위이론』에서 해방적 학문이라고 규정된 비판이론의 개념틀이 어떠한 척도와 기준에서 해방을 기획할 수 있는가의 문제로 나아간다. 여기서 하버마스의 『의사소통행위이론 1,2』의 문제의식이 자리 잡고 있다. 다시 말해, 데카르트에서부터 시작된 계몽주의 철학의 '이성적 사고'와 개념틀은 '비판적 사회과학'이

---

8)　위의 책, 289쪽.

라는 비판이론 차원에서 볼 때 자연에 대한 지배적 관심에서 나온 기술적 학문으로 나타난 도구적 이성의 발현이었다. 이러한 '도구적 이성'은 인류의 역사와 그 시대의 지배체계를 고려하지 못하고 단지 자연에만 국한된 이성적 사고였다. 이러한 기술적 사고로서 이성적 사고는 해방의 잠재력을 간직하고 있는 비판적 사회과학에서 볼 때 이성이 본래적으로 가지고 있던 개념틀, 즉 '의사소통적 이성'의 회복을 통해 이성 본연의 역할을 할 수 있다고 하버마스는 생각했다. 달리 말해서, 하버마스는 『인식과 관심』에서 아도르노와 호르크하이머의 현대성에 대한 성찰을 비판적으로 계승하는 관점을 이어 나가, 현대과학의 실증주의 철학을 '비판적 사회과학'이라는 비판이론에 대한 새로운 개념틀의 정립을 통해 극복하고자 하였으며, 이러한 비판이론의 개념틀에 대한 표준적 기준을 '의사소통적 이성'으로 만들고자 하였던 것이다.

이러한 의사소통적 이성은 『인식과 관심』으로부터 기존 철학이 기반하는 제한된 이성적 사고인 도구적 이성에 대한 학문이론적 연구에서 이성적 사고의 본질에 대한 연구로 전환되어 나타난다.

"도구적 이성이란 개념은 인식하고 행위하는 주체들의 합리성이 체계논리에 따라 더 높은 차원의 목적합리성으로 확대된다는 것을 암시한다. 그리하여 자기조절적 체계 ─이 체계의 명령은 그것에 통합된 구성원들의 의식을 넘어선다─ 의 합리성은 총체화된 목적합리성의 형태로 나타난다. … 호르크하이머와 아도르노는 형식적으로 조직된 행위영역들이 형성되기 전에 세계상의 합리화의 결과로 먼저 발달했어야 하는 생활세계의 의사소통적 합리성을 제대로 보지 못한다. 현대성의 자기이해에 반영되어 있는 이 의사소통적 합리성만이, 생활세계가 자립화된 체계들

의 고유역학에 의해 부속화되는 것에 저항할 때 분노만이 아니라 내적 논리를 제공해준다." 9)

위 인용문에서 나타난 도구적 이성 개념은 체계논리에 따라 작동하는 이성이다. 이러한 도구적 이성은 무적합리성의 형태로 나타나고 조직된 행위영역들을 형성한다. 하지만, 아도르노와 호르크하이머는 이러한 도구적 이성 개념의 이면에 놓인 다른 이성적 개념을 살피지 못하고 있다. 이렇게 하버마스는 기존 체계논리에 따라 작동하는 도구적 이성 개념으로는 생활세계에 따라 작동하는 또 다른 이성의 가능성에 대해 접근하지 못하는 아도르노와 호르크하이머를 비판하고 있다. 이때, 도구적 이성의 이면에 놓인 근본적 이성이 바로 의사소통적 합리성의 형태를 자아내는 의사소통적 이성이다. 따라서 학문이론적으로 볼 때, 지식은 생활세계의 의사소통적 이성이 형성하는 지식으로서 파악될 수 있다.

> "사회학은 자신의 객관영역에 대해 이해의 방법으로 접근해야 한다. 객관영역이 일차적으로, 즉 어떤 이론적 개입 이전에, 이미 상호이해의 과정을 통해 그리고 그런 과정 속에서 구성되었음을 알기 때문이다. 사회과학자는 상징적으로 선구조화된 대상들을 만난다. 이 대상들은 언어 및 행위 능력을 가진 주체들이 그것들을 산출할 때 사용했던 선이론적 지식의 구조를 구현하고 있다. 사회과학자가 그의 객관영역을 구성할 때 부딪치게 되는 상징적으로 선구조화된 현실의 고유한 논리는, 객관영역에서 등장하는 언어 및 행위 능력을 가진 주체들이 사회적 삶의 연

---

9) 하버마스(2011), 『의사소통행위이론 2』, 장춘익 번역, 나남출판사, 514~515쪽; Habermas (1981), *Theore des kommunikativen Handelns II*, Suhrkamp Verlag, p.490-491.

관을 직접 혹은 간접적으로 산출할 때 따르는 산출규칙들 속에 들어 있다. 사회과학의 객관영역은 '생활세계의 구성요소'라는 기술 아래 들어올 수 있는 모든 것을 포괄한다. 이 표현이 무엇을 의미하는지는 우리가 말하고 행위하면서 산출하는 상징적 대상들을 언급함으로써 직관적으로 해명될 수 있다. 그것들은 (담화행위, 목적활동, 협동 등과 같은) 직접적인 표현들로부터 시작해서 이론 표현들의 정착형태(텍스트, 전승, 기록, 예술작품, 이론, 물질문화의 대상들, 재화, 기술 등)를 거쳐, 간접적으로 산출되고 조직화가 가능하며 스스로를 안정시킬 수 있는 형상물들(제도, 사회체계, 그리고 인성구조)에까지 이른다."10)

여기서 하버마스가 언급하는 지식은 '상징적으로 구조화(symbolically structured)'된 '선이론적 지식(pre-theoretical knowledge)'이다. 이러한 지식은 이론적 지식 혹은 학문적 지식을 형성하기 이전의 지식으로서, 지식인이라고 할 수 있는 사회학자 혹은 사회과학자들이 이미 자기 삶의 경험을 통해 습득한 '선이론적 지식'을 토대로 학문적 이론 생산을 한다는 것을 분명히 하고 있다. 객관영역을 기반으로 진리를 추구하는 사회과학자들은 자신들이 산출하는 이론을 도입하기 위해서는 일반적으로 말하고 행위하는 주체들이 사회적 삶의 연관을 산출할 때 따르는 규칙에 따라 자신의 이론을 형성해야 한다. 즉, 사회학자나 사회과학자들이 기반으로 해야 하는 객관영역도 사실상 그들이 겪었던 사회적 삶의 연관을 표현하는 의사소통 규칙에 따라 달라질 수 있다는 의미이다. 이러한 의사소통 규칙은 사회학자나 사회과학자들이 이론을 산출하는 일반적인 조건이며 지식인들은 이러한 조건 속에서 자신

---

10) 하버마스(2013), 『의사소통행위이론1』, 장춘익 번역, 나남출판사, 188쪽; Habermas(1981), *Theorie des kommunikativen Handelns I*, Suhrkamp Verlag, p.159.

의 이론을 구성한다.

또한, 이러한 선이론적 지식이 '상징적으로 구조화'되어 있다는 의미는 선이론적 지식도 마찬가지로 형이상학적 실체로 소급되는 이론이 아니라 의사소통 과정이라는 일상적 대화과정에서 형성된다는 의미를 말해준다. 어떤 대화도 언어라는 매개체를 통해 소통되며, 사회적 삶을 살아가는 개인들은 타자와의 소통을 중간적 매개물인 언어를 통할 수밖에 없다. 의사적 전달을 교류하면서 자기 삶을 유지하면서 더 나은 삶을 욕망하는 인간은 언어라는 중간매개체가 없으면 좋은 삶을 살 수 없다. 이러한 언어는 우리에게 상징으로서 나타난다. 여기서 상징(象徵, symbol)이란 기호(記號, sign)와 다르다. 기호는 인간 외부에 있는 사물의 특징이 있는 그대로 드러나는 속성을 전달하는 작용을 하지만, 상징은 인간 외부의 사물에 대해 인간이 특정 행위를 하도록 의미를 전달하는 작용을 한다.11) 예를 들어, 교통 표지판의 빨간불 신호는 '기호'로서 우리의 눈에 빨강의 속성을 전달하지만 그러한 빨간불 신호는 '상징'으로서 자동차 도로를 지나가는 사람에게 그 자리에 멈추라는 행위의 의미를 전달한다.

"사회과학에서 이해의 문제가 개입되는 것은 데이터 기술의 이론 의존성과 이론언어의 패러다임 의존성 때문만이 아니다. 사회과학에서 이해의 문제는 이미 이론형성의 전단계에서, 즉 데이터에 대한 이론적 기술단계에서가 아니라 데이터의 획득단계에서 발생한다. 일상경험은 이론적 개념들에 비추어 그리고 이런저런 측정을 통해 과학적 데이터로 변형

---

11) 두산백과, 검색어: 상징, 2024년 1월 17일 업데이트 상황.
   https://terms.naver.com/entry.naver?docId=1110041&cid=40942&categoryId=31433

될 수 있지만, 이미 그전에 상징적으로 구조화되었고 단순한 관찰로는 접근될 수 없는 것이다."12)

이론을 구성하는 원천인 데이터(data)는 단순히 오감을 통한 관찰을 통해 획득할 수 있는 것이 아니라 그 자체가 이미 '상징적으로 구조화'되어 있다. 일상경험은 우리에게 과학적 데이터를 제공해주지만, 사회적 삶의 맥락에서 일상경험을 하는 사회과학자들은 이러한 과학적 데이터를 순수하게 표출하는 것이 아니라 일상경험에 녹아 있는 사회과학자들의 시각에서 데이터화될 수밖에 없다. 이에 객관적 영역을 기반으로 하는 모든 과학이론은 이미 일상경험의 맥락, 즉 생활세계의 맥락 안에서 상징적으로 구조화된 원천 자료(datum)를 가지고 이론 형성 작업을 하게 되는 것이다.

사정이 이러하다면, 사회학과 여러 사회과학을 다루는 이론적 지식인들은 자신들이 의문시하는 어떤 사회현상에 대한 질문을 과학적으로 접근하기 위해서는 순전히 경험과 관찰의 방식으로 접근하는 실증주의로 접근하는 것도 아니고, 반대로 경험을 떠나 추상적 실체를 가정하는 형이상학적 접근으로도 가능하지 않다. 하버마스는 이러한 이론적 지식인들의 문제에 대해 진정한 과학적 접근방식은 상호이해 과정을 목표로 논의하는 의사소통 행위로 만족될 수 있다고 보고 있다. 다시 말해, 의사소통 행위는 대화에 참여하는 행위자들이 문제시 되는 사회현상에 대하여 합의에 도달하게 되는 상호이해 과정은 결국 공동의 상황 정의에서 비롯된다.

---

12) 위의 책, 191쪽; 위의 책, p.163.

"우리가 보았듯이, 의사소통적 행위의 성공은 참여자들이 세 가지 세계의 연관체계 안에서 공동의 상황정의에 도달하는 해석과정에 의존한다. 모든 합의는 비판가능한 타당성 주장의 상호주관적 인정에 근거한다. 이때 의사소통적 행위자들은 상호비판의 능력이 있다고 전제된다."[13]

위의 인용문에서 알 수 있듯이 의사소통적 행위의 성공은 대화 참여자들이 서로의 관심사에 대해 공동의 상황정의 속에서 합의에 도달하는 해석과정이다. 하지만 이러한 해석과정은 성공이 이루어질 때까지 끊임없이 계속되어야 한다. 의사소통행위이론에서 보여지는 하버마스의 의사소통적 지식인상은 전문가 지식인이 단순히 자신의 특수지식을 타인에게 전달한다는 의미에서 지식인이 아니라 생활세계라는 지평 속에서 이해할 수 있는 공동의 상황정의에 따라 진행된다. 이러한 생활세계의 일상적 의사소통에 내재된 생활세계의 합의가 전제가 되어야 할 것이다.

그러므로 하버마스의 『의사소통행위이론』에 나타난 지식인상은 지식 산출 과정의 맥락성을 비판적으로 성찰하는 지식인이다. 즉, 하버마스는 지식을 하나의 결과로 보지 않고 산출하는 과정으로 보고 있다. 이러한 지식에 대한 개념을 놓고 볼 때, 지식을 소유하고 있다는 의미에서의 지식인은 이제 지식을 산출하는 과정에 대한 올바르고 타당한 지식으로의 접근가능성으로 그 의미가 변화되고 있음을 알 수 있다.

---

13) 위의 책, 203쪽; 위의 책, p.173.

『사실성과 타당성』에서의 지식인상

『인식과 관심』에서 실증주의 철학에 대한 지식비판, 『의사소통행위이론』에서 언어적 상징구조에 대한 지식비판은 『사실성과 타당성』에서 현대사회의 권력구조에 대한 지식비판으로 발전된다. 『인식과 관심』에서 과학의 이데올로기로서 바라본 실증주의 철학은 하나의 '사실(fact)'로서만 정당화되는 과학의 산출적 지식은 이러한 자유, 평등, 인간 존엄의 가치들을 지향하는 해방적 관심에서는 충분히 정당화되지 않는다.[14] 이러한 이유로 실증주의 철학은 하나의 자연 지배적 인식관심에서 나오는 인간 외부의 자연통제에 국한되어 있다. 하지만, 하버마스는 인간 외적 자연통제에 대한 비판에 머무르지 않고, 더 근본적으로 이러한 이데올로기적 사실을 전달하는 매개이자 사용수단인 언어 자체에 대한 비판으로 나아가 언어의 소통적 과정에서 나타나는 '지식의 형성'에 대해 비판을 가하였다. 즉, 일상적 의사소통 과정을 통해 언어행위를 하는 사람들은 언어소통의 기능 중 하나인 지식 전달 과정에서 사용자의 언어 속에 생활세계적 지식 자체가 일정한 '상징적 구조화' 속에서 맥락화된다는 점을 비판한다. 이렇게 과학의 이데올로기성 비판, 언어의 맥락성 비판을 통해서 하버마스는 해방적 인간의 관점에서 추구되는 진리가 인간 스스로가 만든 제도와 언어를 통해서 왜곡되어 가는 점을 반성하였지만, 이러한 것이 오늘날 사회의 정치공동체의 규범적 조건 아래서 어떠한 메커니즘으로 나타나고 권력화되는지에 대한 시각은 간과되고 있었다. 여기에서 하버마스는 실제 정치공동체가

---

14) 칼훈(2010), 「사회이론과 공론장」(in: 『현대사회이론의 흐름』), 브라이언 터너 엮음, 박형신·정헌주·최원기·박선권·고호상·김민규·이택면·고형면·권오헌·홍성태 번역, 한울 아카데미, 816~827쪽.

어떻게 규범적 진리를 산출하는지에 관한 권력 메커니즘 분석을 통해 민주주의적 법치국가의 이상적 규범 형성을 위한 정치이론으로서 『사실성과 타당성』에 대한 구상을 내놓게 된 것이다.

하버마스는 선대 프랑크푸르트 학파의 사상가들인 아도르노, 호르크하이머의 이성 자체에 대한 끊임없는 반성의 시각 안에 머물지 않고, 이성의 본질로서 '도구적 이성'이 아니라 '의사소통적 이성'의 시각 속에서 권력에 대한 메커니즘 분석을 한다. 이러한 분석은 아도르노나 호르크하이머가 고찰한 현대성이 계몽주의의 도구적 이성으로서 확정 지어 결론내릴 수 없다는 판단에서 비롯된다. 왜냐하면, 현대에 대한 기획 가능성을 도구적 이성으로 규정해 버린다면, 보편적 진리와 이상적 도덕이 정당화되는 합리적인 사회를 향한 대안적 구축이 불가능해지기 때문이다.

『사실성과 타당성』에서 '의사소통적 이성'의 시각 속에서의 권력 메커니즘 분석은 '논변적 법이론(論辯的 法理論, discursiv Rechtstheorie/discursive theory of law)'으로 나타난다. 논변적 법이론이란 정치공동체가 규범적 진리를 산출하는 실재적 과정으로서 정의되어야 할 법의 형성을 위한 논변적 절차를 말한다. 이러한 법의 형성은 관련된 모든 시민들이 국가의 대소사(大小事)에 대한 결정에서 서로 논증적이고 합리적인 대화 과정인 논변(discourse)의 절차를 통해 마련되는 것으로서 민주주의적 법치국가의 구상 속에 마련된 정치공동체의 실천적 과제가 된다.

> "논변이론의 시각에서 보면, 입법, 사법, 행정의 기능은 의사소통의 형식과 이에 상응하는 근거들의 잠재력에 따라 분화된다. 법률은 민주적 절차에 따라 생성되고, 공평무사하게 판결하는 법원에 의해 보장되는

포괄적인 법적 보호를 정당화하고, 입법적 결정과 사법적 결정을 뒷받침하는 규범적 근거들을 행정부로부터 분리시키며, 이로써 의사소통적 권력으로부터 행정적 권력으로의 변형을 규제한다."[15]

위 인용문에서 논변이론은 법치국가의 입법, 행정, 사법 각 기능이 왜 구별되어야 하고 각 기능의 역할에 대한 근거 제공 가능성을 열어준다는 것을 의미한다. 이를 고려하면, 규범적 법률을 형성하는 정치 체계의 주요 의무는 입법부와 사법부가 내리는 결정 속에 놓여 있다. 따라서 정치 영역에서 내리는 결정을 실행하는 행정부는 이러한 입법부와 사법부의 정치적 결정의 근거, 즉 법의 제정과 법의 심의에 대한 근거와 구별되는 법의 집행에 대한 근거를 형성한다. 이렇게 계몽주의 지식인인 몽테스키외에서 연원한 법치국가의 부문별 권력기구 기능을 규범적 역할 원칙의 관점에서 밝힌 견제와 균형의 원리는 이와같은 논변이론 관점에서 더 잘 설명된다. 그러므로 법 자체의 형성이 논변적 절차로 이루어진다는 하버마스의 논변적 법이론은 기존의 법치국가 개념을 한 차원 더 상승시킨 새로운 법치국가의 전망을 가진다. 이러한 새로운 법치국가의 전망은 『의사소통행위이론』에서 '도구적 이성'을 극복하는 절차적 이성 개념인 '의사소통 이성'을 통해 현실 정치공동체의 법치국가적 개념 원리에 놓인 '권력성' 비판에서 이루어진다는 점을 알 수 있다.

또한, 인용문의 '의사소통 권력'은 루소가 말한 민주주의의 근본원리인 주권재민의 실제적 힘을 표현한다. 의사소통 권력은 법치국가의 입법, 행정, 사법이라는 부문별 권력기구 기능 중에 입법과 사법의 운

---

15) 하버마스(2010), 『사실성과 타당성』, 한상진·박영도 옮김, 나남, 263쪽.

용절차를 전적으로 의사소통적 이성에 의존하는 결과로서 나온다. 이와 달리 '행정적 권력'은 부분적으로는 의사소통적 이성에 의존하면서도 다른 부분으로 권력작용의 관철을 이루는 힘에 의지한다. 이때, 하버마스가 개념적으로 구분하는 '의사소통 권력'과 '행정적 권력'의 권력유형은 민주주의 국가에서 일반 시민의 의사가 대의제를 통해 국가기관인 행정부에 도달되어야 하는 원칙과 그 근거 속에서 행정의 권력적 작용을 정당화할 수 있다는 민주주의적 법치국가론에서의 권력 메커니즘을 분석한 것이다.

이러한 점을 고려한다면, 하버마스는 『인식과 관심』에서 실증주의 철학에 내재된 도구적 이성의 지식비판이 이성 자체에 대한 더 근본적인 비판의 형태로 『의사소통행위이론』에서 주창한 의사소통적 이성을 분석하고 대안의 가능성을 마련하였다면, 이제 『사실성과 타당성』에서 논변적 법이론을 통해 이러한 의사소통적 이성이 실제의 기존 법치국가 개념적 원리 속에서 구현되는 국가의 독점적 권력 사용이 어떻게 이루어지는지의 지식에 내재되어 있는 국가권력에 대한 비판으로 향하고 있다는 점을 추출할 수 있다.

결과적으로 하버마스의 『사실성과 타당성』에 나타난 지식인상은 지식인이 현실적 상황에 놓인 자신과 사회의 권력성에 대한 비판이다. 삶과 세계에 대한 전통적 지식을 소유하면서도 탐구를 통해 새로운 지식을 창조하는 지식인은 단지 소유-축적과 생산-창조의 메커니즘 구조 속에만 놓인 것이 아니라 구체적인 사회현실의 상황과 현단계의 사회체계 속에서 내가 가지고 있고 구성하는 지식이 사회세계 속에서 어떻게 왜곡되어 활용되는지에 관한 지속적인 비판과 성찰을 하는 지식인 모습이다. 이러한 지식인상은 사회체제와 국가구조, 경제구조와 정치현실, 헌법구조와 정치제도, 인격구조와 문화생산 등 지식이 유통되는 구체적인 현실 속에서 어떻게 내가 다루고 있는 지식과 내가 생산하는 지식이 잘못 전달되거나 나의 의도와 다르게 잘못 이용되는지에 대해 판별할 수 있는 능력을 갖춘다. 가령, 법치국가 체제에 놓인 지식인은 자신의 지식 체득과 생산이 자기의 독립적이고 자율적인 판단 속에서 형성되는 것이 아니라 그 국가의 왜곡된 헌법해석에 놓인 법적 사회 환경에 의해 구조화되고 틀지워지고 있지 않은지를 반성해야 한다. 왜냐하면, 헌법은 사회질서를 형성하는 하나의 규범으로서 사회공동체 자체에 막대한 영향을 끼치며, 이러한 현단계의 헌법체제 속에서 내가 다루고 처리하며 생산하는 사회질서를 구성하는 요소로서 지식은 자칫 지식을 권력적으로 독점하는 사회의 여러 기구들과 기관들에 의해 다른 방식으로 해석되어 이용될 수 있는 사회적 구조와 환경에 놓일 수 있는 가능성이 항상 잔존해 있기 때문이다. 이러한 구체적인 사회현실에 놓인 자신과 사회의 권력성 비판은 지식인들이 자기 혼자만의 독단적 이성의 사용에서가 아니라 일상을 살아가는 주변 시민들과 함께하는 의사소통적 이성에 의해 가능해진다.

하지만 이러한 의사소통적 이성은 지식인 자신과 사회의 권력성에 대한 비판의 가능성에 대한 가치를 입증할 수 있어도 의사소통적 이성 자체가 자기기만을 통해 권력화되어 나타나는 국가권력화 현상에는 그 입증 가치가 강하지 못하다.[16] 실증주의 철학에 내재된 〈이데올로기

---

16) 데카르트의 '지식' 논증을 떠올릴 수 있다. 데카르트는 자기가 아는 지식이 참인지를 '방법적 회의'를 통해 증명해나간다. 기초적 지식단계인 감각적 지식의 오류 가능성도 한층 발전된 지식단계인 추론적·개념적 지식의 정확성에 의해 극복될 수 있지만, 결국 최종심급의 지식에 대한 의심 수준에서 악마의 가설에 의한 자기기만의 오류 가능성에 봉착하게 된다.

성〉 지식 비판, 의사소통적 이성에 내재된 〈맥락성〉 지식 비판에서 보여준 하버마스의 지식 비판에 놓인 한계는 의사소통적 이성에서 〈권력성〉 지식 비판 현실에서 자기기만을 벗어날 수 있는 자기 스스로의 비판 지점에서 그 한계점을 노정한다. 타자를 자기중심적인 시각에서 바라보는 도구적 이성 개념에서 나와 타자가 공존하는 사회공동체의 시각에서 바라보는 더 나은 이성 개념으로 전환할 때, 법과 제도, 정책 등 사회 현실을 다루는 의사소통적 이성의 척도는 그 한계가 자기권력화의 문제에서 명확해진다. 이러한 의사소통적 이성의 자기권력화를 해결하기 위해서는 정치적 공간에서 상호비판을 통해 자기기만을 제거하고 타자와의 진정한 연대와 통합을 이루는 도덕적 자기 성장의 문화적 기반이 마련되어야 할 것이다. 이에 의사소통적 이성이 스스로의 한계를 벗어날 수 있는 의사소통적 이성의 문화를 이룰 수 있는 정치화가 필요하다. 이러한 정치화가 이루어지는 조건은 심의민주주의 체제이며, 이 체제는 헌법적 질서로 명시될 때 실제적으로 작동할 가능성이 발생한다.

『탈형이상학적 사고 1,2』에서의 지식인상

『탈형이상학적 사고 1,2』는 20세기 마지막 년대, 즉 1990년 10월 3일 동서독 통일과 그 뒤 1991년 12월 26일 소련 붕괴로 빚어진 세계사적 시대를 지나 21세기 첫 년대, 즉 2001년 9월 11일에 일어난 9.11 테러와 그 뒤 2003년 3월 20일 이라크 침공으로 접어든 시대를 배경으

이러한 인식과정의 토대 상황을 감안한다면, '의사소통 이성'은 아무리 타자와 함께 한다하더라도 나 혼자만의 자기기만성에서 벗어날 수 없는 한계에 도달하게 된다.

로 한다. 동서독 통일과 소련 붕괴는 1945년 2차 세계대전 이후 형성된 사회주의와 자유주의의 가혹한 냉전질서가 와해되어 21세기 희망찬 미래를 예견하였지만, 실제 21세기 첫 년대부터 일어난 세계의 예기치 못한 사건은 하버마스에게 『탈형이상학적 사고1,2』에 대한 문제의식을 심어주기에 충분하였다.

21세기 이전까지의 지구화 세계는 세계 1, 2차 대전의 커다란 상처를 극복하기 위해 UN의 새로운 세계질서를 향한 다자간 국가들 속에서 경제적으로는 GATT, EU, WTO 등 여러 가지 국제 협정과 기구 속에서 경제성장을 위한 발판을 마련하면서, 정치적으로는 사회주의와 공산주의의 대표 소련과 자유주의와 자본주의의 대표 미국이 서로 선의의 경쟁을 통해 세계 평화 질서를 구축하고자 하였다. 하지만, 이슬람 근본주의에서 일어난 극단주의 테러리즘은 점차 국제 평화 질서의 정착이 기대되어 가는 분위기 속에서 인류사회가 꿈 꿀 수 없는 하나의 상상에 불과한 허구라는 부정적 인식을 심어주었다. 이러한 인식 속에서 그동안 현대의 세속화를 주도해왔던 과학에 대한 저항의 상황이 이미 중세의 지배적 영역으로 치부되는 종교의 탈세속화 부상으로 지식과 믿음에 대한 삶의 양식에 대한 철학적 검토가 필요한 시점을 인식한 것은 하버마스였다.

『탈형이상학적 사고 1,2』는 하버마스의 철학적 문제의식에 있어 정치화의 의미를 본질적으로 발견하는 작품으로 평가할 수 있다. 이전의 저작에서 나타나는 하버마스의 철학적 문제의식은 사회이론의 관점에서 현대과학에 놓인 이데올로기성을 분석하고, 그러한 학문에서 생산되는 지식산출 과정과 그러한 지식을 생산하는 기술전문가적 지식인을 비판하였다면, 『탈형이상학적 사고 1, 2』는 공론장에서 공적 의제를 가지고 활동하는 실천활동가적 지식인의 세계관적 구조와 의식철학적 배경을 역사변천의 시대성 조건에서 비판하고 있다는 점이 다르다. 이러한 실천활동가적 지식인은 인류역사에서 나타난 공자, 예수, 붓다, 마호메트 등 종교적 성인을 포함하는 것으로서 이들이 세계역사의 흐름과 정치사회와 지역문화에 끼친 영향력을 분석한다. 기존에는 사회철학적 관점에서 지식인이 산출하는 과학적 학문의 이데올로기성과 언어적 행위의 맥락성, 사회체제적 권력성을 비판하였다면, 종교철학적 관점에서 지식인이 공론장에서 지식을 공적으로 활용하면서 객관적 세계 자체를 형성할 수 있는 능력을 산출하는 인간의 인격 구조를 구성하는 방식의 정치화 과정을 반성하고 있다.

> "규범의 타당성을 뒷받침하는 실천적 근거는 행태에 효과적이 되기 위해 내면화되어야 한다. 이것은 국가가 승인하고 따라서 강제력이 있는 법의 기초에서도 적용된다. 전통의 인식론적 권위 ─넓은 의미에서─ 와 달리, 관습의 규범적 구속력과 제도의 명령적 힘, 그리고 규칙의 체계는 사회화 과정 ─즉, 청소년의 동기 구조에 관한 사회환경의 암묵적인 '형성적' 영향을 통해─ 을 통해 정박되고 있다. 내면화를 통해, 사회의 지지 가치와 규범 근거는 문자 그대로 그 사회 구성원들의 인성 구조에 구현된다."[17]

법과 규범의 타당성에 내재된 근거는 사회환경을 이루면서 사회 구성원들의 인성 구조에 구현된다. 객관적 질서가 무엇인지를 나타내

---

17) Habermas(2017), *Postmetaphysical Thinking II*, Translated by Ciaran Cronin, Polity Press, p. 40.

보여주는 관습, 제도, 규칙은 청소년들의 행위 동기를 형성하는 사회화 과정에서 구조적 영향력을 끼친다. 즉, 청소년들은 관습, 제도, 규칙을 통해 사회구조의 인지적 파악과 함께 행위 결정의 기반이 되는 자신의 내적 자아를 구성하는 인성구조의 기초를 제공받는다. 여기서 관습, 제도, 규칙으로 구성된 법과 규범은 『사실성과 타당성』에 나타나는 민주주의적 법치국가의 권력 메카니즘 분석을 인류사회의 전통적 문화와 사회의 일반구조에 적용시키는 맥락에서 바라볼 수 있을 것이다.

『탈형이상학적 사고 1,2』에서 보여지는 사회인류학적 고찰은[18] '지식'과 '믿음'의 관계맺음 양식으로 인류역사에서 어떻게 시대성이 탄생되는지에 관한 역사구조적 변천사를 담고 있다. 이러한 '지식(knowlege)'은 현대학문의 기초를 이루는 과학 영역의 핵심 양식으로 규정되고, '믿음(faith)'은 전통문화의 정신적 바탕을 이루게 한 종교영역의 핵심 양식이다. 사실상 이 두 양식이 독립적인 자기 영역을 구축하면서 인류역사의 각 시대에 지배적으로 출현하는 것이 아니라, 두 양식이 관계맺는 상호작용의 양상에 따라 인류역사가 출현한다. 이 상호작용은 의사소통 형식의 변화에 따라 나타나게 되는 문화의 학습과정을 통해 각 시대를 탄생을 발생시키는 인류역사의 변천의 핵심 키워드이다.

여기서 하버마스의 생활세계 개념은 '상징적으로 구현된 근거의 공간'[19]으로서 정의된다. 몸짓으로 표현되는 의사소통 형식은 이미 주어진 공유지식을 바탕으로 1인칭 화자가 의도하는 정신을 표출한다.

---

18) 남성일(2023), 「하버마스의 사회인류학적 고찰에 나타난 탈형이상학적 의미와 종교의 공적 역할의 가능성」, in: 『한국사회의 현실과 하버마스의 사회철학』, 사회와 철학 연구회, 선우현 기획·편집, 씨아이알, 301~341쪽. 나는 이러한 방식의 하버마스 연구를 사회인류학적 고찰이라고 명명하였다.

19) 위의 책, pp. 28-42.

이러한 1인칭 화자의 표출로 통해 나타나는 몸짓의 상징화는 납득되는 공유지식에 대한 2인칭 청자의 수락에 의해 하나의 의미로서 인정된다. 이러한 의미는 곧 상징적으로 구현된 근거의 공간으로서 '생활세계'를 배태한다. 우리는 이러한 공통의 생활세계 속에서 일상세계에 일어나는 공동 문제에 대해 논변적으로 심의하여 법과 규범을 형성할 수 있는 것이다. 즉, 어떤 특정한 의미를 객관적으로 상징화하는 방식은 일종의 언어화의 방식으로서 이러한 의사소통적 과정은 결국 종교에서는 각종 종교의 정전과 같은 교의화 과정으로 이어지고, 과학에서는 사회의 구조를 마련하는 제도화 과정으로 이어진다. 여기서, 믿음 양식으로서 종교나 지식 양식으로서 과학은 진리를 인정하는 방식이 서로 다르다는 인식에서 비롯된다. 지식은 과학이 생산한 지식으로서, 기존 과학에서 세계에 대해 언급하는 바를 담아낸 것이고, 종교적 믿음은 세계에 대한 하나의 기획으로서 언급하는 바를 담아내고 있다는 점이 다르다.

이에 따라 하버마스의 『사실성과 타당성』에 나타난 지식인상은 현재의 시대성 속에서 앞으로의 변화를 예측하며, 이러한 변화의 도래에 앞서 인간질서에 부정적으로 끼칠 영향관계를 감지하며 보다 자유롭고 평등한 인간공동체를 만들려는 방향과 기획을 모색하며 이를 실천한다. 고대와 중세는 종교의 세계관 속에서 규범적인 방향과 기획을 지식인이 모색하였다면, 근대는 과학의 세계관 속에서 규범적인 방향과 기획을 지식인이 모색하였다. 하지만, 급변하는 21세기는 더 이상 과학의 세계관 속에서 규범적인 방향과 기획을 마련하기보다는 과학과 종교가 인간공동체를 향해 서로가 대화를 나누는 것이 필요하다. 철학은 이러한 과학과 종교의 세계관이 무엇인지를 부문에 한정된 맥락을 벗어나 전체의 줄기를 찾는 계보학적 방식을 추구함으로써 과학이 참으로 인정하는 진리와 종교가 참으로 인정하는 진리의 차이를 이해하고, 이 둘이 서로 대화를 할 수 있도록 촉진해야 한다. 따라서 미래의 지구촌 사회에서 보다 더 유토피아적 이상사회를 형성하기 위해서 지식인들은 정치공동체의 규범구조가 어떻게 변화는지를 잘 살피고, 이에 대응하여 변화하는 양상에 맞추어 인간공동체가 보다 더 활력과 안정을 누릴 수 있도록 규범적 기획을 실천해야 할 의무를 지닌다.

하버마스의 지식인상 종합: 지역적, 국가적, 세계적 차원의 인류공동체 문제에 대해 이론적으로 특수적 맥락 속에서 보편적 진리를 찾아, 이를 실천적으로 반성된 권력순환 메커니즘의 정치공동체 속에 구현하는 이론과 실천의 결합으로서 철학적-정치적 지식인상

지금까지 하버마스의 저작에 나타난 지식 개념을 통해 하버마스 지식인상의 변천사를 추적하여 분석하였다. 이러한 분석에서 알 수 있듯이 하버마스는 사회이론가 혹은 사회철학자로서 현대사회의 지식구조와 언어적 토대원리에 관한 이론적 연구활동에 머무르지 않고, 이를 자신이 처한 정치공동체 속에서 실천적으로 자기 역할과 의무를 다하는 지식인상에 대해 끊임없이 모색한다. 이러한 맥락에서 나타나는 하버마스의 지식인상이란 개인의 사적인 이해관계와 연관되어 있는 전문가적 지식인이 아니라 자신이 기반하고 있는 특정한 정치공동체 속에 개입하여 사회구조와 문명전환의 변화에 따른 인류공동체의 위기를 보편적 가치에 입각하여 규범적으로 개선해 나가는 인물형이다.

지구세계에 존재하는 모든 인간들은 자기의 특수한 정치공동체 안에서 자기가 영향을 받아 형성됨과 동시에 자신이 속한 정치공동체의 고유한 성격을 형성시켜 나아감을 발견한다. 그러므로, 하버마스에서 지식인 개념은 이러한 상황적 맥락의 메커니즘을 파악하며 인간공동체가 주어진 문제에 대해 동의하고 합의하는 사안에 놓인 맥락적 상황을 깊이 살펴 자기와 세계에 대한 성숙한 이해에 도달할 수 있게 한다. 즉, 특수한 조건에 놓인 정치공동체는 보다 나은 문제해결을 위해 자신의 한계를 스스로가 인식해야 하는데, 이것은 현재의 시대성을 선험적으로 파악하며 그것에 타당한 현실적이고 실용적인 사회구조를 모색하는 공적 지식인의 모습 속에서 발견할 수 있는 것이다.

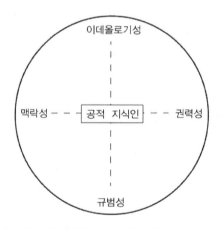

하버마스의 공적 지식인이 고려해야 할 4가지 비판 요소

이러한 공적 지식인은 앞에서 논의한 바와 같이 정치공동체에 대해 4가지의 비판 요소들을 가질 수 있다고 분석된다. 공적 지식인은 개인의 이익만을 추구하는 사적인 이해관계를 버리고 공동체의 이익과 안녕을 위해 보편적 가치에 입각하여 대안을 모색한다. 여기서 이데올리기성의 비판 요소는 공적 지식인이 정치공동체가 틀린 지식을 보유하고 있는 데에서 나오는 편견과 선입견을 방어하기 위해 필요하다. 한편으로, 규범성의 비판 요소는 이러한 편견과 섭입견을 방어하기 위해 마련한 규범 자체도 이데올로기적 오류를 가질 수 있는 점에서 비판적 요소를 이룬다. 하지만 규범성의 비판 요소가 이데올로직 비판 요소와 다른 점은 규범성 자체 내에 사회질서와 국가체제를 구현할 수 있는 기획적 능력을 지닌다는 것이다. 이러한 구현성으로서 규범성은 과거와 현재가 아닌 미래에 우리가 어떠한 정치공동체를 형성할 수 있는지에 대한 상상력도 포함하는 개념이다. 이러한 상상력이 허구적 가상이 아니라 사회의 실질적 발전을 이루게 하기 위해 이러한 규범성의 비판 요소는 다른 맥락에서 공적 지식인의 비판 요소가 된다. 다음으로, 맥락성의 비판 요소는 공적 지식인 자신이 처한 특수한 정치공동체 속에서 정치공동체 자체가 겪는 사회구조와 체계의 틀에서 억압받는 상황에 대한 비판의식을 병행할 줄 알아야 한다는 인식요소가 된다. 마지막으로, 권력성의 비판 요소는 공적 지식인이 자신이 속한 정치공동체가 어떠한 권력을 가지고 국가를 운용하는지에 대한 성찰한다.

그러나 이러한 분석에는 역설적 한계가 생성된다. 왜냐하면, 지식인 자신의 공적 역할에서 책임있게 담당해야 할 비판 요소를 보완할 필요가 생기기 때문이다. 하버마스의 지식인상은 하버마스 저작을 통해 나타난 지식인 변천사를 통한 지식인상에 대한 고찰과 병행해서 탐구되어야 할 필요가 발생한다. 그렇기 때문에 『아, 유럽』에서 나타난 철학적-정치적 지식인 모델상은 하버마스 저작을 통해 나타난 지식인 변천사를 통해 밝힌 공적 지식인이 고려해야 할 4가지 비판 요소와 연계하여 아래와 같이 정리될 수 있다.

본 필자는 하버마스 사회사상의 이론저작에서 분석된 지식인상과 그의 정치저작집『아, 유럽』에서 제시된 대표적 지식인 유형, 그리고 하버마스 사회사상의 이론 저작에서 분석된 지식인상과 연계하여 종합한 철학적-정치적 지식인상이 하버마스 지식인상의 전형 모델이라고 부른다. 그러므로 하버마스의 지식인은 공적 지식인으로서 철학적-정치적 연결적 구조 속에서 정치공동체에 놓여진 이데올로기성, 맥락성, 권력성, 규범성을 비판적으로 성찰한다. 이러한 지식인은 다음과 같이 분석될 수 있다.

하버마스의 저작을 통해서 본 지식인상의 변천사

(가)『인식과 관심』에서 지식인상 - '이데올로기성' 비판 지식인
→ 학문 자체에 침윤된 이데올로기가 어떻게 성립되는지의 메커니즘 분석을 통해 지식이 체계적으로 왜곡되는 현상을 성찰하는 지식인

(나)『의사소통행위이론』에서 지식인상 - '맥락성' 비판 지식인
→ 학문 생산의 결과로서 지식이 인간사회에 전달되는 언어적 소통 과정의 척도를 제시함으로써 사회비판적 지식 생산의 산출 구조와 맥락을 성찰하는 지식인

(다)『사실성과 타당성』에서 지식인상 - '권력성' 비판 지식인
→ 지식인 자신이 소유-축적하고 생산-창조하는 지식이 자신이 몸담고 있는 구체적인 생활공동체 속에서 권력체제에 의해 독점적으로 해석되고 구현됨으로써 생성된 지식 자체가 왜곡되는 사회적 유통 상황을 성찰하는 지식인

(라)『탈형이상학적 사고』에서 지식인상 - '규범성' 비판 지식인
→ 지식인이 자신이 속한 공동체의 문화적 전통과 사회적 정체성을 계보학적으로 파악하여 다가오는 사회 변화의 규범구조적 위기상황을 극복할 수 있는 대안적 규범 원칙과 이를 구현할 수 있는 방식을 제시하는 지식인

2007년 정치저작집 11권『아, 유럽』20)에서 결정적으로 나타나는 하버마스의 철학적-정치적 지식인상은 그동안 하버마스가 추구한 지식인상의 최종판이다.21) 하버마스는 자신이 공간적으로 기반하고 있는 유럽공동체 사회에서 책임과 역할을 다해야 하는 지식인상에 대한 문제의식을 가지고 이 책을 저술하였다. 여기서 대표적인 지식인상으로 볼프강 아벤트로트(Wolfgang Abendroth), 리처드 맥케이 로티(Richard McKay Rorty), 자크 데리다(Jacques Derrida), 로널드 드워킨(Ronald Dworkin)을 예시로 들면서 이들이 동시적으로 지니는 이론적이며 실천적인 면모를 하나의 지식인상으로 유형화하고 있다.

이러한 분석에서 볼 수 있듯이, 하버마스가 설정하고 있는 지식인상은 세 차원의 문제 대상을 가진다. 첫 번째 차원은 지역적 문제 대상을 가지고 있는 차원이다. 이는 볼프강 아벤트로트와 같이 시민사회의 주도적 영역 속에서 이론과 실천을 동시에 겸비하는 독일의 전통문화적 공적 지식인을 볼 수 있다. 두 번째 차원은 국가적 문제 대상을 가지고 있는 차원이다. 이러한 차원의 문제 대상을 가지고 있는 리차드 로티와 로월드 드워킨은 공론장 영역에서 민주주의적 법치국가를 위해 논변적으로 실천하는 공적 지식인으로 이해될 수 있다. 세 번째 차원은 세계적 문제 대상을 가지고 있으며, 종교문명의 문제 범위하에서

---

20) 독일어 원판인 Habermas, *Ach, Europa, Kleine Politische Schriften XI*, Suhrkamp Verlag, 2008이 있고, 이에 대한 한국어 번역으로는 하버마스,『아, 유럽-정치저작집 제11권』, 윤형식 옮김, 나남 출판, 2011이 출간되어 있다.

21) 이러한 판단은 연대기적으로 독일어 원판『아, 유럽』보다 뒤늦게 발간된 2012년의 독일어 원판『탈형이상학적 사고 2』를 고려하지 못한 판단 오류로 보일 수 있다. 그러나,『탈형이상학적 사고』가 이미 1988년에 출판되었고, 나중에 하버마스가 동일한 제목에 2권으로 출간되면서 이미 출판된『탈형이상학적 사고』가 자연스럽게 1권이라는 명목을 얻게 되었다는 점에서『탈형이상학적 사고1,2』에 나타난 지식인상에 대한 문제의식이 드러난 시기는『아, 유럽』보다 이전이라고 보는 것이 타당하다고 보았다.

국가 자체가 주도적인 영역을 담당하며 국제법의 세계 헌법화라는 규범화 조직과정을 달성하려는 공적 지식인이다. 이러한 세 차원의 문제 대상, 범위, 지식인 모델, 규범화 조직과정의 분류는 단지 하나의 차원에 국한되어 문제해결을 보이는 공적 지식인의 역할에 머물지 않고 세 차원이 서로 유기적으로 연관되어 전체를 이루는 입체적 형성과정을 메커니즘적 분석으로 보여주면서 문제해결을 시도한다.

하버마스 지식인상의 구조분석

문제 대상	지식인 모델	범위	주도 영역	규범화 조직과정
지역적 차원	아벤트로트	전통문화적	시민사회	문화적 전통과 사회적 정체성의 해석화
국가적 차원	로티, 드워킨	국민국가적	공론장	민주주의적 법치국가화
세계적 차원	데리다	종교문명적	국가	국제법의 세계 헌법화
하버마스의 지식인상	철학적-정치적 지식인 모델	[1] 지역적·국가적·세계적 차원의 문제를 민주주의적 공론장을 통해 해결하는 지식인	[2] 정치공동체의 규범 구조를 성찰하고 대안적 기획을 마련하는 지식인	[3] 논변 절차를 통한 근거 교류의 숙의 민주주의 과정을 거치며 자신의 의견을 지혜와 용기로서 표출하는 지식인

이러한 철학적-정치적 지식인상은 위 표에 [1], [2], [3]으로 정리될 수 있다.

[1]에서 나타나는 철학적−정치적 지식인상은 지역적·국가적·세계적 차원의 문제를 민주주의적 공론장을 통해 해결하는 지식인

[2]에서 나타나는 철학적−정치적 지식인상은 정치공동체의 규범구조를 성찰하고 대안적 기획을 마련하는 지식인

[3]에서 나타나는 철학적−정치적 지식인상은 논변 절차를 통한 근거 교류의 숙의 민주주의 과정을 거치며 자신의 의견을 지혜와 용기로서 표출하는 지식인

종합하자면, 하버마스의 지식인상은 철학적−정치적 지식인상의 전형모델적 성격을 띤다. 이들은 그들이 속한 특정 정치공동체의 생활세계적 공동문제 사안을 지역적, 국가적, 세계적 차원의 문제들과 함께 유기적으로 연관시켜며 전체 사안의 중대성과 필요성을 인식시키면서 민주주의적 공론장을 통한 해결의지를 가지는 공적 지식인상을 지시한다. 이들은 앎에 도달하는 지식 습득의 과정에 대한 이론적 성찰뿐만 아니라 이러한 지식이 어떻게 인간공동체의 정치사회에 왜곡되어 오류로 나타나는지를 전체적 맥락에서 문제파악을 하며, 이를 민주주의적인 논변과정을 통해 정치적 공론장에서 활동하는 인물들이다.

결론: 하버마스 저작에 나타난 지식인의 역할과 전망

1960년대 출간된 하버마스 대표저작인 『인식과 관심』에서 지식인상은 지식이 가지는 이데올로기성(ideologicality)을 비판적 고찰하는 지식인이다. 즉, 인식의 결과인 지식이 인간의 자기관심에서 형성되는

것으로 주장하고, 이를 통해 60년대 유럽의 학문적 풍토가 실증주의 철학에 매몰된 현상태를 비판적으로 성찰하는 지식인을 인상적으로 보여주었다. 이러한 비판적 성찰은 인간과 자연의 관계에서 기술적 관심의 발단을 가지는 경험적-분석적 학문의 자연과학, 인간과 역사의 관계에서 실천적 관심의 발단을 가지는 역사적-해석적 학문의 역사적 정신과학, 인간과 지배체계의 관계에서 해방적 관심의 발단을 가지는 비판이론의 비판적 사회과학으로 분류화로 나아가 학문과 이론이 지향해야 할 규범적 과제를 보여주었다. 이러한 하버마스의 지식 개념을 볼 때 지식인이 자신의 실천행위 속에 가져야 할 비판 요소는 이데올로기성으로 분석되지 않을 수 없다.

1980년대 출간된 하버마스 대표저작인 『의사소통행위이론 1, 2』에서 지식인상은 인식과정의 사회적 기반구조를 밝히는 생활세계 개념을 통해 지식이 산출되는 맥락성(contextuality)을 비판적으로 성찰하는 지식인이다. 이러한 지식인은 개별적 인간이 인식의 선결 조건인 이해에 도달하는 과정이 상호주관적 지식을 창출하는 생활세계의 토대에서 비롯됨을 주장하고, 생활세계에서 분화된 체계들이 점차 자본과 권력으로 통합되는 현대사회의 체계에 의한 생활세계의 식민지화 현상의 문제점을 지적한다.

1990년대 출간된 하버마스 대표저작인 『사실성과 타당성』에서 지식인상은 지식인 자신과 자신이 생산한 지식이 현실의 지배적 상황을 형성케한 정치적 지배체제의 권력성(powerfulness)을 성찰적으로 비판하는 지식인이다. 논변적 법이론의 법철학 논의를 통해 민주주의적 법치국가론을 펼친 하버마스는 단순히 정치적 공론장에서 다양한 주장의 표출만을 보장하는 것이 아닌 근거의 교환을 이루는 논변적 절차를 통해 법규범을 마련하는 과정을 보여줌으로써, 반민주주의적 법치국가에 휩싸인 현대 전체주의적 복지국가 혹은 신자유주의적 자본국가를 비판하고 있다. 여기서 지식인은 민주시민과 함께 논변적 절차를 통해 법치국가의 법규범 형성을 위한 끊임없는 공적 쟁점과 의제, 논변의 장를 마련하고 국민들의 숙의적 토론을 촉진함으로써 권력의 민주적 순환에 기여한다.

2000년대 출간된 하버마스 대표저작인 『탈형이상학적 사고 1,2』에서 지식인상은 사회인류학 관점에서 태곳적부터 현대사회의 오늘날까지 종교의 믿음 양식과 과학의 지식 양식이 자율적인 방식으로 결합하여 이룩해온 인류역사의 규범성(normativity)을 비판적으로 성찰하는 지식인이다. 여기서 종교의 믿음 양식은 과학의 지식 양식과 마찬가지로 또 하나의 다른 방식으로 인정되는 진리로서 인류사회의 규범성 양식으로 생활세계 자체를 배태한다. 인류역사를 형성케하는 규범성 양식은 코란, 탈무드, 성경, 불경, 논어 등의 각종 경전(政典)에 마련되어 종교의 의례적 실천을 통해 공동체를 구성하는 개인의 인성구조에 영향을 끼친다.

이러한 하버마스의 대표 저작을 통해서 나타난 지식인상을 종합하면, 이데올로기성, 맥락성, 권력성, 규범성의 비판 요소를 가지고 지역적, 국가적, 세계적 차원의 문제를 분별하면서 동시에 유기적으로 연결하여 지식인 자신이 속에 있는 정치공동체의 공론장에서 논변절차의 숙의민주주의적 과정을 거치면서 이성적으로 문제해결의 의지를 가지는 인물형이다. 따라서 이러한 하버마스의 지식인상은 이론적인 성찰과 비판적인 실천을 동시에 행하는 철학적-정치적 지식인 전형모델이다. 이러한 철학적-정치적 지식인 전형모델은 하버마스가 평생 동안 작업하였던 '의사소통의 철학'의 이론적 이성과 함께 실제 자신이 속한 유럽공동체라는 특수 공동체 속에서도 지구촌 전인류를 향한 인류공동체의 보편적 규범화를 위한 실천적 의시를 보여주는 이론과 실천의 통일을 이루는 공적 지식인으로 정의된다.

참고문헌

남성일(2023), 「하버마스의 사회인류학적 고찰에 나타난 탈형이상학적 의미와 종교의 공적 역할의 가능성」, 사회와 철학 연구회 편, 『한국사회의 현실과 하버마스의 사회철학』, 씨아이알.

스튜어트 홀 외, 『모더니티의 미래』, 전효관, 김수진, 박병영 옮김(2001), 현실문화연구.

위르겐 하버마스, 『사실성과 타당성』, 한상진·박영도 옮김(2010), 나남출판.

_____, 『의사소통행위이론 1, 2』, 장춘익 옮김(2006), 나남출판.

_____, 『탈 형이상학적 사유』, 이진우 옮김(2000), 문예출판사.

_____, 『탈형이상학적 사고 1, 2』, 남성일·홍윤기 옮김(2024 출간 예정), 나남출판.

크레이그 칼훈, 「사회이론과 공론장」, 『현대사회이론의 흐름』, 브라이언 터너 엮음, 박형신 외 옮김(2010), 한울아카데미.

피델마 아셰 외, 『현대사회·정치이론』, 이항우 옮김(2006), 한울아카데미

Habermas, jürgen(1968), *Erkenntnis und Interesse, Suhrkamp*, 1968.

_____(1973), *Legitimationsprobleme im Spätkapitalismus*. Suhramp Verlag.

_____(1981), *Theorie des kommunikativen Handelns I*, Suhrkamp Verlag.

_____(1981), *Theore des kommunikativen Handelns II*, Suhrkamp Verlag.

_____(2017), *Postmetaphysical Thinking II*, Translated by Ciaran Cronin, Polity Press.

《아시아경제》(2024년 4월 10일자), 「EU 외교 수장 "유럽, 우크라이나 넘어 전면전 대비해야」, https://view.asiae.co.kr/article/2024041015500520697 (2024. 8. 12.)

《연합뉴스》(2024년 2월 15일자), 「4년 뒤 서울 초등학교 6곳 중 1곳, 한 학년 40명도 안 된다」, https://www.yna.co.kr/view/AKR20240214114800530?section=search (2024. 8. 12.)

필자 소개(가나다 순)

나종석

연세대학교 문과대학 및 한국학협동과정 교수. 독일 에센(Essen)대학교에서 철학박사 학위를 받았다. 주요 저서로『차이와 연대』,『삶으로서의 철학: 소크라테스의 변론』,『헤겔 정치철학의 통찰과 맹목』,『대동민주 유학과 21세기 실학』,『대동민주주의와 21세기 유가적 비판이론의 모색』,『유교와 한국 근대성』등이 있으며, 역서로는 비토리오 회슬레의『비토리오 회슬레, 21세기의 객관적 관념론』, 미하엘 토이니센의『존재와 가상』, 카를 슈미트의『현대 의회주의의 정신사적 상황』, 기무라 에이이치의『공자와《논어》』등이 있다.

남성일

아주대학교 다산학부대학 철학교양강좌·동국대학교 문과대학 철학전공강좌 강사. 동국대학교 대학원에서「하버마스의 민주주의적 법치국가론에 있어서 절차적 정당성 개념 연구: 하버마스 법철학에서 '절차주의적 전회'를 중심으로」로 철학박사 학위를 받았다. 주요 논문으로는「하버마스의 절차주의적 법에서 본 사법부의 존립 근거」,「(하버마스와 드워킨으로) '나라다움'의 개념 만들기 – 한 나라에서 법체계구성의 정당함과 작동의 온전함은 '나라다운 나라'에 대한 시민적 요청에 충분히 부응하는가?」,「포스트코로나 시대에서 법치국가의 역할 – 하버마스의 기본권 논의를 중심으로」,「파주시 민주시민교육 기본계획 수립 연구: 2019–2023」(공저)가 있으며, 번역서로『자유주의자와 식인종: 다원주의 시대에 자유주의란 무엇인가』(공역),『탈형이상학적 사고 1, 2(2024년 출간 예정)』(공역) 등이 있다.

선우현

청주교육대학교 윤리교육과 교수. 서울대 철학과에서 철학박사 학위를 받았다. 주요 저서로는『사회비판과 정치적 실천』,『우리시대의 북한철학』,『위기시대의 사회철학』,『한국사회의 현실과 사회철학』,『자생적 철학체계로서 인간중심철학』,『평등』,『도덕 판단의 보편적 잣대는 존재하는가』,『철학은 현실과 무관한 공리공담의 학문인가』,『홉스의 리바이어던: 국가의 힘은 개인들에게서 나온다』,『왜 지금 다시 마르크스인가』(기획·편집),『한반도 시민론』(공편저),『한국사회의 현실과 하버마스의 사회철학』(기획·편집) 등이 있다.

안효성

대구대학교 자유전공학부 교수. 한국외국어대학교에서 철학박사 학위를 받았다. 주요 저서로는『더 많은 민주주의를 향하여』,『한국인의 평화사상』,『근대한국 개벽운동을 다시읽다』(이상 공저) 등이 있으며, 주요 논문으로는「정조 탕평책의 공공성과 공론정치의 좌표」,「정조의 '심성론'과 '수양론의 전개'」,「아렌트의 평의회 민주주의 사상과 정치의 재구성을 위한 한국 주민자치의 방향」,「윤노빈의 신생철학과 아렌트의 정치철학 비교 시론」 등이 있다.

윤은주

중앙대학교 중앙철학연구소 연구전담교수. 숭실대학교에서 철학박사 학위를 받았다. 주요 저서로는『살아가면서 꼭 읽어야 할 서양 고전』,『한나 아렌트의 예루살렘의 아이히만 읽기』,『교실 밖 인문학 콘서트』(공저) 등이 있으며, 주요 논문으로는「의식있는 파리아의 정치적 판단」,「상상력과 이해로 소통하기」 등이 있다.

이국배

숭실대학교 베어드교양대학 초빙교수. 성균관대학교 BK21 교육 연구단 연구원. 미국 뉴욕대학교(NYU)와 성균관대학교 정치외교학과 박사과정에서 수학하고, 소셜이노베이션융합전공 정치학 박사과정을 수료했다. 주요 논문으로는 「탈진실의 조건: 정치가 거짓말에 관대한 이유」, 「인공지능시대의 도구적 이성 비판: 프랑크푸르트학파 창설 100주년의 회고와 전망」, 「마르크와 링컨 그리고 노예제」 등이 있다.

이유선

서울대학교 기초교육원 강의교수. 고려대학교 철학과 대학원에서 박사학위를 받고 미국 버지니아대학교에서 로티의 지도로 박사후 과정을 마쳤다. 주요 저서로 『사회철학』, 『아이러니스트의 사적인 진리』, 『실용주의』, 『듀이 & 로티』, 『리처드 로티』 등이 있으며, 역서로 『과학과 가치』, 『해석학과 과학』, 『철학자 가다머 현대의학을 말하다』, 『철학의 재구성』, 『우연성, 아이러니, 연대』(공역) 등이 있다.

이하준

한남대학교 탈메이지교양교육대학 철학교수. 베를린 자유대학교(FU Berlin)에서 철학박사 학위를 받았다. 주요 저서로는 『호르크하이머의 비판이론』, 『호르크하이머 – 도구적 이성비판』, 『부정과 유토피아 – 아도르노의 사회인식론』, 『아도르노의 문화철학』, 『아도르노. 고통의 해석학』, 『교양교육비판』, 『철학이 말하는 예술의 모든 것』, 『그림도 세상도 아는 만큼 보인다』, 『고전으로 철학하기』, 『아도르노와의 만남』(공저), 『현대철학 매뉴얼』(공저) 등이 있다. 주요 논문으로는 「아우슈비츠와 '삶'의 가능성: 아도르노와 아감벤」, 「후기 호르크하이머의 '아주 다른 것에 대한 동경'의 사회철학」, 「호르크하이머와 아도르노의 동물해방론」, 「울리히 벡의 개인개념과 한국사회」, 「AI 시대의 새로운 노동철학: 노동의 종말과 노동 유토피아를 넘어서」 등이 있다.

홍윤기

동국대학교 철학과 명예교수. 베를린 자유대학교(FU Berlin)에서 최고우등
점(summa cum laude)으로 철학박사 학위를 취득하였다. 주요 저서로는
『변증법 비판과 변증법 구도』, 『한국 도덕윤리 교육 백서』(편저), 『글로벌
네트워크 시대의 국가와 민족』, 『지식정보화 시대의 창의적 능력 및 인력
양성 정책 개발』, 『평등과 21세기적 문제군』 및 초·중·고등학교 철학교과
서 등 다수가 있고, 논문으로는 「Habermas의 철학과 모더니티의 문제」,
「대한민국헌법 규범력에 상응하는 헌법현실의 창출을 담보하는 헌법교육/
민주시민교육의 철학적 근거정립」 등 다수가 있다.

한국 사회와
비판적 지식인의
역할 과연 그 시효는
지났는가?

초판 인쇄 2024년 9월 5일
초판 발행 2024년 9월 10일

지은이 사회와 철학 연구회
기획·편집 선우현
펴낸이 김성배

책임편집 최장미
디자인 송성용, 엄해정
제작 김문갑

발행처 도서출판 씨아이알
출판등록 제2-3285호(2001년 3월 19일)
주소 (04626) 서울특별시 중구 필동로8길 43(예장동 1-151)
전화 (02) 2275-8603(대표) | 팩스 (02) 2265-9394
홈페이지 www.circom.co.kr

ISBN 979-11-6856-270-7 (93100)